Karl-Heinz Paqué, Richard Schröder

Gespaltene Nation?
Einspruch!

30 Jahre Deutsche Einheit

NZZ Libro

Bibliografische Information der Deutschen Nationalbibliothek

Die Deutsche Nationalbibliothek verzeichnet diese Publikation
in der Deutschen Nationalbibliografie; detaillierte bibliografische Daten
sind im Internet über http://dnb.d-nb.de abrufbar.

© 2020 NZZ Libro, Schwabe Verlagsgruppe AG, Basel

Lektorat: Rainer Vollath, München
Umschlag: TGG Hafen Senn Stieger, St. Gallen
Gestaltung, Satz: Claudia Wild, Konstanz
Druck, Einband: BALTO Print, Litauen

ISBN 978-3-907291-00-9
ISBN E-Book 978-3-907291-01-6

www.nzz-libro.ch
NZZ Libro ist ein Imprint der Schwabe Verlagsgruppe AG.

Inhalt

Inhalt

1 Zur Einleitung: Fakten und Mythen

Zum 30. Jahrestag der Wiedervereinigung ist das Ost-West-Verhältnis in Deutschland spannungsreicher als noch vor wenigen Jahren. Es gibt neue Kontroversen – als Reaktion auf die verstärkte Zuwanderung aus außereuropäischen Ländern, die ihren Höhepunkt 2015/16 erreichte. Während im Westen eine Willkommenskultur dominierte, unterstützt von fast allen Medien und allen damals im Bundestag vertretenen Parteien, zeigte sich im Osten weit stärker als im Westen massiver Widerspruch gegen diese Zuwanderung. Es kam zum Widerstand gegen Einquartierungen in Flüchtlingsheime und sogar zu Brandstiftungen. Vom 20. Oktober 2014 an demonstrierte jeweils montags in Dresden PEGIDA (Patriotische Europäer gegen die Islamisierung des Abendlandes). Das war bewusst als Anknüpfung an die Leipziger Montagsdemonstrationen im Herbst 1989 gedacht. Auch der damalige Ruf «Wir sind das Volk» wurde von PEGIDA übernommen. «Lügenpresse» und «Volksverräter» (in Bezug auf die Bundesregierung), zwei durch die Nazizeit kontaminierte Ausdrücke, wurden zum Schlachtruf. All das suggerierte, die gegenwärtigen Verhältnisse seien mit denen in der DDR vergleichbar. Häufig war zu hören: «Man darf nicht mehr sagen, was man denkt. Das ist ja schlimmer als in der DDR.»

Auch im Westen kam es zu PEGIDA-Demonstrationen, aber mit viel geringerer Beteiligung und nur kurzzeitig. Sowohl im Osten als auch im Westen gab es Gegendemonstrationen, und zwar regelmäßig mit mehr Teilnehmern als bei PEGIDA – außer in Dresden, wo die PEGIDA-Anhänger auf der Straße dominierten. Parallel dazu gab es deutschlandweit am rechten Rand des politischen Spektrums eine programmatische Veränderung. Die AfD (Alternative für Deutschland) verschob den Schwerpunkt ihres Profils von einer eurokritischen zu einer migrationsfeindlichen Partei, die auch verstärkt völkische Positionen in ihren Reihen duldete, sogar förderte und auch für rechtsextreme Wähler offen sein wollte. Obwohl ihr neues Führungspersonal (wie schon das alte) überwiegend aus dem Westen kam, erzielte die AfD im Osten die größeren Wahlerfolge.

Alles in allem hat die Massenmigration nach Deutschland im ganzen Land eine neue Polarisierung ausgelöst, wohl die stärkste seit der Wiedervereinigung. Gegner und Befürworter gab und gibt es in Ost und West. Aber klar ist: Im Osten waren und sind die Gegner stärker vertreten als im Westen. Und nur im Osten wird von manchen die gegenwärtige gesellschaftliche und politische Situation als Fortsetzung der DDR-Verhältnisse gedeutet. Im Wahlkampf für den Brandenburger Landtag plakatierte die AfD gar: «Vollende die Wende!»

Was bewegt diese ostdeutschen «Wutbürger»? Es sind meist westdeutsche Ostexperten, die ethnologische Expeditionen in die Abgründe der ostdeutschen Seele unternehmen. Oft entdecken sie dabei Nationalismus und Ausländerfeindlichkeit, die sie als unbewältigtes Erbe aus der Nazizeit deuten. Daran knüpfen sie die bange Frage, ob die Demokratie in Deutschland neuerdings vom Osten her gefährdet sei. Ostdeutsche empfinden solche Befürchtungen als kränkende kollektive Diskriminierung, und das nicht zu Unrecht, weil die entdeckten Gefahrenpotenziale pauschal oder doch mehrheitlich und «bis in die Mitte der Gesellschaft» hinein vermutet werden. Das verschärft die Polarisierung.

Bleibt die Frage, ob das Migrationsproblem tatsächlich den tiefen Grund für die neuen Ost-West-Spannungen liefert. Vieles spricht dafür, so unter anderem die zeitliche Abfolge des Stimmungswandels, der Inhalt der öffentlichen Kontroversen und die Reaktion der Politik. All dies lässt sich gut belegen. Und der Ost-West-Unterschied ist auch historisch plausibel zu begründen, vor allem mit den sehr unterschiedlich intensiven Erfahrungen mit Ausländern in Ost und West zur Zeit der deutschen Teilung. Im Westen gab es eben einen über Jahrzehnte zunehmenden Kontakt mit dem Fremden, der im weitgehend isolierten Osten unterblieb. Wohlgemerkt: Erklären heißt nicht entschuldigen. Für tätliche Angriffe oder gar Mord und Brandstiftung gibt es keine Entschuldigung.

Neuerdings wird aber die Bedeutung dieser Zusammenhänge bestritten. Es war wohl zuerst Petra Köpping, die damalige sächsische Ministerin für Integration, die in einer viel beachteten Streitschrift unter dem Titel *Integriert doch erst mal uns! Eine Streitschrift für den Osten* (2018) eine andere Erklärung für ostdeutsche Wut vortrug. Demnach haben ostdeutsche Vorbehalte gegen Ausländer und Ausländerfeindlichkeit gar nichts mit den Erfahrun-

gen in der DDR zu tun, sondern entstammen den Demütigungen, die Ostdeutsche nach der deutschen Wiedervereinigung, also nach dem Ende der
DDR, erfahren haben, und zwar vor allem durch die Treuhandanstalt, die im
Auftrag der westdeutschen Industrie die ostdeutsche Konkurrenz rück-
sichtslos kaputtmachte und so die Lebensleistungen Ostdeutscher vernich-
tete. Weil Ostdeutsche durch die Treuhandanstalt gedemütigt und betrogen
wurden, sei bei manchen von ihnen das Bedürfnis entstanden, andere Gruppen von Menschen zu demütigen, und das sei der Grund für ostdeutschen
Ausländerhass.[1]

Zum Zweck der Versöhnung zwischen Ost- und Westdeutschen forderte sie deshalb die Einrichtung von «Wahrheitskommissionen», die das
den Ostdeutschen geschehene Unrecht aufklären und so den Weg zu einer
innerdeutschen Versöhnung ebnen sollen. Am Anfang müsse es dabei «ein
Geständnis der westdeutschen Politik und der Wirtschaft geben: «Ja, im
Osten haben sich westdeutsche Unternehmen in hohem Maß eine potenzielle Konkurrenz vom Hals gehalten. Die ostdeutsche Nachfrage war wichtig, das ostdeutsche Angebot wurde beiseitegedrängt.»[2]

Köppings Buch fand in der Öffentlichkeit ein großes positives Echo. Ihre
Behauptung, die Demütigungen der Ostdeutschen im Einigungsprozess
seien die Ursache ihrer Ausländerfeindlichkeit – und nicht ihre Erfahrungen
und Erfahrungsdefizite in der DDR – ist von den Medien nicht selten zustim-
mend aufgenommen worden, auch von Westmedien.

Es folgte 2019 eine weitere prominente Publikation mit ähnlicher Stoß-
richtung. Der ostdeutsche Historiker Ilko-Sascha Kowalczuk legte in dem
Buch *Die Übernahme. Wie Ostdeutschland Teil der Bundesrepublik wurde* (2019)
eine Interpretation der Nachwendezeit vor, die an Materialreichtum und
Detailtiefe Köppings Streitschrift überlegen ist, am Ende aber doch auf
nahezu dieselbe Schlussfolgerung hinausläuft, nämlich: Die westdeutsche
Politik habe es von 1990 an ausdrücklich und absichtlich auf die Demütigung der Ostdeutschen abgesehen.[3] Wolfgang Schäuble, der als Bundesin-
nenminister von westlicher Seite die Einigungsverhandlungen führte, habe
eine Tabula rasa angestrebt: «Nichts im Osten sollte bleiben wie bisher; alles
sollte zur bloßen Kopie des Westens werden.»[4] «Besonders ungerecht freilich
empfanden die meisten Ostdeutschen, dass ihre ganz persönliche Lebensleistung über Nacht kaum noch etwas wert war.»[5]

Weiter moniert Kowalczuk: «Der rigide Austausch der gesamten ostdeutschen Elite, der Funktionärs- und Dienstklasse, der Führungskräfte,
nicht nur der obersten Spitzen, trug erheblich zur Demütigung eines Teils der
Ostdeutschen bei.»[6] Er beruft sich dabei auf Erkenntnisse des Mitteldeutschen Rundfunks (MDR), der an der Universität Leipzig eine Studie in Auftrag gegeben hatte, die 2016 unter dem Titel «Wer beherrscht den Osten?
Ostdeutsche Eliten ein Vierteljahrhundert nach der deutschen Wiedervereinigung» erschien. Dort wird nachgewiesen, dass von den obersten Führungspositionen in Ostdeutschland, nämlich in Politik, Medien, Justiz, Wirtschaft
und Hochschulen, lediglich 23 Prozent von Ostdeutschen besetzt sind.[7] Diese
unbestrittenen Ergebnisse werden von Kowalczuk so interpretiert, dass der
Westen den Osten «beherrscht», also nach kolonialistischen Deutungsmus-
tern lenkt. Andere vergleichen die Ostdeutschen mit Migranten, die wie diese
ihre Heimat verloren hätten und nun unter Diskriminierung und verweiger-
ter Anerkennung leiden.[8] Viele Befragungen haben tatsächlich ergeben, dass
sich ein beachtlicher Teil der Ostdeutschen als «Bürger zweiter Klasse» fühlt.[9]

Mit Koepping (2018) und Kowalczuk (2019) hat also eine neue Sicht der
Wiedervereinigung Einzug gehalten. Auch politisch fand sie ihren Niederschlag. Mitte 2019 forderten Die Linke und die AfD, also die beiden Fraktionen im Bundestag, die im ideologischen Rechts-links-Spektrum den denkbar größten programmatischen Abstand voneinander haben, in je einem
Antrag die Einrichtung eines Untersuchungsausschusses des Bundestags
zur Treuhandanstalt. Beide Anträge beginnen mit ganz ähnlichen Behauptungen: Die Linke erklärt in ihrem Antrag, die Treuhandanstalt habe «die
weitgehende Zerstörung von Industrie und Wirtschaft in Ostdeutschland bis
hin zu einem gesellschaftlichen Werteverlust und zu einer völligen Desillu-
sionierung, etwa aufgrund des wirkungslosen Protests Betroffener gegen
Unternehmensstilllegungen, herbeigeführt. Dies verhindert bis heute eine
wirkliche soziale und ökonomische Einheit.»[10] Die AfD erklärt in ihrem
Antrag: «Die Umsetzung der Leitlinien der Treuhandanstalt führte zur Zerstörung zum Teil hochprofitabler Unternehmen, zum Kahlschlag der Infrastruktur und zum Verlust eines großen Teils der landwirtschaftlichen und
industriellen Produktionsmöglichkeiten. Von diesen strukturellen Verwerfungen hat sich Ostdeutschland bis heute nicht erholt.»[11] Auch die vorgese-
henen Untersuchungsaufträge sind sehr ähnlich.

Auf den ersten Blick ist es erstaunlich, dass sehr unähnliche Parteien sehr ähnliche Anträge im Bundestag stellen. Die Erklärung dafür liegt allerdings auf der Hand: In drei ostdeutschen Bundesländern standen Landtagswahlen an, und beide Parteien rechneten wohl in populistischer Manier damit, sich bei den Wählerinnen und Wählern als Hüterin ostdeutscher Interessen profilieren zu können. Da die übrigen vier Parteien im Bundestag aufgrund einer anderen Beurteilung der Treuhandanstalt nicht bereit waren, das Projekt zu unterstützen, kam die geforderte Anzahl von Stimmen für die Einrichtung eines Untersuchungsausschusses nicht zustande. Zudem haben 2019 die klimapolitische Bewegung Fridays for Future und 2020 das Coronavirus das Thema fast vollständig aus den Medien gefegt, aber keineswegs erledigt oder geklärt. Es kann jederzeit zurückkehren und erneut verwirren.

Die Publikationen von Köpping und Kowalczuk sind kein Zufall, ebenso wenig wie die Anträge von Die Linke und AfD. Den Verfassern des vorliegenden Buchs erscheinen sie eher als starke Indikatoren für einen möglichen dauerhaften Aufstieg einer neuen Interpretation der Geschichte des wiedervereinten Deutschlands. Nur leicht überspitzt könnte man diese als «Opfermythos Ost» bezeichnen. In ihr erscheinen die Ostdeutschen als Opfer, die Westdeutschen als Täter in einer einmaligen Situation des historischen Umbruchs, die aber auf Dauer tiefe Spuren der Spaltung hinterlassen hat. Darin liegt eine grundlegend neue Deutung der Deutschen Einheit: nicht als ein gemeinsames Projekt von Ost und West zum Aufbau einer funktionierenden gesamtdeutschen Demokratie, sozialer Marktwirtschaft und Rechtstaatlichkeit, sondern als Akt eines einseitigen Kolonialismus des mächtigen Westens – eben so, wie Kowalczuks Buchtitel es nennt: «Die Übernahme».

Was den wirtschaftlichen Kern betrifft, könnte man diese Deutung durchaus als eine neue Dolchstoßlegende bezeichnen. Sie lautet: Die Wirtschaft der DDR war trotz einiger Schwächen funktions- und leistungsfähig. Mit gutem Willen und ruhiger Hand hätte man sie Schritt für Schritt in die neue Welt der globalen Marktwirtschaft überführen können, aber das war nicht im Interesse der westdeutschen Industrie. Diese nutzte ihren politischen Einfluss, um die Substanz der DDR-Wirtschaft zu zerstören oder zumindest fatal zu schwächen. Handlanger dafür war die Treuhandanstalt. Die Analogie zur traditionellen militärischen Dolchstoßlegende nach dem Ersten Weltkrieg liegt nahe: Das deutsche Heer war danach – trotz einiger

Niederlagen im Ersten Weltkrieg – im Feld unbesiegt, und es wurde nur durch die Heimatfront politisch in die Knie gezwungen. Diese reichte der militärischen Macht nicht die Hand, um die Nation zu stärken, sondern sie nutzte die perfiden politischen Instrumente der Demokratie, um sie auf Dauer zu schwächen.

Die Verfasser des vorliegenden Buchs wenden sich gegen das Entstehen eines Opfermythos Ost. Sie halten ihn für eine falsche und gefährliche Interpretation der Deutschen Einheit: falsch, weil sie den Fakten widerspricht; gefährlich, weil sie eine Spaltung erst schafft, die es noch gar nicht gibt. Deshalb auch der Titel dieses Buchs: *Gespaltene Nation? Einspruch!* Das Buch ist eine Streitschrift, und das soll es auch sein. Sein Zweck ist zu zeigen, wie nach 30 Jahren Deutscher Einheit vielfältig belegbar ist, dass das Zusammenwachsen der Nation im Wesentlichen funktioniert: nicht geradlinig und perfekt, nicht reibungslos und harmonisch, aber doch in der Summe erfolgreich – jedenfalls, wenn man die Fortschritte an realistischen (und nicht utopischen) Maßstäben misst. Und dies, so unsere Argumentation, hat viel mit den richtigen Weichenstellungen nach dem Mauerfall und nach der Deutschen Einheit und nicht mit kolonialer Attitüde und einem vermeintlichen Dolchstoß zu tun.

Das Buch besteht nach dieser kurzen Einleitung (Kapitel 1) aus zwei großen Teilen, überschrieben mit «Fakten» als Kapitel 2 sowie «Mythen» als Kapitel 3. Im Zentrum der Fakten von Kapitel 2 steht die wirtschaftliche Domäne der Deutschen Einheit, und zwar aus gutem Grund: Sie liefert den scheinbar festen, harten Kern des Mythos vom Opfer Ost – mit der Treuhandanstalt als Hauptschurken. Deren Wirken gilt als eine Art Ursünde der Deutschen Einheit, die tiefe Spuren in der Leistungsfähigkeit der ostdeutschen Wirtschaft und im Stolz der Bevölkerung hinterlassen hat.

Wir zeigen, dass diese Sichtweise faktisch falsch ist: Vom Erbe der DDR-Planwirtschaft über die Weichenstellungen der frühen 1990er-Jahre einschließlich der Privatisierung bis zum Stand der ostdeutschen Wirtschaft heute im Vergleich zum Westen und zum mitteleuropäischen Osten führt eine nachvollziehbare klare Linie. Deren Ergebnis ist unter Maßgabe der Umstände mehr als respektabel und bietet in den nächsten Jahrzehnten gute Chancen, die verbleibenden Lücken zu schließen. Auch die Gemütslage der ostdeutschen Bevölkerung ist dabei – ganz anders als Köpping und Kowalczuk suggerieren – keineswegs pessimistisch. Klar ist: Der Prozess dauert viel länger, als in den 1990er-Jahren erwartet, aber daraus ist keine Frustration entstanden. Nicht das heutige Ergebnis enttäuscht, sondern die damaligen Erwartungen waren zu hoch.

In Kapitel 3 folgt die Domäne der Mythen. Hier geht es weit über das Wirtschaftliche hinaus. Wir unterscheiden dabei je nach Gegenstand drei Typen von Mythen, die seit den frühen 1990er-Jahren entstanden sind: Mythen über das Leben und den Staat in der DDR; Mythen über die friedliche Revolution, die nachfolgende wirtschaftliche Transformation sowie die politische Vereinigung; und schließlich Mythen, die über die aktuellen gesellschaftlichen Verhältnisse im wiedervereinigten Deutschland in jüngster Zeit Konjunktur haben. Jede Seite stellt dabei ihre eigenen Fragen. Die der Ostdeutschen lauten: Wer beherrscht den Osten? Wem gehört der Osten? Was hat die Treuhandanstalt angerichtet? Wird unsere Lebensleistung anerkannt? Sind wir Bürger zweiter Klasse? Und im Westen wird gefragt: Hängt der Osten an reaktionären Werten wie Heimat, Volk und Vaterland? Und gefährdet er dadurch sogar die Stabilität unserer Demokratie?

Wir zeigen, dass diese Mythen tatsächlich Mythen sind – und nicht die Wahrheit. Entweder sind sie sachlich falsch, oder sie verzerren bzw. dramatisieren die Realität in einer Weise, die es erlaubt, Sündenböcke aus der Zeit nach dem Mauerfall von 1989 zu identifizieren, die einen als bedauerlich empfundenen Zustand zu verantworten haben. Dieser Zustand ist fast immer das Ergebnis dessen, was man als «Schicksal» bezeichnen könnte – ein Schicksal, das sich wiederum nur aus der gesamten Geschichte seit Beginn der deutschen Teilung kurz nach dem Zweiten Weltkrieg erklären lässt. Dieses Schicksal war alles andere als fair und gerecht, denn es erlaubte dem Westen eine Entwicklung, die dem Osten verschlossen blieb und in den letzten 30 Jahren keineswegs einfach nachzuholen war. Eine Verkürzung der Kausalität auf die Zeit seit 1989 ist deshalb grob irreführend und unangemessen.

Im abschließenden Kapitel 4 vertiefen wir diesen wichtigen Aspekt der Missverständnisse zwischen Ost und West. Wir sehen darin den Schlüssel, um die Geschichte der deutschen Teilung und Wiedervereinigung besser zu verstehen. Erst wenn es gelingt, die «wahre» Entwicklung von Ost und West als jenes Schicksal zu akzeptieren, das die europäische Geschichte für Deutschland bereithielt, besteht eine Chance, die Zeit der Schuldzuweisungen hinter sich zu lassen. Erst dann wird das Bild vom Opfer des Ostens und vom Täter im Westen verblassen; und genauso das Bild von der Rückständigkeit des Ostens und der Fortschrittlichkeit des Westens. Kann das gelingen? Wir sind moderat optimistisch: Demoskopische Trends sprechen dafür, dass sich noch vorhandene Spaltungen mit der Zeit Schritt für Schritt schließen; demografische Trends unterstützen dies, weil für die nächste Generation junger Ost- und Westdeutscher die deutsche Wiedervereinigung doch immer mehr zum Teil längst vergangener Geschichte wird. Und auch die wirtschaftliche Entwicklung kann helfen, die Spaltung zu verringern, wenn die richtigen Weichen gestellt werden.

Soweit zum Inhalt dieses Buchs. An dieser Stelle müssen wir noch eine Frage ergänzend beantworten: Was meinen wir mit «Wahrheit»? Wenn heute über die Deutsche Einheit diskutiert und gestritten wird, taucht oft ein Gegensatz auf, der die Autoren dieses Werks sehr beschäftigt und auch motiviert hat, dieses Buch zu schreiben. Es ist der Unterschied zwischen objektiver, tatsächlicher Wahrheit und subjektiver, gefühlter Wahrheit. Gelegentlich ist es den Autoren bei Podiumsdiskussionen passiert, dass ihnen entgegengehalten wurde, was sie da sagten, das sei durchaus wahr, aber es entspreche nicht dem, was die Menschen dächten und wahrnähmen. Freimütig bekennen die Autoren, dass dies so sein mag. Allerdings beharren sie auf der Bedeutung der objektiven Wahrheit für die Interpretation der Geschichte. Denn ohne diese können ganze Gesellschaften schnell auf die schiefe Bahn geraten.

Die Dolchstoßlegende nach dem Ersten Weltkrieg ist ein herausragendes Beispiel dafür. Sie überlebte Jahrzehnte als Mythos in den Köpfen, und sie trug maßgeblich dazu bei, dass die Weimarer Republik als gelebte Demokratie scheiterte – mit allen verheerenden Folgen. Nun ist der ostdeutsche Opfermythos à la Köpping und Kowalczuk sicherlich weniger zerstörerisch als die damalige Dolchstoßlegende, zumal die heutige Berliner Republik unvergleichbar stabiler ist als die Weimarer Republik es jemals war. Gleichwohl steckt in diesem Mythos eine Menge Gift. Die Autoren des vorliegenden Buchs teilen die aufklärerische Überzeugung, dass es nur ein Mittel gibt, dieses Gift wirkungslos zu machen: die Wahrheit. Und zwar eben nicht die gefühlte, sondern die echte Wahrheit. Nun sind wir nicht so vermessen zu glauben, dass wir diese Wahrheit entdecken können.

Das kann niemand. Aber immerhin können wir versuchen, ihr möglichst nahezukommen, um dann vernünftig weiterzudiskutieren. Das ist unser Ziel, nicht mehr und nicht weniger.

Zum Schluss der Einleitung ein paar persönliche Bemerkungen zu uns selbst, den Autoren dieses Buchs. Karl-Heinz Paqué (63) ist Volkswirt und in Westdeutschland aufgewachsen. Seit 1996 ist er im Osten als Universitätsprofessor tätig und war einige Jahre dort auch politisch aktiv, unter anderem von 2002 bis 2006 als Landesfinanzminister von Sachsen-Anhalt für die FDP (Freie Demokratische Partei). Er ist kein Zeitzeuge der frühen Jahre der Deutschen Einheit, aber ein langjähriger Beobachter der Entwicklung im Osten, wo er zu Hause ist und Wurzeln geschlagen hat, beruflich wie persönlich mit seiner Frau Sabine. Wirtschaft und Gesellschaft der Region sind zu einem seiner Lebensthemen geworden; und in bescheidenem Rahmen hat er bei deren Umgestaltung mitgewirkt, akademisch wie politisch. Richard Schröder (77) ist Philosoph und Theologe und in Ostdeutschland aufgewachsen. Dort war er in der DDR-Zeit als evangelischer Pfarrer und dann als Dozent für Philosophie an kirchlichen Institutionen tätig. Er ging 1989 in die Politik und war in der letzten – und einzig frei gewählten – DDR-Volkskammer Vorsitzender der Fraktion der SPD (Sozialdemokratische Partei Deutschlands). Danach wurde er Professor für Theologie an der Humboldt-Universität zu Berlin. Er ist das, was man einen Zeitzeugen nennt: für die Zeit der DDR, der Wiedervereinigung und der drei Jahrzehnte danach. Er berichtet deshalb in Kapitel 3 gelegentlich in der Ichform.

Beide Autoren verstehen sich im Übrigen als intellektuelle Individualisten mit bürgerlichen Werten. Ihre biografischen Wege und ihre fachlichen Schwerpunkte sind dabei sehr unterschiedlich – ebenso ihr Argumentationsstil und ihr Erzähltemperament. Wir haben in diesem Buch nicht versucht, diese Unterschiede zu verwischen, weil dies nur zulasten der Originalität des Inhalts und vielleicht auch der Freude am Lesen gegangen wäre. Ecken und Kanten gehören eben zu einer Streitschrift dazu. Lediglich die kurze Einleitung und das knappe abschließende Kapitel haben wir gemeinsam verfasst. Die beiden umfangreichen Kapitel dazwischen sind dagegen das Ergebnis getrennter Arbeit, aber intensiver gemeinsamer Diskussion: Der politische Ökonom Karl-Heinz Paqué verfasste das Kapitel 2 zu den «Fakten», der philosophische Theologe Richard Schröder das Kapitel 3 zu den «Mythen». Gleichwohl sind wir uns natürlich einig, und zwar in praktisch allen Aussagen, die dieses Buch enthält. Das Buch ist zwar eine Streitschrift, aber wir streiten eben gemeinsam mit anderen – und nicht untereinander.

2 Fakten

2.1 Das Erbe der DDR

Im Anfang war die Planwirtschaft. Wer die ökonomische Seite der Deutschen Einheit ab 1990 verstehen will, muss sich zunächst mit dem beschäftigen, was die Planwirtschaft der DDR in den vier Jahrzehnten ihrer Existenz geschaffen und hinterlassen hat. Vor allem müssen die Entwicklung und der Zustand der DDR-Wirtschaft zu dem in Vergleich gesetzt werden, was sich im marktwirtschaftlichen Westen und im gleichfalls planwirtschaftlichen Osten Europas abspielte. Nur so lässt sich in etwa nachvollziehen, wie nach dem Mauerfall am 9. November 1989 das Erbe der DDR wirtschaftlich einzuschätzen ist.

Machen wir also im Zeitraffer eine Reise zurück zu den Anfängen der DDR-Planwirtschaft in die späten 1940er-Jahre und fassen die dann folgende Entwicklung in einer Art Holzschnitt zusammen. Dies geschieht ohne den Blick auf Details, die längst historisch aufgearbeitet sind.[12] Im Vordergrund stehen für uns allein die großen Wegmarken und Trends, soweit sie ihren Niederschlag in jener Volkswirtschaft hinterließen, die 1989/90 in die globale Marktwirtschaft zurückgeführt werden musste.

Zunächst aber folgende Frage: Was ist überhaupt eine Planwirtschaft? Die Antwort lautet: eine Wirtschaftsordnung, in der die Lenkung der wirtschaftlichen Aktivitäten durch eine zentrale Planbehörde erfolgt – und eben nicht durch die Signale freier Marktpreise. Nach dieser groben Definition war die DDR-Wirtschaft tatsächlich spätestens seit dem faktischen Entstehen zweier deutscher Staaten im Jahr 1949 eine Planwirtschaft. Die Preise der Güter und Dienstleistungen wurden politisch festgelegt, die zu produzierenden Mengen im Voraus geplant und die Unternehmen grundsätzlich zur Einhaltung der Pläne verpflichtet.

Um diese Verpflichtung durch Pläne in die Realität umzusetzen, bedurfte es natürlich einer zentralstaatlichen Kontrolle. Genau darin lag permanent ein riesiges Problem der Organisation. Zu dessen Lösung wurden die Betriebe entweder verstaatlicht oder als private Unternehmen unter staatlicher Lenkung geführt. Der erste Weg, die Verstaatlichung, überwog von Beginn an in der Industrie. Die zweite Variante, die staatliche Lenkung nach wie vor privater Unternehmen, überlebte zunächst in der Landwirtschaft, in Handel, Handwerk und Dienstleistungen sowie in kleineren Industriebetrieben (mit bis zu 100 Beschäftigten). Im Lauf der DDR-Geschichte wurde allerdings die zumindest faktische Übernahme durch den Staat das dominierende Modell, weil sich die Kontrolle eigenständiger, oft renitenter privater Eigentümer als sehr schwierig erwies. Es kam deshalb zu mehreren sukzessiven Wellen der Verstaatlichung, deren letzte 1972 die verbliebenen Industrie- und größere Handwerksbetriebe (ab zehn Beschäftigte) betraf.[13] Spätestens zu diesem Zeitpunkt wurde die DDR-Planwirtschaft zu einer Zentralverwaltungswirtschaft, in der alle wesentlichen Sektoren in staatlicher Hand lagen.

Soweit zum Rahmen der DDR-Wirtschaft in den rund vier Jahrzehnten ihrer Existenz. Bevor wir über die Leistungen dieser Wirtschaft Bilanz ziehen, ist eine Vorbemerkung nötig. Sie betrifft die östlichen Nachbarländer in Mitteleuropa, die gleichfalls unter sowjetischer Führung zum sozialistischen Ostblock gehörten. Ihnen wurde von moskautreuen nationalen kommunistischen Parteien eine im Kern ganz ähnlich funktionierende Planwirtschaft oktroyiert. Zwar gab es graduelle Unterschiede, zum Beispiel im Ausmaß und in der Art der Verstaatlichung zwischen den «Modellen» von DDR und Polen, Tschechoslowakei und Ungarn sowie Rumänien, Bulgarien und der Sowjetunion, aber im Wesentlichen handelte es sich überall um Planwirtschaften mit durchgreifender staatlicher Kontrolle. Hinzu kam, dass die Länder Teil einer umfassenden planwirtschaftlichen Arbeitsteilung innerhalb des östlichen Europas waren, die mit der 1949 erfolgten Gründung des Rats für gegenseitige Wirtschaftshilfe (RGW) von der Sowjetunion politisch und wirtschaftlich dominiert wurde. Besondere Bedeutung hatte dies für die Währungen, die – technisch formuliert – gegenüber dem Rest der Welt nicht konvertibel waren. Praktisch bedeutete dies, dass Güter aus dem marktwirtschaftlichen Rest der Welt, einschließlich des benachbarten Westeuropa, nicht am freien Weltmarkt mit eigener Währung gekauft werden konnten, was all diese Länder zu einer Existenz im isolierten «Ostblock der Planwirtschaft» verurteilte. Sie teilten also das gleiche Schicksal und begannen auch etwa zur gleichen Zeit nach 1989/90 mit der Transformation ihrer Plan- in Marktwirtschaften. Sie sind (und bleiben!) deshalb überaus interessante Vergleichsländer zu Ostdeutschland.[14]

Zurück zur DDR: Was war die Bilanz ihrer Wirtschaftsleistungen? Wir unterscheiden im Folgenden – mit Mut zur nötigen Vereinfachung – zwischen positiven und negativen Ergebnissen, die sich innerhalb der vier Jahrzehnte zeigten und tatsächlich zur Zeit der Wende 1989/90 das wirtschaftliche Erbe der DDR darstellten.

2.1.1 Wachstum

Das Wachstum der DDR-Wirtschaft war über vier Jahrzehnte ohne Zweifel positiv.[15] Die volkswirtschaftliche Bruttowertschöpfung pro Einwohner – als Näherungsgröße für das Pro-Kopf-Einkommen[16] – nahm laut DDR-Statistik in jedem Jahr von 1950 bis 1989 zu. In den frühen 1950er-Jahren des Wiederaufbaus lagen die Zuwachsraten sehr hoch im zweistelligen Bereich, gingen dann in der zweiten Hälfte des Jahrzehnts deutlich zurück und erreichten im Jahr des Mauerbaus 1961 einen Tiefpunkt von unter 3 Prozent. Danach fluktuierte die Wachstumsrate im Wesentlichen zwischen 2 und 6 Prozent, in normalen Jahren zwischen 3 und 5 Prozent.[17] Erst in der zweiten Hälfte der 1980er-Jahre, also in den letzten Jahren der DDR, gab es nochmals einen mehrjährigen Trend nach unten. Rein rechnerisch bedeutete dies sogar, dass die Wertschöpfung der DDR pro Kopf im Trend schneller wuchs als in der Bundesrepublik und damit die Relation Ost- zu Westeinkommen pro Kopf von unter 40 Prozent 1950 recht kontinuierlich bis auf fast 55 Prozent in den späten 1980er-Jahren anstieg.[18] Allerdings ist eine derartige Rechnung in hohem Maß fragwürdig, weil eine angemessene Bewertung der DDR-Wertschöpfung zu (Welt)Marktpreisen nicht möglich ist.

Gleichwohl kann kein Zweifel darüber bestehen, dass sich der Lebensstandard in der DDR über die vier Jahrzehnte kontinuierlich verbesserte. Dies lässt sich auch aus Statistiken über die Ausstattung mit langlebigen Gebrauchsgütern wie Fernsehgerät, Kühlschrank und Waschmaschine in privaten Haushalten ablesen, die vor allem im Zeitraum von 1960 bis 1980 zunahm, sodass 1980 praktisch eine Vollversorgung gewährleistet war. Auch der Besitz von Automobilen ging in diesem Zeitraum deutlich nach oben: Fast 40 Prozent aller Haushalte hatte 1980 einen PKW zur Verfügung.[19] Tatsächlich war die rein quantitative Ausstattung mit den üblichen Geräten des täglichen Gebrauchs in der DDR zwar schlechter als in der Bundesrepublik, aber der Unterschied fiel keineswegs dramatisch aus. Die Planwirtschaft war also im Ergebnis sehr wohl in der Lage, die Versorgungslage einigermaßen stabil zu halten und an wesentlichen Veränderungen der in Industrieländern üblichen technologischen Möglichkeiten rein quantitativ teilzuhaben.

Das eigentliche wirtschaftliche Kernproblem lag auf der Seite der Qualität und Vielfalt der Produkte sowie auf deren schneller Verfügbarkeit. Dies war und blieb über die gesamte Zeit der DDR-Geschichte die zentrale Herausforderung für die Planungsbürokratie, an der sie immer wieder scheiterte – trotz wiederholter Anläufe zu Reformen. Mit Blick auf das Erbe der DDR 1989/90 ist es dabei nützlich, zwischen zwei Arten von Schwierigkeiten der Planwirtschaft zu unterscheiden: zwischen fehlender Effizienz und mangelnder Innovationskraft.

2.1.2 Fehlende Effizienz

Was die fehlende Effizienz des Systems betrifft, so waren die Probleme ganz offensichtlich – und deshalb schon immer auch Gegenstand des manchmal bitteren Spotts der Menschen. Da auf die Signalwirkung der Marktpreise verzichtet wurde und auch die Verbindung zu den Weltmärkten durch die fehlende Konvertibilität der Währung durchgängig gekappt blieb, erwies sich die Planungsbürokratie als viel zu schwerfällig, die Knappheit der Güterversorgung im konkreten Fall zu orten und die Produktion entsprechend umzulenken. Hinzu kam phasenweise der Unwille, es überhaupt zu tun: Immer wieder wurde aus übergeordneten politischen Gesichtspunkten die Herstellung von Konsumgütern für die breite Masse der Menschen in der Priorität hintangestellt. Besondere Förderung erhielt dann die Produktion von Grundstoffen und Investitionsgütern, die keineswegs dem direkten Nutzen der Verbraucher, sondern nur der volkswirtschaftlichen Produktivkraft dienten – und dies auch bestenfalls langfristig und indirekt. Aufgrund der planerischen Willkür kam es dabei auch oft zu massiven Fehlinvestitionen, weil es an marktwirtschaftlichen Informationen über die Rentabilität der staatlichen Lenkung von Ressourcen weg vom Konsum fehlte.

Ineffizienz gab es natürlich auch im Produktionsablauf selbst. Es fehlte häufig an den nötigen Vor- und Zwischenprodukten – wegen Schwächen in der Logistik und der Infrastruktur sowie wegen Stockungen in der Herstellung der vorgelagerten Ebenen. Um dies in den Griff zu bekommen, wurden in späteren Jahren riesige Kombinate gebildet, die dann mehrere Produktionsstufen an einem Ort «vertikal» integrierten, aber neue Probleme der Massenorganisation schufen. All dies ging zulasten der Arbeitskräfte und deren Motivation, die zudem darunter litten, dass viele Konsumgüter nicht schnell und in hoher Qualität verfügbar waren. Die Beschäftigten sahen sich dann außerstande, für ihren verdienten Lohn einen befriedigenden realen Warenwert zu erwerben, zumal die fehlende Konvertibilität der Währung verhinderte, dass sie Westware aus marktwirtschaftlichen Ländern kaufen konnten.

Die Ineffizienz war ein Grundzustand der DDR-Wirtschaft. Bereits in den 1950er-Jahren steigerte sie sich in eine Art Teufelskreis, der zu massiver Unzufriedenheit und zur Abwanderung leistungsfähiger Arbeitnehmer führte – und dies, obwohl in der DDR jede arbeitswillige Erwerbsperson auch Arbeit fand. Bis zum Mauerbau 1961 verließen per saldo über zwei Millionen Menschen, also gut 11 Prozent der Bevölkerung, das Land in Richtung Westen, darunter überdurchschnittlich viele mit guter beruflicher Qualifikation.[20] Im Westen fanden praktisch alle von ihnen Arbeit – natürlich in harter Währung und mit steigenden Löhnen, weil dort bei Vollbeschäftigung Arbeitskräfte inzwischen ebenfalls händeringend gesucht wurden. Tatsächlich stellt sich der Mauerbau in dieser Perspektive als eine Art Notmaßnahme zur wirtschaftlichen Sicherung der DDR-Zukunft dar, auch wenn er aus humanitärer Sicht durch nichts zu rechtfertigen ist. Die hermetische Abriegelung der DDR-Grenze nach Westen sorgte für einen Stopp der Abwanderung und half dadurch, Zeit für den weiteren Ausbau der Planwirtschaft zu gewinnen, was tatsächlich zu einem neuen Wachstumsschub und zu einer Verbesserung der Versorgungslage bis in die 1970er-Jahre führte. Die fundamentalen Ineffizienzen des Systems blieben allerdings im Kern unverändert – bis zur Wende 1989/90.

Die Allgegenwart dieser Ineffizienz ist zu einer Art Markenzeichen der Planwirtschaft geworden. Und dies durchaus zu Recht, denn mit der Einführung der Marktwirtschaft verschwand sie fast schlagartig. Das ist eine geradezu willkommene Eigenschaft jeder Ineffizienz: Ist sie bei der Umstellung von der Plan- auf die Marktwirtschaft einmal erkannt, lässt sie sich in aller Regel recht einfach, wenn auch im Einzelfall unter großen Schmerzen der Anpassung beseitigen. Sie ist dann – ein für alle Mal – Teil der Geschichte. Und über sie lässt sich im Nachhinein sogar lachen und spotten: als längst überwundene groteske Vergangenheit, der manchmal im anekdotischen Gespräch sogar noch Liebenswertes abgewonnen wird.

Genau dieser Siegeszug über die Ineffizienz gelang im Zug der Einheit Deutschlands und des Aufbau Ost: Alles spricht dafür, dass die neu etablierte ostdeutsche Marktwirtschaft nach der Wiedervereinigung nicht allzu lange systematisch hinter der Effizienz des traditionell marktwirtschaftlichen Westens hinterherhinkte. Kaum waren die marktwirtschaftlichen Anreize vorhanden und Investitionen getätigt, lief der Betrieb ohne Reibung und Verschwendung. Jedenfalls waren ab spätestens Mitte der 1990er-Jahre nirgends in Ostdeutschland Klagen darüber zu hören, dass ostdeutsche Unternehmen und Arbeitskräfte ineffizient operierten. Wenn überhaupt, dann das Gegenteil: Die hohe Motivation der Arbeitskräfte, die im Anblick hoher Erwerbslosigkeit bereit waren, deutlich länger zu arbeiten als im Westen, wurde allseitig gerühmt. Ebenso wenig gab es Klagen über Schwächen in Logistik, Materialfluss und Betriebsorganisation. Die Zeit der Ineffizienz war ganz schnell vorbei. Das übliche marktwirtschaftliche Niveau des Westens war erreicht.

2.1.3 Mangelnde Innovationskraft

Ganz anders stellt es sich bei der zweiten großen Schwierigkeit der DDR-Planwirtschaft dar: der mangelnden Innovationskraft. Um sie und ihre Folgen zu verstehen, müssen wir wieder in die DDR-Wirtschaftsgeschichte eintauchen. Wir konzentrieren uns dabei zunächst auf die Industrie – genauer: auf das sogenannte verarbeitende Gewerbe, das seit der Industrialisierung Deutschlands im 19. Jahrhundert bis zur deutschen Teilung begehrte und größtenteils höchst innovative Produkte für den Weltmarkt herstellte. Dies galt für den Westen und den Osten Deutschlands gleichermaßen. Der Grad der Industrialisierung war ähnlich hoch, mit jeweils regionalen Schwerpunkten hier wie dort: Im Westen gab es mit dem heutigen Schleswig-Holstein, Niedersachsen, Rheinland-Pfalz und Bayern ausgeprägte Agrargebiete, daneben mit dem heutigen Nordrhein-Westfalen, Hessen und Baden-Württemberg auch Hochburgen der Industrie. Ähnlich im Osten: Mitteldeutsch-

land und Sachsen sowie die Vier-Millionen-Metropole Berlin waren Industriezentren, das heutige Mecklenburg-Vorpommern, Brandenburg und der
Norden Sachsen-Anhalts Agrargebiete. Alle Industrieregionen waren bis in
die frühen 1930er-Jahre untereinander und mit dem Ausland durch zahl-
reiche Handelsbeziehungen eng verzahnt.[21] Erst im Nationalsozialismus
begann man damit, eine gezielte Politik der Autarkie zu betreiben, die von
1933 bis 1939 und dann natürlich auch im Zweiten Weltkrieg die Integration
ein Stück zurückdrehte. Aber dies galt eben nur für einen Zeitraum von
zwölf Jahren, die zweite Hälfte davon im Krieg. Und es geschah im Wesentlichen ohne systematischen Angriff auf das selbstständige industrielle Unternehmertum. Dieses wurde zwar gelenkt, bedrängt und gelegentlich auch
gezwungen, kriegswichtige Produkte herzustellen, aber dies geschah eher
ad hoc – als eine Variante des (gesamtdeutschen) Staatskapitalismus.[22]

Kurzum: Der Startpunkt für die Industrie in West und Ost war nach
dem Krieg in etwa gleich. Dann allerdings trennten sich die Wege radikal.
Zunächst materiell: Die westdeutsche Industrie erhielt im Zeitraum von 1947
bis 1953 Hilfe durch den Marshallplan, der ihre Reintegration in die Wirtschaft Westeuropas und der Welt maßgeblich beförderte. Diese Hilfe wurde
von den Vereinigten Staaten auch den mittel- und osteuropäischen Nationen
angeboten, aber die Sowjetunion untersagte deren Annahme in ihrem Herr-
schaftsbereich, einschließlich der späteren DDR.[23] Überdies litt die ostdeutsche Industrie unter Demontagen zwecks Reparationsleistungen an die Sowjetunion, was den Wiederaufbau der Kapazität verzögerte und belastete.[24]
Hinzu kam, dass hochinnovative Industrieunternehmen im Anblick der sich
abzeichnenden DDR-Planwirtschaft in den marktwirtschaftlichen Westen
abwanderten, darunter große Namen wie in der weltmarktführenden opti-
schen Industrie die Carl-Zeiss-Werke aus Jena, die mitsamt ihren Patenten
schon 1946/47 im württembergischen Oberkochen die Produktion aufnah-
men. Insgesamt verlagerten bis 1953 mehr als 4000 Unternehmen ihren Sitz
in den Westen.[25] Es ist deshalb einerseits realistisch zu vermuten, dass schon
in den frühen 1950er-Jahren kein völliger Gleichstand in der Innovationskraft zwischen West und Ost herrschte. Andererseits konnte von einem großen Vorsprung des Westens noch nicht die Rede sein.

Ein solcher Vorsprung entstand allerdings in den kommenden Jahrzehnten, und zwar in einer Kombination aus kleinen Schritten und großen

Schüben. Grund dafür war im Kern die Abschottung der DDR-Industrie von den Impulsen des Markts – national, europäisch und global. Tatsächlich waren die vier Jahrzehnte von 1950 bis 1990 eine überaus dynamische Phase der Expansion auf den Weltmärkten, in der alle hoch entwickelten Industrienationen ihre Produktpalette im verarbeitenden Gewerbe den veränderten Kundenwünschen, den neuen Technologien und den Notwendigkeiten der Produktdifferenzierung ständig neu anpassten. Diese Fähigkeit zur Innovation gehört zum Wesenskern der kapitalistischen Marktwirtschaft, wie er sich gerade in der Phase des besonders rasanten Wachstums in den ersten beiden Jahrzehnten nach dem Zweiten Weltkrieg eindrucksvoll zeigte.[26] Hatte es in der Zwischenkriegszeit gewaltige gesamtwirtschaftliche Schieflagen des Kapitalismus wie die deutsche Hyperinflation von 1922/23 und die Weltwirtschaftskrise von 1930 bis 1932 gegeben, die den innovationsgetriebenen Wandel eher hemmten, sorgte in den 1950er- und 1960er-Jahren die starke Dynamik der handelspolitischen Integration Westeuropas für eine bis dahin nie erreichte Geschwindigkeit der Entstehung marktgetriebener Neuheiten. Die Fesselung der DDR-Wirtschaft im Rahmen der isolierten planwirtschaftlichen Sondersituation Osteuropas sorgte deshalb für eine abgeschottete Produktwelt, die zwar innerhalb der zentral festgelegten Arbeitsteilung des Ostens ihre Abnehmer fand, von den Standards des Westens in Qualität und Vielfalt aber zunehmend negativ abwich.

Genau dieser Prozess war es, der die Westwaren in den Augen der Ostdeutschen mit der Zeit immer attraktiver machte. Es ging dabei nicht um gänzlich andere Typen von Gütern – auch dort gab es Autos, Fernseher, Kühlschränke, Waschmaschinen und vieles andere mehr, aber die Westwaren galten als qualitativ besser und vielfältiger. Eben dies war das Ergebnis der wettbewerblichen Produktdifferenzierung, die sich in Gestalt eines schleichenden Prozesses der vielen kleinen innovativen Schritte abspielte, gewissermaßen Tag für Tag und Jahr für Jahr. So arbeitet eben eine Marktwirtschaft; sie sorgt für ein ständiges Wachstum des Wissens und dessen Anwendung in der Produktion. Ein solcher Prozess fand natürlich nicht nur bei den typischen Konsumgütern des Haushaltsbedarfs statt, die jeder kennt, sondern auch in der Breite der technologisch differenzierten Investitionsgüter, die nur fachkundige Ingenieure beurteilen können. Insgesamt also auf breiter industrieller Front eine ständige und stetige Dynamik des innovationsfreudigen Kapitalismus und damit ein relatives Zurückfallen der trägen Planwirtschaft.

Es ist bemerkenswert, dass ausgerechnet Walter Ulbricht, zwei Jahrzehnte lang als Erster Sekretär des SED-Zentralkomitees der mächtigste Mann der DDR, dieses Zurückfallen durchaus als ernstes Problem erkannte. In der zweiten Hälfte der 1960er-Jahre versuchte er deshalb, die planwirtschaftliche Wirtschaftspolitik der DDR umzusteuern, indem er eine Offensive von Investitionen in neue Technologien forcierte, insbesondere in die aufkommende Elektronik. Er prägte dabei die kurios klingende Formel «Überholen ohne einzuholen», womit er der Planwirtschaft die anspruchsvolle Aufgabe zuordnete, ein neues technisches Zeitalter einzuläuten und dabei in der Entwicklung neuer – und dann «elektronisierter» – Produkte überlegen zu sein.[27] Dieser Grundgedanke war keineswegs unsinnig und ähnelt dem später in der Wirtschaftswissenschaft geprägten Konzept des «leap-frogging», also des Überspringens einer traditionellen zugunsten einer völlig neuen Technologie.[28] Im Rahmen der DDR-Planwirtschaft musste das ambitionierte Projekt aber fast zwingend scheitern. Es lieferte letztlich 1971 einen der Gründe für den Wechsel an der SED-Spitze von Walter Ulbricht zu Erich Honecker.

War es bis Anfang der 1970er-Jahre die normale, wenn auch in dieser Zeit besonders kraftvolle Dynamik des innovativen Wandels im Westen, der die Planwirtschaft relativ zurückfallen ließ, so wurden es seit den sogenannten Ölkrisen 1973/74 und 1979/80 vor allem die Brüche eines tief greifenden weltwirtschaftlichen Strukturwandels, die dem Osten auf Dauer zu schaffen machten. Dieser Strukturwandel kam im Westen in Gestalt zweier schwerer Krisen daher, die am planwirtschaftlichen Mittel- und Osteuropa zunächst scheinbar weitgehend vorbeigingen. Die Verteuerung von Öl und anderen Rohstoffen auf den Weltmärkten sorgte für eine schubweise Schrumpfung der industriellen Kapazitäten des Westens im Zug zweier schwerer Rezessionen mit ihren Tiefpunkten in den Jahren 1975 und 1982, die vor allem auch die bundesdeutsche Wirtschaft mit ihrem vergleichsweise hohen Industrieanteil hart trafen. Von nun an wurde Arbeitslosigkeit im Westen ein chronisches Dauerproblem, von dem der Osten offenbar verschont blieb – eine Tatsache, die manche Intellektuelle mit nur begrenzter ökonomischer Schulung vorübergehend den Leistungen der Planwirtschaft zuschrieben. Dies mag auch erklären, warum gerade die 1970er-Jahre eine Art Höhepunkt der Reputation des Ostens unter westlichen Beobachtern darstellten.[29]

Langfristig sorgten die Energiekrisen im Westen für eine schubweise Neuorientierung der Technologie in Richtung des Energiesparens, was sich in den folgenden Jahren auf fast alle industriellen Investitionen auswirkte. Einmal mehr zeigte sich die Innovationskraft und Anpassungsfähigkeit der Marktwirtschaft, diesmal in der Bewältigung struktureller Krisen. Der neu entstehende Kapitalbestand des Westens verbrauchte bei gleicher oder gar stärkerer Leistung weniger Energie als zuvor und arbeitete darüber hinaus erheblich umweltfreundlicher. Und die industriellen Produkte, die mit ihm erzeugt wurden, waren auch ökologisch moderner. Dies ging zum Teil auf die strengeren Grenzwerte und die Regulierung der Emissionen zurück – als politische Reaktion auf die Umweltbewegung, die seit dem Bericht des Club of Rome[30] an Einfluss gewann. Nichts Vergleichbares geschah in der DDR. Im Gegenteil: Als die Sowjetunion als Hauptlieferant von Erdöl im Rahmen des Rats für gegenseitige Wirtschaftshilfe dann doch die Ölpreise schrittweise erhöhte, reagierte die DDR-Führung durch gezielten und massiven Ausbau der Braunkohleförderung, was zusätzliche gewaltige Umweltschäden nach sich zog.

Zu all dem kam in den 1970er- und 1980er-Jahren die revolutionäre Entwicklung der Mikroelektronik hinzu. Sie etablierte sich vor allem in den Zentren der Informationstechnologie innerhalb der kapitalistischen Welt, allen voran im Silicon Valley, und setzte zu Triumphen der Innovationskraft an, die sich dann – Schritt für Schritt – in allen hoch entwickelten Marktwirtschaften verbreiteten. In gewisser Weise wurde damit Walter Ulbrichts Vision Wirklichkeit, aber mit genau umgekehrten Vorzeichen: Es war der dynamische wissensgestützte Kapitalismus US-amerikanischer Prägung, der rund um die universitären Brutstätten des Wissens die globale Technologieführung übernahm – und gerade nicht die schwerfällige Planwirtschaft. Dazu trug zusätzlich bei, dass Erich Honecker die zentralen Prioritäten der Politik von der Stärkung der Innovationskraft auf die sogenannte Einheit von Wirtschafts- und Sozialpolitik verschob. Dies sorgte für eine zunehmende Auslandsverschuldung des Landes zur Finanzierung eines steigenden sozialen Mindestniveaus, nicht aber für zusätzliches Wachstum. Die DDR begann – noch mehr als zu Zeiten von Walter Ulbricht – von der Substanz zu leben.

Soweit in groben und skizzenhaften Zügen das Bild von der Innovationskraft der Planwirtschaft über die vier Jahrzehnte der DDR-Geschichte. Am Ende ist es das Porträt eines enormen Flurschadens: Schleichend in Schritten und Schüben entfernte sich die industrielle Produktpalette der DDR von den Anforderungen des Weltmarkts, die ihr ja auch nie – über Märkte – übermittelt wurden. Jeder, der Gelegenheit hatte, die Produktwelten von Ost und West direkt zu vergleichen, konnte sich davon überzeugen. Ein Trabant oder ein Wartburg, Chemikalien aus Buna und Leuna, elektronische Geräte aus Dresden, das allermeiste, was das verarbeitende Gewerbe in der DDR produzierte, würde bei freien Märkten nicht absetzbar sein – außer zu Preisen, die weit unter jenen lagen, die ein auskömmliches Lohneinkommen für die Arbeitnehmer garantierten, die sie produzierten.

Solange die Mauer stand und die DDR existierte, stellten sich derartige Fragen nicht. Sie blieben hypothetisch. Dies führte zu manch skurrilen Fehleinschätzungen durchaus kluger Beobachter. So kam eine Delegation von Journalisten der angesehenen Hamburger Wochenzeitung *Die Zeit* nach einem Besuch in der DDR in den 1980er-Jahren zu dem Schluss, dass deren Wirtschaft eigentlich in gar keinem so schlechten Zustand sei.[31] Und einige Jahre zuvor hatte das westdeutsche Nachrichtenmagazin *Der Spiegel* gemeldet, dass die DDR im Pro-Kopf-Einkommen vor Großbritannien liegen würde.[32] Die Journalisten der *Zeit* ließen sich offenbar von einigen von der DDR-Führung ausgewählten Objekten blenden, und *Der Spiegel* vertraute auf Statistiken, die den nicht messbaren, also hypothetischen (Welt)Marktwert der ostdeutschen Produkte viel zu hoch ansetzten, weil die Statistiker zwar einen gewissen Abschlag für Qualitätsmängel vornahmen, nicht aber berücksichtigten, ob die Güter überhaupt einen Abnehmer finden konnten – und, wenn ja, zu welchem Preis (und damit Wert).

Gelegentlich wird auch heute noch von Ex-post-Beobachtern der DDR-Wirtschaft behauptet, diese hätte am Weltmarkt doch einige Erfolge erzielt. So lieferte sie zum Beispiel Vor- und Zwischenprodukte zur Weiterverarbeitung durch das global tätige schwedische Möbelhaus IKEA und Kühlschränke für den Versandhandel der westdeutschen Firma Quelle. Dies war in der Tat so. Allerdings gehören beide Beispiele zu einer sehr kleinen Gruppe von Exporterfolgen in einer ansonsten allein auf den RGW-Handel konzentrierten Wirtschaft, der in nicht konvertibler Währung, dem soge-

nannten Transferrubel, abgewickelt wurde. Wichtiger noch waren die konkreten Umstände: Im Fall IKEA fand die Herstellung der Waren zum Teil
nicht durch Arbeitskräfte in normalen Betrieben statt, sondern zumindest
teilweise durch Häftlinge und Zwangsarbeiter, was im Jahr 2012 zu einer
breiten öffentlichen Diskussion führte. Wie auch immer man diese bewertet,
sie liefert kein Beispiel für die internationale Wettbewerbsfähigkeit der DDR-
Wirtschaft.[33] Im kuriosen Fall der Lieferung von Kühlschränken an das Ver-
sandhaus Quelle nutzte die DDR indirekt einen internen Verrechnungskurs
der Ostmark zur D-Mark von 4,4 zu 1, was in der bekannten Größenordnung
der Schwarzmarktkurse lag. Damit konnte der Kühlschrank im Westen von
Quelle zu einem extrem niedrigen Preis angeboten werden, nämlich für 140
D-Mark, sodass bei Herstellungskosten von 360 Ostmark noch ein satter
Gewinn von 58 D-Mark pro Stück übrig blieb.[34] Es handelte sich also um eine
Art Lohndumping, verursacht durch eine verzweifelte Devisenknappheit,
und in keiner Weise verallgemeinerbar.[35] Vonseiten des Versandhauses
Quelle war dieses «Geschäftsmodell» übrigens kein Einzelfall.[36] Für die
DDR-Industrie als Ganzes war es natürlich kein Rettungsanker, der sie vor
dem Mangel an innovativer Produktqualität und Wettbewerbsfähigkeit
bewahren konnte.

Es ist denn auch ein zentraler Irrtum, der die wohlwollenden Beobachter der DDR-Wirtschaft seit den 1970er-Jahren geeint hat: Sie übersahen den
massiven Flurschaden, der aus der Abschottung der DDR-Industrie resultierte. Schlimmer noch: Sie merkten nicht, dass sich dahinter viel mehr ver-
barg als das allgegenwärtige Problem der Ineffizienz. Denn das Fehlen einer
innovativen industriellen Produktpalette ist nicht einfach durch eine
Umorganisation der Produktion und durch die Entlassung von Arbeitskräften zu lösen. Es braucht vielmehr eine längere Phase der Forschung und
Entwicklung, die praktisch alle Charakteristika eines Gutes betreffen: von
der technischen Qualität über das Design bis hin zu jenen Alleinstellungs-
merkmalen, die dem Produkt überhaupt eine ausbaufähige Marktnische versprechen. Das Kernproblem ist dabei, dass der (globale) Wettbewerb gerade
dafür sorgt, dass diese Marktnischen geschlossen sind, denn sie werden
schon von Konkurrenten erobert, die zeitlich vorher da sind und ihre Position ausgebaut haben. Überspitzt formuliert: Niemand wartet auf die (späte)
Ankunft eines neuen Wettbewerbers, der über 30 oder 40 Jahre hinter dich-

ten Grenzen in einer Planwirtschaft vom Weltmarkt abgeschottet wurde. Die Plätze sind verteilt, neue zu erobern ist extrem schwierig und aufwendig.

Genau dies war die Situation der ostdeutschen Industrie, lange bevor die Mauer fiel. Sie kam nur nicht zum Tragen, weil eben die Mauer stand und die planwirtschaftliche Arbeitsteilung Mittel- und Osteuropas trotz aller fehlenden Effizienz und mangelnder Innovationskraft fortgesetzt wurde. Es gab deshalb auch keinen Grund, sich eine Welt der offenen Grenzen, der Konvertibilität der Währungen und der globalen Handelsbeziehungen mit Integration der DDR sowie Mittel- und Osteuropas vorzustellen. Und das tat auch niemand. Hätten seriöse Beobachter dies gleichwohl ernsthaft versucht, wäre ihnen nicht entgangen, dass die Industrie des Ostens ein gewaltiges Problem vor sich herschob, das vielleicht doch eines Tages in der Zugluft des globalen Wettbewerbs aufbrechen könnte.

Wichtig ist festzuhalten: Es handelte sich bei alledem um ein weitgehend industriespezifisches Problem, das aus der Bedeutung der Innovationskraft in der Produktpalette des verarbeitenden Gewerbes resultierte. Andere Sektoren der Volkswirtschaft waren davon in weit geringerem Maß betroffen. Der Grund liegt auf der Hand: Lokale Dienstleister und Handwerker stehen typischerweise nicht in Konkurrenz mit weltweiten Wettbewerbern; und ihre Angebote enthalten weit weniger Differenzierung nach Technologie und Verbraucherwünschen, als dies im verarbeitenden industriellen Gewerbe der Fall ist. Zudem ist ihr Kundenstamm fast immer regional konzentriert und steht deshalb nicht im großräumigen Wettbewerb. Bäcker, Friseure und Klempner sowie der Einzelhandel – um nur einige zu nennen – können deshalb den Wandel von der Plan- zur Marktwirtschaft sehr viel leichter bewältigen als industrielle Unternehmen, ganz abgesehen davon, dass sie meist sehr viel kleiner sind und deshalb auch weniger an ererbter Ineffizienz leiden. Mit einem schnell erneuerten Werkzeug- und Kapitalbestand können sie wettbewerblich loslegen und einen neuen Kundenstamm aufbauen.

Im Ergebnis Ähnliches gilt für die Landwirtschaft. Hier ist der eigentliche Kapitalbestand der Boden, mit dem Produkte eines wohldefinierten Qualitätsstandards hergestellt werden: Weizen und Roggen, Kartoffeln und Gemüse, Rüben und Sojabohnen usw. Lediglich für hoch spezialisierte Liebhaberprodukte wie Qualitätswein gilt dies nicht. In der Landwirtschaft genügt es deshalb meist, in der Transformation von der Plan- zur Marktwirtschaft den Maschinenpark zu erneuern, die Düngemethoden zu verbessern und die Zahl der Arbeitskräfte auf jenes Maß zu reduzieren, das aus Effizienzgründen nötig ist. Durchaus keine unlösbare Aufgabe, auch nicht in relativ kurzer Zeit. Vergleichbares gilt für den Bergbau, wo die Bodenschätze unter der Erde die Rolle des Bodens in der Landwirtschaft ersetzen. Auch hier genügt im Wesentlichen eine moderne technische Ausstattung, um Kali, Kohle, Kupfer und Uran oder was auch immer für den heimischen und globalen Markt zu fördern. Einen gewaltigen Rückstand der Innovationskraft in der Produktgestaltung kann es kaum geben, wohl aber objektive Kosten der Förderung aufgrund der spezifischen geologischen Bedingungen, die für die potenzielle Wettbewerbsfähigkeit von großer Bedeutung sind.

Es bleiben schließlich in einer Volkswirtschaft auch jene Bereiche, bei denen weder physische Produkte noch lokale Dienste entscheidend sind. Dazu zählen vor allem solche Branchen, in denen Netzwerke des Leistungsangebots und insofern auch Größenvorteile eine enorme Rolle spielen. Dazu gehören Banken und Versicherungen sowie die Versorgung mit Kommunikations- und Stromnetzen. Sie erhalten ihren Wert durch die große Zahl der Teilnehmer am jeweiligen Netzwerk; sie sind insofern für große privatwirtschaftliche Monopole anfällig. Ihr Weg von der Plan- zur Marktwirtschaft ist ein Sonderfall, zumal es dabei oft um enorme Kapitalwerte geht.

2.1.4 Der Schürerbericht

Soweit unser Versuch einer kurzgefassten Anatomie der DDR-Planwirtschaft. Hätte man sich frühzeitig die Mühe gemacht, sie zu untersuchen, wäre manche Entwicklung nach dem Mauerfall im November 1989 und der deutschen Wiedervereinigung nicht ganz so überraschend gekommen. Aber man tat dies nicht, und zwar weder im Westen noch im Osten. Dafür gab es Gründe, die sich im Nachhinein durchaus nachvollziehen lassen.

Im Westen gab es keinen konkreten politischen Anlass, weil niemand auf absehbare Zeit mit der Wiedervereinigung Deutschlands rechnete. Es fällt einer Gesellschaft generell sehr schwer, sich ernsthaft auf eine politische Eventualität vorzubereiten, die rein hypothetisch erscheint. Mit Blick auf die zentrale Rolle der Innovationskraft kam eine Art blinder Fleck der Wissenschaft hinzu. Denn die Volkswirtschaftslehre, die fachlich zuständige Disziplin, war selbst gerade erst dabei, die Rolle des wachsenden Wissens in der

Weltwirtschaft in den Blick zu nehmen – und damit auch jene branchenspe-
zifischen Unterschiede modellhaft herauszuarbeiten, wie sie dann in der
Praxis der Deutschen Einheit von größter Bedeutung wurden. So entstanden
Modelle wie die der endogenen Wachstumstheorie erst Anfang der 1980er-
Jahre ebenso wie die Theorien der innovativen industriellen Produktdifferenzierung;[37] und sie spielten, als es sie dann gab, in der zeitgenössischen
wirtschaftspolitischen Beratung kaum eine erkennbare Rolle. Schließlich
waren auch die wirtschaftlichen Praktiker im Westen, die erste Nachkriegs-
generation von Industriekapitänen, stark von einer Welt geprägt, in der die
Entstehung von marktfähigem Wissen noch keineswegs im Zentrum des
Managements stand. Neues Wissen schien wie von selbst zu entstehen,
gewissermaßen vom Himmel zu fallen; über langwierige Forschung und
Entwicklung brauchte man sich keine großen Gedanken zu machen, zumal
über lange Zeit die Vereinigten Staaten als die Führungsmacht der Technik
angesehen wurde – und Westeuropa einschließlich Westdeutschland als eine
nachziehende Region, die Wissen mehr adoptierte als selbst schuf. Erst mit
der eigenen Wachstumskrise Mitte der 1970er-Jahre begann sich diese Einstellung langsam zu ändern. Insofern darf man sich nicht wundern, dass das
Erbe der DDR selbst noch Ende der 1980er-Jahre falsch eingeschätzt wurde.

In der DDR selbst fehlte natürlich der politische Spielraum, die Probleme offen anzusprechen und zu analysieren. Im Rückblick tat sich in dieser
Hinsicht erst kurz vor dem Mauerfall und nach dem unfreiwilligen Abtritt
Erich Honeckers ein Fenster auf, als Egon Krenz, der neue Generalsekretär
des Zentralkomitees, bei dem Leiter der Staatlichen Plankommission Gerhard Schürer ein Gutachten in Auftrag gab, das die Lage der DDR-Wirtschaft
realistisch darstellen sollte. Der sogenannte Schürerbericht wurde am
30. Oktober 1989 vorgelegt und hat im Nachhinein eine gewisse Berühmtheit
erlangt, erschien er doch nur wenige Tage vor dem Mauerfall als eine Art
letzte – und ziemlich schonungslose – Bestandsaufnahme der Wirtschaftslage.[38] Öffentlich bekannt wurde er allerdings erst einige Monate später.[39]

Der Bericht beklagt zu Recht drei zentrale Missstände der DDR-Wirtschaft seit den frühen 1970er-Jahren, folglich über die gesamte Ära Honecker: (1) die chronische Investitionsschwäche, also das Leben der DDR-Wirtschaft von der Substanz, die mit einer systematischen Verlagerung der
Ausgaben hin zur kurzfristigen Sicherung des Konsumniveaus einherging;

(2) die zunehmende Unfähigkeit der Wirtschaft, die nötigen Exporte zu erwirtschaften, um international zahlungsfähig zu bleiben oder zu werden; (3) die umfassende planerische Ineffizienz des Systems, gekoppelt mit zu wenig Eigenverantwortung für die Betriebe in ihren Dispositionen sowie in ihrer Erlös- und Kostenrechnung. Daneben erwähnt der Bericht weitere strukturelle Schwächen der DDR-Wirtschaft, insbesondere die Unfähigkeit, Innovationen in die Praxis umzusetzen, und die viel zu große Zahl von Verwaltungs- und Bürokräften, namentlich die hauptberuflich in den sogenannten gesellschaftlichen Organisationen Tätigen. Schließlich diagnostizierte der Bericht einen Geldüberhang, dem kein angemessenes Güterangebot gegenüberstand, sowie eine hohe Verschuldung des Staats und der Betriebe bei den DDR-Banken, die ja in der Planwirtschaft die Sparguthaben der Bevölkerung verwalteten, aber keine echten Bankfunktionen im Sinn marktwirtschaftlicher «Fristentransformation» hatten.

Der Befund des Schürerberichts war in sich schlüssig, überzeugend und umfassend. Er mündete in Forderungen, die für DDR-Verhältnisse als revolutionär zu bezeichnen waren: eine komplette Reform nach innen und eine begrenzte kontrollierte Öffnung nach außen. Es war im Kern ein Programm, um die Solvenz einer insolventen Wirtschaft wiederherzustellen – und damit, was explizit erwähnt wird, von außen oktroyierte Konditionen des Internationalen Währungsfonds (IWF) zu vermeiden.[40] Als abschreckendes Beispiel diente dabei vor allem der Fall des sozialistischen Nachbarlandes Polen, dessen Schuldenkrise 1981 zu langwierigen Umschuldungsverhandlungen mit seinen westlichen Gläubigern im Rahmen des Pariser und Londoner Schuldenklubs geführt hatte. Und dies war kein Einzelfall: Gerade in den 1980er-Jahren hatte es eine Fülle nationaler Überschuldungskrisen in Entwicklungs- und Schwellenländern gegeben, deren Lösungen in schwierigsten Verhandlungen vor den Augen der Weltöffentlichkeit und mit federführender Beteiligung des Internationalen Währungsfonds erarbeitet wurden. Als Bittsteller des «kapitalistischen» Internationalen Währungsfonds auftreten zu müssen, das wurde als ein Höchstmaß an Demütigung verstanden, die der DDR als sozialistischem Staat unbedingt erspart bleiben musste.

Es spricht für sich, dass Schürers Analyse die Lage der DDR im Kern als Überschuldungskrise interpretierte. Damit übersahen Schürer und sein

Team jedoch wie viele westliche Beobachter auch das Kernproblem der mangelnden industriell-innovativen Produktpalette. Sie deuteten den Zustand der DDR-Industrie als «überbewertet», mit zu hohem Preisniveau und vor allem zu niedriger physischer Produktivität, die der Bericht im Durchschnitt auf 60 Prozent des Westniveaus bezifferte.[41] An einer einzigen Stelle des Berichts[42] kommt der Mangel an Wettbewerbsfähigkeit überhaupt vor; und auch dort wird er eher als ein quantitativer und weniger als ein innovativer Missstand gedeutet.

Nimmt man den Bericht beim Wort, wäre eigentlich eine Insolvenz der DDR-Wirtschaft das adäquate Heilmittel gewesen, gekoppelt mit einer kräftigen Abwertung aller Produktionsmittel, sodass nach der Wertkorrektur wieder die nötige Rentabilität entsteht. Eine solche Operation wäre natürlich höchst schmerzhaft gewesen, denn sie hätte für die Menschen in der DDR bedeutet, dass – bei Herstellung der Währungskonvertibilität – klar geworden wäre, dass sie zu Weltmarktpreisen viel weniger wohlhabend sind als angenommen. Aber mit dieser «bereinigten Bilanzposition» hätte das wirtschaftliche Leben neu anfangen können, ohne einen allzu massiven Zusammenbruch der industriellen Kapazität.

Soweit – rein wirtschaftlich betrachtet – die Implikation der Analyse des Schürerberichts. Sie lag erstaunlich nahe an der Intuition vieler westlicher Beobachter. Mit der Realität, wie sie sich dann wenige Tage später nach dem Öffnen der Berliner Mauer zeigte, hatte sie wenig zu tun. Diese war viel dramatischer.

2.2 Weichenstellungen nach dem Mauerfall

Der Fall der Berliner Mauer am 9. November 1989 war ein grandioser Sieg für die Freiheit. Er bedeutete, dass sich die Menschen der DDR endlich frei zwischen Ost- und Westdeutschland bewegen konnten, erstmalig seit dem 13. August 1961, als die Mauer errichtet und die innerdeutschen Grenzanlagen massiv aufgerüstet wurden.

Der Mauerfall von 1989 hatte zudem weitreichende wirtschaftliche Folgen, die nicht überall gleich erkannt wurden. Jeder Bewohner der DDR war als deutscher Staatsbürger berechtigt, in den nahe gelegenen Westen abzuwandern und dort zu arbeiten. Der Anreiz, genau dies zu tun, war natürlich gewaltig. Es gab kaum das, was Demografen «natürliche» Migrationshemmnisse nennen. Deutsche in Ost und West haben die gleiche Sprache sowie die gleiche Kultur und industrielle Tradition. Auch vom Ausbildungsniveau her waren sie nicht allzu weit voneinander entfernt, da die Wurzeln des schulischen, beruflichen und universitären Bildungssystems sehr tief in die gemeinsame Vergangenheit des 19. Jahrhunderts reichten und trotz des ideologischen Antagonismus von vier Jahrzehnten der Teilung weitgehend überlebten.

Tatsächlich war der Westen für Millionen ostdeutsche Arbeitnehmer extrem attraktiv. Er bot Löhne in harter Währung, die zum offiziellen Umtauschkurs von der Ostmark zur D-Mark etwa dreimal so hoch waren wie zu Hause – zum Schwarzmarktkurs sogar mindestens zehnmal so hoch. Die Arbeitslosenquote lag im Westen zum Zeitpunkt des Mauerfalls 1989 zwar höher als vor dem Mauerbau 1961, aber sie war seit Mitte der 1980er-Jahre deutlich zurückgegangen. Die Erwerbslosigkeit im Westen traf vor allem Ältere und Nichtqualifizierte, während die Abwanderungswilligen des Ostens in der Tendenz jünger und gut ausgebildet waren. Innerhalb weniger Wochen wurde deshalb klar, dass Ostdeutschland ohne massive Reformen an Leistungsträgern ausbluten würde. Die Zahl der Abwanderung in den Jahren 1989/90 erwies sich als alarmierend. In beiden Jahren zusammen kehrten rund 800 000 Menschen dem Osten den Rücken, davon der Großteil bereits in den ersten Monaten nach der Maueröffnung.[43]

Die Politik in den 18 Wochen vom Mauerfall am 9. November 1989 bis zur ersten freien Wahl der Volkskammer in der DDR am 18. März 1990 war eine Abfolge dramatischer Ereignisse. Diese sind viel untersucht, erzählt und kommentiert worden.[44] Im Kern liefen sie darauf hinaus, nach dem ersten Abflauen der Euphorie über einen runden Tisch, bestehend aus ostdeutschen Regierungsvertretern und Oppositionellen der friedlichen Revolution, schnellstmöglich eine Legitimation für die weitere Entwicklung Deutschlands zu finden, und zwar mithilfe von Verhandlungen zwischen parlamentarisch legitimierten Regierungen in Ost und West. Vor allem wegen des Abwanderungsdrucks, der Ostdeutschland unter der Übergangsregierung von Hans Modrow wirtschaftlich zu destabilisieren drohte, wurde der Wahltermin schließlich sehr früh angesetzt.

Das Wahlergebnis war ein eindeutiges Votum für die Deutsche Einheit. Die Wahlbeteiligung lag bei über 93 Prozent, bis heute die höchste, die es jemals in Deutschland bei Parlamentswahlen gab. Es kam zu einem gewaltigen Sieg für die CDU und damit auch – das lag auf der Hand – zu einer klaren Entscheidung für einen schnellen Vollzug der Einheit. Bundeskanzler Helmut Kohl hatte – beginnend mit einem Zehn-Punkte-Programm im November 1989 – zunächst für einen Prozess der Annäherung geworben, der dann aber unter dem Druck von Abwanderung und Demonstrationen immer mehr zu einem Kurs der zügigen Vereinigung mutierte. Der vielleicht entscheidende qualitative Schritt war dabei das Angebot einer Währungsunion, das die Bundesregierung am 7. Februar 1990 der DDR-Übergangsregierung von Hans Modrow machte. Damit wurde weithin deutlich, dass zumindest eine zügige wirtschaftliche, wohl aber auch schnelle politische Vereinigung auf der Agenda von Bundeskanzler Kohl und seiner Regierung stand, die von CDU und FDP getragen wurde.

Viele Intellektuelle in Ost und West waren über das Wahlergebnis entsetzt. Ihnen schwebte, wenn überhaupt, ein langsamer Prozess der Vereinigung vor. Dem stand aber die Präferenz der breiten Masse für ein schnelles und entschlossenes Handeln gegenüber. Dabei spielten die Aussichten auf wirtschaftlichen Wohlstand natürlich eine wichtige und legitime Rolle. Eng damit verbunden war aber der viel breiter angelegte Wunsch, nicht weiter zum Versuchskaninchen gesellschaftlicher Systemexperimente gemacht zu werden. Die Menschen wollten auch in der DDR jene Gruppe von Politikern an der Macht sehen, die zusammen mit Helmut Kohl und Hans-Dietrich Genscher, denen sie vertrauten, die Deutsche Einheit in naher Zukunft erreichen würden. Das war die eigentliche Botschaft.

Es folgte in der DDR eine Mehrparteienregierung unter CDU-Ministerpräsident Lothar de Maizière, die in den darauffolgenden Monaten die Deutsche Einheit politisch vorbereitete und außenpolitisch absicherte. Meilensteine waren dabei die Wirtschafts- und Währungsunion am 1. Juni, der Einigungsvertrag am 31. August und das Zwei-plus-Vier-Abkommen am 12. September sowie die staatliche Einheit am 3. Oktober 1990 und die ersten gesamtdeutschen Wahlen zum Deutschen Bundestag am 3. Dezember 1990, aus der eine CDU/FDP-Regierung unter Helmut Kohl als Bundeskanzler und Hans-Dietrich Genscher als Außenminister hervorging.

Wirtschaftlich war das Jahr 1990 eine Zeit wichtigster Weichenstellungen. Überragendes Ziel der Politik musste es sein, das Vertrauen der ostdeutschen Bevölkerung in die eigene Zukunft Ostdeutschlands wiederzugewinnen, um die Abwanderung nach Westen bestenfalls zu stoppen, mindestens aber drastisch zu verlangsamen. Dazu bedurfte es – neben vielem anderen – vier zentraler Maßnahmenpakete, die den Osten schnellstmöglich in eine funktionierende Marktwirtschaft führen sollten: (1) die Währungsunion vom 1. Juli 1990; (2) die Privatisierung durch die Treuhandanstalt; (3) der Aufbau Ost, also die Erneuerung von Infrastruktur und Institutionen, sowie (4) die sozialpolitische Unterstützung des Wandels.

2.2.1 Wirtschafts- und Währungsunion[45]

Sobald sich Anfang April nach der Volkskammerwahl die DDR-Regierung von Lothar de Maizière gebildet hatte, begannen unter politischem Hochdruck die Verhandlungen über eine Wirtschafts-, Währungs- und Sozialunion. Als Ergebnis wurde am 1. Juli 1990 die westdeutsche D-Mark als Zahlungsmittel in der DDR eingeführt, gut drei Monate vor der staatlichen Vereinigung. Die Umstellung von der Ostmark auf die D-Mark erfolgte für Löhne, Gehälter, Renten, Mieten und Preise im Verhältnis 1 zu 1, für Guthaben und Schulden – je nach deren Höhe und weiterer Spezifika – im Verhältnis 1 zu 1, 2 zu 1 oder 3 zu 1. Die Umstellungskurse waren dabei Gegenstand heftiger politischer Kontroversen, wobei die DDR-Seite möglichst auf 1 zu 1 drängte, die Bundesbank und Teile der Wissenschaft jedoch auf eine niedrigere Bewertung der Ostmark.

Rein technisch war der Umtausch ein voller Erfolg, und er lief reibungslos ab. Auch was die Stabilität und Konvertibilität der Währung betrifft, wurden alle Ziele erreicht: Die Menschen in der DDR verfügten ab Mitte des Jahrs über eine der stabilsten Währungen der Welt. Es kam weder zu der von manchen befürchteten Preisinflation noch zu einer Abwertung der D-Mark auf den Devisenmärkten. Die Grundlage für künftiges Vertrauen in das Geld als Mittel aller Zahlungen und Aufbewahrung von Werten war also geschaffen – und damit die notwendige Bedingung für alles Weitere. Überspitzt lässt sich formulieren: Stabiles Geld ist nicht alles, aber ohne stabiles Geld ist alles nichts.

Indes war die Währungsunion auch der Startschuss für einen wirtschaftlichen Sonderweg Ostdeutschlands – im Vergleich zu den Nationen Mittel- und Osteuropas. In einer Hinsicht, die absolut zentral war, unterschied sich die DDR nach dem Mauerfall ganz grundlegend von den Nachbarn in Mittel- und Osteuropa: Alle DDR-Bürger, die bundesdeutsches Gebiet betraten, genossen als deutsche Staatsbürger ohne Visum sofort Niederlassungsfreiheit und alle bundesdeutschen Sozialleistungen. Sie konnten nicht zurückgewiesen werden. Deshalb wurde die Losung der Montagsdemonstration vom 12. Februar 1990 «Kommt die D-Mark, bleiben wir, kommt sie nicht, gehen wir zu ihr» in Bonn zutreffend als Drohung verstanden. Oskar Lafontaine erklärte, es gehe nicht an, dass immer mehr Ostdeutsche in die westlichen Sozialsysteme einwandern.

Die Dimension dieses Problems lässt sich nur mit Blick auf statistische Eckdaten ermessen. Die Höhe der Sozialhilfe betrug 1989/90 im Westen ungefähr 700 D-Mark. Bei dem damals am freien Markt herrschenden Kurs von D-Mark zu Ostmark, der ab dem 10. November 1989 bei 1 zu 12 und zum Teil noch tiefer notierte, hätten Ostdeutsche die Wahl gehabt, als Westarbeitslose mit Scheinadresse 700 D-Mark in Tausende von Ostmark umzutauschen, oder für 1100 Ostmark (zum damaligen Durchschnittslohn) im Osten jeden Morgen am Arbeitsplatz zu erscheinen. Selbst bei einem Kurs von 1 zu 2 oder 1 zu 3 wäre der Bezug der Sozialhilfe noch attraktiver gewesen. Unter diesen Umständen wäre es ohne Währungsunion in der DDR zu einer Inflation der Ostmark mit der D-Mark als heimlicher Leitwährung gekommen. Diese Entwicklung wäre für Rentner, den öffentlichen Dienst und Besitzer von Sparguthaben eine Katastrophe gewesen; für Schwarzhändler hätte sie hingegen ein Eldorado und für Westdeutsche ein Billigland ohnegleichen direkt vor der Haustür geschaffen. Kurzum: völlig unhaltbare Zustände. Insofern war eine Währungsunion – auch ganz nüchtern betrachtet – ohne akzeptable realistische Alternative.

Früh gab es allerdings Kritik am Umstellungskurs, die zum Teil bis heute anhält. Zentraler Einwand war dabei, dass die Umstellung von 1 zu 1 aller laufenden Zahlungen die ostdeutsche Wirtschaft im nationalen und internationalen Wettbewerb mit einem Schlag einem massiven Lohnkostendruck aussetzte. Vor allem Volkswirte brachten diesen Einwand vor, und zwar häufig in der summarischen Formulierung: Die Währungsunion war politisch richtig, aber ökonomisch falsch.[46] Diese Deutung ist auf den ersten Blick plausibel, lässt aber auch wieder die Kraft der Mobilität außer Acht.

Auch hier hilft nur der Blick auf ein paar Eckdaten aus der damaligen Zeit. Im Durchschnitt lagen nämlich die Löhne im Osten – wohlgemerkt, umgerechnet bei einem Kurs von 1 zu 1 – bei einem Drittel des Westens, sodass selbst die Umstellung 1 zu 1 kaum ausreichte, um die Arbeitnehmer zu veranlassen, im Osten zu bleiben. Tatsächlich kam es nach der Währungsreform zu einer Welle der weiteren Lohnerhöhungen – teils auf Druck der Gewerkschaften, teils aus Einsicht der Unternehmen, dass ein innerdeutsches Ost-West-Lohngefälle von 1 zu 3 für die gleiche Arbeit die Leistungsmotivation in den Betrieben nicht stabilisieren konnte. Hätte man einen noch niedrigeren Umtauschkurs von 1 zu 2 oder 1 zu 3 gewählt, wäre die Startsituation mit einem Lohngefälle von 1 zu 6 oder 1 zu 9 gänzlich unhaltbar gewesen. Im Unterschied zur Lage ohne Währungsunion wäre zwar ein Zustand der Geldwertstabilität im Osten erreicht, aber der Druck der Abwanderung nicht gemindert worden. Tatsächlich stand bei den ersten Lohnanpassungen und -verhandlungen überhaupt nicht die prozentuale Lohnerhöhung im Vordergrund, sondern stets die Relation von Ost zu West. Der Startpunkt war demnach für Arbeitnehmer und Arbeitgeber ziemlich egal, was im Nachhinein häufig übersehen wird.

Klar ist: Die Bürger Mittel- und Osteuropas konnten nicht nach Westdeutschland abwandern. Ihre Wirtschaft geriet deshalb auch nicht unter den extremen Lohnkostendruck, der sich in der DDR einstellte. Im Übrigen gab es in Mittel- und Osteuropa im Verlauf der Transformation von der Plan- zur Marktwirtschaft stets die politische Möglichkeit, zumindest für einige Jahre der Anpassung das jeweilige Land mit Zöllen und Handelsbeschränkungen vor der ausländischen Konkurrenz zu schützen. Auch diese Option entfiel für die ehemalige DDR komplett, und zwar spätestens ab dem 3. Oktober 1990, dem Tag der deutschen Wiedervereinigung. Der Osten Deutschlands gehörte von diesem Datum an nicht nur zur Bundesrepublik Deutschland, sondern auch zur Europäischen Gemeinschaft (EG), in der Freihandel herrschte und die Zoll- und Handelspolitik von Brüssel aus bestimmt wurde.

Kurzum: Der deutsche Sonderweg einer überaus harten «Schocktherapie» war weit weniger das Ergebnis der Währungsunion selbst als Folge von der nun bestehenden Möglichkeit der Mobilität sowie dem Entschluss zur

Deutschen Einheit. Wer weder eine neue Mauer zwischen Ost und West errichten noch auf die Deutsche Einheit verzichten wollte, der musste auch die negativen schockartigen Folgen der Öffnung akzeptieren.

Manche haben später die Frage gestellt: Wie konnte die Volkskammer in die Währungsunion einwilligen, wenn sie doch erkennbar viele DDR-Betriebe in größte Schwierigkeiten stürzen musste? Dafür gab es jenseits der Sachzwänge zur Maueröffnung mit drohender Abwanderung auch ein gewichtiges politisches Argument. Gorbatschow erklärte nämlich, die Sowjetunion könne der DDR nicht aus ihren wirtschaftlichen Schwierigkeiten helfen, sie habe selbst allergrößte Devisenprobleme. Dies bedeutete jedoch: Auch ohne Währungsunion wäre der bisherige DDR-Handel zusammengebrochen, denn bereits Anfang 1990 hatte der Rat für gegenseitige Wirtschaftshilfe (RGW) beschlossen, den Transferrubel ab dem 1. Januar 1991 abzuschaffen und den Handel innerhalb des RGW auf Devisen umzustellen. Damit wäre die DDR-Wirtschaft ebenso unter den harten Konkurrenzdruck einer neu etablierten Weltwirtschaft geraten – allerdings ein halbes Jahr später. Ein Trabant hätte auch dann in Mittel- und Osteuropa mit japanischen und westdeutschen Automarken im Wettbewerb gestanden – und hätte ihn natürlich verloren.

Nach dem Fall des Eisernen Vorhangs war die wirtschaftliche Alternative eben doch eng begrenzt. Formuliert man überspitzt, lässt sich feststellen: Man konnte mit ruinierter Wirtschaft in die Deutsche Einheit gehen oder mit ruinierter Wirtschaft allein dastehen. Die Politik entschied sich für den ersten Weg. Die verengte Wahl war letztlich eine Art Tragik der Freiheit: Die Öffnung ermöglichte nicht nur die Mobilität der Menschen zwischen Ost und West, sondern sie entlarvte auch die Unverkäuflichkeit der ostdeutschen Industrieprodukte zu den Bedingungen des Weltmarkts. Dies galt jedenfalls dann, wenn man den Osten Deutschlands vor der Massenabwanderung wegen extrem niedriger Löhne bewahren wollte, und dies war oberstes Ziel.

2.2.2 Privatisierung und Treuhandanstalt

Die Regierung von Hans Modrow war es, die am 1. März 1990 die Treuhandanstalt gründete – um das Volkseigentum der DDR zu verwalten. Sie verabschiedete dabei auch eine «Verordnung zur Umwandlung von volkseigenen Kombinaten, Betrieben und Einrichtungen in Kapitalgesellschaften».

Der Gründung lagen viele Motive zugrunde, das wichtigste davon sicherlich, den Kapitalwert des sogenannten Volksvermögens vor Plünderungen gleich welcher Art zu schützen. Dabei wurde dieser Wert, wie sich im Nachhinein herausstellte, in grotesker Weise überschätzt. So rechneten Vertreter von Bürgerrechtsgruppen vor, dass sich zu gegebener Zeit eine Gutschrift oder Auszahlung von 25 000 D-Mark pro DDR-Bürger ergeben könnte, was einem Gesamtwert des DDR-Volksvermögens von über 400 Milliarden D-Mark entsprochen hätte. Detlev Karsten Rohwedder, ab Juli 1990 von der Regierung de Maizière auf die Position des Verwaltungsratschefs der Treuhandanstalt berufen und später ihr Vorstandsvorsitzender, sprach bei einem Besuch der Bundeswirtschaftskammer in Wien von 600 Milliarden D-Mark.

Beide Zahlen hatten keinerlei realen wirtschaftlichen Hintergrund. Sie wurden ad hoc formuliert und nach 1990 in dieser Form auch nicht mehr wiederholt.[47] Beide spiegeln die Gemütslage und den Informationsstand in jenem kurzen Zeitraum, der dem ernsthaften und systematischen Versuch der Privatisierung vorausging. Offenbar hatte man sich noch überhaupt nicht mit der Frage auseinandergesetzt, was genau den Kaufpreis des Vermögens maßgeblich bestimmen würde, nämlich das Potenzial für marktfähige Industrieprodukte. Vielmehr sah man einen riesigen Bestand an Grundstücken, Gebäuden und Maschinen, die doch in irgendeiner produktiven Weise mit den vorhandenen Arbeitskräften nutzbar sein müssten. Wie genau, das blieb völlig ungewiss.

Tatsächlich führte Wolfgang Ullmann von der Oppositionsbewegung Demokratie Jetzt als Erster die Idee der Ausgabe von Anteilsscheinen an die Ostdeutschen am runden Tisch in die konkrete Politik ein – noch vor der Gründung einer Treuhandanstalt, die für die Verwaltung der Anteilsscheine zuständig sein sollte.[48] Offensichtlich ging er davon aus, dass die Betriebe der DDR einen beachtlichen bezifferbaren Wert darstellten, was ein gewaltiger Irrtum war. Vielen Beschäftigten war dies im Übrigen durchaus klar, wie sich an einem historischen Kuriosum feststellen lässt. Denn zum riesigen Vermögen der SED gehörten auch parteieigene Betriebe, darunter Druckereien. Die SED beabsichtigte, sie den Beschäftigten zu übertragen.[49] Diese lehnten das «großzügige Geschenk» aber strikt ab und drohten sogar mit Streik. Sie wollten einen neuen Eigentümer, der moderne Maschinen beschafft und für rentable Druckaufträge sorgt.

Die Vision der Anteilscheine fand am 12. April 1990 schließlich auch Eingang in den Koalitionsvertrag der Regierung de Maizière. Der Vertrag sah vor, dass eine Treuhandgesellschaft «nach dem Muster einer Unternehmensbeteiligungsgesellschaft der BRD» arbeiten solle und Aktien und Anteilsscheine an Bürger der DDR (Stichtag: vor dem 7. Oktober 1989) ausgeben könne. Dazu kam es allerdings nie. Zwar wurden 3600 der insgesamt 8500 Betriebe von der Treuhandanstalt zum 1. Juli 1990 zu Gesellschaften mit beschränkter Haftung bzw. zu Aktiengesellschaften umgewandelt, doch spielte in der Folgezeit der Gedanke einer Ausschüttung des Volksvermögens – mangels Masse – keine Rolle mehr.[50]

Wie arbeitete die Treuhandanstalt? Bis zur wirtschaftlichen und dann politischen Einheit Deutschlands war sie im Wesentlichen damit beschäftigt, auf breiter Front Liquiditätskredite zu gewähren, und zwar im Volumen von 10,3 Milliarden D-Mark, nachdem die meisten ihrer Unternehmen (7655 von etwa 8500) wegen wegbrechender Nachfrage im In- und Ausland in Zahlungsschwierigkeiten gekommen waren und Hilfe benötigten.[51] Verkürzt formuliert: Die Ostdeutschen kauften nun Westwaren, und die Nachfrage aus den osteuropäischen Ländern ging drastisch zurück, weil auch dort die Transformation zur Marktwirtschaft einsetzte, von der dramatischen politischen Krise in der Sowjetunion unter Gorbatschow ganz zu schweigen. Erst im Herbst 1990 begann der systematische Prozess der Privatisierung, der bis zur Auflösung der Treuhandanstalt Ende 1994 im Wesentlichen abgeschlossen war und nur in Einzelfällen erst später über die Nachfolgegesellschaften der Treuhandanstalt zu Ende gebracht wurde.

Es ist nützlich, beim Rückblick auf die Privatisierung zwischen der quantitativen Bilanz und der qualitativen Tätigkeit zu unterscheiden. Zunächst also die quantitative Bilanz:[52] Die Treuhandanstalt startete mit 8500 ehemals volkseigenen Betrieben, die im Zug der Privatisierung durch Unternehmensteilungen zu rund 14 000 Einheiten wurden. Von diesen gingen 3700, also 26 Prozent, in die Liquidation. Es gab Zusagen für Investitionen in Höhe von 211 Milliarden D-Mark, mit denen etwa eineinhalb Millionen Arbeitsplätze gesichert wurden – also pro Arbeitsplatz eine Investition von 140 000 D-Mark. Übrig blieben Ende 1994 knapp 400 Unternehmen, die als sanierungsfähig galten und an die Bundesanstalt für vereinigungsbedingte Sonderaufgaben (BvS) übergingen. Von den ursprünglich dreieinhalb Millionen Menschen, die im Juli 1990 in Unternehmen der Treuhandanstalt beschäftigt waren, blieben fast eineinhalb Millionen, also 42 Prozent, weiterhin in dann privatisierten Unternehmen tätig; 14 Prozent wechselten in Maßnahmen der Arbeitsförderung und Qualifikation, 5 Prozent gingen in Rente bzw. in den Vorruhestand, 8 Prozent kündigten selbst, und 17 Prozent wurden arbeitslos; bei den Übrigen war der Verbleib unbekannt.

Zur quantitativen Bilanz der Treuhandanstalt gehört natürlich auch ihr finanzieller Abschluss: Ganz anders als von ihren Gründern zunächst erwartet, schloss sie mit einem Defizit von etwa 204 Milliarden D-Mark, die bei Beendigung ihrer Tätigkeit dem Erblastentilgungsfonds des Bundes zugeschrieben wurden. Einem Bruttoverkaufserlös von gerade einmal 60 Milliarden D-Mark standen Aufwendungen von etwa 264 Milliarden D-Mark gegenüber – von Schuldenerlassen bis zur Übernahme ökologischer Altlasten sowie Subventionen vielfältigster Art, um überhaupt die privaten Investitionen von 211 Milliarden Euro zu sichern und um eineinhalb Millionen Arbeitsplätze zu retten.

Bemerkenswert an dieser Bilanz ist dreierlei: Sie belegt die Schnelligkeit der Privatisierung, die nach vier Jahren mehr als 10 000 überlebensfähige Wirtschaftsunternehmen hinterließ; sie zeigt das beachtliche Volumen des mobilisierten, also investierten privaten Kapitals mit über 200 Milliarden D-Mark und damit 140 000 D-Mark pro Arbeitsplatz; und sie macht klar, dass mehr als jeder zweite Arbeitsplatz wegfiel, aber immerhin über 40 Prozent der Arbeitsplätze erhalten blieben. Ist das nun viel oder wenig? Setzt man normale Kriterien der strukturellen Anpassung an neue Marktbedingungen in einer längst funktionierenden Marktwirtschaft an, dann ist es natürlich in einem Zeitraum von vier Jahren sehr viel. Bedenkt man aber, vor welcher radikalen Erneuerung wohl alle ehemals volkseigenen DDR-Industriebetriebe standen, relativiert sich das Bild erheblich.

Für ein ausgewogeneres Urteil bedarf es in jedem Fall eines näheren Blicks auf die qualitative Tätigkeit der Treuhandanstalt. Wer entschied und wie ging die Treuhandanstalt bei der Privatisierung vor?[53] Zentrales Entscheidungsgremium war ihr Vorstand – ab 1. September 1989 unter der Leitung von Detlev Karsten Rohwedder, früherer SPD-Staatssekretär in der sozialliberalen Regierung von Bundeskanzler Helmut Schmidt und praxiserfahrener ehemaliger Sanierer des Stahlkonzerns Hoesch. Nach dessen

Ermordung am 1. April 1991 übernahm Birgit Breuel, ehemalige CDU-Finanzministerin von Niedersachsen, den Vorstandsvorsitz. Aufsichtsorgan war der Verwaltungsrat, von 29. August 1989 bis 20. April 1993 unter der Leitung von Jens Odewald, ehemals Vorstandsvorsitzender der Kaufhof AG; und ab April 1993 bis zur Auflösung der Treuhandanstalt unter dem Vorsitz von Manfred Lennings, ehemals Vorstandsvorsitzender der Gutehoffnungshütte (GHH). Der Verwaltungsrat bestellte den Vorstand der Treuhandanstalt und übte begrenzte Kontrollrechte aus, hatte dem Vorstand gegenüber aber keinerlei Weisungsrecht, was die operative Tätigkeit betraf. Dem Vorstand nachgeordnet waren zehn für kleinere Unternehmen der jeweiligen Regionen zuständige Direktoren, die an verschiedenen Orten Ostdeutschlands ihren Sitz hatten. Sie dienten vor allem der Entlastung der Zentrale. Die Gesamtzahl der Treuhandmitarbeiter schwankte, lag aber bis Ende 1994 nie über 3000. Die große Mehrheit davon waren ehemalige DDR-Bürger; in den Führungspositionen überwogen bei Weitem Westdeutsche, die meisten von ihnen mit unternehmerischer Erfahrung in der Marktwirtschaft.

Es war der Vorstand der Treuhandanstalt, der über Privatisierungen entschied. Inhaltlich wurden die Beschlüsse allerdings durch den sogenannten Leitungsausschuss vorbereitet,[54] ein vom Vorstand unabhängiges Gremium, das vom Bundesfinanzministerium finanziert wurde. Ihm gehörten mehrere Hundert Experten an, die jeweils nach spezifischer Branchenkenntnis und Fachkompetenz hinzugezogen wurden. Ihre Mitglieder entstammten vor allem großen Firmen der Unternehmensberatung, darunter alle prominenten Namen von McKinsey bis Boston Consulting sowie Roland Berger, KPMG und Treuarbeit.

Genau dieser Leitungsausschuss spielte in der ersten Stufe der Privatisierung eine überaus wichtige Rolle. Er wurde beauftragt, in sorgfältiger Einzelfallanalyse die jeweiligen Firmen zu besichtigen, die vorliegenden Geschäftsmodelle zu prüfen und sich intensiv mit dem Management auszutauschen. Daraus ergab sich eine Art Bewertung der Aussichten für die Privatisierung, die wie bei Schulnoten von 1 bis 6 reichte – von «aus eigener Kraft sanierungsfähig» (Noten 1 und 2) bis «nicht sanierungsfähig» (Note 6), wobei die Zwischennoten 3, 4 und 5 unterschiedliche Grade der Sanierungsfähigkeit beschrieben – mit zunehmendem Grad der nötigen finanziellen Unterstützung durch die Treuhandanstalt, der tief greifenden Umstrukturierung (und ggf. Teilstilllegung) der Produktion sowie der Schwierigkeit, überhaupt einen Kaufinteressenten zu finden. Am häufigsten erhielten die untersuchten Firmen die Note 4. Dies bedeutete, dass nur bei grundlegender Sanierung eine Zukunft denkbar war.

Tatsächlich folgte der Vorstand in den meisten Fällen den Empfehlungen des Leitungsausschusses, obwohl er keineswegs dazu verpflichtet war. In vielen Fällen bedeutete dies auch eine Abtrennung bestimmter Produktionsbereiche, die für eine Privatisierung als völlig ungeeignet angesehen wurden, oder eine komplette Zerlegung von Unternehmen, was erklärt, dass die Treuhandanstalt deutlich weniger Unternehmen erbte, als sie schließlich privatisierte. Es folgten die Ausschreibungen zum Verkauf nach den üblichen Richtlinien und sodann die Verhandlungen mit den interessierten Investoren, ob nun Westdeutsche, Ausländer oder Ostdeutsche, die einen sogenannten Management-Buy-out erwogen.

Soweit der formale Ablauf. Mit Blick auf spätere Kritik sind drei Aspekte von besonderer Bedeutung: Zum einen wurden die Unternehmen nicht von vornherein von den Altschulden der DDR-Zeit befreit. Dies hatte pragmatische Gründe: Die Altschulden erlaubten es der Treuhandanstalt, das Management der Unternehmen in der Übergangszeit bis zur Privatisierung «am kurzen Zügel» zu führen, um Auswüchse der Verschwendung zu vermeiden;[55] die meisten Unternehmen wurden ja – über die Treuhandanstalt und damit die Steuerzahler – hoch subventioniert. Zudem standen den Altschulden als Bilanzposition bei den Banken die Ersparnisse der Bevölkerung gegenüber, sodass eine simple Streichung ohne Sanierungs- und Privatisierungskonzept den Staat noch mehr in die Pflicht genommen hätte, ohne dafür eine tragfähige wirtschaftliche Basis als Gegenleistung zu schaffen. Schließlich gaben die Altschulden der Treuhandanstalt einen zusätzlichen Spielraum für die Verhandlungen mit Investoren: Je nach deren Bereitschaft, Wertschöpfung zu schaffen und Arbeitsplätze zu erhalten, ließ sich über den Erlass der Altschulden pragmatisch reden. Genau dies geschah im Zug der Verhandlungen.

Gelegentlich wird eingewandt, das Verbleiben der Schulden in der Bilanz hätte die Chancen der Privatisierung maßgeblich verschlechtert. Diese Sichtweise verkennt die ökonomische Rationalität potenzieller Erwerber, die natürlich wussten, dass die Belastung mit Verbindlichkeiten im Kaufpreis zu ihren Gunsten zu berücksichtigen war oder die Schulden ganz gestrichen werden mussten. Man ist an dieser Stelle wieder sehr nahe an der Kernfrage, wie sich Unternehmenswerte in einer Volkswirtschaft bilden: aufgrund von buchhalterischen Bilanzpositionen oder aufgrund der Beurteilung des künftigen Stroms von Wertschöpfung und Gewinn, der beim Erwerb eines Unternehmens zu erzielen ist – mit den Erlösen der marktfähigen Produkte und unter Abzug der Kosten. Jedenfalls gibt es keine Hinweise, dass die Schuldenlast zum Hindernis für die Privatisierung wurde.

Ähnlich wurde argumentiert, dass die zu den Zeiten der Treuhandanstalt mit den Gewerkschaften ausgehandelten Löhne – aufgrund ihrer Höhe – ein maßgebliches Privatisierungshindernis darstellten. Auch dies ist sehr fraglich. Es zeigte sich nämlich, dass viele Investoren als neue Eigentümer eigenständige Lohnverhandlungen auf betrieblicher Ebene führten, die sich keineswegs am Flächentarifvertrag vorheriger Vereinbarungen orientierten. Dass diese Möglichkeit bestand, war sicherlich auch allen seriösen Investoren bekannt. Sie wussten, dass sie bei der schwierigen Arbeitsmarktlage im Osten durchaus niedrigere Löhne zahlen konnten als im Westen. Gleichzeitig musste der Ost-West-Abstand klein genug sein, um die Beschäftigten hinreichend zu motivieren und von der Abwanderung abzuhalten. Tatsächlich pendelte sich sehr schnell in der Industrie ein Lohnniveau ein, das etwa 30 Prozent niedriger lag als im Westen. Wir werden in Abschnitt 2.3 auf dieses wichtige und stabile gesamtwirtschaftliche Ergebnis ausführlich zurückkommen.

Schließlich wurde in jüngerer Zeit die These aufgestellt, die Privatisierungspraxis der Treuhandanstalt sei einer Art neoliberalem Modell gefolgt, das damals als «marktradikale» Leitlinie der Wirtschaftspolitik im kapitalistischen Westen einen Höhepunkt an Popularität erreichte.[56] Gemeint ist damit, dass die Treuhandanstalt den Kapitalbestand der DDR nach den Prinzipien eines größtmöglich kurzfristigen Shareholder-Value für die Erwerber veräußert hätte – ohne allzu große Rücksicht auf die Einzelheiten von Unternehmenskonzepten und den Erhalt von Arbeitsplätzen.

Diese Auffassung missdeutet die Praxis der Treuhandanstalt fast komplett, und zwar auf eigentlich jeder Stufe der Privatisierung: Schon die erste Stufe – die Bewertung durch einen Leitungsausschuss – lässt sich nur als ein Versuch der wirtschaftlichen Vorstrukturierung verstehen, um möglichst nachhaltige Unternehmenskonzepte für die Betriebe zu erhalten. Noch deutlicher werden die explizit wirtschafts- und strukturpolitischen Ziele der Treuhandanstalt in ihrer Verhandlungspraxis und Vertragskontrolle. Tatsächlich spielten beim Unternehmenserwerb Garantien für Investitionssumme, geplante Wertschöpfung und vor allem künftige Beschäftigung vor Ort eine maßgebliche Rolle. Die Einhaltung der zentralen vertraglich zugesicherten Zielgrößen wurde dabei im Nachhinein überprüft. Im Ergebnis zeigte sich dabei übrigens, dass die vertraglichen Verpflichtungen im Wesentlichen eingehalten und zum Teil sogar übererfüllt wurden.[57] Von einer Privatisierung im Geist marktradikaler Ideologie kann also überhaupt nicht die Rede sein.

Allenfalls das hohe Tempo der Arbeit könnte in dieser Weise gedeutet werden. Allerdings wäre auch dies eine fragwürdige Interpretation: Nichts am Zustand des Erbes der DDR-Wirtschaft deutet darauf hin, dass ein Zuwarten mit der Privatisierung und die Fortführung in Quasistaatsbesitz der Treuhandanstalt zu einem Gewinn an künftiger Wertschöpfung und Beschäftigung geführt hätte. Im Gegenteil, die Treuhandanstalt selbst hätte die Sanierung initiieren müssen, ohne im Einzelnen über die Branchenkenntnis zu verfügen, die es bei den Erwerbern gab.[58] Denn bei diesen handelte es sich regelmäßig um Kenner der marktfähigen Produktpaletten – und eben nicht um anonyme internationale Finanzinvestoren, die den betreffenden Industriezweigen völlig fremd gegenüberstanden. Es ist schwer vorstellbar, wie unter diesen langfristig unsicheren Umständen die leistungsfähigen Arbeitskräfte hätten motiviert werden können, ihr Bestes zu geben, statt sich nach Alternativen umzusehen und die Unternehmen zu verlassen. Man fragt sich in dieser Hinsicht wirklich, woher die heutigen Kritiker im Nachhinein das Wissen nehmen, um für eine langsamere Privatisierung zu plädieren. Diese wäre in der Tat nur dann sinnvoll gewesen, wenn die mehrjährige Sanierung in staatlicher Hand Erfolg versprochen hätte. Dafür gibt es aber keinerlei Anhaltspunkte.

Vielleicht liegt aber auch der Schlüssel zur späteren scharfen Kritik an der «marktradikalen Ideologie» der Treuhandanstalt gar nicht in dem konkreten Sachverhalt der jeweiligen Privatisierung, sondern in dem riesigen Raum für Spekulationen, den er eröffnet. Wie in Abschnitt 2.1 geschildert, war die Kernfrage stets, mit welchen Produkten ein DDR-Unternehmen nach der Modernisierung seines Betriebs erfolgreich sein konnte. Verfolgt man die Diskussion, so ist es natürlich ein Leichtes zu behaupten, bestimmte DDR-Produkte hätten den Weg in den Weltmarkt gefunden, wären die Investoren nur hinreichend guten Willens gewesen, um die nötigen Mittel bereitzustellen. Ob dies tatsächlich möglich war, lässt sich allenfalls durch eine detaillierte Analyse der Akten und durch Gespräche mit Zeitzeugen klären, was derzeit in einem Großprojekt des Instituts für Zeitgeschichte München–Berlin (IfZ) geschieht, dessen Ergebnisse noch ausstehen.[59] Selbst eine solche Untersuchung wird es allerdings schwer haben, die unternehmerischen Alternativen in den frühen 1990er-Jahren angemessen zu beurteilen – muss man doch die damaligen Marktverhältnisse und technologischen Möglichkeiten im Nachhinein korrekt einschätzen, was keinesfalls einfach ist.

Es bleibt deshalb eigentlich nur ein volkswirtschaftlicher Weg, die Leistung der Privatisierung zu bewerten. Zentraler Maßstab ist dabei jene industrielle Wirtschaftskraft, die sich in der Region in den folgenden Jahrzehnten abzeichnete – eben als Ergebnis der neuen unternehmerischen Struktur. Genau dies werden wir in den Abschnitten 2.3 und 2.4 tun – im Nachhinein aus der Vogelperspektive, im Vergleich zum Westen Deutschlands und zum benachbarten postsozialistischen Mittel- und Osteuropa.

Auf festerem Grund steht man allerdings, wenn es um eine Art qualitative Bewertung der Privatisierung geht, also um die Frage, wo sie leichter fiel und wo besonders schwer.[60] Die Faustregel dabei lautet: Je größer der natürliche Schutz vor dem nationalen, europäischen und globalen Wettbewerb war, umso attraktiver war das jeweilige industrielle Produkt für die Übernahme durch einen Investor. Klassisches Beispiel dafür im industriellen Bereich war die Herstellung von Nahrungsmitteln und Getränken. Hier gab es berühmte Marken, die zum Teil noch aus der Vor-DDR-Zeit stammten und deren guter Ruf nie ganz verblasst war; und es gab einen Kundenstamm in der Region selbst, der nach dem Mauerfall wegen der Anziehungskraft lang begehrter westlicher Waren zunächst zwar vorübergehend schrumpfte, mit einer umfassenden Erneuerung des Produktimages durch kluges Marketing aber wieder zum Kauf motiviert werden konnte. Die Namen prominenter Firmen liegen auf der Hand: die Sektkellerei Rotkäppchen, Radeberger Pils, Nordhäuser Doppelkorn, Halloren usw. Viele, wenn auch nicht alle dieser Marken überlebten – oft eingebunden in einen größeren Konzern, gelegentlich aber auch wie im Fall von Rotkäppchen als Management-Buy-out ostdeutscher Mitarbeiter.

Wichtig ist es, sich klarzumachen, dass in diesen Fällen vor allem die Marke entschied – und nicht die Technologie und der vorhandene Maschinenpark. Beides wurde regelmäßig komplett modernisiert, sodass der Rückstand in der technischen Effizienz gegenüber westlicher Konkurrenz fast mühelos wettgemacht wurde – meist mit einer großen einmaligen Investition. Ganz anders dort, wo es an zugkräftigen Marken fehlte wie etwa in weiten Bereichen der Produktion von Investitionsgütern, vom Maschinenbau bis zur Autoindustrie. Dort waren die vorhandenen Produkte vielfach nicht mehr gefragt. Und sie konnten wegen ihrer technischen Komplexität auch nicht in überschaubarer Zeit durch innovative Weiterentwicklung erneuert werden. Hier kam meist nur der Erwerb der Produktionsstätte als Standort kompetenter und motivierter Fachkräfte infrage, also eine Investition «auf der grünen Wiese», um dort mit modernsten Maschinen bereits entwickelte Produkte aus dem Westen herzustellen. Die Werke von Opel in Eisenach (als Nachfolger von Wartburg) und von VW in Zwickau (als Nachfolger von Trabant) sind dafür prominente Beispiele.

Noch schwieriger war es, für die Chemie- und Grundstoffindustrie den Weg in den Weltmarkt zu ebnen. Das Überleben der mittel- und ostdeutschen Chemiestandorte erforderte eine fortschrittliche infrastrukturelle Erschließung durch die Schaffung neuartiger stofflicher Verbundsysteme, um überhaupt Unternehmen zu motivieren, in der Region zu investieren. Die Chemieprodukte selbst waren komplett veraltet; und ihre Herstellung war in hohem Maß umweltschädigend. Dort zeigte sich die fehlende Erneuerung der ostdeutschen Industrie aus den 1970er- und 1980er-Jahren besonders stark, als die westdeutschen Chemiewerke – bedingt durch die Ölkrisen – durch einen grundlegenden Strukturwandel gingen, wie in Abschnitt 2.1.3 geschildert. Tatsächlich entwickelten sich die Industrieparks der Chemiebranchen in den Regionen Bitterfeld–Wolfen und Leuna–Merseburg zu umfassend erneuerten Anlagen, deren Ausbau mehr als 1 Milliarde D-Mark kostete.

Kurzum: Das Schicksal der ehemaligen DDR-Unternehmen in der Privatisierung ist – nach Branchen und Produkten – überaus differenziert zu sehen. Es lässt sich nicht über einen Kamm scheren. Allerdings zeigen die strukturellen Unterschiede, dass es eben doch eine Vielzahl wichtiger ökonomischer Gründe für das unterschiedliche Schicksal gab. Dies ist jenen Kritikern entgegenzuhalten, die im Grundmuster der Tätigkeit der Treuhandanstalt nicht viel mehr als eine aus dem Westen gesteuerte Willkür von Politik- und Wirtschaftsinteressen sehen. Dabei wird vor allem auch übersehen, dass immerhin 2700 Privatisierungen als Management-Buy-outs ostdeutscher Investoren erfolgten, die meisten davon allerdings kleinere Objekte, die zum Erwerb weniger Kapital erforderten als größere Unternehmen der Industrie. Dieser Teil der Privatisierung lief tatsächlich relativ geräuschlos ab und ist bis heute nicht zum Gegenstand scharfer Kritik geworden.

Neben der Industrie gab es natürlich jene Bereiche der Wirtschaft, bei denen die innovative Gestaltung einer Produktpalette für marktwirtschaftliche Verhältnisse aus unterschiedlichen Gründen eine viel geringere Rolle spielte. In diesen Bereichen verlief die Privatisierung im Ganzen recht reibungslos. Dies gilt in erster Linie für das Handwerk und für Dienstleistungen, wo es sogar eine kräftige Zunahme der Beschäftigung gab, weil zu DDR-Zeiten an einem angemessenen Serviceangebot für den persönlichen Bedarf aus politischen Gründen kein Interesse bestanden hatte. Der Übergang entsprechender, meist kleiner Betriebe an frühere Eigentümer und komplett neue Inhaber vollzog sich deshalb ohne große Schwierigkeiten, zumal der Investitionsbedarf überschaubar und damit auch finanzierbar blieb. Gerade beim Handwerk und bei persönlichen Dienstleistungen dominierten deshalb auch eindeutig ostdeutsche Erwerber.

Im Ergebnis ähnlich, aber doch politisch konfliktträchtiger lagen die Verhältnisse in der Landwirtschaft. Es kam sehr früh zur massiven Entlassung Beschäftigter, weil die Agrarbetriebe in der DDR-Zeit in hohem Maß personell überbesetzt waren und ganz offensichtlich ein effizientes Wirtschaften mithilfe moderner Maschinen und Düngemethoden mit viel weniger Arbeitskräften möglich war. Damit wurde dann aber die nationale, europäische und globale Wettbewerbsfähigkeit schnell erreicht, zumal die im Durchschnitt größeren Betriebe dem Osten sogar einen Vorteil gaben. Die Modernisierung erforderte zwar zusätzliches Kapital, aber der Bedarf war im Vergleich zur Industrie überschaubar. Die scharfen politischen Konflikte betrafen ganz andere Fragen. Es ging vor allem um die Legitimität der Enteignungen durch die sowjetische Besatzungsmacht nach dem Zweiten Weltkrieg sowie um den Kampf um Land zwischen neu gegründeten Landwirtschaftlichen Produktionsgenossenschaften (LPGs) und Wiedereinrichtern bäuerlich familiärer Tradition.[61] Beides vergiftete zwar phasenweise die politische Atmosphäre, hatte aber wohl nur wenig Einfluss auf die Leistungsfähigkeit der Betriebe.[62]

Ähnlich wie in der Landwirtschaft ging es auch im Bergbau bei der Privatisierung im Wesentlichen um eine einmalige Anpassung der Beschäftigung und Erneuerung der Anlagen – und nicht um die Schaffung innovativer Produkte für den Weltmarkt. So erlebte der ostdeutsche Braunkohlebergbau – in der DDR unter Honecker zur Expansion forciert – einen beträchtlichen Stellenabbau, wurde aber im Wesentlichen in neuer Gesellschaftsform fortgeführt. Ähnliches galt auch für den Kalibergbau, wobei aber die Lage am Kaliweltmarkt so angespannt war, dass es schließlich in der Konkurrenz zwischen mehreren Standorten in West und Ost zur Schließung des Werks Bischofferode in Thüringen und zur Fortführung (und Expansion) des Werks Zielitz in Sachsen-Anhalt kam. Der Widerstand der Bergbaukumpel in Bischofferode gegen diese politische Entscheidung wurde zu einem Symbol mit hoher emotionaler Sprengkraft, das bis heute nachwirkt und von Kritikern als eine Art typisches Beispiel für die Abwicklung von DDR-Unternehmen dargestellt wird.[63] Dies ist aus zwei Gründen schwer nachvollziehbar: Zum einen war die Entscheidung aus wirtschaftlicher Sicht absolut verständlich und wurde auch in den zuständigen Gremien in relativ breitem Konsens getroffen;[64] zum anderen war sie mit Blick auf die Privatisierung von Industriebetrieben völlig untypisch, denn sie betraf eben nicht die Frage nach einer innovativen Produktpalette, sondern allein die Aufnahmefähigkeit eines ohnehin mit Kali übersättigten Weltmarkts.

Schließlich gab es jene Fälle, in denen große Netzwerke zur Versorgung von Verbrauchern zu privatisieren waren. Hier gab es in der Tat keine Knappheit an Interessenten, weil es sich regelmäßig um hohe Kapitalwerte handelte. Die jeweiligen Netze von Bank- und Versicherungsfilialen sowie die komplette Infrastruktur der Tankstellen und die sogenannten Interhotels der DDR sind klassische Beispiele dafür. In diesen Bereichen kam es in der Tat zu massiven Interventionen marktmächtiger Unternehmen im Westen, die großes Interesse am Erwerb des jeweiligen Netzes hatten – zum Teil im dubiosen Zusammenspiel mit ostdeutschen Mittelsmännern. Dies geschah, wie etwa im Fall der Deutschen Bank und der Allianz Versicherung, sogar noch im Jahr 1990 außerhalb der Treuhandanstalt. In der Luxushotellerie war es allerdings die Treuhandanstalt selbst, die den En-bloc-Aufkauf aller Interhotels durch Steigenberger zu einem skandalös niedrigen Preis im Nachhinein noch rechtzeitig annullierte.[65]

Gleichwohl gilt: Auch dies waren Sonderfälle, bedingt durch eine Marktsituation, in der sich das jeweilige Dienstleistungsangebot aus historischen Gründen und der Staatsmonopolstruktur der DDR-Wirtschaft über das gesamte Territorium Ostdeutschlands erstreckte. Auch hierin lag ein ungutes Erbe der Planwirtschaft. Es hatte in diesem Fall wenig mit veralteter Technologie und mangelnder Innovationskraft zu tun, wohl aber mit einer monopolistischen Marktstruktur, die Kartelle und Korruption begünstigte. Die Erfahrung dieser Fälle zeigt im Übrigen, wie gefährlich es gewesen wäre, einzelnen ostdeutschen Interessenten, wie gelegentlich gefordert, wegen ihrer zweifellos vorhandenen Finanz- und Kapitalschwäche Sonderkonditionen einzuräumen. Denn dies hätte – noch mehr als tatsächlich geschehen – dem unlauteren Zusammenschluss westdeutscher Erwerber mit ostdeutschen Strohmännern Tür und Tor geöffnet.

2.2.3 Aufbau Ost

Unstrittig war von Beginn an die Notwendigkeit eines Aufbau Ost. Gemeint waren damit die komplette Erneuerung der gesamten Infrastruktur auf dem Gebiet der ehemaligen DDR sowie eine ebenso komplette Modernisierung der Institutionen. Kein Zweifel bestand daran, dass dies sehr teuer würde, aber Bund und Länder waren bereit, ihren Beitrag zu leisten. So kam es 1993 zu einem Solidarpakt I, dem später ein Solidarpakt II folgte. Die Finanzierungslast landete dabei – direkt oder auf Umwegen – im Wesentlichen im Bundeshaushalt. Da es sich beim Aufbau Ost aber um eine offensichtlich nationale Aufgabe großer Tragweite handelte, wurde dies kaum kontrovers diskutiert. Dies galt umso mehr, als seit 1983 ein relativ solider Sparkurs der CDU/FDP-Regierung zu einer Entlastung der öffentlichen Finanzen geführt hatte, sodass der deutsche Staat über eine exzellente Bonität an den Kapitalmärkten verfügte.

Mit der Deutschen Einheit begann ein staatliches Investitionsprogramm, dessen gigantisches Volumen sowohl in der deutschen als auch in der europäischen Geschichte seinesgleichen sucht. In wenigen Jahren wurden Straßen, Schienennetze und Flughäfen erneuert, Kommunikationsnetze modernisiert und Gewerbegebiete erschlossen; Universitäten und Fachhochschulen wurden mit neuen Bauten bestückt, Fakultäten und Fachbereiche neu gestaltet, Schulen renoviert und Verwaltungen umstrukturiert. Dabei gab es Partnerschaften zwischen west- und ostdeutschen Ländern, die in der Regel gut funktionierten und zu einem temporären Umzug Beamter und öffentlicher Angestellter von West nach Ost führten. Viele kehrten nach einigen Jahren in den Westen zurück, andere, wie der Verfasser dieser Zeilen, schlugen im Osten dauerhaft Wurzeln.

War die Grundrichtung dieses Aufbaus unstrittig, so gab es selbstverständlich an vielen konkreten Stellen politische Debatten und Streit, der aber keineswegs das zu erwartende normale Maß überschritt. Dies galt natürlich vor allem dort, wo alte Eliten aus sozialistischer Zeit durch neue Kräfte ersetzt wurden, waren sie nun aus dem Westen oder dem Osten. Darüber hinaus kam früh eine Diskussion auf, ob die höchst komplexen und zum Teil überregulierten Verwaltungsstrukturen des Westens auf den Osten wirklich übertragen werden sollten – mit dem Ergebnis, dass der Osten zukünftig genauso unter einer bürokratischen Last der Inflexibilität stöhnen würde, wie es der Westen schon seit einigen Jahren tat. Tatsächlich blieb es bei frommen Reformwünschen, die praktisch nirgends Wirklichkeit wurden, was allerdings auch am Zeitdruck lag. Es war eben schwierig, eingefahrene Verfahrensweisen bei der Gelegenheit des Aufbau Ost schnell mal zu erneuern – mit dem Risiko von Pannen und Rechtsunsicherheit, die den Prozess dann noch mehr verzögert hätten, als es die traditionelle Bürokratie ohnehin schon tat. Es blieb deshalb im Wesentlichen bei dem Versuch, Genehmigungsverfahren bis an den Rand des rechtlich Möglichen zu beschleunigen, was mehr oder weniger gut gelang und im Einzelfall von der Autorität, Initiative und Risikofreudigkeit einzelner Politiker und Beamter abhing. Eine Entbürokratisierung, wie sie vor allem von wirtschaftsliberaler Seite gefordert wurde, gab es nicht. Sie wurde gewissermaßen auf die Zukunft verschoben. Auch hier zeigte sich, dass die deutsche Vereinigung keineswegs einem wirtschaftsliberalen Drehbuch folgte.[66]

Einigkeit herrschte darüber, dass der Staat allein den Aufbau Ost nicht bewältigen konnte. Es musste privates Kapital nach Osten gelockt werden, um vor allem die Erneuerung des riesigen Wohnungs- und Gebäudebestands voranzubringen. Dies betraf insbesondere die großen Städte, deren Lebensbedingungen durch den massiven Verfall von Wohnquartieren über Jahrzehnte gelitten hatten. Hier wurden vor allem steuerliche Investitionsanreize geschaffen, die auch schnell wirkten und einen Boom des Baus und der Renovierung von Wohnungen und Häusern im Osten auslösten. Relativ zügig gewannen die Städte wieder ein ansehnliches Gesicht, auch wenn es vor allem in den ersten Jahren aufgrund vieler ungeklärter Eigentumsfragen noch zu Verzögerungen kam. Die Versorgung mit Wohnraum, der zunächst extrem knapp war, entspannte sich schnell. Spätestens ab Mitte der 1990er-Jahre gab es sogar eher Leerstände, die den Gesetzgeber dazu veranlassten, die Förderung Schritt für Schritt zurückzufahren. Zieht man Bilanz, so kann man den Prozess eigentlich nur als Erfolg bezeichnen: In wenigen Jahren entstanden so viel Wohnraum und Lebensqualität, dass von den Engpässen der DDR-Jahre und der frühen Zeit nach der Wiedervereinigung keine Rede mehr war.[67]

Schließlich ging es beim Aufbau Ost auch darum, neben der eigentlichen Privatisierung bestehender Firmen neue Unternehmen als Investoren in die Region zu locken. In dieser Hinsicht wurden alle Register der Förderung gezogen, und zwar sowohl auf bundes- als auch auf landespolitischer Ebene. Diese Politik blieb ebenfalls nicht ohne Erfolg. Allerdings verlief der Prozess der Ansiedlungen von «greenfield investments» in neuen Gewerbegebieten doch viel zäher als das Anlocken von Investoren im Bereich der Immobilien. Der Grund liegt auf der Hand: Bei strategischen Standortentscheidungen von Unternehmen spielen viele Faktoren eine Rolle, weit mehr jedenfalls als bei der Beteiligung an einer Finanzinvestition im Bereich des Wohneigentums. Die Standardinstrumente der Förderung – von Subventionen bis hin zu Steuererleichterungen – erwiesen sich deshalb als nur begrenzt wirksam. Jedenfalls konnte das Entstehen einer hohen Arbeitslosigkeit bei der Modernisierung der ostdeutschen Industrie nicht vermieden werden.

Genau dies führte in den frühen 1990er-Jahren zu einer lebhaften Diskussion unter Ökonomen, ob nicht doch Lohnsubventionen für die laufende Produktion gezahlt und in Aussicht gestellt werden sollten, um dem Entstehen der Arbeitslosigkeit entgegenzuwirken und um mehr Beschäftigung bei gleicher Investitionssumme zu sichern. Ähnliche Argumente wurden für eine dauerhaft niedrigere Mehrwertsteuer für den gesamten Osten und für eine sogenannte Sonderwirtschaftszone vorgebracht – mit dem Ziel, die Wertschöpfung (und nicht die Investitionen) zu unterstützen. Die Politik lehnte all dies ab, und zwar besonders mit dem Argument, dass alles getan werden müsse, um eine dauerhafte Abhängigkeit privater Unternehmen von staatlichen Zuschüssen oder Steuervergünstigungen zu vermeiden.[68] In dieser Hinsicht stand die Wirtschaftspolitik nach der Wiedervereinigung von 1990 in der festen Tradition der sozialen Marktwirtschaft Ludwig Erhards nach der Wirtschafts- und Währungsreform von 1949, die jede dauerhafte Vermischung von staatlicher und privater Verantwortung ablehnte.

2.2.4 Sozial- und Arbeitsmarktpolitik

Zur Philosophie der sozialen Marktwirtschaft passte auch die enorme Bedeutung der Sozial- und Arbeitsmarktpolitik im Zug des schnellen und dramatischen wirtschaftlichen Wandels der 1990er-Jahre. Früh war allen Verantwortlichen klar, dass das politische Paket der Deutschen Einheit – von Währungs- und Wirtschaftsunion über Privatisierung durch die Treuhandanstalt bis hin zum Aufbau Ost – zu einer hohen temporären Arbeitslosigkeit führen würde. Anfängliche Illusionen, die sich aus der Erinnerung an das westdeutsche Wirtschaftswunder speisten, zerplatzten schnell. Im Westen der späten 1940er-Jahre gab es eben keine volkseigene Staatswirtschaft, die in einem schmerzhaften und schwierigen Prozess zu privatisieren war; die unternehmerischen Eigentumsverhältnisse standen nicht infrage, und das industrielle Unternehmertum selbst – wenn auch von den Nationalsozialisten schon vor dem Krieg gegängelt – war weiterhin vorhanden. All dies musste nun im Osten neu geschaffen werden. Spätestens nach dem Zusammenbruch der ostdeutschen Industrie 1990 wurde klar, dass der Weg steinig würde, auch wenn Bundeskanzler Helmut Kohl aus politischen Gründen – und wohl wider besseres Wissen – an dem Bild der künftig «blühenden Landschaften» im Osten festhielt.

Trotz dieser Ernüchterung blieb das Leitbild der sozialen Marktwirtschaft aber durchaus intakt. Es wurde in der politischen Elite – und auch in weiten Teilen der Wissenschaft – keineswegs durch das Leitbild eines anglo-amerikanisch geprägten, neoliberalen Kapitalismus ersetzt, wie heute gelegentlich behauptet wird.[69] Am deutlichsten lässt sich dies an der ungeheuren Bedeutung ermessen, die der Einsatz sozial- und arbeitsmarktpolitischer

Instrumente im Prozess der Deutschen Einheit hatte.[70] Gut die Hälfte der fiskalischen Gesamtkosten für die Deutsche Einheit, die auf rund 2 Billionen D-Mark geschätzt werden, waren durch sozialpolitische Maßnahmen im weitesten Sinn veranlasst. Dazu gehörte die weitgehende Angleichung der Rentenansprüche zwischen West und Ost in einem umlagefinanzierten System, in dem die Lebensleistung der ehemaligen DDR-Bürger finanziell anerkannt werden sollte, obwohl diese zu ihrer aktiven beruflichen Zeit niemals die Chance hatten, ihren persönlichen Beitrag zum sogenannten Generationenvertrag zu leisten; dazu gehörte auch die Zahlung von Sozialhilfe für Bedürftige und von Arbeitslosenhilfe für Erwerbslose, die länger als ein Jahr keinen neuen Job finden konnten (sogenannte Langzeitarbeitslose); und dazu zählte vor allem auch die Zahlung von Arbeitslosengeld, obwohl viele Ostdeutsche nur sehr kurz oder überhaupt nicht in die Sozialversicherung einzahlen konnten.

Schließlich kamen noch Maßnahmen hinzu, die in den westdeutschen industriellen Krisen der 1970er- und 1980er-Jahre an Bedeutung gewonnen hatten: Frühverrentung, Kurzarbeit sowie Qualifizierung, Umschulung und Arbeitsbeschaffung. Diese Maßnahmen wuchsen durch die Deutsche Einheit in eine völlig neue Dimension hinein, quantitativ wie qualitativ. Sie wurden auf breiter Front angewandt, um den radikal schnellen Strukturwandel der ostdeutschen Wirtschaft abzufedern und zu unterstützen. Wenn möglich, sollte den Menschen der Weg zurück in eine volkswirtschaftlich produktive Arbeit geebnet werden – durch den Erwerb neuer moderner beruflicher Fähigkeiten. Wo dies aus Gründen des Alters und weiterer Umstände nicht möglich war, sollte wenigstens der Übergang in den Ruhestand gewährleistet und finanziell abgesichert werden.

Dieses Maßnahmenpaket – richtig verstanden – unterschied die Deutsche Einheit in ihren wirtschaftlichen Aspekten ganz grundsätzlich von einem Vorgang der «marktradikalen» Anpassung, wie sie in rein kapitalistischen Wirtschaftsordnungen im Stil der Vereinigten Staaten üblich ist. In Verkennung dieser Tatsache ist vor allem der Privatisierung durch die Treuhandanstalt das Etikett neoliberal angeheftet worden. Dies ist schon mit Blick auf die Strategie und Praxis der Privatisierung selbst abwegig, wie in Abschnitt 2.2.2 ausgeführt. Geradezu absurd wird der Vorwurf, nimmt man das breite Arsenal renten-, sozial- und arbeitsmarkpolitischer

Maßnahmen in den Blick. Es fällt schwer, sich eine stärkere (und teurere) Flankierung der Transformation von der Plan- in die Marktwirtschaft vorzustellen, als sie in Deutschland tatsächlich geschah. Die dafür akzeptierte Finanzlast spricht für sich, die gewaltige Bedeutung dieser Themen in der damaligen Politik ebenso. Tatsächlich gab es, wie der Sozialhistoriker Gerhard A. Ritter überzeugend gezeigt hat,[71] eine Art Gleichgewicht innerhalb der Regierung zwischen den auf Transformation gerichteten Zielen des Finanz- und des Wirtschaftsministeriums sowie dem erfolgreichen Bemühen des Arbeits- und Sozialministeriums, den Prozess möglichst sozialverträglich zu gestalten.

Spätere kritische Beobachter neigen generell dazu, zwei fundamentale Tatsachen zu übersehen oder kleinzureden. Die eine Tatsache ist die industrielle Herausforderung ab 1990, an der nur wenig zu ändern war, wie in Abschnitt 2.1 beschrieben: das Erbe der DDR-Planwirtschaft. Ineffizienz musste beseitigt und fehlende Innovationskraft ersetzt werden – eine Mammutaufgabe. Die zweite Tatsache ist die sozialpolitische Flankierung. Beides zusammen gibt erst ein klares Bild der politischen Strategie ab 1990. Es war eine Strategie der sozialen Marktwirtschaft und nicht des ungezügelten neoliberalen Kapitalismus.

2.3 Renaissance der Industrie

2.3.1 Leistungskraft Ost versus West

Freier Fall der ostdeutschen Industrie! So lassen sich die Jahre 1990/91 nach dem Mauerfall wirtschaftlich charakterisieren. Die Gründe sind im Einzelnen vielfältig, laufen aber alle darauf hinaus, dass die Industrieprodukte – begehrt im hoch geschützten planwirtschaftlichen Kosmos sowjetischen Typs – unter den neuen Verhältnissen nicht mehr gekauft wurden. Der Umsatz brach überall massiv ein: Die ostdeutschen Verbraucher weigerten sich, ihre eigenen Produkte zu kaufen, westliche Verbraucher in der Bundesrepublik oder im marktwirtschaftlichen Ausland waren nicht interessiert; die Nachfrager aus Osteuropa – bis 1989 ein gesicherter und geschützter Absatzmarkt – steckten in ihrer eigenen krisenhaften Transformation von der Plan- zur Marktwirtschaft.

Schaubild 1:
Entwicklung der Industrie (1991–2019)*

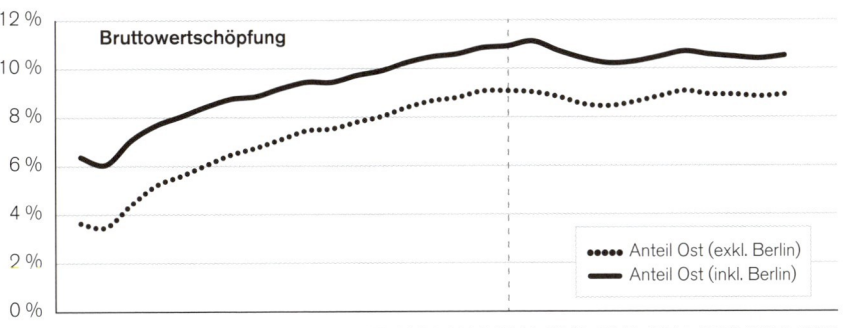

Anmerkungen:
* Anteil des Ostens am verarbeitenden Gewerbe in % des gesamtdeutschen Niveaus;
  eigene Berechnungen auf der Grundlage der VGRdL-Revision 2019.

Datenquellen:
Volkswirtschaftliche Gesamtrechnungen der Länder (2020b), Tab. 11.3.1.2, Tab. 2.3.1.2.

Das Jahr 1992 markiert eine Art Stunde null. Das verarbeitende Gewerbe der ostdeutschen Flächenländer lieferte in diesem Jahr gerade mal 3,5 Prozent (einschließlich Berlin waren es immerhin 6 %) der gesamten industriellen Wertschöpfung im wiedervereinigten Deutschland (Schaubild 1). Der Osten war praktisch deindustrialisiert, jedenfalls was die marktfähigen Produkte betrifft. Man darf dabei nicht vergessen, dass selbst die 3,5 Prozent – sieht man von frühesten Privatisierungen ab – von Unternehmen der Treuhandanstalt erwirtschaftet wurden, die hohe Subventionen erhielten. Auch deren Wertschöpfung war, soweit sie überhaupt Kunden fand, von betriebswirtschaftlicher Profitabilität weit entfernt. Dies belegt ein Blick auf die Beschäftigung: Immerhin fast 12 Prozent (mit Berlin: 14,3 %) aller Erwerbstätigen in der deutschen Industrie befanden sich 1992 im Osten. Selbst nach den großen Wellen der betriebsbedingten Entlassungen erwirtschafteten diese 12 Prozent (ohne Berlin) im Osten lediglich 3,5 Prozent der gesamtdeutschen Wertschöpfung, was rein rechnerisch einer Arbeitsproduktivität von nur gut 30 Prozent des Westens entspricht; eine völlig unhaltbare Situation.

Ab 1992 setzte dann aber doch eine dynamische Erholung ein, die bis zur Weltfinanzkrise 2008/09 ohne Unterbrechung anhielt. Die ostdeutsche Industrie erlebte eine Renaissance. Schritt für Schritt kletterte ihr Anteil an der Wertschöpfung der gesamten deutschen Industrie nach oben und erreichte schließlich 2008/09 etwa 9 Prozent, inklusive Berlin etwa 11 Prozent. Das neue verarbeitende Gewerbe des Ostens begann sich in den Märkten zu etablieren – nach Abschluss der Privatisierung im Rahmen marktwirt-

Schaubild 2:
Jährliches Wachstum in der Industrie (1992–2019)*

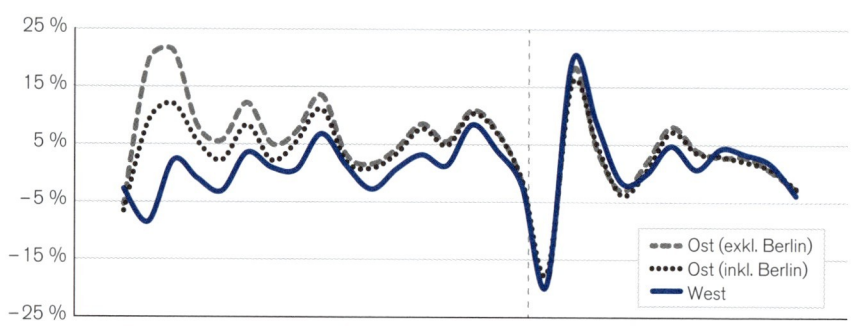

Anmerkungen:
* jährliche Änderungsrate der Bruttowertschöpfung im verarbeitenden Gewerbe in %
(preisbereinigt); Ergebnisse der VGRdL-Revision 2019.
Datenquelle:
Volkswirtschaftliche Gesamtrechnungen der Länder (2020b), Tab. 7.3.1.2.

schaftlicher Grundsätze. In jedem Jahr bis 2009 lag dabei die Wachstumsrate der industriellen Wertschöpfung im Osten höher als im Westen (Schaubild 2). Allerdings nahm die Differenz im Trend ab. Seit der Weltfinanzkrise ist der dynamische Unterschied zwischen West und Ost eher gering; und soweit es einen Vorsprung des Ostens gibt, konzentriert er sich neuerdings auf Berlin, worauf wir noch zurückkommen werden.

Es gab also eine Reindustrialisierung des Ostens, die sich über fast zwei Jahrzehnte hinzog und dann weitgehend zum Abschluss kam. In dieser Zeit nahm übrigens die industrielle Beschäftigung nur mäßig zu (Schaubild 1). Der Aufholprozess bestand also rein rechnerisch vor allem in einer Zunahme der Arbeitsproduktivität, was Schaubild 3 bestätigt: Die industrielle Wertschöpfung pro Erwerbstätigen stieg im Ost-West-Vergleich von 1991 bis 2007 kontinuierlich an – zunächst überaus scharf von unter 20 Prozent (mit Berlin: rund 28 %) 1991 und gut 27 Prozent (mit Berlin: rund 39 %) 1992 bis auf deutlich über 60 Prozent (mit Berlin: über 70 %) um die Jahrtausendwende und bis zu 74,5 Prozent (mit Berlin: annähernd 79 %) ab den späten 2000er-Jahren, als der Aufholprozess zum Stillstand kam. Seit der Weltfinanzkrise gab

Schaubild 3:
Arbeitsproduktivität im Osten (1991–2019)*

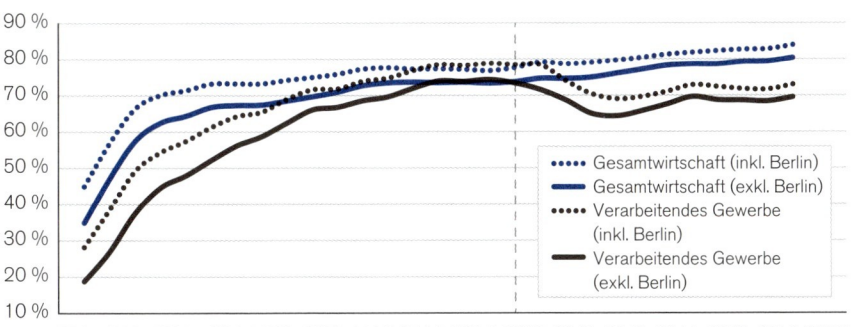

Anmerkungen:
* Bruttowertschöpfung des Ostens pro Erwerbstätigen in % des Westniveaus;
  eigene Berechnungen auf der Grundlage der VGRdL-Revision 2019.

Datenquellen:
Volkswirtschaftliche Gesamtrechnungen der Länder (2020b), Tab. 4.1, Tab. 4.3.1.2.

es – mit Schwankungen – eine Abnahme und dann wieder eine leichte Zunahme. Gesamtwirtschaftlich zeigt sich diese Delle nicht: Dort startete der Aufholprozess 1991 von einem höheren Niveau (35 % ohne und 45 % mit Berlin), verlief dann weniger dynamisch, hält aber bis heute an – mit einem Niveau 2019 von 80 Prozent des Westens ohne und 84 Prozent mit Berlin.

Die Eckdaten der Leistungsfähigkeit, die heute erreicht sind, lauten also: 70 bis 73 Prozent des Westens im verarbeitenden Gewerbe, 80 bis 84 Prozent in der gesamten Wirtschaft. Der Unterschied kann dabei nicht überraschen, ist er doch die unmittelbare Folge von Restrukturierungen der Produktpalette, die von Beginn an in der Industrie wegen der verlorenen Innovationskraft weit schwieriger waren als im Rest der Wirtschaft. Wir haben dies in den Abschnitten 2.1 und 2.2 beschrieben. Für diese Diagnose spricht der Vergleich mit jenem Sektor, der – genauso wie die Industrie – im internationalen Wettbewerb steht, aber eben Produkte mit global standardisiertem Qualitätsniveau produziert: die Landwirtschaft. Schaubild 4 zeigt deren Entwicklung von 1991 bis 2019: Bereits mit dem scharfen Rückgang der Erwerbstätigkeit im Agrarsektor von 1991 bis 1994 stieg die Wertschöpfung pro Erwerbstätigen überaus scharf an – eine Folge der schnellen Zunahme an betrieblicher Effizienz. Sie erreichte damit spätestens ab Mitte der 1990er-Jahre das westdeutsche Niveau; sie übertraf es fortan in den meisten Jahren sogar um 10 bis 25 Prozent, wahrscheinlich als Konsequenz der Nutzung von Größenvorteilen der ostdeutschen Betriebe sowie zum Teil auch der hohen Bodenqualität im mitteldeutschen Raum.

Die komplett unterschiedlichen Erfahrungen von Landwirtschaft und Industrie müssen zu denken geben. Sie unterstützen die Interpretation, dass nicht etwa die Privatisierung selbst, die in beiden Sektoren der Volkswirtschaft stattfand, sondern objektiv ungleiche Vorbedingungen für die schnell sehr unterschiedliche Erfolgsbilanz verantwortlich waren. In der Landwirtschaft ein ruckartiger Sprung auf (und sogar über) das Niveau der Leistungsfähigkeit im Westen, in der Industrie ein langwieriger und zäher Prozess der Markteroberung, der bis heute nicht ganz abgeschlossen ist und einen ziemlich stabilen Rückstand von 25 bis 30 Prozent hinterlässt. Dies ist nach 30 Jahren Deutsche Einheit ein zentrales ökonomisches Ergebnis, das auch überragende wirtschaftspolitische Bedeutung hat. Wir kommen in Abschnitt 2.4 darauf zurück.

Schaubild 4:
Entwicklung der Landwirtschaft (1991–2019)

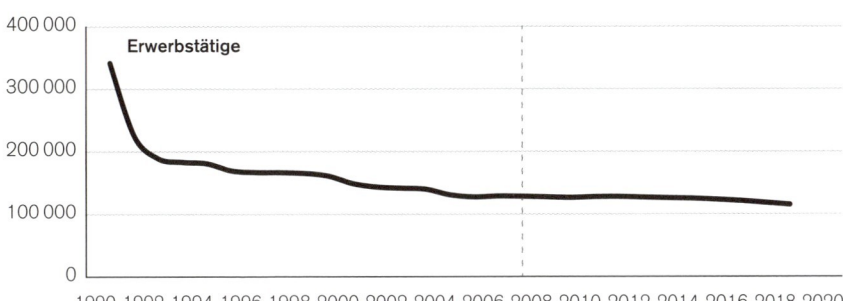

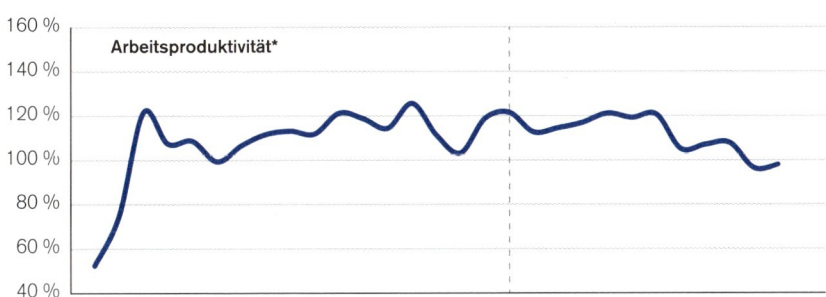

Anmerkungen:
* Bruttowertschöpfung pro Erwerbstätigen im Osten in %
  des Westniveaus; Land-, Forst- und Fischereiwirtschaft; jeweils ohne Berlin;
  eigene Berechnungen auf der Grundlage der VGRdL-Revision 2019.

Datenquellen:
Volkswirtschaftliche Gesamtrechnungen der Länder (2020b), Tab. 4.2, Tab. 11.2.

Bleibt die Frage: Wie stark ist heute der Osten industrialisiert? Wie hat sich der Anteil der Industrie von der gesamten Wertschöpfung und Beschäftigung im Osten im Vergleich zum Westen entwickelt? Schaubild 5 gibt eine klare Auskunft darüber: Was die Wertschöpfung betrifft, hat sich der Industrieanteil im Osten dem im Westen bis zur Weltfinanzkrise 2008/09 angenähert, aber erreicht hat er ihn nicht. Noch 2019 liegt er deutlich niedriger: 17,6 Prozent im Osten gegenüber 22,8 Prozent im Westen. Ähnliches gilt für die industrielle Beschäftigung,[72] deren Anteil an der Gesamtbeschäftigung 2019 im Osten bei 16 Prozent und im Westen bei

Schaubild 5:

Bruttowertschöpfung des verarbeitenden Gewerbes (1991–2019)*

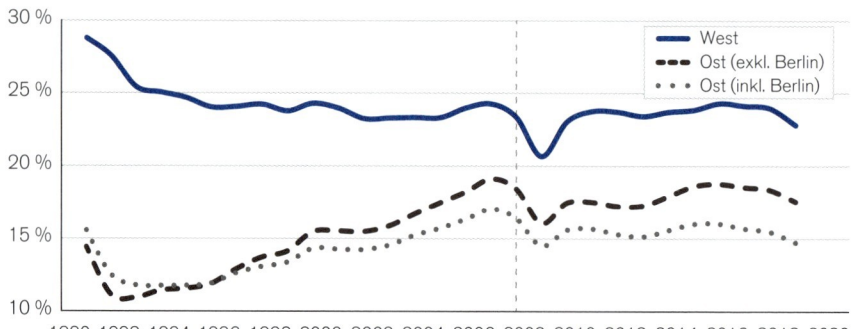

Anmerkungen:
* in % der Gesamtwirtschaft; eigene Berechnungen auf der Grundlage der VGRdL-Revision 2019.
Datenquellen:
Volkswirtschaftliche Gesamtrechnungen der Länder (2020b), Tab. 2.1, Tab. 2.3.1.2.

18 Prozent angekommen ist. Schlägt man Berlin dem Osten zu, was man heutzutage tun sollte, ist der Rückstand noch etwas deutlicher, wie aus Schaubild 5 ersichtlich.

Dem verbleibenden Ostrückstand in der Industrie steht allerdings ein stärkeres Gewicht der Bauwirtschaft gegenüber, die bis Mitte der 1990er-Jahre infolge des Aufbau Ost boomte. Schaubild 6 zeigt den Anteil der Bauwirtschaft an der jeweiligen gesamten Wertschöpfung in Ost und West von 1991 bis 2019. Bemerkenswert ist, dass nach dem Gipfel der 1990er-Jahre von etwa 17 Prozent die Bauwirtschaft im Osten (mit Berlin: 14 %) in den darauffolgenden zehn Jahren kräftig an Boden verlor, aber mit rund 8 Prozent der Wertschöpfung (mit Berlin: 7 %) bis heute ein höheres Gewicht hat als im Westen mit rund 5 Prozent. Offenbar ist auch nach Rückgang des Aufbau-Ost-Booms eine gewisse «Baulastigkeit» der Wirtschaft des Ostens verblieben. Zu bedenken ist, dass die Bauwirtschaft – im Vergleich zum verarbeitenden Gewerbe – stärker binnenmarktorientiert arbeitet, oft in enger Verzahnung mit regionalen Handwerksbetrieben verschiedener Gewerke, die von Bauaufträgen leben. Auch darauf werden wir in Abschnitt 2.4 zurückkommen.

Schaubild 6:
Entwicklung der Bauwirtschaft (1991–2019)*

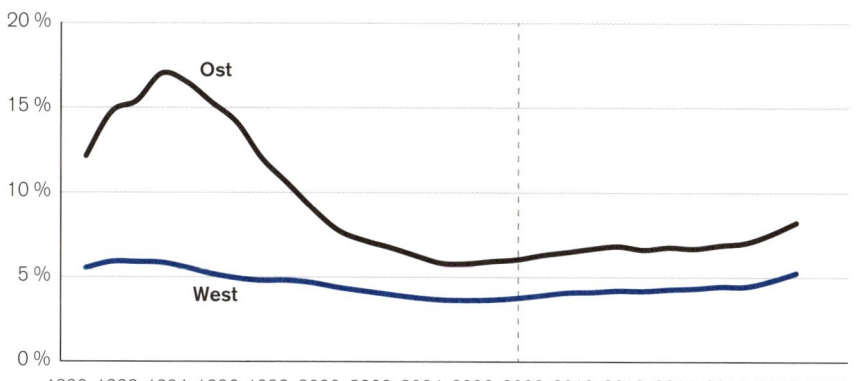

Anmerkungen:
* Anteil der Bauwirtschaft an der Gesamtbruttowertschöpfung; jeweils ohne Berlin;
  eigene Berechnungen auf der Grundlage der VGRdL-Revision 2019.

Datenquellen:
Volkswirtschaftliche Gesamtrechnungen der Länder (2020b), Tab. 2.1, Tab. 2.3.2.

2.3.2 Arbeitslosigkeit und Löhne

Die industrielle Krise der 1990er-Jahre sorgte für ein Hochschnellen der
Arbeitslosenquote im Osten auf ein Niveau, das es in der alten Bundesrepublik nie gegeben hatte. Schaubild 7 macht die Dimension des Vorgangs
augenfällig: Die Arbeitslosenquote lag im Osten Mitte der 1990er-Jahre bei
rund 15 Prozent und stieg in den darauffolgenden Jahren nochmals kräftig
an, weil die Bauwirtschaft und das baunahe Handwerk nach anfänglichem
Boom in eine (unvermeidliche) Anpassungskrise gerieten. Ihren Höhepunkt erreichte die Unterbeschäftigung in der ersten Hälfte der 2000er-
Jahre, als die Arbeitslosenquote zeitweise über 20 Prozent betrug. Rechnet
man Erwerbspersonen in Maßnahmen der Qualifikation, Umschulung und
Arbeitsbeschaffung hinzu, dürfte der Grad der Unterbeschäftigung damals
nahe 30 Prozent gelegen haben.

Mitte des Jahrzehnts setzte dann allerdings eine kontinuierliche Verbesserung der Lage ein – parallel zur Entwicklung im Westen, aber mit deutlich
stärkerer Dynamik. Auch die Weltfinanzkrise 2008/09 und die darauffolgende

scharfe Rezession änderten dies nur kurzfristig. Im letzten Jahrzehnt setzte sich der Trend fort, wobei die Lücke zwischen West und Ost immer kleiner wurde. In allerjüngster Zeit lässt sich für Deutschland als Ganzes von annähernder Vollbeschäftigung und zunehmender Fachkräfteknappheit sprechen, die wahrscheinlich in den kommenden Jahren noch zunehmen wird,[73] es sei denn, was nicht auszuschließen ist, die Coronakrise hinterlässt dauerhaft Spuren am Arbeitsmarkt. Die Knappheit an qualifizierten Arbeitskräften dürfte im Westen noch stärker zu spüren sein als im Osten, ist aber auch dort zunehmend virulent. Jedenfalls zählt das vereinigte Deutschland zu den Ländern in Europa, die besonders nah an die Vollbeschäftigung gerückt sind, wenn man international vergleichbaren standardisierten Statistiken folgt.

Fasst man zusammen, lässt sich feststellen: Der Arbeitsmarkt in Ostdeutschland begann mit einem extremen Überangebot an arbeitswilligen Erwerbspersonen, deren große Mehrheit dann doch ihren Weg zurück in eine Beschäftigung fand. Es gabelten sich die Wege: Viele Ältere wurden früh verrentet, viele Jüngere durchliefen mehr oder minder erfolgreiche

Schaubild 7:
Arbeitslosenquote (1950–2019)*

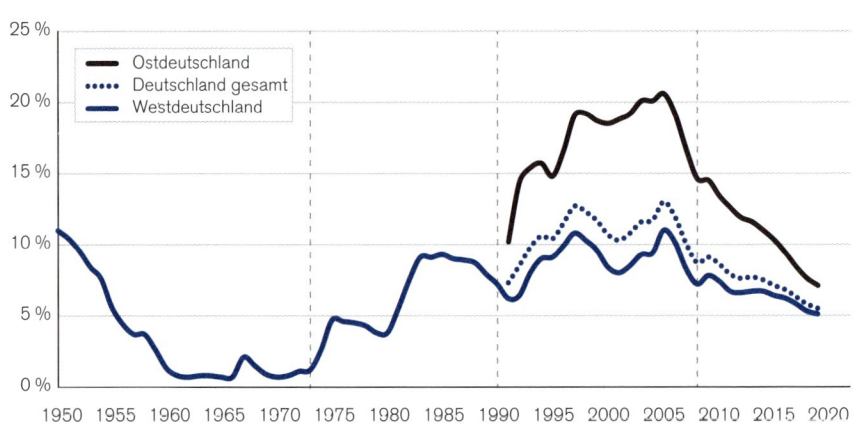

Anmerkungen:
* Arbeitslose in % der abhängigen zivilen Erwerbspersonen; Westdeutschland exkl. Berlin; Ostdeutschland inkl. Berlin.

Datenquelle:
Bundesagentur für Arbeit (2020a), Tab. 2.1.1.

Arbeitsmarktprogramme.[74] Viele blieben aber auch durchgängig in Beschäftigung. Es ist das Bild eines radikalen und scharfen Strukturwandels, der durchgängig und maßgeblich vom Staat begleitet wurde. Stabilisierend wirkten dabei auch vor allem jene nicht industriellen Bereiche der Volkswirtschaft, die vom frühen Bauboom profitierten und ohnehin wegen der regionalen Orientierung ihrer Leistungen von der industriellen Krise nur bedingt betroffen waren. Dies gilt insbesondere für das Handwerk und die persönlichen Dienstleistungen, deren Entwicklung leider bisher wenig erforscht wurde.[75] Das vorläufige Gesamtergebnis nach 30 Jahren ist – jedenfalls im internationalen Vergleich – einigermaßen erfolgreich.

Dass dies so ist, hängt allerdings auch mit einer überaus moderaten Lohnentwicklung zusammen. Sie war in ganz Deutschland insbesondere in den 2000er-Jahren ungewöhnlich zurückhaltend und verbesserte die internationale Wettbewerbsfähigkeit der deutschen Wirtschaft nachhaltig.[76] Wahrscheinlich hat gerade die Deutsche Einheit dazu beigetragen, dass dies so kam. Sie sorgte nämlich für ein vorübergehendes Maß an Unterbeschäftigung, das es in dieser Form in anderen europäischen Ländern nicht gab. Insbesondere führten die weitverbreiteten betrieblichen Lohnabschlüsse im Osten dazu, dass die Gewerkschaften es kaum wagten, vom Westen aus aggressive Lohnforderungen zu stellen, zumal ja auch im Westen die Arbeitslosenquote in den späten 1990er- und frühen 2000er-Jahren einen historischen Höchststand erreichte.

In gewisser Weise führte also die Deutsche Einheit zu jener Flexibilisierung des Arbeitsmarkts, die von Ökonomen länger schon gefordert wurde. Hinzu kamen die sogenannten Hartz-IV-Reformen der Arbeitslosenunterstützung, die ohne die spürbare Überlastung der sozialen Sicherungssysteme kaum denkbar gewesen wären. Diese wiederum war vor allem auch Ergebnis des schwierigen Strukturwandels im Osten. Deutschland erlebte somit eine Welle der Reformen und Veränderungen, die anderen Ländern erspart blieben – als indirekte Folge der Deutschen Einheit, aber mit langfristig segensreichen Wirkungen für das Angebot an Arbeitsplätzen und den Arbeitsmarkt.[77]

Im Osten selbst verlief die Entwicklung der Löhne und Einkommen – im Vergleich zum Westen – nach dem scharfen Anstieg in den frühen 1990er-Jahren über zwei Jahrzehnte lange Zeit völlig unspektakulär (Schaubild 8).

Schaubild 8:
Lohnentwicklung im Osten (1991–2019)*

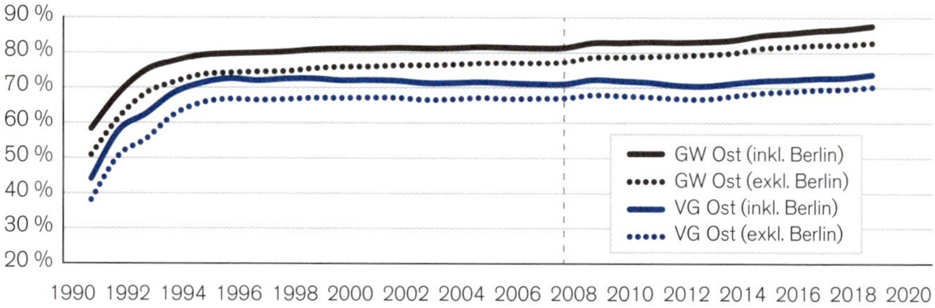

Anmerkungen:
* jeweils in % des Westniveaus im verarbeitenden Gewerbe (VG) sowie in der Gesamtwirtschaft (GW); Bruttolohn pro Arbeitnehmer; eigene Berechnungen auf der Grundlage der VGRdL-Revision 2019.

Datenquellen:
Volkswirtschaftliche Gesamtrechnungen der Länder (2020a), Tab. 6.1, Tab. 6.3.1.2.

Das ostdeutsche Lohnniveau im verarbeitenden Gewerbe verharrte ab 1996 bei etwa 67 Prozent des Westniveaus (inkl. Berlin: 72 %), mit minimalen Schwankungen über die Jahre. Erst in jüngster Zeit ab etwa 2013 gibt es wieder einen leichten Anstieg – auf 70 Prozent (inkl. Berlin: 74 %), möglicherweise eine Reaktion auf die überdurchschnittliche Verbesserung der Arbeitsmarktlage im Osten. Ein fast identisches Muster zeigt sich für das gesamtwirtschaftliche Lohnniveau. Es stieg in der zweiten Hälfte der 1990er-Jahre auf etwa 75 Prozent des Westens (inkl. Berlin: 80 %), verharrte dort bis zum Ende der 2000er-Jahre und ist seither nochmals spürbar angestiegen: auf deutlich über 80 Prozent (inkl. Berlin: fast 90 %) des Westniveaus.

Die Botschaft dieser Trends ist klar: Eine Ost-West-Angleichung des Lohnniveaus ist noch immer nicht erreicht, aber offenbar nähert man sich diesem erstrebten Zustand seit einigen Jahren doch wieder mit moderater Geschwindigkeit. Für die Gesamtwirtschaft bedeutet ein Lohnniveau von 90 Prozent des Westens wahrscheinlich (fast) schon gleiche Reallöhne, da Immobilienpreise und Mieten typischerweise um einige Prozentpunkte niedriger liegen als im Westen. Dies gilt besonders für die urbanen Ballungsräume, wo das West-Ost-Mietgefälle wohl besonders drastisch ausfällt. Alles in allem ist dies gerade für das letzte Jahrzehnt eine durchaus ermutigende Bilanz, nachdem es in den 2000er-Jahren, was die Ost-West-Lohnkonvergenz betrifft, kaum noch voranging. Es zeigt, dass eine Verbesserung der Lage am Arbeitsmarkt tatsächlich hilfreich ist, das Lohngefälle einzuebnen.

2.3.3 Regionale Entwicklungen

Es gehört zum Standard der Rhetorik über das Wachstum der ostdeutschen Wirtschaft, dass es seit den frühen 1990er-Jahren große regionale Unterschiede zwischen den Ländern der Region gegeben hat. Dies ist nur bedingt richtig. Schaubild 9 zeigt die Entwicklung der gesamtwirtschaftlichen Bruttowertschöpfung in fünf Regionen des Ostens für den Zeitraum von 1991 bis 2019. Vier der fünf Regionen sind dabei auch politische Einheiten, Berlin und Brandenburg werden dagegen zusammengefasst, weil sie wegen der Größe

Schaubild 9:
Produktionsniveau in der Gesamtwirtschaft (1991–2019)*

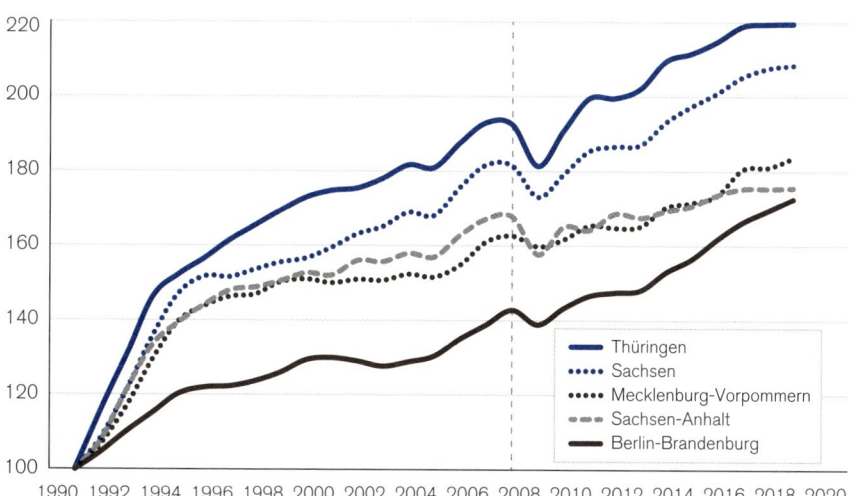

Anmerkungen:
* 1991 = 100; Bruttowertschöpfung (preisbereinigt); eigene Berechnungen auf der Grundlage der VGRdL-Revision 2019.

Datenquellen:
Volkswirtschaftliche Gesamtrechnungen der Länder (2020b), Tab. 7.1, Tab. 2.1.

und geografischen Lage Berlins in der Mitte des Flächenlandes Brandenburg als ein gemeinsamer Wirtschaftsraum gelten können.

Das Bild ist eindeutig: Die beiden südlichen Freistaaten Sachsen und Thüringen sind im Zeitraum von 1991 bis 2019 am stärksten wirtschaftlich gewachsen, gefolgt von Mecklenburg-Vorpommern und Sachsen-Anhalt sowie – mit beträchtlichem Abstand – von Berlin-Brandenburg. Dies entspricht weitverbreiteten Vorurteilen und gängiger anekdotischer Evidenz, wie sie die Medien beherrschen. Es ist allerdings bei dieser Deutung Vorsicht geboten, denn sie ist überaus stark von der Dynamik der 1990er-Jahre geprägt, bei der ganz offensichtlich Sachsen und Thüringen eine Art Frühstart hinlegten, was möglicherweise auch mit ihrer traditionellen Branchenstruktur zusammenhing, die sich – anders als in Berlin-Brandenburg und Sachsen-Anhalt – mehr auf mittelständische Branchen und weniger auf Schwerindustrie und Chemie konzentrierte. Das erwies sich zunächst als Vorteil.

Schaubild 10 blickt deshalb allein auf den späteren Zeitraum von 2004 bis 2019, in dem definitiv die Phase der Privatisierung und Umstellung beendet war und sich das Wachstum normalisierte. Es zeigt sich, dass seit 2004

Schaubild 10:
Produktionsniveau in der Gesamtwirtschaft A (2004–2019)*

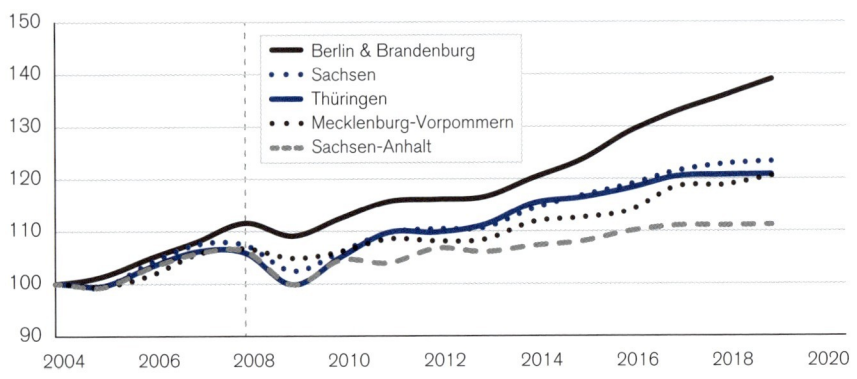

Anmerkungen:
* 2004 = 100; Bruttowertschöpfung (preisbereinigt); eigene Berechnungen auf der Grundlage der VGRdL-Revision 2019.

Datenquellen:
Volkswirtschaftliche Gesamtrechnungen der Länder (2020b), Tab. 7.1, Tab. 2.1.

im Trend manches ganz anders aussieht: Berlin-Brandenburg ist nun die eindeutig dominierende Wachstumsregion, gefolgt von der Dreiergruppe Sachsen, Thüringen und Mecklenburg-Vorpommern sowie – mit einigem Abstand – von Sachsen-Anhalt. Interessant ist schließlich, dass die Dynamik der Region Berlin-Brandenburg eindeutig auf die wirtschaftliche Zugkraft Berlins zurückgeführt werden kann. Unterscheidet man, wie in Schaubild 11 geschehen, ganz explizit zwischen den Ländern Berlin und Brandenburg, obwohl dies aus ökonomischer Sicht fragwürdig ist, so entspricht der Wachstumspfad Brandenburgs weitgehend dem Sachsens und Thüringens; Berlin dagegen hat sich längst vom Pulk der Flächenländer entfernt.[78]

Im Großen und Ganzen überwiegen also vor allem in den letzten beiden Jahrzehnten die Gemeinsamkeiten der mittel- und ostdeutschen Flächenländer gegenüber den Unterschieden. Dies gilt nicht nur für die Dynamik der Entwicklung, sondern auch für das Niveau der Leistungsfähigkeit. Seit Beginn der Transformation war die Bruttowertschöpfung je Erwerbstätigen, also die Arbeitsproduktivität, in den fünf Ländern des Ostens in jedem Jahr ähnlich hoch. Schaubild 12 zeigt die Ergebnisse für das

Schaubild 11:

Produktionsniveau in der Gesamtwirtschaft B (2004–2019)*

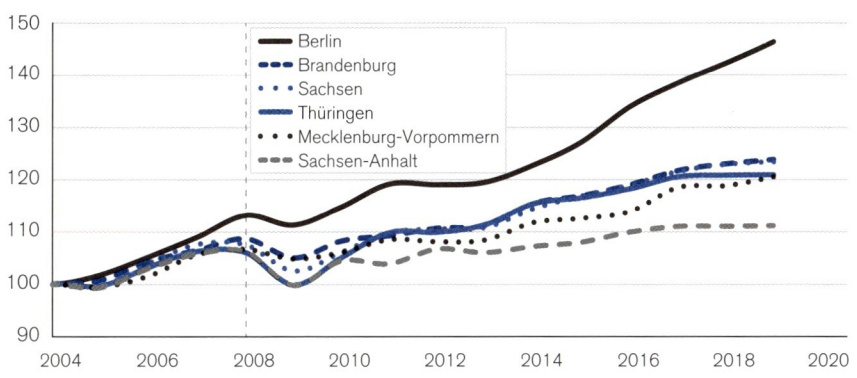

Anmerkungen:
* 2004 = 100; Bruttowertschöpfung (preisbereinigt); eigene Berechnungen auf der Grundlage der VGRdL-Revision 2019.

Datenquellen:
Volkswirtschaftliche Gesamtrechnungen der Länder (2020b), Tab. 7.1, Tab. 2.1.

aktuellste verfügbare Jahr 2019 und alle 16 deutschen Bundesländer – und zwar jeweils relativ zum gesamtdeutschen Durchschnitt, der gleich 100 gesetzt ist. Angeführt von Brandenburg und Sachsen-Anhalt liegen die mittel- und ostdeutschen Länder zwischen 80 und 87 Prozent und damit relativ eng beisammen. Die Abstände sind moderat und wohl am besten mit der spezifischen Wirtschaftsstruktur zu erklären: eine Dominanz von Landwirtschaft und Tourismus in Mecklenburg-Vorpommern, verstärkt klein- und mittelständische Strukturen in Sachsen und Thüringen sowie die Existenz kapitalintensiver Industrien wie die Grundstoffchemie in Brandenburg und Sachsen-Anhalt. Beherrscht wird Schaubild 12 durch den verbleibenden Ost-West-Unterschied. Lediglich der Stadtstaat Berlin ragt mit 97,8 Prozent in die Phalanx der westdeutschen Länder hinein, bleibt aber weit hinter dem zweitgrößten deutschen Stadtstaat Hamburg, der mit 125,5 Prozent

Schaubild 12:
Arbeitsproduktivität in der Gesamtwirtschaft (2019)*

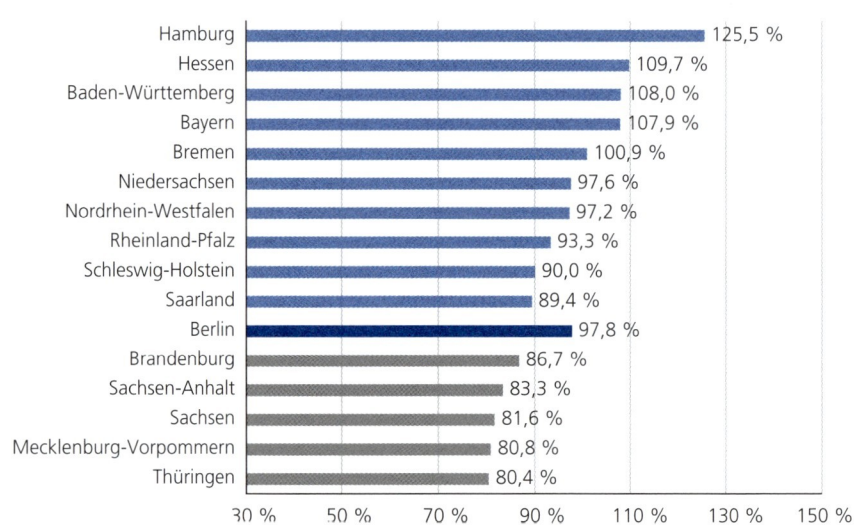

Anmerkungen:
* Bruttowertschöpfung pro Erwerbstätigen in der Gesamtwirtschaft in % des gesamtdeutschen Niveaus;
  eigene Berechnungen auf Grundlage der VGRdL-Revision 2019.
Datenquellen:
Volkswirtschaftliche Gesamtrechnungen der Länder (2020b), Tab. 2.2, Tab. 11.1.

des gesamtdeutschen Niveaus die Tabelle der Wertschöpfung pro Erwerbstätigen klar anführt. Davon ist Berlin – trotz dynamischen Wachstums –
noch sehr weit entfernt.

Schaubild 12 zeigt übrigens auch, dass zumindest das produktivitäts-
stärkste Flächenland des Ostens, nämlich Brandenburg, mit 86,7 Prozent des
Bundesdurchschnitts, das produktivitätsschwächste Flächenland des Westens, das Saarland, mit seinen 89,4 Prozent fast erreicht hat. Dieses Ergebnis
führt übrigens dazu, dass auch in Maßzahlen des Pro-Kopf-Einkommens
Brandenburg dem Saarland «auf den Fersen» ist – und es das Saarland im
verfügbaren Einkommen nach Abzug aller Steuern und Transfers bereits
überholt hat, worauf Eckert (2020) und Paqué (2020) hinweisen. Dies ist eine
Ironie des Schicksals, denn das Saarland trat 1957 als «erstes neues Bundes-
land» der Bundesrepublik Deutschland bei und hatte immerhin 33 Jahre länger als die ostdeutschen Länder Zeit, sich mit seinen eigenen Strukturschwä-
chen als traditioneller Region von Kohle und Stahl dem gesamtdeutschen
Niveau anzunähern. Auch dies verdeutlicht, wie langfristig die Anpassungs-
prozesse sind, um die es geht. Es zeigt allerdings auch, dass der «Pulk» der
ostdeutschen Flächenländer gerade erst dabei ist, mit den schwächsten Flächenländern des Westens wirklich gleichzuziehen. Zu den starken Industrieregionen des deutschen Südens ist noch ein gehöriger Abstand.

Fazit: Selbst drei Jahrzehnte nach der deutschen Wiedervereinigung
zeigt sich eine ausgeprägte Ost-West-Lücke, die bei allen Unterschieden zwischen den Ländern innerhalb des Westens und des Ostens das Bild dominiert. Das Gemeinsame am ostdeutschen Schicksal in der großräumigen
regionalen Wirtschaftsentwicklung ist wohl doch sehr viel dominanter als
gelegentlich angenommen wird. Dies heißt natürlich nicht, dass es nicht
auch innerhalb dieser Großräume beträchtliche Unterschiede in der Dynamik gibt, etwa zwischen dem Großraum Leipzig und dem Erzgebirge im
Freistaat Sachsen genauso wie zwischen dem Großraum München und dem
Bayerischen Wald im Freistaat Bayern. Es heißt allerdings, dass sich diese
Unterschiede auf dem jeweils typischen Niveau des Ostens und des Westens
bewegen, also: bei Bayern eher wie in Baden-Württemberg (beide in Schaubild 12 bei 108 %) und bei Sachsen eher wie in Thüringen (beide bei gut 80 %
des deutschen Durchschnitts). Keinesfalls kommt man also an der Schlussfolgerung vorbei: Es gibt auch bei regionaler Betrachtung weiterhin einen

klaren Ost-West-Rückstand, und der ist in den östlichen Ländern gegenüber dem Westen als Ganzes bemerkenswert uniform.

2.3.4 Wanderung und Transfers

Ein zentrales Ziel der Deutschen Einheit war es, die Wanderung von Ost nach West, wenn nicht zu stoppen, so doch massiv einzudämmen. Und dies allein dadurch, dass der Osten genug Wirtschaftskraft entwickelt, um vor allem den Leistungsträgern der Gesellschaft eine Perspektive zu bieten und im Osten zu bleiben. Ist dies gelungen?

Die Antwort lautet: Ja, zumindest im Wesentlichen. Schaubild 13 macht klar, warum «Ja» und warum mit der Einschränkung «im Wesentlichen». Es zeigt die Ost-West-Binnenwanderung von 1991 bis 2018. Verglichen mit der gewaltigen Welle der Abwanderung unmittelbar nach dem Mauerfall gelang es bis Mitte der 1990er-Jahre, die Zahlen im Zug des Aufbau Ost Jahr für Jahr deutlich nach unten zu drücken. Ein erster Tiefstand wurde 1997

Schaubild 13:
Binnenwanderungssaldo zwischen Ost und West (1991–2018)*

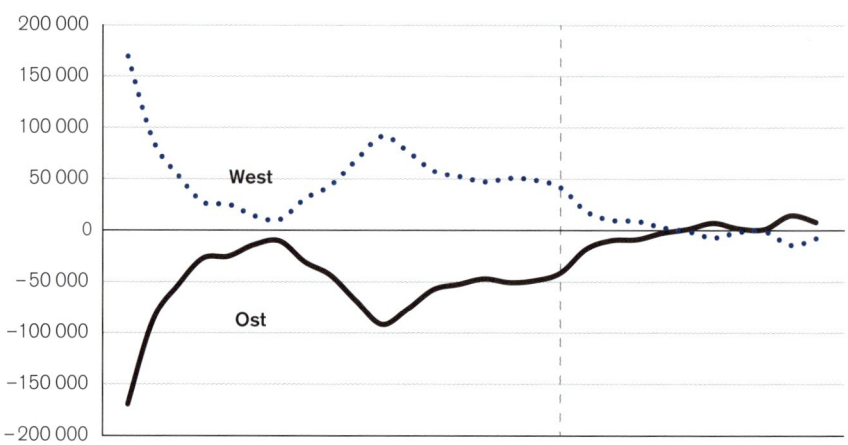

Anmerkungen:
* West: bis 1999 mit Berlin-West, ab 2000 ohne Berlin; Ost: bis 1999 nur Berlin-Ost;
  ab 2000 Berlin gesamt.

Datenquellen:
Statistisches Bundesamt (2013), (2015), (2017a,b), (2018c), (2019a), (2020b).

Schaubild 14:
**Binnenwanderungssaldo zwischen dem früheren Bundesgebiet
und den neuen Ländern (1991–2018)***

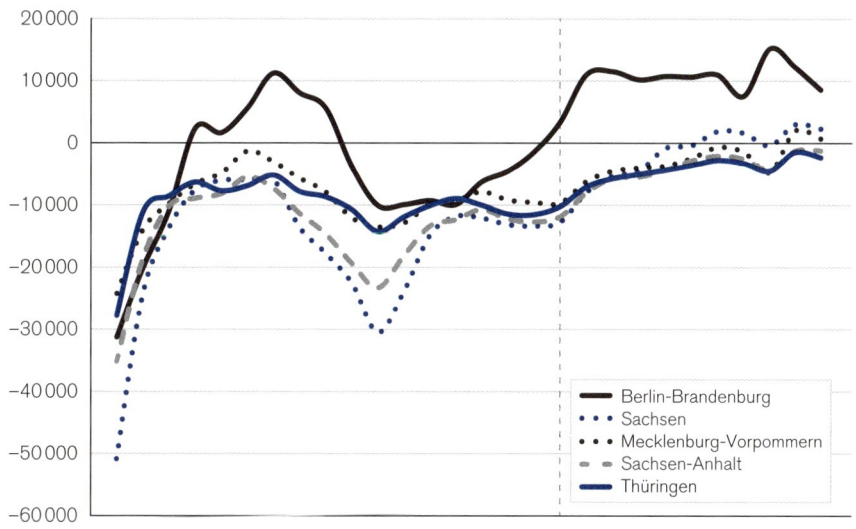

Anmerkungen:
* Berlin-Brandenburg: bis 1999 nur Berlin-Ost; ab 2000 Berlin gesamt.

Datenquellen:
Statistisches Bundesamt (2013), (2015), (2017a,b), (2018c), (2019a), (2020b).

erreicht. Dieser erwies sich allerdings nicht als stabil, und zwar wohl deshalb nicht, weil er stark mit dem vorübergehenden Bauboom zusammenhing, der viele Arbeitsplätze schuf, die allerdings ab dem Ende der 1990er-Jahre zum Teil wieder verschwanden. Deswegen schwoll die Abwanderung wieder an und erreichte 2001 einen neuen Höhepunkt, der allerdings mit einem Saldo von rund 92 000 Personen viel niedriger lag als die Spitzen der frühen 1990er-Jahre. Danach ging die Abwanderung wieder deutlich zurück – mit jährlichen Schwankungen, die neuerdings sogar zu einer leichten Nettowanderung in den Osten geführt haben.

Insgesamt ist dies zweifellos ein Erfolg. Dies gilt jedenfalls dann, wenn man unterstellen kann, dass – anders als zu Zeiten des vorübergehenden Baubooms der 1990er-Jahre – die Arbeitsplätze von heute im Osten nachhaltig sind und erhalten bleiben. Der Osten hat sich stabilisiert, er ist als

Schaubild 15:
Leistungsbilanz Ostdeutschlands (1991–2016)*

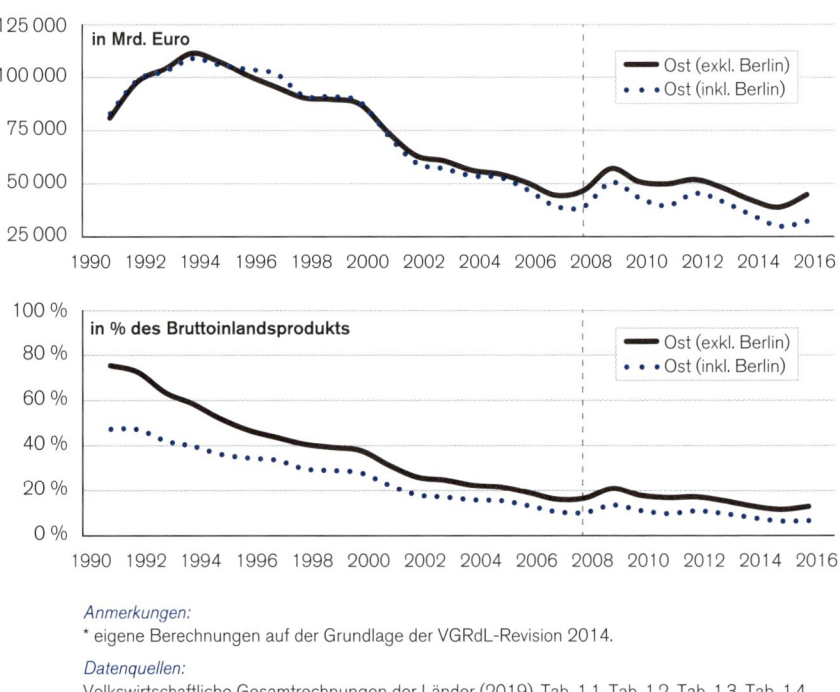

Anmerkungen:
* eigene Berechnungen auf der Grundlage der VGRdL-Revision 2014.

Datenquellen:
Volkswirtschaftliche Gesamtrechnungen der Länder (2019), Tab. 1.1, Tab. 1.2, Tab. 1.3, Tab. 1.4.

Ganzes für Erwerbstätige attraktiv. Allerdings hängt dies maßgeblich vom Wachstum des Großraums Berlin-Brandenburg ab. Dieser zieht nämlich – im Rahmen einer fortdauernden Binnenwanderung innerhalb des Ostens – seit einigen Jahren Arbeitskräfte aus den umliegenden Ländern an. So zeigt Schaubild 14, dass allein Berlin-Brandenburg zu einer Zuwanderungsregion geworden ist, während die anderen mittel- und ostdeutschen Länder meist Menschen dorthin verlieren. Ähnliches gilt übrigens auch für die mitteldeutschen Städte innerhalb ihrer jeweiligen ländlichen Großräume. Wir werden auf die Chancen und Risiken dieser Wanderung in Abschnitt 2.4 zurückkommen.

Neben dem Stopp der Ost-West-Massenwanderung war es natürlich schon früh ein Hauptziel der Politik, die Transfers von West nach Ost im Rahmen der vielfältigen Programme des Aufbau Ost irgendwann deutlich zu reduzieren. Schlagworthaft formuliert: Der Osten sollte schnellstmöglich – wirtschaftlich und sozial – auf eigenen Beinen stehen. Tut er dies inzwischen? Ist dieses Ziel erreicht worden?

Der einzige sinnvolle Weg, dies zu messen, ist die Definition einer Art Leistungsbilanz des Ostens, also der Differenz der Bruttowertschöpfung, die er erzielt, und der Absorption seiner Bevölkerung, die vom privaten Verbrauch über Investitionen bis zum sogenannten Staatskonsum reicht. Schaubild 15 zeigt für den Zeitraum von 1991 bis 2016 das Ergebnis dieser gedanklichen und statistischen Übung, und zwar jeweils ohne und mit Berlin, was bei dieser Fragestellung von großer Bedeutung ist. Das Bild ohne Berlin enthält zwei zentrale Botschaften. Zum einen hat der Osten seit der deutschen Wiedervereinigung ein Defizit in der Leistungsbilanz. Dies gilt bis heute. Zum anderen hat dieses Defizit seit Mitte der 1990er-Jahre fast kontinuierlich abgenommen, von jährlich über 100 Milliarden Euro bis auf rund 45 Milliarden Euro heute. Als Anteil an der ostdeutschen Bruttowertschöpfung ist dies ein Rückgang von über 75 Prozent im Jahr 1991 auf bis zuletzt 13 Prozent im Jahr 2016.

Ist damit das ursprüngliche Ziel erreicht worden? Wieder fällt die Antwort differenziert aus. Ohne jeden Zweifel stehen die ostdeutschen Flächenländer heute weitgehend auf eigenen wirtschaftlichen Füßen, allerdings eben nicht vollständig. Es bleibt ein Rest von zuletzt 13 Prozent des eigenen Bruttoinlandsprodukts, der von außen finanziert wird. Dies liegt zum einen an einem relativ hohen Anteil von Pendlern, die in ostdeutschen Flächenländern wohnen, aber in Berlin oder im Westen arbeiten. Ihr Verbrauch wird dem Osten zugerechnet, nicht aber ihre Wertschöpfung. Allein im Fall Berlins geht es um eine gewaltige Größenordnung von rund 12,5 Milliarden Euro. Schlägt man diese sinnvollerweise dem Osten zu, bleibt ein Defizit von gerade mal 6,7 Prozent. Eine weitere Berücksichtigung des Pendlersaldos mit dem Westen Deutschlands, der leider statistisch nicht möglich ist,[79] würde wahrscheinlich diesen Prozentsatz weiter senken. Das Ziel ist demnach fast erreicht – jedenfalls dann, wenn man die Rechnung um die Pendler korrigiert.

Ein zweites Problem der Interpretation kommt hinzu: Eine Generation von Rentnern im Osten erhält ihre Renten über das gesamtdeutsche Sozialsystem, ohne jemals direkt in das System eingezahlt zu haben. Diese Renten fallen dabei in Relation zu den Westrenten höher aus als die Löhne relativ zu den Westlöhnen, die im Osten erwirtschaftet werden, um rein rechnerisch die «eigenen» Rentner zu finanzieren. Es handelt sich dabei um ein historisch bedingtes Problem, das in den nächsten Jahren und Jahrzehnten durch die demografische Entwicklung wohl verschwinden wird.[80]

Fazit: Auch die Entwicklung der ostdeutschen Leistungsbilanz bietet nicht wirklich einen Ansatzpunkt, um von einem Scheitern der Deutschen Einheit zu sprechen. Soweit sich daraus Probleme ergeben, sind sie die Folge des verbleibenden Ost-West-Gefälles in der wirtschaftlichen Leistungskraft. Dies gilt übrigens auch für das Steueraufkommen von Ländern und Kommunen zur Finanzierung öffentlicher Leistungen. Solange die regionale und kommunale Wirtschaft im Osten schwächer ist als im Westen, macht sich dies auch in den Steuereinnahmen bemerkbar – und damit im Bedarf am Finanzausgleich zwischen den westlichen und östlichen Bundesländern. Wir werden in Abschnitt 2.4 darauf zurückkommen.

2.3.5 Die Nachbarn im Osten

Geht es um die wirtschaftliche Seite der Deutschen Einheit, werden innerhalb des wiedervereinigten Landes stets West und Ost miteinander verglichen. Dies ist ein verengter Blickwinkel. Zumindest ein Seitenblick sollte auf jene benachbarten östlichen Länder geworfen werden, die mit Ostdeutschland vier Jahrzehnte lang eine Planwirtschaft sowjetischen Typs teilten und etwa zur gleichen Zeit ab 1990 mit der Transformation in eine Marktwirtschaft begannen. Wo stehen sie heute, was die Renaissance ihrer industriellen Kapazitäten und deren wiedergewonnene Leistungsfähigkeit betrifft?

Von besonderem Interesse sind dabei jene Länder, die seit 2004 Mitglied der Europäischen Union sind: Polen, Tschechien, die Slowakei, Ungarn und Slowenien. Schaubild 16 zeigt die heute erreichte Bruttowertschöpfung je Erwerbstätigen, also die Arbeitsproduktivität im verarbeitenden Gewerbe als Prozentsatz des deutschen Niveaus für das Jahr 2018. Sie liegt in Polen bci 27, in Ungarn bei 31, in der Slowakei bei 37 und in Tschechien bei knapp 38 Prozent des gesamtdeutschen Niveaus. Ostdeutschland (einschließlich Berlin) liegt bei 75 Prozent, also der Größenordnung nach das Doppelte der östlichen Nachbarn.[81] Noch stärker ist das Gefälle der Industrielöhne (Schaubild 17): Diese lagen 2017 in Polen und Ungarn bei etwa 1100 Euro,

Schaubild 16:

Arbeitsproduktivität im verarbeitenden Gewerbe (2018)*

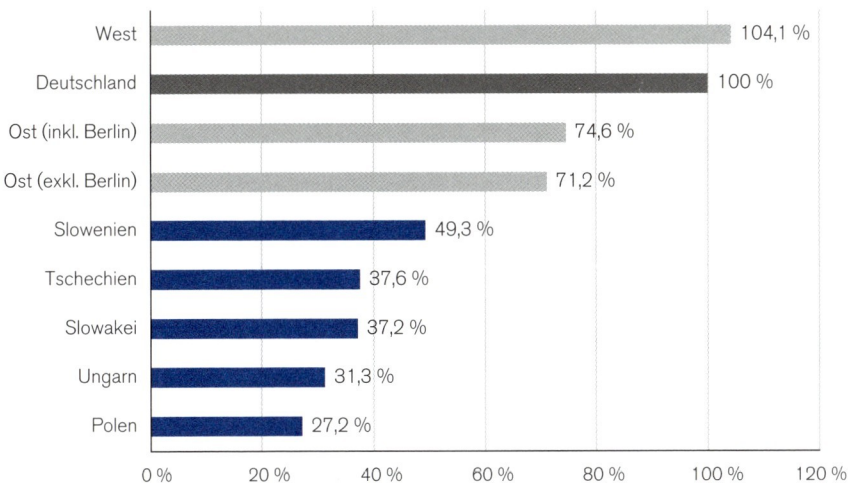

West	104,1 %
Deutschland	100 %
Ost (inkl. Berlin)	74,6 %
Ost (exkl. Berlin)	71,2 %
Slowenien	49,3 %
Tschechien	37,6 %
Slowakei	37,2 %
Ungarn	31,3 %
Polen	27,2 %

0 %   20 %   40 %   60 %   80 %   100 %   120 %

Anmerkungen:
* Bruttowertschöpfung je Erwerbstätigen in % des gesamtdeutschen Niveaus;
Inlandskonzept; VGRdL-Daten auf der Grundlage der Revision 2019.
Datenquellen:
Eurostat (2020), Tab. nama_10_a64_e, Tab. nama_10_a64; Volkswirtschaftliche
Gesamtrechnungen der Länder (2020b), Tab. 4.3.1.2.

in Tschechien und der Slowakei bei rund 1200 Euro, in Ostdeutschland (einschließlich Berlin) fast dreimal so hoch bei 2900 Euro, im gesamtdeutschen Durchschnitt bei 3900 Euro.

Das Bild ist also eindeutig: Was das Ergebnis in der wirtschaftlichen Leistungskraft betrifft, hat die Deutsche Einheit den Osten des Landes in eine andere Dimension befördert, als sie für die östlichen Nachbarn bis heute erreichbar gewesen ist. Dies war natürlich auch dringend nötig, um die Menschen im Osten zu halten, denn Löhne, wie sie noch heute im östlichen Mitteleuropa gezahlt werden – immerhin gut 30 Jahre nach dem Fall des Eisernen Vorhangs –, waren zu jedem Zeitpunkt ab 1990 völlig undenkbar.[82] Überaus interessant ist dabei, dass die vier mitteleuropäischen Länder Polen, Tschechien, Slowakei und Ungarn im Niveau der Arbeitsproduktivität und Löhne recht nah beieinanderliegen – trotz der ganz unterschiedli

Schaubild 17:
Monatliche Bruttolöhne im verarbeitenden Gewerbe (2017)*

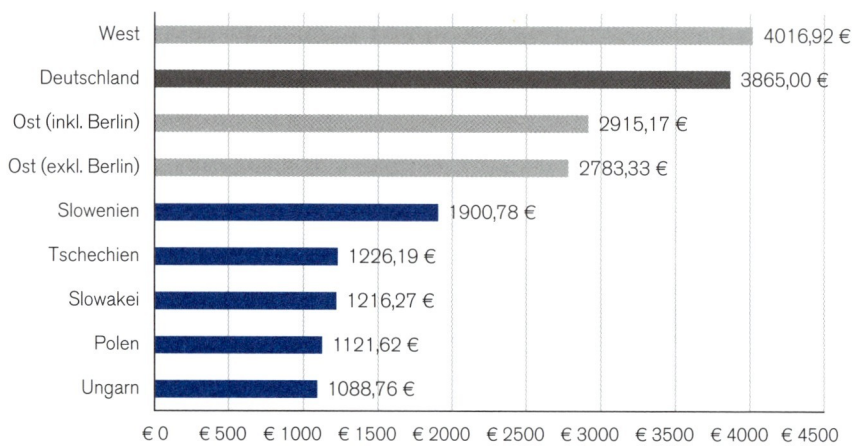

chen Wege bei der Privatisierung und Sanierung, die sie durchliefen.[83] Dies
erinnert an das Bild der fünf ostdeutschen Flächenländer (Schaubild 12). Die
Ähnlichkeit der wirtschaftsstatistischen Schicksale der mitteleuropäischen
Nationen und der ostdeutschen Bundesländer untereinander spricht dafür,
dass es tiefe gemeinsame Ursachen gibt, die in der planwirtschaftlichen Vergangenheit liegen und sich in den Daten spiegeln. Wir kommen darauf in
Abschnitt 2.4 zurück.

Bemerkenswert ist nicht zuletzt die Sonderrolle Sloweniens, das in
Arbeitsproduktivität und Lohnniveau etwa auf halbem Weg zwischen den
vier anderen Nationen Mitteleuropas und Ostdeutschland liegt (Schaubild
16 und 17). Zu bedenken ist dabei, dass Slowenien vier Jahrzehnte lang Teil
von Titos Jugoslawien war, also politisch ein kommunistisches Land, aber
ökonomisch keineswegs Teil der sowjetisch dominierten osteuropäischen
Planwirtschaft. Auch darauf werden wir zurückkommen.

Schaubild 18:
Anteil der Industrie an der gesamtwirtschaftlichen Wertschöpfung (2018)*

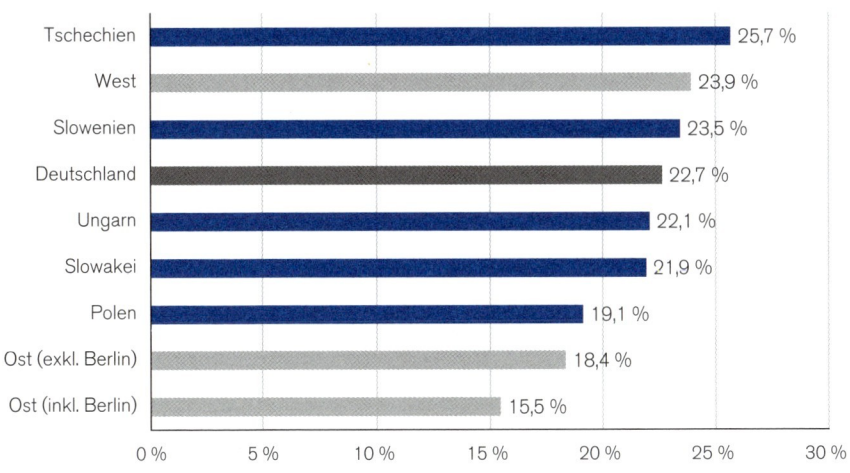

Anmerkungen:
* Anteil der Bruttowertschöpfung im verarbeitenden Gewerbe in %;
eigene Berechnungen auf der Grundlage der VGRdL-Revision 2019.

Datenquellen:
Eurostat (2020), Tab. nama_10_a64; Volkswirtschaftliche Gesamtrechnungen
der Länder (2020b), Tab. 2.1, Tab. 2.3.1.2.

Unser Fazit: Der Sonderweg Ostdeutschlands war nicht nur wegen der Mobilität der Menschen ohne realistische Alternative, sondern im Ergebnis auch erfolgreich – misst man den Grad des Erfolgs an der Leistungsfähigkeit der neu aufgebauten Industrie und der Löhne, die diese zu zahlen ermöglicht. Gleichwohl hatte natürlich der Sonderweg einen Preis, denn er führte durch das tiefe Tal der fast kompletten Deindustrialisierung und hat bis heute zur Folge, dass der Anteil der Industrie in Ostdeutschland relativ niedrig ist – und zwar nicht nur im Verhältnis zum Westen (Schaubild 5), sondern auch im Vergleich zu den mitteleuropäischen Nachbarn (Schaubild 18). Dort wurden 2018 zwischen 19 und 26 Prozent der gesamtwirtschaftlichen Wertschöpfung in der Industrie erzielt, wobei Tschechien den höchsten Wert der gesamten EU erreicht. Ostdeutschland liegt mit 15,5 Prozent (einschließlich Berlin) bzw. 18,4 Prozent (ohne Berlin) noch hinter Polen – ein Land, das traditionell weniger industriell und stärker agrarisch geprägt ist. Die vorübergehende Deindustrialisierung hat also eine Art dauerhafte wirtschaftliche Narbe im Osten Deutschlands hinterlassen, und zwar nicht in der Leistungsfähigkeit, wohl aber in der Größe der neu gewachsenen Industrie.

2.4 Zwischenbilanz und Zukunft

2.4.1 Anno 2020: Rückstand der Innovationskraft

Die mittel- und ostdeutsche Industrie hat zweifellos eine beachtliche Renaissance erlebt. Nach der dramatischen Deindustrialisierung in den frühen 1990er-Jahren hat sie heute ihren einigermaßen gesicherten Platz im nationalen, europäischen und globalen Wettbewerb. Sie liegt dabei in der Wertschöpfung pro Erwerbstätigen klar vor der Konkurrenz aus den EU-Ländern

Schaubild 19:
Technologieindikatoren

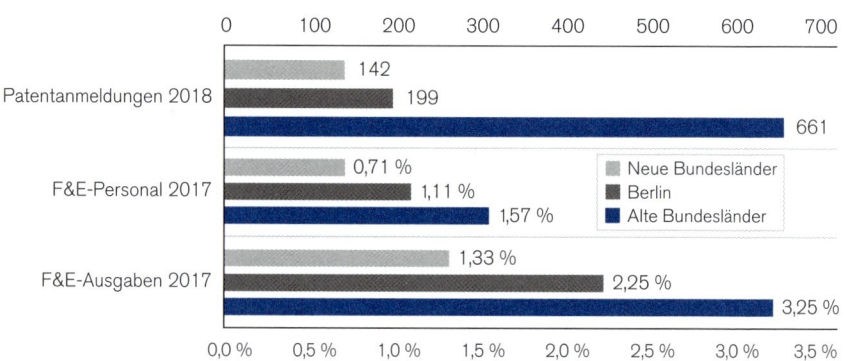

Anmerkungen:
obere Achse: Patentanmeldungen je Mio. Einwohner; untere Achse: F&E-Ausgaben der privaten Wirtschaft in % der Bruttowertschöpfung der privaten Wirtschaft in jeweiligen Preisen; F&E-Personal der privaten Wirtschaft in % der gesamten Erwerbstätigen in der privaten Wirtschaft; private Wirtschaft: Land- und Forstwirtschaft, Fischerei; produzierendes Gewerbe; Dienstleistungsbereich inkl. Handel, Verkehr und Lagerei, Gastgewerbe, Information und Kommunikation sowie Finanz-, Versicherungs- und Unternehmensdienstleister; Grundstücks- und Wohnungswesen; eigene Berechnungen auf der Grundlage der VGRdL-Revision 2019.

Datenquellen:
Deutsches Patent- und Markenamt (2019), S. 91; Statistisches Bundesamt und Stifterverband Wissenschaftsstatistik (2020a,b); Volkswirtschaftliche Gesamtrechnungen der Länder (2020b), Tab. 2.2, Tab. 2.3, Tab. 2.4.1, Tab. 2.4.2, Tab. 11.2, Tab. 11.3, Tab. 11.4.1, Tab. 11.4.2, Tab. 13.

im östlichen Mitteleuropa, aber 30 Prozent hinter der westdeutschen Industrie.[84] Woran liegt das?

Die Antwort lautet: an dem Rückstand der Innovationskraft. Damit sind
wir wieder bei jenem Kernproblem der deutschen Teilung und Einheit, das
wir in den Abschnitten 2.1 und 2.2 als Erblast der Planwirtschaft bezeichneten.
Es war eben nach 1990 relativ leicht, die Ineffizienz der Produktion zu beseitigen, aber sehr viel schwerer, eine eigenständige Innovationskraft zu etablieren. In der Regel wurde die neueste Technologie im Zug von Privatisierung
oder von Investitionen auf der grünen Wiese mit einem Schlag importiert;
aber die Brutstätten des Wissens für innovative Produkte blieben im Wesentlichen an den westdeutschen oder ausländischen Hauptsitzen der Unternehmen. Es entstanden deshalb «verlängerte Werkbänke»: hocheffizient und

Schaubild 20:
F&E-Ausgaben der privaten Wirtschaft (2017)*

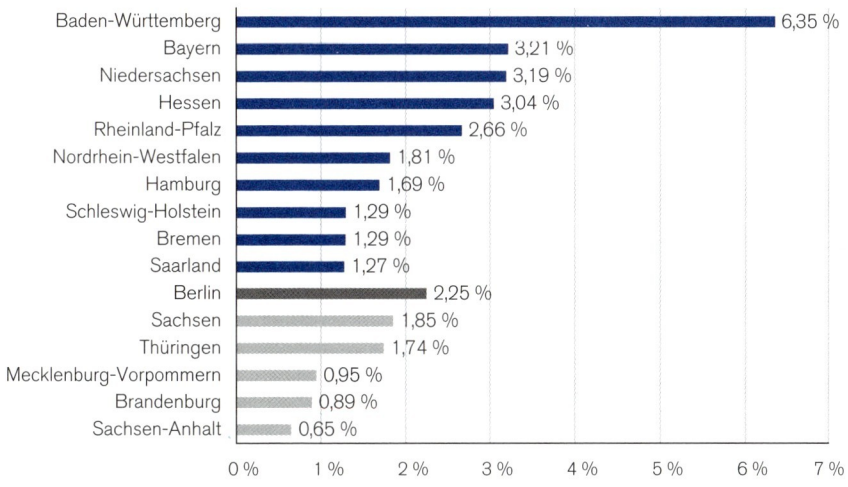

Anmerkungen:
* in % der BWS der privaten Wirtschaft in jeweiligen Preisen; eigene Berechnungen auf der Grundlage der
VGRdL-Revision 2019; private Wirtschaft: Land- und Forstwirtschaft, Fischerei; produzierendes Gewerbe;
Dienstleistungsbereich inkl. Handel, Verkehr und Lagerei, Gastgewerbe, Information und Kommunikation
sowie Finanz-, Versicherungs- und Unternehmensdienstleister, Grundstücks- und Wohnungswesen.

Datenquellen:
Statistisches Bundesamt und Stifterverband Wissenschaftsstatistik (2020a); Volkswirtschaftliche
Gesamtrechnungen der Länder (2020b), Tab. 2.2, Tab. 2.3, Tab. 2.4.1, Tab. 2.4.2.

Schaubild 21:
F&E-Personal der privaten Wirtschaft (2017)*

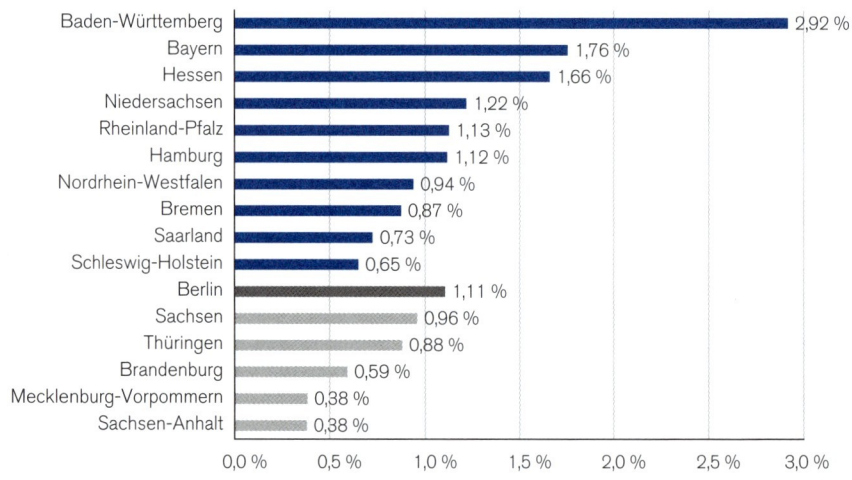

Anmerkungen:
* in % der gesamten ET in der privaten Wirtschaft; eigene Berechnungen auf der Grundlage der VGRdL-Revision 2019; private Wirtschaft: Land- und Forstwirtschaft, Fischerei; produzierendes Gewerbe; Dienstleistungsbereich inkl. Handel, Verkehr und Lagerei, Gastgewerbe, Information und Kommunikation; Finanz-, Versicherungs- und Unternehmensdienstleister, Grundstücks- und Wohnungswesen.

Datenquellen:
Statistisches Bundesamt und Stifterverband Wissenschaftsstatistik (2020b); Volkswirtschaftliche Gesamtrechnungen der Länder (2020b), Tab. 11.2, Tab. 11.3, Tab. 11.4.1, Tab. 11.4.2.

hochmodern in der Herstellungstechnik, aber ohne jene starke eigenständige Innovationskraft, die eine besonders hohe Wertschöpfung sichert.

Es gibt eine Reihe von Eckdaten, die diesen Zustand gut belegen. Die wichtigsten sind dabei Indikatoren der gewerblich-industriellen Forschung. Schaubild 19 zeigt für 2017 die Ausgaben für Forschung und Entwicklung (F&E) der privaten Wirtschaft im Westen, in den ostdeutschen Flächenländern sowie in Berlin. Das Bild ist eindeutig: Im Westen machen die Ausgaben für Forschung und Entwicklung 3,25 Prozent, im Osten 1,33 Prozent der Bruttowertschöpfung aus; Berlin liegt mit 2,25 Prozent dazwischen. Also: ein klares West-Ost-Gefälle! Dies zeigt sich genauso beim Anteil des F&E-Personals an den Erwerbstätigen: 1,57 Prozent im Westen, 0,71 Prozent im Osten und 1,11 Prozent in Berlin. Der Abstand zwischen West und Ost hat sich

dabei in den letzten Jahren nicht wesentlich verringert. Bei den Patentanmeldungen ist das West-Ost-Gefälle noch ausgeprägter: Im Jahr 2018 gab es
davon 661 je einer Million Einwohner im Westen, 142 in den ostdeutschen
Flächenländern und 199 in Berlin.

Interessant ist dabei, dass sich dieses West-Ost-Gefälle auch zwischen
den Bundesländern wiederfindet, wobei sich das Bild innerhalb von West
und Ost ein Stück weit ausdifferenziert. So zeigen die Schaubilder 20 und 21
jeweils für den F&E-Ausgaben- und für den F&E-Personalanteil, dass im
Westen die vier Länder Baden-Württemberg, Bayern, Hessen und Niedersachsen vorne liegen, im Osten Sachsen und Thüringen, wobei die beiden
Letzteren aber gerade einmal Anteile erreichen, wie sie im Westen zum unte-
ren Mittelfeld zählen würden. Auffallend ist dabei, dass im Osten die Länder
Mecklenburg-Vorpommern, Brandenburg und Sachsen-Anhalt eindeutig
hinterherhinken. Die Gründe dafür sind wohl strukturell bedingt. In Mecklenburg-Vorpommern liegt der Wirtschaftsschwerpunkt auf Landwirtschaft,
Tourismus und Schiffbau; alle drei Branchen sind per se wenig F&E-orien-

Schaubild 22:

Personal nach Betriebsgrößenklassen im verarbeitenden Gewerbe (2019)*

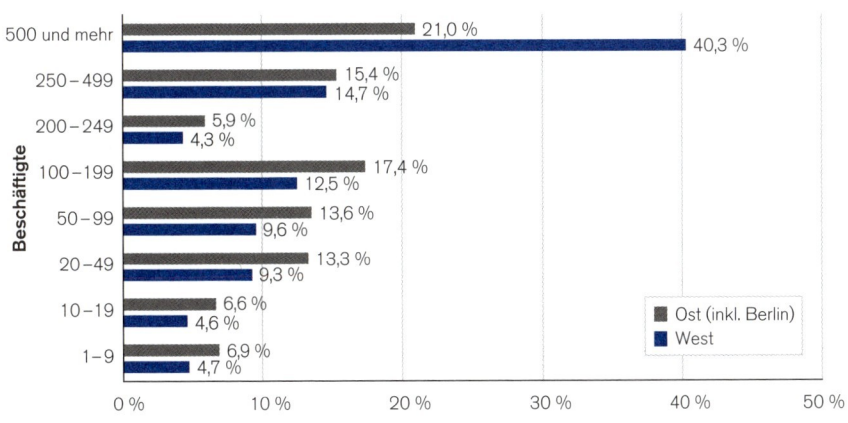

Anmerkungen:
* sozialversicherungspflichtig Beschäftigte in % des jeweiligen Gesamtniveaus
 im verarbeitenden Gewerbe; Stichtag: 30.6.2019.

Datenquelle:
Bundesagentur für Arbeit (2020b), Tab. 2.2.

Schaubild 23:

Personal in Großunternehmen der Länder (2019)*

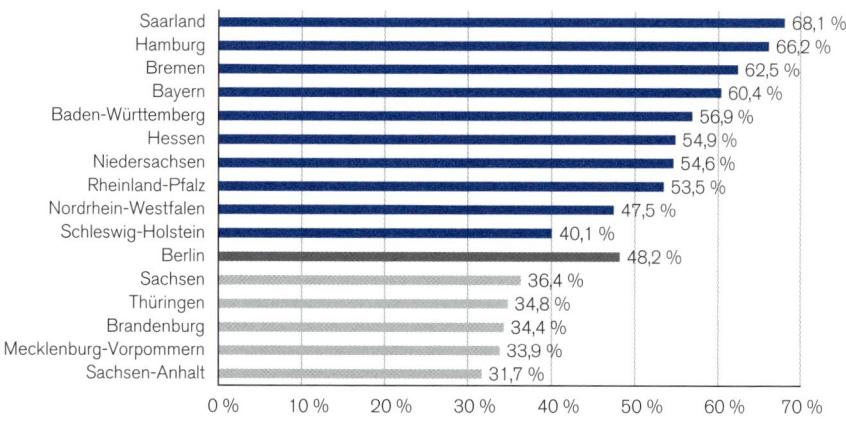

Anmerkungen:
* sozialversicherungspflichtig Beschäftigte in % des jeweiligen
 Gesamtniveaus der Bundesländer im verarbeitenden Gewerbe;
 Großunternehmen = 250 und mehr Beschäftigte; Stichtag: 30.6.2019.
Datenquelle:
Bundesagentur für Arbeit (2020b), Tab. 2.2.

tiert. Brandenburg und Sachsen-Anhalt dagegen verfügen über wichtige Produktionsschwerpunkte in den chemischen und Grundstoffindustrien, die nicht nur kapitalintensiv produzieren, sondern auch kapitalintensiv forschen und entwickeln. Deshalb sind die Brutstätten des neuen Wissens – wohl noch stärker als generell in der Industrie – in diesen Branchen im Westen geblieben, da sie nur in wenigen großen Einheiten und mit hohem Kapitaleinsatz betrieben werden können. Ein klassisches Beispiel dafür ist die Herstellung von Aspirin in Bitterfeld, Sachsen-Anhalt, durch die Firma Bayer Leverkusen seit den frühen 1990er-Jahren, die nicht zur Verlagerung von Forschungskapazität führte.

Zur Schwäche der Innovationskraft trägt sicherlich auch die entstandene Größenstruktur der mittel- und ostdeutschen Industrie bei (Schaubild 22). Nur etwa 36 Prozent aller Beschäftigten im Osten (einschließlich Berlin) arbeiteten 2019 in Großbetrieben mit mindestens 250 Arbeitnehmern – im Westen sind es 55 Prozent. Dieses Bild ist für alle ostdeutschen

Flächenländer einheitlich (Schaubild 23); diese liegen beim Personal in Großbetrieben zwischen 31 und 37 Prozent und damit eindeutig unter allen westdeutschen Ländern. Lediglich Berlin macht in dieser Hinsicht mit gut 48 Prozent eine Ausnahme.

Klar ist: Die Größe von Betrieben sagt für sich genommen nicht viel darüber aus, ob ein Unternehmen eine Brutstätte des Wissens ist oder nicht. Dies gilt allemal für den viel gerühmten deutschen industriellen Mittelstand, der im internationalen Wettbewerb gerade durch seine Innovationskraft und Ingenieurskunst wettbewerblich herausragt. Gleichwohl spricht vieles dafür, dass auch der Mittelstand selbst eine gewisse Mindestgröße betrieblicher Einheiten braucht, um im großen Stil Forschung und Entwicklung betreiben zu können, gerade auch aufgrund der hohen Fixkosten, die damit verbunden sind. Es geht also weniger um das Fehlen klassischer Großunternehmen mit 1000 und mehr Mitarbeitern, sondern vor allem auch um den Charakter des industriellen Mittelstands, der im Westen in deutlich größeren Betriebseinheiten produziert als im Osten. Tatsächlich sind gut 40 Prozent aller Beschäftigten im Osten in Betrieben mit weniger als 100 Arbeitnehmern tätig, im Westen sind es etwa 28 Prozent.

Schaubild 24:

Börsennotierte Unternehmen nach Bundesländern (2020)*

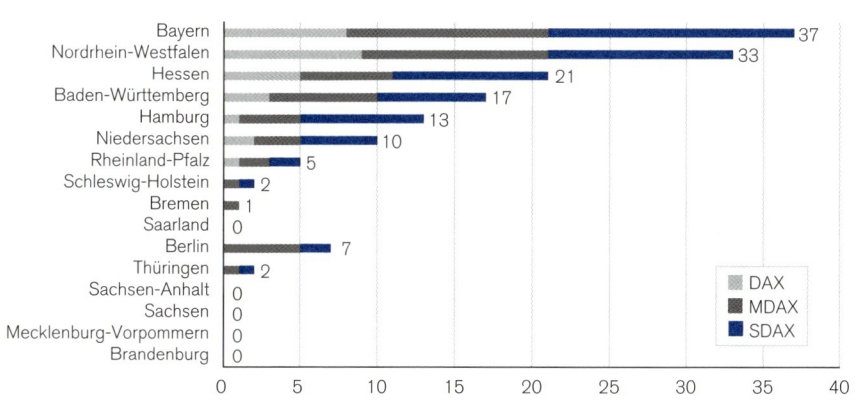

Anmerkungen:
* Anzahl der DAX-, MDAX- und SDAX-Unternehmen; Stand: Mai 2020.

Datenquelle:
boersengefluester.de (2020).

Einer der Gründe für den Größenunterschied der Betriebe zwischen West und Ost ist natürlich in der Gründungsgeschichte der 1990er-Jahre zu erkennen. Es waren häufig westdeutsche Großunternehmen, die Zweigwerke im Osten errichteten und die Konzernzentralen im Westen beließen. Dies lässt sich in besonders ausgeprägter Weise an dem West-Ost-Gefälle der Präsenz börsennotierter Unternehmen erkennen, die ihren Sitz in west- oder ostdeutschen Bundesländern haben. Schaubild 24 macht dies deutlich. Thüringen ist das einzige der fünf ostdeutschen Flächenländer, das überhaupt über börsennotierte Unternehmen im DAX, MDAX oder SDAX verfügt, nämlich zwei. Selbst die Metropole Berlin steht mit sieben börsennotierten Unternehmen im Vergleich zum nur halb so großen Stadtstaat Hamburg mit 13 Unternehmen noch relativ bescheiden da – von den großen urbanen Ballungszentren in Bayern, Nordrhein-Westfalen, Baden-Württemberg und Hessen ganz zu schweigen. Hier zeigt sich vielleicht am stärksten, wie sehr

Schaubild 25:
Exportquoten (1950–2019)*

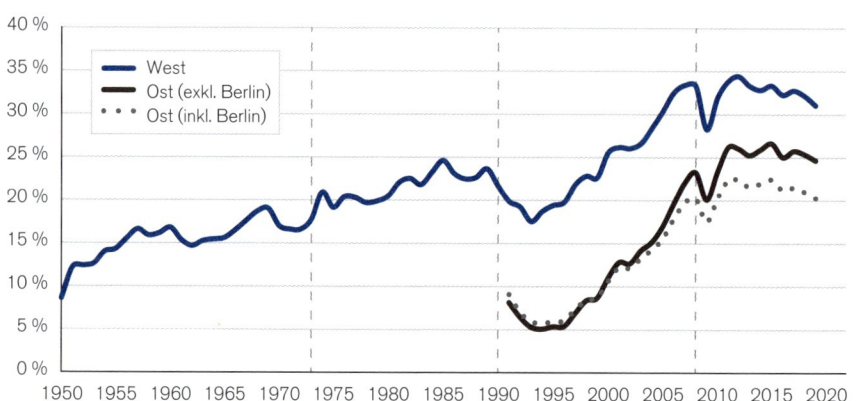

Anmerkungen:
* Spezialhandel; in % des BIP; BIP: Westdeutschland: bis 1960 ohne Berlin-West und das Saarland, bis 1969 früheres Bundesgebiet, ab 1970 früheres Bundesgebiet ohne Berlin-West; 1970–1990 Ergebnisse der VGRdL-Revision 2005; ab 1991 Ergebnisse der VGRdL-Revision 2019; Exporte: Spezialhandel, Westdeutschland: bis 1969 früheres Bundesgebiet inkl. Rückwaren und Ersatzlieferungen, ab 1970 früheres Bundesgebiet ohne Berlin-West.

Datenquellen:
Statistisches Bundesamt (2018a,b), (2020a,c); Volkswirtschaftliche Gesamtrechnungen der Länder (2020b). Tab. 1.1.

die 40 Jahre lang andauernde Isolation vom Weltmarkt die mittel- und ostdeutschen Länder (sowie auch Berlin) als Entscheidungszentren der Wirtschaft mitsamt ihrer Innovationskraft zurückgeworfen hat, was langfristige
Spuren hinterlässt, von denen man nicht erwarten kann, dass sie in wenigen
Jahrzehnten verwischt werden. Tatsächlich muss wohl eine neue Generation
neuer Unternehmen entstehen, die einen Wachstumsschub bewirkt – ähnlich
wie in den Gründerjahren des Kaiserreichs.

Die Innovationslücke zwischen Ost und West lässt sich schließlich an
der Weltmarktorientierung der ost- im Vergleich zur westdeutschen Wirtschaft ablesen. Schaubild 25 zeigt die Exportquoten, also den Anteil der
Wertschöpfung, der im Ausland abgesetzt wird, für den Westen von 1950 bis
2019, für den Osten von 1991 bis 2019. Es beeindruckt dabei der fast kontinuierliche Exportquotenanstieg der ostdeutschen Flächenländer von knapp
über 5 Prozent Mitte der 1990er-Jahre bis auf über 25 Prozent in jüngster
Zeit. Schlägt man das wachsende (und stark auf Dienstleistungen orientierte) Berlin dem Osten zu, sinkt die Exportquote auf aktuell 20 Prozent.
Der Osten erreicht damit das Niveau des Westens in den 1970er- und frühen
1980er-Jahren, was eine höchst respektable Leistung ist, zumal Westdeutsch-

Schaubild 26:
F&E-Ausgaben im internationalen Vergleich (2018)*

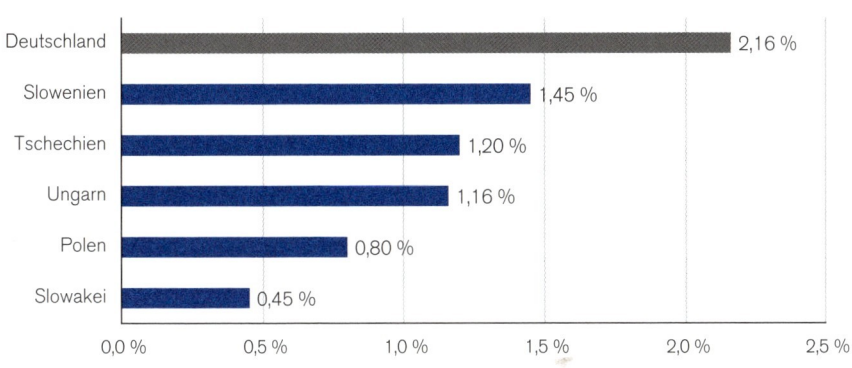

Anmerkungen:
* in % des BIP.
Datenquelle:
Eurostat (2020), Tab. rd_e_gerdact.

land damals bereits als eine besonders erfolgreiche Exportnation galt. Seit den frühen 1990er-Jahren stieg allerdings auch die westdeutsche Exportquote nochmals dynamisch an, und zwar fast parallel zur ostdeutschen. Sie liegt heute stabil bei 30 bis 35 Prozent und damit noch immer rund 10 Prozentpunkte höher als im Osten. Auch dies weist auf einen verbleibenden Rückstand in der Innovationskraft hin, wenn auch deren Verbindung zur Exportfähigkeit sicherlich geringer ausfällt als bei Wissenschafts- und Forschungsindikatoren sowie bei der Betriebsgröße.

Bemerkenswert ist schließlich, dass der Rückstand der Innovationskraft zum Westen ein gemeinsames Merkmal Ostdeutschlands mit den Nachbarn in Mittel- und Osteuropa darstellt (Schaubild 26). Betrugen die Ausgaben für Forschung und Entwicklung in Deutschland im Jahr 2019 etwa 2,2 Prozent des Bruttoinlandsprodukts, so waren es in Tschechien und Ungarn rund 1,2 Prozent, in Polen und der Slowakei deutlich weniger als 1 Prozent des Bruttoinlandsprodukts. Tatsächlich teilen viele Ökonomen aus diesen Ländern die Ansicht, dass ihre Volkswirtschaften für den weiteren Entwicklungsprozess mehr eigene Brutstätten des innovativen Wissens benötigen, als sie bisher aufbauen bzw. über Investitionen ins Land holen konnten. Interessant ist, dass ausgerechnet Slowenien, das in der Wertschöpfung pro Erwerbstätigen und in den Löhnen in Mitteleuropa die Nase vorn hat (Schaubilder 16 und 17), auch bei den Ausgaben für Forschung und Entwicklung vorne liegt – mit fast 1,5 Prozent des Bruttoinlandsprodukts. Es ist, wie schon in Abschnitt 2.3.5 betont, auch das einzige der mittel- und osteuropäischen Länder in Schaubild 26 ohne planwirtschaftliche Vergangenheit sowjetischen Stils.

Wie kann es weitergehen? Um dies zu prüfen, müssen die künftigen wirtschaftlichen Rahmenbedingungen abgeschätzt werden, mit denen die Politik vernünftigerweise rechnen muss. Denn es ist sehr unwahrscheinlich, dass sich die Chancen und Risiken der vergangenen zwei Jahrzehnte in die Zukunft extrapolieren lassen. Im Gegenteil: Es ist mit neuen Trends zu rechnen, die sich auf die Möglichkeiten der Politik zur Vollendung der Deutschen Einheit im wirtschaftlichen Bereich maßgeblich auswirken.

Derartige Trends zu identifizieren ist natürlich spekulativ – weit spekulativer jedenfalls, als im Datenbestand der Vergangenheit nach Gründen für die bereits abgelaufene Entwicklung zu suchen. Insofern ist alles, was in dieser Hinsicht folgt, mit Vorsicht zu interpretieren – als ein Versuch, wichtige Trends im Groben vorauszusagen und die nötigen Rückschlüsse für die weitere Politik der Deutschen Einheit zu ziehen. Drei Megatrends stechen dabei hervor: (1) die zunehmende Knappheit an Arbeitskräften; (2) die verstärkte Tendenz zur Ballung wirtschaftlicher Aktivität; (3) die noch weiter steigende Bedeutung der Forschung.

Diese drei Trends werden im Folgenden erläutert, und zwar stets mit Blick auf die Herausforderungen, die sie für Ostdeutschland mit sich bringen. Es folgen dabei jeweils drei politische Schlussfolgerungen, die sich daraus ziehen lassen. Sie liefern eine grobe Roadmap auf dem Weg zur wirtschaftlichen Vollendung der Deutschen Einheit.[85]

2.4.2 Zukunftstrend: Mangel an Arbeitskräften

Mittel- und langfristig ist ganz Deutschland auf dem Weg zur Vollbeschäftigung. Die Gründe liegen auf beiden Seiten des Arbeitsmarkts.[86] Auf der Seite des Arbeitsangebots ist etwa ab dem Jahr 2020 mit dem Ausscheiden der Generation der Babyboomer aus dem Erwerbsleben eine drastische Verkleinerung der Zahl an Erwerbspersonen zu erwarten. Die Generation der Babyboomer – geboren in den eineinhalb Jahrzehnten von 1955 bis 1970 – ist bis dato nicht nur die zahlenmäßig stärkste Generation der deutschen Wirtschaftsgeschichte, sondern auch die am besten schulisch gebildet und beruflich qualifizierte. Sie wird in den kommenden Jahren durch eine nachwachsende Generation ersetzt, die zwischen 1985 und 2000 geboren wurde – gleichfalls im Durchschnitt gut ausgebildet, aber viel kleiner. Auf der Seite der Arbeitsnachfrage wird die unverändert starke Wettbewerbsposition der deutschen Industrie für einen Nachfragesog sorgen, der wahrscheinlich auf lange Sicht anhält – vorausgesetzt natürlich, dass keine unerwarteten Krisen einen fundamentalen Zusammenbruch der Arbeitsteilung in Europa auslösen.[87]

Der Weg in die Vollbeschäftigung wird weitreichende Konsequenzen haben, allen voran für die Entwicklung der Löhne. Es steht zu erwarten, dass in den nächsten Jahren die Reallöhne in Deutschland deutlich ansteigen werden, weit stärker als im letzten Jahrzehnt und davor. Ferner ist zu erwarten, dass der Lohndruck nach oben von den industriellen Kernregionen Deutschlands ausgeht, also im Wesentlichen von Baden-Württemberg, Bayern und

Hessen, wo bereits in wenigen Jahren die Knappheit an Fachkräften schwerwiegende Ausmaße haben wird. Erste Anzeichen dafür sind heute schon erkennbar. Dies bedeutet, dass – über die latent spürbare Drohung der Abwanderung – auch in Ostdeutschland die Arbeitskosten zwangsläufig nach oben gehen werden. Die Zeit, in der ostdeutsche Arbeitgeber auf einen großen Pool gut ausgebildeter Erwerbspersonen zurückgreifen konnten, die wegen mangelnder Alternativen mit relativ bescheidenen Löhnen zufrieden waren, geht dem Ende zu. Will der Osten industriell nicht zurückfallen, muss er deshalb mindestens die gleichen Steigerungen der Arbeitsproduktivität erreichen, wie es die industriellen Kernregionen Deutschlands tun.

Der Weg in die Vollbeschäftigung hat eine fundamentale wirtschaftliche Konsequenz. Er sorgt dafür, dass der interregionale Standortwettbewerb um knappe mobile Ressourcen noch härter wird, als dies bisher der Fall war. Politisch besteht die Gefahr, dass dies allzu leicht in Vergessenheit gerät, weil der Trend zu relativ niedrigen Arbeitslosenquoten in strukturschwächeren Regionen ein Stück weit die soziale Brisanz des wirtschaftlichen Rückstands mindert, auch wenn der Rückstand selbst nicht abnimmt. Es geht um eine Art Gewichtsverlagerung der Problematik: weg von der Integration von Arbeitskräften in den Arbeitsmarkt und hin zur Mobilisierung von Arbeitskraft für die eigene Region.

Eine sinnvolle Strategie sollte im Wesentlichen aus drei Elementen bestehen:

– **Aktive Standortpolitik:** Die ostdeutschen Länder (und zwar alle!) sollten weiterhin eine aktive Standortpolitik betreiben, um Ansiedlungen in die Region zu lenken und Betriebserweiterungen zu begünstigen. Der Schwerpunkt sollte sich dabei auf jene Arbeitsplätze verlagern, die eine möglichst hohe Wertschöpfung pro Erwerbstätigen garantieren. Dies gilt selbst auf die (zunehmende) Gefahr hin, dass andere Arbeitsplätze durch die interindustrielle und industriesektorale Mobilität der Arbeitskräfte wegfallen. Tatsächlich gibt es im Osten noch immer eine breite Palette von wenig attraktiven Arbeitsplätzen mit niedriger Produktivität und niedrigen Löhnen, die eigentlich nur in den schweren Zeiten hoher Arbeitslosigkeit als vertretbares strukturelles Standbein dienten, bei stärkerer Ressourcenkonkurrenz aber auf Dauer keine marktwirtschaftliche Existenzberechtigung haben. Klassisches

Beispiel dafür sind die sogenannten Callcenter. Sie werden – sind sie einmal am Arbeitsmarkt unter scharfem Wettbewerbsdruck – entweder ihre Arbeitsplätze durch Upgrading verändern oder ganz verschwinden. In diesem Sinn ist eine weiterhin aktive Standortpolitik die beste Form der Sozialpolitik, denn sie sorgt für bessere Arbeitsbedingungen und höhere Löhne.

– **Nutzung der Übergangsphase:** Der Weg zur Vollbeschäftigung wird in Deutschland einige Jahre dauern; und selbst wenn er abgeschlossen ist, wird es gewisse Unterschiede im Grad der Vollbeschäftigung geben, etwa zwischen den industriellen Hochburgen Süddeutschlands und dem Osten.[88] Es gibt deshalb in den kommenden Jahren zumindest ein Zeitfenster, das dem Osten offensteht, um für Investoren als eine Region zu gelten, in der wenigstens noch hinreichend Fachkräfte vorhanden oder aus anderen Unternehmen mobilisierbar sind, um neue hochwertige industrielle Produktionsanlagen zu betreiben. Historische Erfahrungen der Vollbeschäftigungszeit in den Jahren von 1960 bis 1973 in Westdeutschland belegen, dass gerade in dieser Phase viele strukturschwächere Regionen aufholen konnten, weil sie die einzigen waren, die noch über mobilisier- und bezahlbare Fachkräfte verfügten.[89] Hilfreich ist dabei heutzutage auch der noch vorhandene Lohnabstand zwischen West und Ost, der zwar wegen der Konkurrenz um Arbeitskräfte im Trend schrumpft, aber in einer Übergangszeit immer noch bedeutsam bleibt. Nicht hilfreich sind dagegen die hohen Energiekosten, die der Osten wegen der Energiewende im Vergleich zum Westen (und ohnehin im Vergleich zum Ausland) hinnehmen muss.

– **Zuwanderung:** Der Osten wird nicht umhinkommen, wo nötig, auf die Zuwanderung von Fachkräften aus dem Ausland zurückzugreifen. Dies kann im Standortwettbewerb von entscheidender Bedeutung sein, da es realistisch ist anzunehmen, dass die urbanen Zentren des Westens ihren Arbeitskräftemangel durch selektive Zuwanderung erfolgreich bekämpfen werden, ähnlich wie es die Schweiz schon lange tut. Insofern bedarf es auch in den urbanen Zentren des Ostens – wollen sie am Arbeitsmarkt konkurrenzfähig bleiben bzw. werden – einer zunehmenden Bereitschaft, die Weichen für die Integration von Ausländern zu stellen. Zögerliche Ansätze zur Schaffung einer Willkommenskultur reichen da nicht aus. Es geht darum, dass die ostdeutschen Städte, was die Internationalität der urbanen Atmosphäre betrifft, gegenüber den westdeutschen Städten deutlich aufholen. In dieser Hinsicht sind unter anderem die Universitäten und Fachhochschulen sowie deren Umfeld von großer Bedeutung. Daneben erlauben sie es, vor allem in den technischen Bereichen, ausländisches Fachpersonal bereits im Inland zu qualifizieren. Ähnliches könnte zunehmend für die duale Berufsausbildung angestrebt werden.

2.4.3 Zukunftstrend: urbane Ballung

Die demografische Entwicklung – Schrumpfung und Alterung der Bevölkerung – wird eine natürliche Tendenz zur räumlichen Ballung wirtschaftlicher Aktivität mit sich bringen. Der Grund: Die Knappheit an jungen Menschen setzt wirtschaftliche Ausweichreaktionen in Gang, und diese fallen in zentralen, wirtschaftlich starken Regionen kräftiger aus als in entlegenen, wirtschaftlich schwächeren. Dies gilt zum Beispiel für die Zuwanderung als Substitut für fehlende einheimische Kräfte: Qualifizierte Ausländer finden in urbanen Zentren mit hochproduktiver industrieller Arbeitsteilung regelmäßig sowohl passendere Einsatzmöglichkeiten als auch ein attraktiveres Umfeld für neue Lebens- und Arbeitsperspektiven.

Man beachte, dass die Tendenz zur Ballung grundsätzlich immer existiert. Sie gehört zu den natürlichen Begleiterscheinungen des Wirtschaftswachstums. Dabei setzt die Tendenz zur Ballung einen Prozess sowohl der Selbstverstärkung als auch der Bremsung in Gang: Ersteres durch positive Größeneffekte, die den Prozess des urbanen Wachstums begleiten, Letzteres durch höhere Preise von Boden, Mieten und lokalen Dienstleistungen, die das Leben in den Zentren im Vergleich zur Peripherie teuer machen. Was im Prinzip ein natürlicher Teil des Wirtschaftslebens ist, wird allerdings durch die Demografie in Richtung Zentralität akzentuiert. In einer traditionellen Welt, wie wir sie aus der Vergangenheit kennen, in der innerhalb der Peripherie viele gut ausgebildete Arbeitskräfte heranwachsen, bleibt auch für die Standortentscheidung von Unternehmen die Peripherie stets eine potenziell attraktive räumliche Alternative für Investitionsentscheidungen. Genau dies war bisher für Ostdeutschland zumindest deshalb der Fall, weil auch unter gut qualifizierten jungen Erwerbspersonen ein hoher Grad an

Schaubild 27:
Wachstum der ostdeutschen Großstädte (2010–2018)*

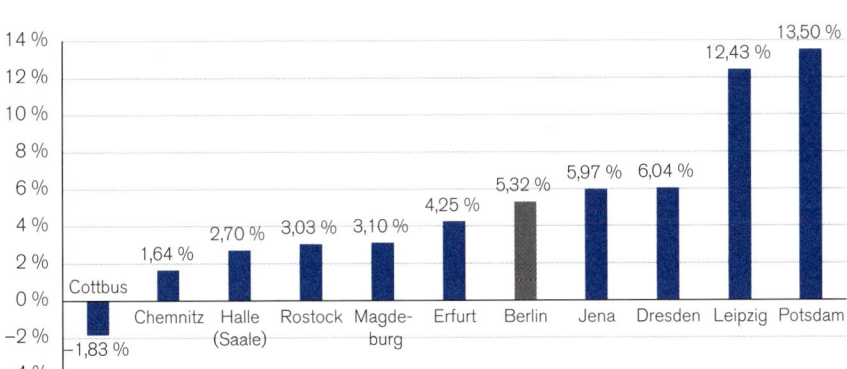

Anmerkungen:
* ostdeutsche Großstädte mit mindestens 100 000 Einwohnern; Stichtag: 31.12. des jeweiligen Jahrs.
Datenquelle:
Statistische Ämter des Bundes und der Länder (2020).

Unterbeschäftigung herrschte. Dies wird sich ändern – als Folge der allgemeinen Knappheit an Arbeitskräften, die somit indirekt auch die Tendenz zur Ballung verstärkt.

Im Vergleich zu den großen industriellen Ballungsräumen Deutschlands – das Rhein-Ruhr- und das Rhein-Main-Gebiet, Baden-Württemberg und Südbayern – hat der Osten eine eher unterdurchschnittliche Verdichtung wirtschaftlicher Aktivität vorzuweisen. Allerdings zeigt die Entwicklung des letzten Jahrzehnts, dass auch die mittel- und ostdeutschen Städte wieder wachsen, zum Teil sogar kräftig (Schaubild 27). Dies ist ermutigend. Gleichwohl stellt der allgemein verstärkte Trend zur Ballung den Osten vor neue Probleme. Konkret muss es gelingen, in Zukunft noch stärker als bisher Wachstumspole zu initiieren, die dann eine weitere regionale Ausstrahlungskraft aufweisen. Sonst droht ein noch stärkerer Sog in die Richtung der westdeutschen industriellen Zentren, als er ohnehin schon in den beiden vergangenen Jahrzehnten zu beobachten war.

Ansätze zu gestärkten Wirtschaftspolen könnte es politisch in dreierlei Hinsicht geben:

–   **Mitteldeutschland:** Es ist offenkundig, dass der mitteldeutsche Wirt-
    schaftsraum – hier weit gefasst als das Dreieck Dresden–Erfurt–Magde-
    burg – eine hoch integrierte Arbeitsteilung entwickelt hat. Sieht man
    vom Großraum Berlin ab, so gruppiert sich ein Großteil der gesamten
    ostdeutschen Wirtschaftskraft um die großen Autobahnverkehrsadern
    A2, A4, A9 und A14, die als ein hervorragend ausgebautes Netz dafür
    sorgen, dass der mitteldeutsche Wirtschaftsraum, was die ökonomi-
    schen Distanzen und durchschnittlichen Reise- und Transportzeiten
    betrifft, sehr viel näher zusammengerückt ist als viele (geografisch klei-
    nere) westdeutsche Regionen. Hinzu kommt die Öffnung dieser Ver-
    kehrsachsen nach Mittel- und Osteuropa, einer Region mit Potenzialen
    zur Wachstumsbeschleunigung und zur Verdichtung der Arbeitstei-
    lung. Es gilt, den mitteldeutschen Raum als Investitionsstandort stärker
    zu vermarkten, als dies bisher der Fall war. Es geht dabei nicht um die
    Zusammenlegung von Verwaltungen oder gar um Länderfusionen. Es
    geht ausschließlich darum, die etablierten Vorteile der bestens erschlos-
    senen Mittellage, der Netzwerke von Hochschulen und Forschungsein-
    richtungen sowie der höchst differenzierten Industriestruktur als Ein-
    heit mit hinreichendem Gewicht offensiv zu vertreten und glaubwürdig
    zu untermauern.

–   **Wachstumspol Berlin:** Die jüngste positive Wirtschaftsentwicklung
    Berlins, der mit Abstand größten Stadt des Ostens und Deutschlands
    insgesamt, gibt zur Hoffnung Anlass, dass Berlin langsam beginnt, in
    die Rolle eines ostdeutschen Wachstumspols hineinzuwachsen. Nach-
    dem in den 1990er-Jahren im Zug des Umzugs von Bundesregierung
    und Parlament der Schwerpunkt auf der Zunahme der öffentlichen
    Beschäftigung lag, beginnt nun die private Wirtschaft Berlins – Dienst-
    leistungen und Industrie – dynamisch zu expandieren. Dies könnte
    längerfristig von großer Bedeutung sein, nimmt man zum Beispiel die
    Entwicklung Bayerns als Vergleichsmaßstab, denn es war von den
    1950er- bis hin zu den 1980er-Jahren vor allem der Aufstieg des Groß-
    raums München, der weit in die bayerische Provinz ausstrahlte. Tat-
    sächlich hat der jüngste Wiederaufstieg Berlins Züge einer höchst
    modernen, zukunftsweisenden Entwicklung – mit Schwerpunkten in
    Bereichen der Start-up-Kultur in der Hochtechnologie, die in Berlin

dank der überaus starken Forschungs- und Universitätslandschaft
einen fruchtbaren Nährboden findet. In recht enger Arbeitsteilung mit
Mitteldeutschland könnte wieder – wie vor der deutschen Teilung – ein
einziger zusammenhängender Ballungsraum entstehen. Dies aktiv zu
fördern, sollte ein neuer Schwerpunkt der Politik werden.

– **Regionale Förderschwerpunkte:** Generell gilt, dass die Wirtschaftsför-
derung den zentripetalen Kräften der Entwicklung Rechnung tragen
muss. Das heißt konkret: Entlegenen und besonders strukturschwachen
Regionen wird am besten dadurch geholfen, dass die Politik darauf
abzielt, regionale Zentren zu stärken und auf entsprechende Ausstrah-
lungseffekte zu setzen. In einer sehr frühen Phase der Erschließung –
beim Aufbau Ost in den 1990er- und den frühen 2000er-Jahren – mag es
noch vertretbar gewesen sein, Fördermittel ohne strukturpolitische
Anknüpfungspunkte in entlegene Räume zu lenken. Es verliert aber
immer mehr seinen wachstumsökonomischen Sinn, wenn sich heraus-
stellt, dass die nötigen Ansätze für eine eigene wirtschaftliche Schwerpunktsetzung wegen der demografischen Entwicklung immer weniger
zu erkennen sind. Politisch liegt hier sicherlich eine der heikelsten Fragen einer künftigen Förderpolitik in Ostdeutschland. Gleichwohl wird
es unausweichlich sein, diese Frage zu diskutieren – und zwar sowohl
auf deutscher als auch auf europäischer Ebene. Tatsächlich zeigt die
Erfahrung, dass gerade an der Peripherie Europas durch die Förderpolitik manche Scheinblüte der Binnenwirtschaft geschaffen wurde, ohne
Chance der nachhaltigen Integration in die globale Arbeitsteilung.[90]

2.4.4 Zukunftstrend: Forschung und Entwicklung

Die Globalisierung sorgt dafür, dass langfristig in hoch entwickelten Industrienationen wie Deutschland fast nur noch wissensintensive Güter und
Dienste hergestellt werden. Einfachere Tätigkeiten werden ins Ausland verlagert – durch Offshoring und Outsourcing. Zwar beobachten wir seit einigen
Jahren, dass die große Welle der räumlichen Zerlegung der Wertschöpfungsketten, wie sie durch die Globalisierung in den 1980er- und 1990er-Jahren
einsetzte, einer gewissen Gegenbewegung zur Rückverlagerung (Reshoring)
Platz macht. Aber selbst dann, wenn diese Entwicklung weitergeht, wird sie
wahrscheinlich nur zu einer neuen unternehmerischen Definition der wis-

sensintensiven Produktion führen, die nicht nur die Innovation an sich, sondern auch das Zusammenwirken von Produktions- und Forschungskompetenz in den Blick nimmt.[91] Dies wird den grundlegenden langfristigen Trend hin zu immer wissensintensiverer Qualitätsproduktion nicht bremsen.

In hoch entwickelten Industrienationen geschieht die innovative Produktentwicklung typischerweise in enger Arbeitsteilung zwischen kommerzieller Produktforschung und Grundlagenforschung an Universitäten sowie angewandter Forschung in universitätsnahen Instituten und Fachhochschulen. Seit einigen Jahren beobachten wir nun in der öffentlich finanzierten Wissenschaft einen zunehmend harten Wettbewerb um Exzellenz, der eine gewisse Tendenz hat, bereits gut etablierte Forschungseinrichtungen in zentralen, wirtschaftlich starken Regionen zu bevorteilen. Dies ist ganz natürlich, können doch diese Einrichtungen die üblichen Kriterien der Exzellenz – unter anderem ausgewiesene Erfahrung, Vorteile der Größe und der regionalen Vernetzung – weit besser erfüllen als Newcomer. Dabei sind die Reifungszeiten für eine stabile Reputation in der Wissenschaft überaus lang. Daraus folgt: Das wirtschaftlich-wissenschaftliche Umfeld für Aufholwachstum in Regionen, die noch einen Innovationsrückstand haben, wird schwieriger als in der Vergangenheit.

Ostdeutschland hat nach allen gängigen Maßzahlen, wie in Abschnitt 2.4 gezeigt wurde, noch nicht die F&E-Intensität der Industrieproduktion erreicht, die im Westen üblich ist. Geht der Trend nun in die Richtung einer weiter zunehmenden wirtschaftlichen Bedeutung von Forschung und Entwicklung, so droht in dieser Hinsicht eine neue Quelle des verfestigten Rückstands. Eine hohe Priorität der Politik muss also darin liegen, genau dies zu verhindern. Es ist zu vermuten, dass darin die wohl größte Herausforderung der Politik zur Vollendung der Deutschen Einheit in den kommenden Jahren und Jahrzehnten liegt. Sie anzugehen ist möglicherweise der Kern dessen, was man historisch als die zweite Phase des Aufbau Ost bezeichnen könnte.

Eine offensive Pro-Forschung-Ost-Strategie besteht im Wesentlichen aus drei Elementen:

– **Forschungsorientierte Förderpolitik:** Generell gilt, dass die Förderung von Industrieansiedlungen und Erweiterungsinvestitionen eine starke Komponente, wenn nicht sogar einen klaren Schwerpunkt in Richtung

Starthilfe zur Etablierung privatwirtschaftlicher Forschung enthalten sollte. Nicht mehr die geschaffenen Arbeitsplätze per se stehen im Vordergrund, sondern die Wahrscheinlichkeit, dass diese Arbeitsplätze tatsächlich dazu beitragen, die Werthaltigkeit der Produktion im Osten dauerhaft zu erhöhen. Eben dies ist am ehesten zu erreichen, rückt man die Gründung von Forschungsabteilungen bzw. die Schaffung von innovationsaffinen Produktionslinien in den Vordergrund – und nicht die Kapitalintensität der Produktion oder die reine Anzahl der Arbeitsplätze. Gleichwohl darf man nach aller Erfahrung auch von einer neu ausgerichteten, also forschungsorientierten Förderpolitik keine Wunder erwarten. Sie kann keineswegs eine funktionierende und vor allem öffentlich finanzierte Infrastruktur der Wissenschaft ersetzen; ist sie langfristig und gut planbar angelegt, kann sie aber diese Infrastruktur sinnvoll ergänzen und zur Stärkung der Verzahnung zwischen privater und öffentlicher Forschungsfinanzierung beitragen.

– **Pflege der Hochschulen:** Zentraler Baustein ist die Finanzierung der öffentlichen Infrastruktur im Bereich Forschung und Lehre selbst. Sie ist zuallererst die Aufgabe der ostdeutschen Länder – dank ihrer verfassungsgemäßen Zuständigkeit für Bildung und Wissenschaft. Die Länder müssen dafür sorgen, dass der Bestand und die nachhaltige Aktivität der Universitäten, Fachhochschulen und außeruniversitären öffentlichen Einrichtungen von Forschung und Lehre gesichert sind. Dies erfordert eine deutliche Schwerpunktsetzung in den Landeshaushalten. Es verlangt aber auch Strukturentscheidungen mit Blick darauf, welche akademischen Bereiche für die wirtschaftliche Zukunft von essenzieller Bedeutung sind und welche entbehrlich. Diese Entscheidungen müssen auch in den Blick nehmen, dass die zunächst vorübergehende Zuwanderung von jungen Menschen zum Studium in Ostdeutschland eine Chance ist, dem Mangel an qualifizierten Fachkräften zu begegnen und damit die Standortbedingungen für industrielle Ansiedlungen zu verbessern, gerade im Vergleich zu den südwestdeutschen Industriezentren mit ihren vielen hochwertigen akademischen Einrichtungen.

– **Unterstützung durch den Bund:** Blickt man auf den Rückstand des Ostens in der Wertschöpfung je Erwerbstätigen und damit auch – direkt oder indirekt – in der Steuerkraft,[92] so tritt offen zutage, dass es für die ostdeutschen Länder extrem schwierig wird, eine auskömmliche Finanzierung ihres Hochschulbereichs aus eigener Finanzkraft zu sichern. Dies gilt insbesondere für die teuren, aber auch standortpolitisch wichtigen ingenieurwissenschaftlichen und medizinischen Fakultäten, deren Etablierung zu Beginn der 1990er-Jahre zum Teil auf Wachstumsprognosen für den Osten beruhte, die sich auf Dauer als unrealistisch erwiesen haben. Hier bedarf es einer langfristigen Unterstützung durch den Bund, will man die Zukunft des Ostens nicht gefährden. Auch hier gilt es – wie schon bei den Länderfinanzen selbst – Prioritäten zu setzen, um ein Auseinanderdriften der regionalen Innovationspotenziale in Deutschland zu verhindern.

Soweit die politischen Optionen. Sie geben erste Antworten auf die großen Herausforderungen, aber nicht mehr. Vor allem liefern sie natürlich keine abschließende Liste. Gleichwohl zeigen sie schon eines ganz deutlich: Die Deutsche Einheit ist – jedenfalls in ihrer wirtschaftlichen Dimension – noch lange nicht abgeschlossen. Dies gilt für Ostdeutschland insgesamt, einschließlich Berlin. Daneben zeigen sie aber auch, dass die Aufgabe zu bewältigen ist, wenn nur weitere Weichen gestellt werden. Es bedarf keines Wunders, um den wirtschaftlichen Ost-West-Aufholprozess wieder zu beleben. Wohl aber braucht es Geduld und Ausdauer. Ob es davon genug gibt, hängt maßgeblich von außerökonomischen Bestimmungsgründen ab – seien es gesellschaftliche Gemütslagen oder politische Grundeinstellungen. Genau diesen wenden wir uns jetzt zu.

2.5 Gemütslage

Objektive Wahrheiten sind das eine, subjektive Wahrnehmungen das andere. Genau dies wurde in der Einleitung zu diesem Buch (Kapitel 1) als grundlegendes Problem der Deutschen Einheit dargestellt. Die ersten vier Abschnitte in diesem zweiten Kapitel waren der Versuch, der objektiven Wahrheit, was Wirtschaft und Wohlstand betrifft, möglichst nahezukommen. Entstanden ist dabei das Bild einer anfangs sehr schwierigen, aber insgesamt erfolgreichen Entwicklung, die allerdings bis heute nicht zu einer vollständigen Angleichung der Lebensverhältnisse geführt hat.

Es bleibt die Frage: Wie sehen die Ost- und auch die Westdeutschen diese Entwicklung aus ihrem heutigen Blickwinkel – 30 Jahre nach der deutschen Wiedervereinigung? In Kapitel 1 wurde erläutert, dass in Politik und öffentlicher Meinung das Vorurteil vorherrscht, in Ostdeutschland nehme die Unzufriedenheit mit dem Erreichten im Trend eher zu. Es entstehe dadurch eine gespaltene Nation, deren Wege sich mental trennen, gerade auch mit Blick auf die Wahrnehmung der wirtschaftlichen Leistung. Trifft dies zu?

Eine Antwort auf diese Frage ist nicht einfach, beschränken sich die Hauptquellen für eine Antwort doch empirisch auf die Ergebnisse von Umfragen – mit all deren Unzulänglichkeiten: von mangelnder Repräsentativität bis hin zu fehlender Differenziertheit und unterschiedlicher Methodik. Sie sind in aller Regel weit weniger verlässlich als voll erhobene objektive Wirtschaftsstatistiken. Wir können deshalb nur zu den absolut zentralen Fragen der Wirtschaftsentwicklung einige Schlaglichter der Demoskopie präsentieren, die ein grobes Bild von dem ergeben, wie Ost- und Westdeutsche die Lage und die Entwicklung bis heute beurteilen.

2.5.1 Lebensglück und Zufriedenheit

Beginnen wir mit der Lebenszufriedenheit. Wie glücklich fühlen sich Ost- und Westdeutsche – unter Maßgabe aller Lebensbedingungen, persönlicher Umstände und wirtschaftlicher Verhältnisse? Auskunft darüber gibt der *Deutsche Post Glücksatlas*, der zuletzt im Frühjahr 2019 einen Index der Lebenszufriedenheit für 19 deutsche Regionen vorlegte, sechs davon im Osten, 13 im Westen (Schaubild 28). Befragt wurden 2000 Deutsche im Alter von 18 bis 65 Jahren. Auf einer Skala von 0 bis 10 – von total unzufrieden bis überglücklich – landen alle Regionen des Ostens zwischen 6,76 und 7,09, alle des Westens zwischen 7,12 und 7,44. Es gibt also – klar erkennbar – noch immer eine Ost-West-Lücke in der Lebenszufriedenheit, aber sie bewegt sich in einem sehr moderaten Rahmen. Die Bandbreite der Unterschiede innerhalb von Ost und West ist dabei kaum geringer als der durchschnittliche Unterschied zwischen Ost und West. Darüber hinaus fällt sie deutlich kleiner aus als die «objektiven» Lücken von 15 bis 30 Prozent im Niveau von Löhnen

2 Fakten

Schaubild 28:

Allgemeine regionale Lebenszufriedenheit (2019)*

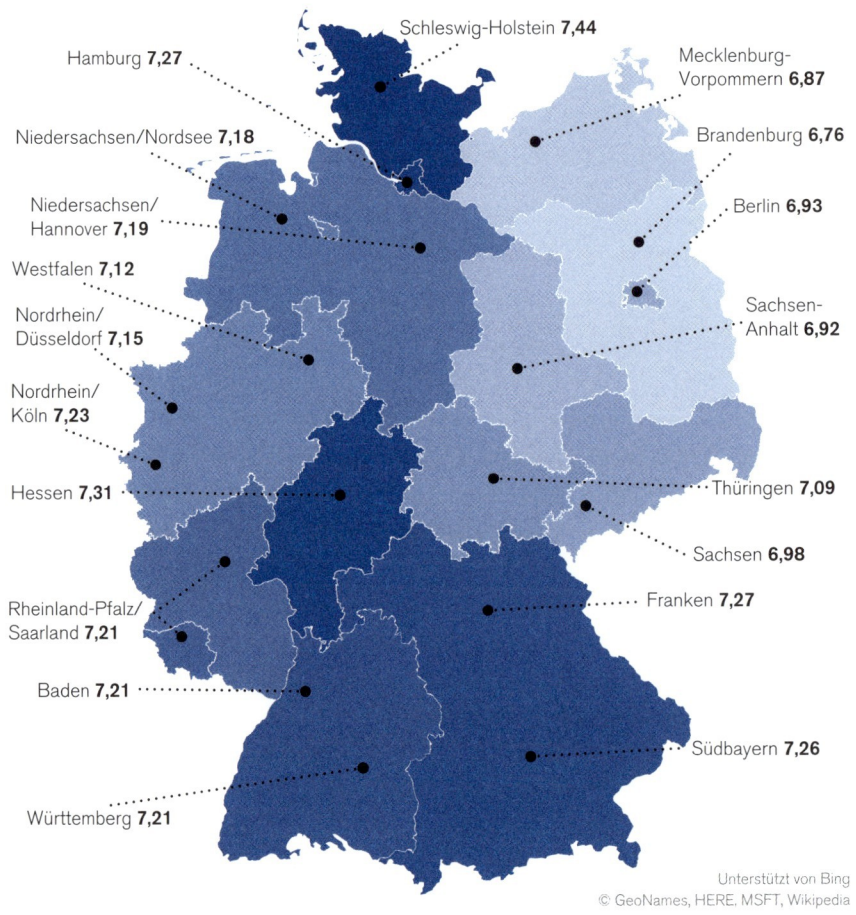

Schleswig-Holstein **7,44**

Mecklenburg-Vorpommern **6,87**

Hamburg **7,27**

Brandenburg **6,76**

Niedersachsen/Nordsee **7,18**

Berlin **6,93**

Niedersachsen/Hannover **7,19**

Westfalen **7,12**

Sachsen-Anhalt **6,92**

Nordrhein/Düsseldorf **7,15**

Nordrhein/Köln **7,23**

Hessen **7,31**

Thüringen **7,09**

Sachsen **6,98**

Rheinland-Pfalz/Saarland **7,21**

Franken **7,27**

Baden **7,21**

Südbayern **7,26**

Württemberg **7,21**

Unterstützt von Bing
© GeoNames, HERE, MSFT, Wikipedia

Anmerkungen:
* eigene Darstellung auf der Grundlage der Daten des *Deutsche Post Glücksatlas* 2019, der auf Daten
des sozioökonomischen Panels (SOEP), einer Umfrage des Instituts für Demoskopie Allensbach
vom Frühsommer 2019 (5001 repräsentativ Befragte ab 16 Jahren) sowie einer computergestützten
Onlineumfrage des Berliner Meinungsforschungsinstituts Ipsos (2000 Deutsche zwischen 18 und 65 Jahren)
basiert; Messung der Lebenszufriedenheit auf einer Skala von 0 (ganz und gar unzufrieden) bis
10 (ganz und gar zufrieden).

Datenquelle:
Grimm und Raffelhüschen (2019).

und Produktivität.[93] Von einer dramatischen «subjektiven» Lücke in der Lebenszufriedenheit kann heutzutage nicht die Rede sein.

In eine ähnliche Richtung weist der subjektive Vergleich von Ostdeutschen zwischen der eigenen Lebenssituation in der DDR vor 1990 und im vereinten Deutschland von heute (Schaubild 29, [1]): Fast 70 Prozent der 1500 Befragten über 45 Jahre antwortete 2019 mit besser, weniger als 10 Prozent mit schlechter, und 18 Prozent sehen keinen Unterschied – der Rest hat

Schaubild 29:

Umfrageergebnisse zur Wiedervereinigung (2019)

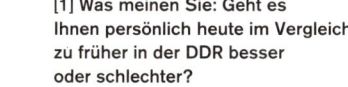

[1] Was meinen Sie: Geht es Ihnen persönlich heute im Vergleich zu früher in der DDR besser oder schlechter?

[2] Würden Sie sagen, die deutsche Vereinigung hat Ihnen alles in allem persönlich eher Vorteile gebracht oder eher Nachteile gebracht?

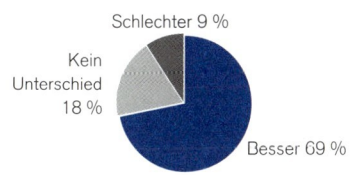

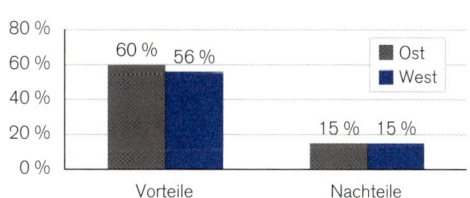

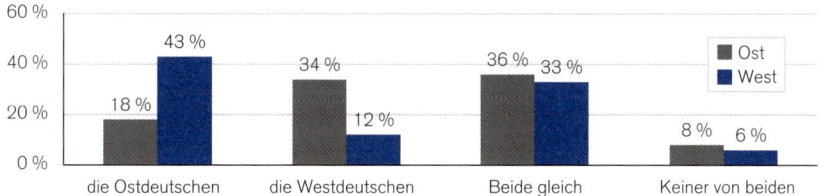

[3] Von der Wiedervereinigung haben Ihrer Meinung nach eher profitiert ...

Anmerkungen:
zu [1]: eigene Darstellung auf der Grundlage einer Umfrage durch forsa; Erhebungszeitraum: 6.8.2019 bis 9.8.2019; Anzahl der Befragten: 1500 ehemalige DDR-Bürger, die heute in den neuen Bundesländern leben und über 45 Jahre alt sind.
zu [2]: eigene Darstellung auf der Grundlage computergestützter Telefoninterviews durch Infratest dimap; Erhebungszeitraum: 4.11.2019 bis 5.11.2019; Anzahl der Befragten: 1007 Wahlberechtigte (davon 506 in Ost- und 501 in Westdeutschland); Schwankungsbreite von 1,4 Prozentpunkten bei einem Anteilswert von 5 % bzw. 3,1 Prozentpunkten bei einem Anteilswert von 50 %.
zu [3]: eigene Darstellung auf Grundlage einer repräsentativen telefonischen Umfrage der Forschungsgruppe Wahlen; Erhebungszeitraum: 13.6.2019 bis 1.7.2019; Anzahl der Befragten: 1051 zufällig ausgewählte Wahlberechtigte aus dem Westen und 238 aus dem Osten.

Datenquellen:
Forschungsgruppe Wahlen (2019), S. 4 f.; Infratest dimap (2019a); Mediengruppe RTL Deutschland (2019).

keine Meinung. Ein ganz ähnliches Bild entsteht, wenn die Frage konkret auf die deutsche Vereinigung bezogen wird: Hat sie Ihnen, so die gestellte Frage, eher Vorteile oder eher Nachteile gebracht? 2019 entschieden sich 60 Prozent der Ostdeutschen für eher Vorteile und nur 15 Prozent für eher Nachteile (Schaubild 29, [2]). Interessant ist dabei, dass sich in Relation zu den Zahlen für die Westdeutschen nur ganz leichte Unterschiede zeigen. Von einem Scheitern der Deutschen Einheit im Bewusstsein der Ost- und Westdeutschen kann also nicht die Rede sein.

Allerdings werden von Ost- und Westdeutschen die Vorteile der Einheit unterschiedlich zugerechnet (Schaubild 29, [3]): Dass West und Ost gleich profitierten, meinen 36 Prozent der Ostdeutschen und 33 Prozent der Westdeutschen. Eher die Ostdeutschen als Gewinner der Einheit sehen 43 Prozent der Westdeutschen, aber nur 18 Prozent der Ostdeutschen; eher die Westdeutschen antworten 34 Prozent der Ostdeutschen und 12 Prozent der Westdeutschen. Es gibt also eine gewisse Neigung, der jeweils anderen Seite zu

Schaubild 30:

Umfrageergebnisse zur Zufriedenheit über die Angleichung zwischen Ost- und Westdeutschland (2019)*

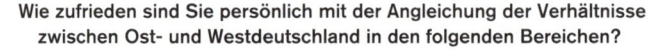
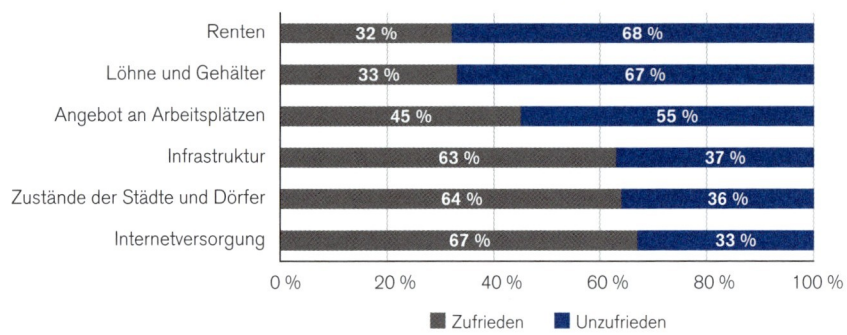

Wie zufrieden sind Sie persönlich mit der Angleichung der Verhältnisse zwischen Ost- und Westdeutschland in den folgenden Bereichen?

	Zufrieden	Unzufrieden
Renten	32 %	68 %
Löhne und Gehälter	33 %	67 %
Angebot an Arbeitsplätzen	45 %	55 %
Infrastruktur	63 %	37 %
Zustände der Städte und Dörfer	64 %	36 %
Internetversorgung	67 %	33 %

Anmerkungen:
* eigene Darstellung auf der Grundlage einer repräsentativen Studie des Berliner Instituts Policy Matters im Auftrag von der Wochenzeitung Die Zeit; Erhebungszeitraum: September 2019; Anzahl der Befragten: 1029 Befragte aus den ostdeutschen Flächenländern und Berlin.

Datenquelle:
Die Zeit (2019a).

unterstellen, sie hätte besonders profitiert. Ob hinter dieser Neigung echtes Misstrauen steht oder einfach die absolut menschliche Versuchung, den jeweils anderen als cleveren Geschäftsmann und sich selbst als braven Bürger darzustellen, muss offenbleiben.

Wie sehen Ostdeutsche die Angleichung der Lebensverhältnisse zwischen Ost und West? Schaubild 30 gibt darüber Auskunft – mit Blick auf sechs wirtschaftliche Kriterien. Drei davon – Internetversorgung, Zustand der Städte und Dörfer sowie Verkehrsinfrastruktur – betreffen den Aufbau Ost im physischen Sinn; die drei übrigen – Angebot an Arbeitsplätzen, Löhne und Gehälter sowie Renten – die Einkommens- und Beschäftigungslage. Es ergibt sich ein zweigeteiltes Bild: Rund zwei Drittel der Befragten sind mit den physischen Bedingungen der Angleichung zufrieden, weniger als die Hälfte mit der Lage am Arbeitsmarkt und sogar nur rund ein Drittel mit Löhnen und Renten. Hier zeigt sich der verbleibende subjektive Kern einer ökonomischen Ost-West-Spaltung, wenn man sie diagnostizieren will: Es bleibt das Gefühl, im Bereich Arbeit und Soziales bis heute nicht auf dem Niveau des Westens angekommen zu sein, was ja auch der objektiven Realität entspricht, jedenfalls mit Blick auf Arbeitsmarkt und Löhne.

2.5.2 Sündenbock Treuhandanstalt

Soweit ein Blick auf den heute «gefühlten» Zustand der wirtschaftlichen Einheit – alles in allem ein eher positives Bild. Dieses darf allerdings nicht darüber hinwegtäuschen, dass der historische Prozess der wirtschaftlichen Transformation in den letzten 30 Jahren tiefe Narben im Bewusstsein hinterlassen hat. Dies gilt vor allem für die Tätigkeit der Treuhandanstalt, wie sie in der Bevölkerung wahrgenommen wird – und zwar zutiefst negativ. Jeder, der im Osten Deutschlands lebt, kann davon mühelos eine Menge Anekdotisches berichten. Umfrageergebnisse bestätigen dies (Schaubild 31). Im Jahr 2019 stimmten 71 Prozent der Ostdeutschen der Aussage zu, die Treuhandanstalt habe die DDR-Wirtschaft zum Vorteil westdeutscher Unternehmen abgewickelt. Übrigens sahen dies immerhin 44 Prozent der Westdeutschen genauso, obwohl ihre eigenen Arbeitsplätze davon nicht betroffen waren. Nur 23 Prozent der Ostdeutschen (und 39 % der Westdeutschen) erkannten die Arbeit der Treuhandanstalt als wichtigen Beitrag an, die Plan- in die Marktwirtschaft zu überführen.

Eine breit angelegte und tiefer gehende Studie zum Ruf der Treuhandanstalt wurde 2017 von einem Forschungsteam der Ruhr-Universität Bochum vorgelegt. Sie beruhte auf der Befragung von rund 500 Ost- und Westdeutschen von über und unter 40 Jahren, die nach einer Bewertung der Arbeit der Treuhandanstalt mit Schulnoten – von 1 (sehr gut) bis 6 (ungenügend) – befragt wurden, soweit sie die Treuhandanstalt überhaupt kannten.

Das Urteil über die Treuhandanstalt ist niederschmetternd (Schaubild 32). Ältere Ostdeutsche (40 Jahre und älter) bewerteten sie mit der miserablen Durchschnittsnote 4,20 (also gerade noch ausreichend!), und selbst ältere Westdeutsche (40 Jahre und älter) – wiewohl keine Betroffenen der Transformation – gaben gerade einmal die Durchschnittsnote 3,63. Der Mittelwert lag bei 4,06. Bemerkenswert war dabei allerdings, dass nur 340 der 500 Befragten die Treuhandanstalt überhaupt kannten und dass sich von diesen lediglich 238 in der Lage sahen, deren Arbeit zu bewerten. Die Kenntnislücke zwischen den Generationen ist dabei gewaltig: 95 Prozent der älteren Ost-

Schaubild 31:

Umfrageergebnisse zur Arbeit der Treuhandanstalt (2019)*

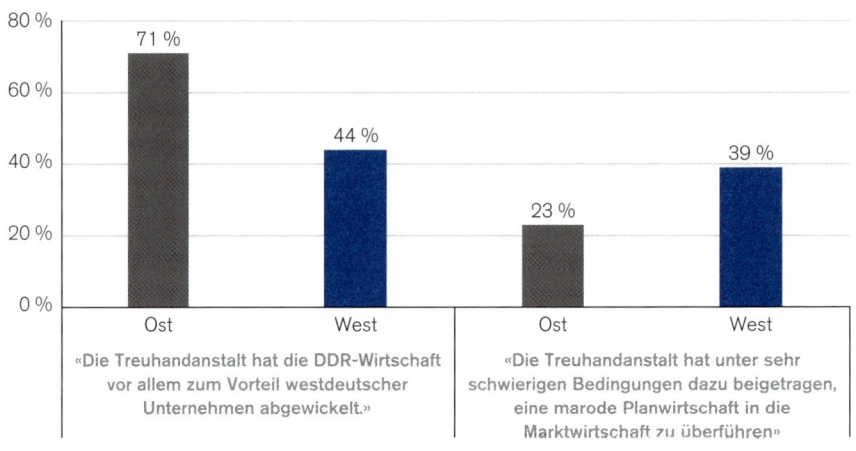

Anmerkungen:
* eigene Darstellung auf der Grundlage computergestützter Telefoninterviews durch Infratest dimap; Erhebungszeitraum: 22.10.–29.10.2019; Anzahl der Befragten: 1009 (505 West, 504 Ost).

Datenquelle:
Infratest dimap (2019b).

deutschen und 85 Prozent der älteren Westdeutschen kannten die Treuhandanstalt, dagegen nur 33 Prozent der unter 40-jährigen Ostdeutschen und
20 Prozent der unter 40-jährigen Westdeutschen. Offenbar ist die Erinnerung
an die Treuhandanstalt lediglich in der «Erlebnisgeneration» der Älteren
stark verhaftet und verblasst mit der Zeit. Soweit sie überlebt, bleibt sie allerdings düster und dunkel. Wichtig ist dabei, dass sie sich von der Bewertung
der Wirtschaftsentwicklung insgesamt maßgeblich negativ abhebt (Schaubild 32). Diese fällt in allen vier befragten Gruppen deutlich besser aus und
liegt zwischen den Gruppen nicht allzu weit auseinander – im Durchschnitt
bei 2,68. Die Wiedervereinigung insgesamt wird sogar noch positiver bewertet (Schaubild 32): im Durchschnitt mit 2,12 und mit einer Streuung von 1,79
(Westdeutsche unter 40 Jahren) bis 2,24 (Ostdeutsche unter 40 Jahren).[94]

Schaubild 32:

**Bewertung der Treuhandanstalt, der wirtschaftlichen Entwicklung Ostdeutsch-
lands und der Wiedervereinigung nach soziodemografischen Merkmalen (2017)***

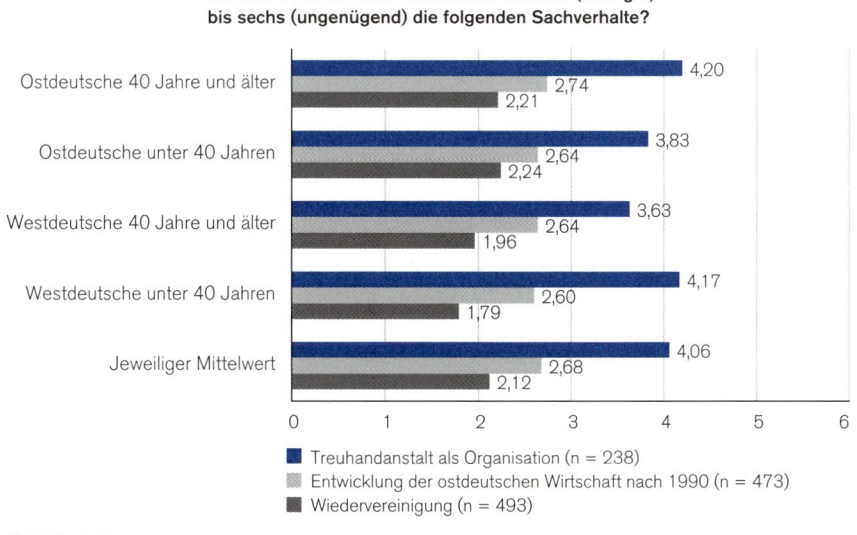

Wie bewerten Sie nach Schulnoten von eins (sehr gut)
bis sechs (ungenügend) die folgenden Sachverhalte?

■ Treuhandanstalt als Organisation (n = 238)
▨ Entwicklung der ostdeutschen Wirtschaft nach 1990 (n = 473)
■ Wiedervereinigung (n = 493)

Anmerkungen:
* eigene Darstellung; Erhebungszeitraum: fünf Befragungswellen im 1. Halbjahr 2017;
  Anzahl der Befragten: 500 Personen.

Datenquellen:
Goschler und Böick (2017), S. 79–81, 85, 92–94, 96.

Die Differenzierung der Bewertung zwischen Treuhandanstalt sowie Wirtschaftsentwicklung und Wiedervereinigung ist überaus aufschlussreich. Sie zeigt, dass das negative Bild der Treuhandanstalt wohl nicht allzu stark auf die wirtschaftliche, politische und gesellschaftliche Bewertung der Deutschen Einheit abstrahlt. Deswegen wurde – in Anlehnung an die Terminologie der Weltfinanzkrise 2008/09 – die Treuhandanstalt sehr zutreffend als eine Bad Bank der Deutschen Einheit bezeichnet.[95] Ob mit Bedacht oder nicht lud die Politik der Regierung unter Kohl und Genscher mit der Schaffung der Treuhandanstalt die schwersten Probleme der Transformation bei einer schon von der letzten DDR-Regierung geschaffenen Institution ab, die mit einer gewissen Distanz zur Politik den Unwillen bis hin zum Hass der Bevölkerung auf sich zog, ohne das Bild der Einheit selbst allzu stark einzutrüben.

Die demoskopischen Ergebnisse bestätigen anscheinend dieses Kalkül. Die verblassende Erinnerung zwischen den Generationen spricht sogar dafür, dass die Treuhandanstalt Schritt für Schritt im Dunst der Geschichte verschwindet – jedenfalls im Bewusstsein der Bevölkerung. Es könnte deshalb sehr wohl sein, dass die Aufwallung der öffentlichen Diskussion in jüngster Zeit keineswegs eine dauerhafte Spur im Gedächtnis hinterlässt. Aber das ist weitgehend Spekulation.

2.5.3 Der neue Realismus

Die Analyse in den vorangegangenen Abschnitten dieses Kapitels hat eines klargemacht: Die objektiven Fakten sprechen dafür, dass die komplette Angleichung der Ost-West-Lebensverhältnisse – inklusive des Schließens der Ost-West-Innovationslücke – wahrscheinlich noch Jahrzehnte in Anspruch nehmen wird. Was bedeutet dies für die Erwartungen der Menschen in Ostdeutschland? Sind sie darüber frustriert oder nehmen sie es «einfach so» hin? Haben sie ihre früheren, viel optimistischeren Vorstellungen korrigiert oder halten sie daran fest? Es bedarf sehr langfristiger Daten, um diese Frage demoskopisch zumindest ansatzweise beantworten zu können. In der sogenannten «Sächsischen Längsschnittstudie wurden seit der späten DDR-Zeit damals jugendliche Schüler (Jahrgang 1974) zu bestimmten Themen befragt, ab 1990 auch mit Blick auf die Zeitperspektive der wirtschaftlichen Angleichung in Deutschland. Die Studie ist bis heute fortgesetzt worden – mit dem gleichen Kreis von einigen Hundert Personen, die teils im Osten blieben, teils in den Westen abwanderten und ganz unterschiedliche Laufbahnen einschlugen.[96]

Konkret wurde den Befragten in mehrjährigen Abständen von 1990 bis 2017 folgende Frage vorgelegt: In wie viel Jahren wird die wirtschaftliche Einheit erreicht sein? Die Ergebnisse sind völlig eindeutig: Die wirtschaftliche Einheit wurde 1990 in sechs Jahren erwartet, im Jahr 2000 in 15 Jahren und bei der letzten Umfrage 2017 in 21 Jahren, also: für das Jahr 2038.[97] Es ist offenbar keineswegs so, dass die Bevölkerung an unrealistischen Vorstellungen festhält. Im Gegenteil: Sie nimmt anscheinend die Schwierigkeit des Prozesses intuitiv wahr, selbst wenn sie ihn nicht im Einzelnen begründen kann. Dies führt auch keineswegs zu einer Art Verzweiflung an diesem Prozess – mit Abwendung von der Deutschen Einheit als Leitbild. Tatsächlich erweist sich unter den Befragten im Zeitraum von 1990 bis 2017 die positive Einstellung zur Deutschen Einheit als bemerkenswert stabil und hoch; wenn überhaupt, so steigt sie in jüngster Zeit sogar eher noch weiter an – mit Zustimmungsraten von nahezu 100 Prozent.[98] Dies gilt auch trotz der Tatsache, dass vor allem bei jenen, die längere Phasen der Arbeitslosigkeit durchlebten, eine gewisse Unzufriedenheit an den herrschenden Verhältnissen unverändert fortbesteht. Und es gilt trotz der unverändert großen inneren Bereitschaft, sich als ehemaliger DDR-Bürger zu fühlen, den Sozialismus als Idee (wenn auch nicht in der Praxis!) gutzuheißen und viele Aspekte des Lebens in der DDR zu verteidigen.[99]

Diese letzten Umfrageergebnisse passen besonders gut zu einer der zentralen Botschaften in diesem Kapitel, die lautet: Die Geschichte hat einen langen Atem. Nachhaltige Veränderungen sind oft viel schwerfälliger, als es zu Zeiten extrem schneller politischer und wirtschaftlicher Umwälzungen erscheinen mag. Das ist im Grund die Lehre der wirtschaftlichen Einheit Deutschlands nach 30 Jahren. Nicht das Ergebnis ist enttäuschend, sondern die Erwartungen waren zu hoch. Vor allem die Zerstörung der marktwirtschaftlich-kapitalistischen Innovationskraft durch eine planwirtschaftlich-sozialistische Isolation über vier Jahrzehnte hinweg hinterließ tiefe Spuren und dauerhafte Flurschäden, die allerdings vor allem einem Sündenbock zugeschrieben werden: der Treuhandanstalt. An diesen Spuren und Flurschäden wird noch Jahrzehnte zu arbeiten sein, aber vernünftige Ansätze dazu sind da, politisch wie wirtschaftlich: das dynamische Wachstum des

Großraums Berlin, die wirtschaftliche Renaissance des mitteldeutschen Raums, eine gesunde Infrastruktur für die öffentliche Forschung und für eine neue Gründerkultur – alles ist vorhanden, muss nur genutzt und ausgebaut werden.

Bemerkenswert ist, dass die Bevölkerung als Ganzes diese evolutorische Komplexität und Langsamkeit des Prozesses offenbar durchaus akzeptiert – und dabei keineswegs an der Deutschen Einheit verzweifelt. Die Abwanderung aus dem Osten ist anscheinend beendet, die Herausforderungen werden angenommen, und das noch immer niedrigere Lohnniveau gegenüber dem Westen wird zwar beklagt, aber nolens volens akzeptiert. Man könnte gelegentlich den Eindruck gewinnen, die Menschen in der Breite bringen in diesem Prozess weit mehr Einsicht und Geduld mit als so mancher intellektuelle Beobachter und aktive Politiker. Das erinnert ein wenig an die typischen Prozesse, wie sie seit Jahrzehnten, um nicht zu sagen Jahrhunderten im Zusammenspiel zwischen wirtschaftlich führenden Zentren und Aufholregionen stattfinden – auch innerhalb des Westens und ohne den Hintergrund einer sozialistischen Vergangenheit. Das ist eigentlich nicht viel mehr als Normalität.

Es fällt jedenfalls schwer, im wirtschaftlichen Rückstand des Ostens jene Gründe für die politischen und gesellschaftlichen Verwerfungen zu entdecken, die Deutschland in den letzten Jahren zunehmend beschäftigen. Um dies weiter zu ergründen, muss tiefer gebohrt werden. Dies geschieht im nun folgenden Kapitel 3.

3 Mythen

Um den derzeitigen Missstimmungen und Missdeutungen zwischen Ost und West auf den Grund zu gehen, müssen wir in unsere Geschichte zurückblicken, und zwar mindestens bis in die der deutschen Teilung. Dabei verdient die Erinnerung an die DDR aus drei Gründen Vorrang. Sie ist 1990 als Staat verschwunden und durch die fünf neuen Bundesländer abgelöst worden, die allerdings nur 1990 als Bundesländer neu waren, als Länder aber mit den anderen deutschen Ländern dieselbe 1000-jährige Geschichte teilen, im Guten wie im Schlechten. Zweitens hat nur eine Minderheit der Deutschen in der DDR gelebt. Im vereinigten Deutschland war das 1990 ein Fünftel der Gesamtbevölkerung. Zählt man die dreieinhalb Millionen Menschen hinzu, die bis 1989 die DDR in Richtung Westen verließen – und zwar im Unfrieden, wenn nicht gar im Zorn –, kommt man auf ein Viertel der gesamtdeutschen Bevölkerung mit eigenen DDR-Erfahrungen, allerdings mit sehr verschiedenen. Und drittens geht die Zahl derjenigen, die die DDR von ihrer Gründung an erlebt haben, nun massiv zurück, während die Zahl der Ostdeutschen, die die DDR nur vom Hörensagen kennen, massiv wächst. Dieses Hörensagen ist oft nicht sehr präzise, denn nicht wenige Eltern und Lehrer sind wortkarg, wenn es um ihre Vergangenheit in der DDR geht.

Die Erinnerung an die DDR wechselt gerade ihren Aggregatzustand: vom Erlebten zum Erzählten, oder, da gute Erzähler selten sind, zum Referierten und Konstruierten. Es geht hier nicht um das spannungsvolle Verhältnis zwischen Zeitzeugen und zeitgeschichtlicher Forschung, die nicht selten mit beeindruckenden Beweisen Erinnerungen von Zeitzeugen korrigieren oder gar widerlegen kann. Gemeint ist hier der Unterschied zwischen einer Erlebnisgeneration, die gewiss nicht irrtumsfrei erinnert, aber doch zweifelsfrei Erlebtes kennt, und einer Generation, die über dieselbe Zeit nur vom Hörensagen und nicht von wissenschaftlichen Studien weiß. Deshalb fragen wir zunächst: Wie war es in der DDR? Und wir versuchen den DDR-Alltag, wie er damals erlebt wurde, zu beschreiben (Abschnitt 3.1).

Die derzeitigen Missstimmungen und Missdeutungen zwischen Ost und West werden heutzutage zunehmend auf die sogenannte Nachwendezeit der frühen 1990er-Jahre zurückgeführt, in der die Ost- von den Westdeutschen enteignet, fremdbestimmt und gedemütigt worden seien. Ein neues Narrativ, das die Ostdeutschen als Opfer darstellt, verdrängt ein älteres, das den 9. Oktober 1989 als Sieg der Montagsdemonstranten über das SED-Regime verstand und in der Herbstrevolution den Weg zum Mauerfall und zur Deutschen Einheit eröffnet sah. Während die Herbstrevolution eine Ost-Ost-Auseinandersetzung war, in der Ostdeutsche als mutige, dann auch fröhliche und tatkräftige Akteure auftraten, dominiert im neuen Narrativ der Ost-West-Gegensatz, wobei die Westdeutschen mindestens als Herrscher, wenn nicht gar als Unterdrücker und Ausbeuter erscheinen und die Ostdeutschen im Kollektiv als die Unterdrückten. 1989 standen sich in der DDR Demonstranten und Staatsmacht gegenüber – auf Messers Schneide. 30 Jahre später erscheinen manchem die Ostdeutschen einmütig vereint – als passive Opfer. Das kann ja wohl so nicht ganz stimmen. Deshalb soll zunächst im Detail dargestellt werden, wie sich 1989/90 die Herbstrevolution, die Transformation und die deutsche Vereinigung miteinander verwoben haben (Abschnitt 3.2).

Sodann folgt in Abschnitt 3.3 eine Diskussion aktueller Ost-West-Kontroversen, die mit den Opfermythen eng verknüpft sind: Wer beherrscht den Osten und wem gehört er? Was hat die Treuhandanstalt angerichtet? Sind Lebensleistungen zerstört wurden? Sind Ostdeutsche Bürger zweiter Klasse?

Die neueren Ost-West-Spannungen sind durch die gewaltige Zuwanderung ausgelöst worden, namentlich aus Syrien und Afghanistan, die 2015/16 ihren Höhepunkt erreichte. Erstmals seit den Demonstrationen gegen Betriebsschließungen in den frühen 1990er-Jahren kam es vom 11. Oktober 2014 an im Osten zu Massenprotesten, und zwar wieder montags und oft mit der Losung von 1989: «Wir sind das Volk.» Dresdens PEGIDA fand Nachahmer in anderen Städten. Und die AfD wandelte sich von einer eurokritischen zu einer migrationsfeindlichen, in Teilen auch ausländerfeindlichen und völkischen Partei und erhielt mit diesem neuen Profil im Osten deutlich größeren Zulauf als im Westen, obwohl das Führungspersonal der Partei aus dem Westen stammt. Während im Westen zunächst eine Willkommenskultur überwog und Bedenken gegenüber einer Politik der offenen Grenzen weithin als unanständig galten, fanden solche Bedenken im Osten beachtliche Zustimmung. Dies wurde vom Westen häufig als nationalistisch, rechtsextrem oder gar faschistisch klassifiziert, was die Betroffenen als bösartige Denunziation zurückwiesen. Die Migrationsfrage offenbarte markante Einstellungsunterschiede zwischen Ost und West mit Blick auf Heimat, Volk und Vaterland, die sich bereits in den 1990er-Jahren artikuliert hatten und auf den unterschiedlichen Umgang mit der deutschen Frage in den beiden deutschen Staaten zurückgehen. Dazu kommen wir in Abschnitt 3.4.

Die Wahlerfolge der AfD im Osten, ein prozentual stärker vertretener (auf die Gesamtbevölkerung bezogen dennoch geringer) Rechtsextremismus und aufsehenerregende rechtsextremistische Verbrechen im Osten geben immer wieder der Behauptung Nahrung, die Demokratie sei in Deutschland vom Osten aus gefährdet, was die meisten Ostdeutschen als Beleidigung zurückweisen. Sowohl PEGIDA als auch die AfD fordern zudem, dass endlich auch in Deutschland die Demokratie vollendet werde wie in der Schweiz, nämlich durch die direkte Demokratie in der Form von Volksabstimmungen auch auf Bundesebene. Offenbar kollidieren hier unausgesprochen verschiedene Auffassungen von Demokratie, die aufgeklärt werden sollten, bevor die eine Seite der anderen – wechselseitig – Demokratiedefizite vorwirft, wie derzeit üblich. Dies ist Gegenstand von Abschnitt 3.5.

3.1 Wie war es in der DDR?

3.1.1 Alltag

Erinnerung kann vergolden, sie kann auch alles in Schwarz malen. Beides wäre für die DDR im Ganzen und allgemein verkehrt. Von extremen Notlagen abgesehen, hat jede Form von Alltag vieles gemeinsam. Es wird geliebt und getrauert, es gibt Alltagssorgen und Alltagsfreuden, Freundschaften und Feindschaften, Großherzigkeiten und Gemeinheiten, schönes Wetter und trübe Tage, Erfolge und Niederlagen, Krankheit und Genesung. Und wer diese Elemente des richtigen Lebens im verkehrten nicht anerkennen will, ist ein Fanatiker. Es gehört zudem überall zum richtigen, sprich: typisch menschlichen Leben leider immer auch viel Verkehrtes. Dieser Teil des Alltags entzieht sich der Darstellung, weil nur das Außergewöhnliche interessiert. Man muss ihn aber immer mit dazudenken.

Ein weiteres Problem der Erinnerung an den DDR-Alltag: Jeder hat nur seinen eigenen erlebt. Wenn heute ein ehemaliger DDR-Bürger dem anderen nach hitziger Debatte vorwirft: «Sie müssen in einer anderen DDR gelebt haben als ich», hat er womöglich ungeahnt ins Schwarze getroffen. Ein NVA-Offizier, ein LPG-Bauer und ein Pfarrer haben tatsächlich jeder einen anderen DDR-Alltag erlebt und oft vom Alltag der anderen wenig geahnt, denn in der DDR gab es keine freie gemeinsame Öffentlichkeit. Nur insofern war sie eine Nischengesellschaft und nicht, wie Günter Gaus meinte, die Idylle einer fidelen Kleingartenkolonie.[100]

Was hätten denn damals die meisten DDR-Bürger als charakteristisch für ihren Alltag benannt? Dass es der Alltag in einer Diktatur war, wird man heute erwarten. Falsch geraten. Das Wort Diktatur war nämlich umfunktioniert. Ganz offiziell wurde die politische Ordnung der Deutschen Demokratischen Republik als «Diktatur des Proletariats» bezeichnet. Demokratie (nämlich die sozialistische), Republik und Diktatur waren dasselbe. Das ist nur eine kleine Probe der babylonischen Sprachverwirrung, die der Marxismus-Leninismus, diese monströse Desorientierungstheorie, angerichtet hat.

Es gab noch einen anderen Grund, die politischen Verhältnisse nicht als Diktatur zu brandmarken. Fundamentalkritik war lebensgefährlich. Die einen wussten das und vermieden deshalb, solche Fundamentalkritik auszusprechen. Die anderen gingen, oft unbewusst, einen Schritt weiter und vermieden es, das Lebensgefährliche auch nur zu denken. Sie mieden die Anstrengung, das Verkehrte weiter für verkehrt zu halten, weil man es so nicht nennen durfte und nicht ändern konnte. Eine dritte Gruppe, darunter viele Intellektuelle, reduzierte ihre Kritik auf die Formel: «Die Idee des Sozialismus ist gut, bloß die Durchführung ist schlecht.» Das Fatale dieser Position: Sie verstand sich als couragiert und oppositionell – und war doch in Wahrheit systemstabilisierend. Da bis heute manche diese Position vertreten, wird daran erinnert, dass nach 1945 auch eine Mehrheit der Deutschen den Satz bejaht hat: «Die Idee des Nationalsozialismus war gut, nur die Durchführung schlecht.»[101]

Schwierig ist die Frage zu beantworten, wie denn die Akteure des Systems vor sich selbst ihr Tun rechtfertigten. Das Fehlen einer Öffentlichkeit behinderte auch die Gewissensbildung. Die Funktionäre blieben unter sich und setzten ihr Legitimationssystem nicht Einwänden von außen aus, sondern stabilisierten es durch Schulungen. Ich[102] habe einmal ein Gespräch von Wirtschaftsfunktionären im Nebenabteil der Eisenbahn unfreiwillig mitgehört. «Wie wir das damals bei der Gründung der LPGs durchgezogen haben, da darf ich gar nicht daran denken. Aber es war ja notwendig», sagte einer. Er war nicht gewissenlos, aber er betäubte sein Gewissen mit der marxistisch-leninistischen «historischen Notwendigkeit». Sie war das Opium für das Gewissen. Die Rolle des Marxismus-Leninismus für die Herrschaftslegitimation wird heute wahrscheinlich massiv unterschätzt. Sie gab aber dieser Diktatur des Proletariats, die in Wahrheit die Herrschaft des Politbüros einer konspirativ organisierten «Partei neuen Typs» war, ihre spezifische Legitimation, nämlich die (vermeintliche) Kenntnis der Gesetzmäßigkeiten in Natur und Gesellschaft, die angeblich eine wissenschaftliche Politik ermöglichen sollte. Nach ihrem Selbstverständnis hatte es die Diktatur des Politbüros natürlich nicht auf Unterdrückung des Volks abgesehen. Nur die unbelehrbaren Klassenfeinde, die manchmal auch Volksfeinde genannt wurden, sollten geschlagen werden, wie es in der Nationalhymne der DDR hieß. Die Avantgarde der Wissenden wollte das Volk belehren und beglücken, das war die edle Gesinnung der Genossen. Dass dieses angemaßte Wissen zur Sichtblende vor der Realität wurde, hat Horst Sindermann, Politbüromitglied und letzter Präsident der Volkskammer, nach seinem Sturz (und Ausschluss aus der SED) in seinem letzten Interview im Mai 1990 zu Protokoll gegeben.[103]

Gegenüber dem verquasten Sozialismusidealismus vieler Intellektueller in Ost (und West!) war der politische Witz,[104] der nirgends so gut gedieh wie in der Diktatur, viel realistischer. Er ist ein authentisches Zeugnis der nicht korrumpierten Wahrnehmung des Volks. Dass der politische Witz zusammen mit der DDR untergegangen ist, beweist nicht, wie doch manche tatsächlich behaupten, dass uns nun das Lachen vergangen sei, sondern dass es dieses indirekten Mediums der verschlüsselten Kritik nicht mehr bedarf.

Also: Ein Arbeiter wird interviewt. «Was ist Ihre Meinung zu unserer Volksbildungspolitik?» – «Da schließe ich mich ganz den Ausführungen der Genossin Margot Honecker an.» «Und was ist Ihre Meinung zu unserer Wirtschaftspolitik?» «Da schließe ich mich ganz den Ausführungen des Genossen Günter Mittag an.» Und so weiter. «Ja, haben Sie denn gar keine eigene Meinung?» «Doch, aber der schließe ich mich nicht an.» Die eigene Meinung, der man sich nicht anschloss, das ist eine zwar irritierende, dennoch aber treffende Formel für den Aggregatzustand an der Kritik der politischen Verhältnisse in einer Diktatur bei denen, die dem Sozialismusidealismus nicht auf den Leim gegangen sind. Sie haben durch den politischen Witz die Sprachnot der Kritik kompensiert. Warum durch den Witz? Weil er das Unsagbare aufblitzen lässt, ohne es auszusprechen. Unausgesprochen war es in der Diktatur allerdings ständig präsent. Wie weit dieses Nichtbesprechen ging, konnte man daran erkennen, dass Ende 1989 in der Öffentlichkeit eine Unsicherheit auftrat, ob es nun der oder die Stasi heißen solle. Es gab keinen eingefahrenen Sprachgebrauch, weil man das Unheimliche nicht beim Namen nannte. Man flüsterte von der Firma oder der Sicherheit, wie man im Mittelalter den Teufel nicht beim Namen nannte, sondern als Gottseibeiuns oder den Leibhaftigen umschrieb.

Was die DDR-Bürger damals als charakteristisch für ihren Alltag zuerst benannt hätten, wäre sicherlich die Mangelwirtschaft gewesen. «Haben Sie Teppiche?» «Nein, keine Teppiche gibt's eine Etage höher, hier gibt's keine Schuhe.» Oder: «Keine Bretter für die Laube, keine Nägel, keine Schraube, für den Hintern kein Papier, aber 'n Sputnik haben wir.» Wir waren eine Gesellschaft von Jägern und Sammlern und sehr erfinderisch in der Kompensation des Mangels. Er hat uns viele Erfolgserlebnisse verschafft, die wir heute nicht mehr haben, weil man jederzeit kaufen kann, was man im Alltag braucht. Was mühsam erworben ist und schwer ersetzbar, wird höher geschätzt. Die Dinge waren wertvoller als heute. Wir haben mit viel Fantasie repariert, was heute einfach weggeworfen wird. Ich wusste sehr viel besser, was sich unter der Motorhaube befindet als meine westlichen Berufsgenossen – ein Vorteil, der sich allerdings inzwischen durch den Einzug der Computertechnik in die Autos verflüchtigt hat. So ist das mit den DDR-Erfahrungen auch sonst öfter. Erfahrungen können veralten und mangels Anwendungsmöglichkeit unter gewandelten Verhältnissen nutzlos werden.

Wer ein Auto hatte, verstaute die notwendigsten Ersatzteile, vor allem einen Auspuff, im Keller, weil auf den Ersatzteilhandel kein Verlass war – woraufhin in den Kellern wahrscheinlich mehr Auspuffe lagerten, als zur Befriedigung des Bedarfs nötig gewesen wären. Insofern verschärfte der Mangel den Mangel. Und insofern war der Mangel nicht selten durch den Mangel an Vertrauen in die Versorgungsversprechen verursacht. Der Kapitalismus enttäuscht dieses Vertrauen weitaus weniger. Deshalb war es kaum verwunderlich, dass gut gemeinte Warnungen Westdeutscher an die Ostdeutschen vor dem kapitalistischen Konsumzwang meist auf taube Ohren stießen.

Wieder öffnet der Witz die Tür zur Realität: «Der Kapitalismus ist eine sterbende Gesellschaftsordnung, aber: ein schöner Tod!» – «Der Kapitalismus steht am Abgrund. Wir sind einen Schritt weiter.» – «Was ist Kapitalismus? Die Ausbeutung des Menschen durch den Menschen. Im Sozialismus ist es umgekehrt.» – «Worauf beruht der Kapitalismus? Auf Einnahmen und Ausgaben. Und worauf beruht der Sozialismus? Auf Eingaben und Ausnahmen.» – «Was ist Sozialismus? Der längste Weg vom Kapitalismus zum Kapitalismus.»

Auch mit der Wirtschaft der DDR ging der Witz – ganz im Gegensatz zu heutiger DDR-Nostalgie – hart ins Gericht. «Was passiert, wenn der Sozialismus in der Sahara eingeführt wird? Fünf Jahr nichts, dann wird der Sand knapp.»

Sehr komplex und zugleich zutreffend sind «Die sieben Weltwunder der DDR»:
1. Obwohl niemand arbeitslos ist, hat die Hälfte nichts zu tun.
2. Obwohl die Hälfte nichts zu tun hat, fehlen Arbeitskräfte.
3. Obwohl Arbeitskräfte fehlen, erfüllen und übererfüllen wir die Pläne.
4. Obwohl wir die Pläne erfüllen und übererfüllen, gibt es in den Läden nichts zu kaufen.
5. Obwohl es in den Läden nichts zu kaufen gibt, haben die Leute fast alles.
6. Obwohl die Leute fast alles haben, meckert die Hälfte.
7. Obwohl die Hälfte meckert, wählen 99,9 Prozent die Kandidaten der Nationalen Front.

«Der Sozialismus hat von allen bisherigen Gesellschaftsordnungen etwas übernommen:
– vom Kapitalismus die vielen Krisen;
– vom Feudalismus die vielen Könige;
– von der Sklavengesellschaft den Umgang mit dem Menschen und
– von der Urgesellschaft die Produktionsmethoden.»

Der Mangel hatte auch eine kommunikative Seite: Hilfst du mir, helf ich dir. Ich brauchte mal ein Lager für meine Abwasserpumpe (damals Jauchepumpe genannt – Kanalisation haben wir erst seit 1993), und das gab es nicht im Geschäft. Der Schwager des Nachbarn arbeitete in einer Pumpenwerkstatt und besorgte mir eines. «Das kostet nichts», sagte er, «Honecker hat doch gesagt, wir sollen noch mehr aus unseren Volkseigenen Betrieben heraus-holen.» Man sieht an dem Beispiel zugleich, was das Wort organisieren alles abdeckte: gewusst wo, gewusst wie, verbunden mit einem sehr weitherzigen Verständnis von Legalität, mit fließendem Übergang zum Diebstahl, nicht unbedingt zur Bereicherung, sondern auch, wie hier, als Nachbarschaftshilfe.

In einer Marktwirtschaft ist der Kunde König, in einer Mangelwirtschaft der Verkäufer, weil er über das verfügt, was knapper ist als Geld: Waren. Sie gehören ihm nicht. Aber er kann über ihre Verteilung entscheiden. Ökono-mische Macht ist durch die Abschaffung des Privateigentums an Produk-tionsmitteln nicht verschwunden, sie ist nur in andere Hände gelangt, in die der Verteiler und Organisierer. Nicht selten entwickelten Verkäuferinnen dabei einen respektablen Gerechtigkeitssinn, der nach 1990 ausgesprochen komisch wirkte, wenn sie nämlich den Kunden verwehrten, zu viel von einem Sonderangebot mitzunehmen. Die anderen sollen doch auch noch was davon bekommen. Sie missverstanden das Sonderangebot zur Lager-räumung als knappes Gut.

Nach marxistisch-leninistischer Lehre sollte im Kommunismus das Geld abgeschafft, nämlich überflüssig werden, denn es sollte der Grundsatz gelten: «Jeder nach seinen Fähigkeiten, jedem nach seinen Bedürfnissen».[105] So stand es nun einmal in der *Kritik des Gothaer Programms* von Karl Marx. Alle Schüler und Studenten mussten dies lernen, und ich wüsste gern, wie viele Lehrer wenigstens ein schlechtes Gewissen hatten, wenn sie diesen und massenhaft gleichrangigen Unsinn mit ernstem Gesicht gelehrt haben. Als die fünfte Klasse meiner Tochter zum ersten Mal mit der Weisheit konfrontiert wurde, dass im Kommunismus alles allen gemeinsam gehört, fragte ein Schüler ganz unschuldig: «Auch die Zahnbürste und die Unterhose?» Die Frage wurde ganz ernsthaft im Sinn des wissenschaftlichen Sozialismus beantwortet.

Was aber die Abschaffung des (Ost)Gelds betrifft, so war bereits der Sozialismus darin beachtlich weit fortgeschritten. Frage an den Sender Jere-wan: «Gibt es im Kommunismus noch Geld?» Antwort: «Nur.» Mancher versteht den Witz heute womöglich gar nicht mehr. Gemeint war: Es wird nur noch Geld geben und keine Waren, denn Ostgeld war ein Bezugsschein ohne Einlösungsgarantie. Man brauchte zusätzlich Vitamin B, sprich: Beziehungen. Es war ein bis zuletzt ungelöstes Problem der sozialistischen Volkswirtschaft, dass der Warenkorb erheblich kleiner war als die in der Bevölkerung kursierende Ostgeldmenge. Der Tausch Ware gegen Ware war weitaus effektiver als der Tausch Geld gegen Ware. Und die wertvollsten Waren waren die Westwaren – und das Westgeld, der Bezugsschein für ansonsten Unerreichbares. Wer in einer Anzeige Seltenes suchte und Westgeld zu zahlen bereit war, schrieb «Tausche blaue Fliesen gegen […]» – die Hundert-Westmark-Scheine waren blau. Aber wer hatte denn Westgeld in der DDR? Das war nun das Verrückte an dieser Ordnung der Dinge: Westgeld hatte am ehesten jemand mit Westkontakten, die aber waren den SED-Funktionären untersagt. Im Regierungsviertel Wandlitz allerdings gab es Westwaren für Ostgeld.

Das alles galt aber erst für die 1970er- und 1980er-Jahre. Bis zum Bau der Mauer war der Besitz von Westgeld ein Verhaftungsgrund. Und mit Westgeld in der Tasche in Grenznähe erwischt zu werden, konnte auch später als Indiz für einen «Republikfluchtversuch» gewertet werden. Bis zuletzt wurde bestraft, wer beim Tauschen von West- gegen Ostgeld oder umgekehrt erwischt wurde.

Heute loben viele an der DDR die menschliche Wärme; damals habe sich nicht alles, wie heute, um Geld und Karriere gedreht. Daran ist nur richtig: Es ging damals mehr um Waren als um (Ost)Geld. Aber für deren Beschaffung wurde ein erheblicher Aufwand betrieben. Manche stellten sich an jeder Schlage an und fragten erst danach: «Was gibt's denn hier?» Denn die Schlange belegte ja: Es muss etwas Knappes sein, und das zu kaufen lohnt sich immer, mindestens zum Tauschen. Wieder entlarvt der Witz die Realität: «Was tut ein Franzose, wenn er seine Frau mit einem Liebhaber erwischt? Er nimmt das Küchenmesser und ersticht ihn. Und ein Engländer? Er nimmt den Revolver und erschießt sich. Und ein DDR-Bürger? Er sagt: ‹Ihr macht hier rum, und im Konsum gibt's Zitronen.›» Also bitte nicht flunkern. Dass es den DDR-Bürgern im Unterschied zu den Westdeutschen vor allem um ideelle und nicht um materielle Werte ging, ist geflunkert. Allerdings: Mangel macht erfinderisch und in gewissen Grenzen auch solidarisch. Sollen wir uns deshalb den Mangel zurückwünschen?

Die Karriereinteressen waren in der Tat gedämpft, weil sich viele gesagt haben: Von einer höheren Position in diesem dysfunktionalen System habe ich doch bloß mehr Ärger, sonst nichts. Außerdem wird dann erwartet, dass ich SED-Mitglied werde, und das wollten viele nicht, aus ganz verschiedenen Gründen: der Parteidisziplin wegen, die einem auch unangenehme Parteiaufträge einbringen konnte, der politischen Dauerschulung wegen, oder weil die Menschen ihre Beziehungen zu westlichen Verwandten nicht abbrechen wollten, oder auch, weil der SED-Parteibeitrag ziemlich hoch war. Manche wichen einer Anwerbung für die SED dadurch aus, dass sie schnell in eine der «Blockparteien» eintraten. Dann waren sie sozusagen schon vergeben. Manche sind in die CDU eingetreten, weil sie die atheistische Ausrichtung der SED ablehnten. Ein Hort der Opposition waren die Blockparteien nicht, aber doch immerhin eine Versammlung von Leuten, die nicht in der SED sein wollten. Trotzdem waren aber von 16 Millionen DDR-Einwohnern 2,2 Millionen SED-Mitglieder.

Im Betrieb eine ruhige Kugel schieben («Freitags nach eins macht jeder seins»), danach mit ein bisschen Feierabendarbeit dazuverdienen und dann alle Kraft und Fantasie (nicht unbedingt ebenso viel Geschmack) in die Datsche (das Wochenendhaus) stecken, das war für viele einfach eine günstigere Gesamtbilanz. Es war keine Drückebergerei, sondern hing auch damit zusammen, dass die Arbeit im Betrieb in einer Mangelwirtschaft frustrierte. Ständig fehlten Ersatzteile, Zulieferungen blieben aus, und der Plan sollte dennoch erfüllt werden. Also wurde gemogelt. Typisch dafür die Reaktion eines LPG-Bauern, der nebenher noch eine kleine private Landwirtschaft betrieb: Er wurde von einem guten Bekannten gefragt, warum er sich so viel Arbeit antue. Er antwortete, dass er einmal am Tage etwas richtig und ordentlich machen wolle, und das hat sich für ihn übrigens auch finanziell gelohnt.

Apropos Feierabendarbeit: Die Planwirtschaft konnte Handwerkerleistungen für Otto Normalverbraucher nicht hinreichend zur Verfügung stellen, weil sie die Handwerker mit staatlichem Soll ausbuchte. Also sah sie sich genötigt, die Feierabendarbeit zu legalisieren. Wo es keinen Markt gibt, entsteht ein Schwarzmarkt. Bei der Währungsunion wurden alle höheren Sparguthaben, es waren wohl die über 100 000 Ostmark, auf ihre Herkunft überprüft. Im Westen war man der Meinung, die Parteifunktionäre müssten die höchsten Sparguthaben haben. Es waren aber vor allem die Handwerker und LPG-Bauern, die durch Nebenerwerb mächtige Sparguthaben besaßen und übrigens auf dem (verbotenen) Schwarzmarkt für ein neues Auto glatt das Doppelte bezahlten. Sie durften sich dabei aber nicht erwischen lassen, denn dann waren Auto und Geld dahin.

Ebenso war es ein westlicher Irrtum, die Häuser von Flüchtlingen und Ausgereisten hätten vor allem Funktionäre erworben. Da wären sie schön dumm gewesen, denn sie hätten dann ja nichts von den billigen Mieten gehabt und tatsächlich bezahlen müssen, was das Wohnen in der DDR kostete. Sie ließen sich lieber nach Wunsch bauen und umbauen, um dann zu mieten. Auch die Jagdhütten und Jagdreviere, Bedienung inbegriffen, waren Volkseigentum, allerdings exklusiv zum individuellen Gebrauch. Hochrangige Funktionäre der Partei haben gewissermaßen schon Kommunismus gespielt, denn das Geld war abgeschafft, und man lebte «jeder nach seinen Bedürfnissen», zu denen auch feudale Vorlieben wie Jagdreviere zählten. Leonid Iljitsch Breschnew wollte bei einem Besuch in Hamburg Helmut Schmidt nicht glauben, dass er in einem Reihenhaus wohnt. Die Führer der Arbeiterklasse wohnten in selbst geschaffenen, schwer bewachten Gettos und nicht neben Arbeitern.

Zurück zum Normalbürger: Epikurs Grundsatz «lathe biosas», lebe im Verborgenen, war sehr beliebt: am besten nicht auffallen. Das war ein Grundsatz der Vorsicht. Denn wer auffiel, besonders der Stasi auffiel, konnte nicht mit Nachsicht rechnen. Das vergessen vor allem diejenigen, die heute die menschliche Wärme der DDR loben. Wir waren alle sehr wählerisch in der Frage, wen wir zu uns nach Hause einluden. Und im Gespräch mit Unbekannten waren wir vor allem bei politischen Themen äußerst vorsichtig. Außerdem gab es echte Kommunikationsverbote. Einige Beispiele: Der sowjetische Militärarzt, der, vermittelt durch die Kinder, zu einer ostdeutschen Familie in derselben Straße freundschaftliche Beziehungen aufnahm, wurde deshalb umgehend nach Moskau versetzt. In einem Dorf standen Pfarrhaus und Schule nebeneinander. Die Vorschulkinder des Pfarrers und des Schulleiters spielten zusammen. Als sie in die Schule kamen, erklärte der Schulleiter dem Pfarrer freundlich und mit Bedauern: «Sie werden verstehen, dass unsere Kinder bei meiner Stellung jetzt nicht mehr zusammen spielen können.» Der Polizist, dessen verstorbene Mutter ein christliches Begräbnis gewünscht hatte, kam im Dunkeln zum Pfarrer, um die Beerdigung zu besprechen. Seine Worte: «Eigentlich sollen wir ja gar nicht mit Ihnen sprechen, aber es war doch der letzte Wille meiner Mutter.» Die Humboldt-Universität zu Berlin habe ich im März 1991 zum ersten Mal betreten, denn am Eingang saß ein Pförtner, der den Studenten- oder Dienstausweis sehen wollte. Und so etwas hatte ich nicht.

Was die Stasi unter dem Fachausdruck Zersetzung an Kommunikationsstörungen inszeniert hatte, erfuhren wir großteils erst nach 1990. Einiges davon hatten diejenigen, die ihr aufgefallen waren, aber damals schon geahnt. Wenn sie jemanden zersetzen wollten, streuten sie wirksam Gerüchte, etwa dass seine Frau fremdgehe oder dass sein Freund Informant der Stasi sei. Oder sie drangen regelmäßig heimlich in die Wohnung ein und versetzten Möbel. Rainer Eppelmann entdeckte ein Abhörgerät in der Tischlampe und erstattete beim Staatsanwalt Anzeige. Dieser sagte: «Sie sehen doch, dass das Gerät von Siemens ist, das muss ein westlicher Geheimdienst eingebaut haben.»

Der Rückzug ins Private war nur begrenzt möglich. Datenschutz war ohnehin ein Fremdwort. Von der Überwachung der Post und der Telefongespräche ging wohl jeder aus. Mancher fand später Briefe in seiner Stasiakte, die ihn nie erreicht hatten, oder auch Kopien solcher, die ihn erreicht hatten. Zudem waren die verschiedenen Lebensbereiche rückgekoppelt. Ein Lob oder Tadel der Kinder in der Schule wurde an die Arbeitsstelle gemeldet. Wenn das Kind nicht in die Freie Deutsche Jugend (FDJ), die Jugendorganisation der SED, eintrat, konnte es im Betrieb deshalb ein «Kadergespräch» geben. Ein kritischer Brief an das *Neue Deutschland* landete ohnehin bei der Stasi und konnte eine Vorladung zur Folge haben. Beantwortet wurden mir solche Briefe allerdings nie. Außerdem gab es die «Sippenhaft». So konnte jemand mit Gefängnis bestraft werden, weil seine erwachsenen Geschwister einen «Republikfluchtversuch» (ein Wort, das dem Ausdruck «Fahnenflucht» nachgebildet war, als hätten wir der DDR einen Treueid geschworen) unternommen hatten, von dem er gewusst hatte. Da der Vater verstorben war, hätte er – als der ältere Bruder – sie von dem Versuch abbringen müssen.

Und überhaupt: Der Zugang zur Oberschule hing von der «sozialen Herkunft» – Arbeiter- und Bauernkinder sollten bevorzugt werden –, der weltanschaulichen Orientierung und der politischen Zuverlässigkeit des Elternhauses ab, für die bekanntlich kein Kind etwas kann. Sagt der Arbeiter zum Ingenieur: «Meine Kinder kommen auf die Oberschule, deine nicht.» Darauf der Ingenieur zum Arbeiter: «Meine Enkel kommen auf die Oberschule, deine nicht.» Mein Vater war Apotheker, deshalb war meine staatliche Schulbildung mit der achten Klasse beendet. Abschlussprädikat «sehr gut», dafür eine Buchprämie, aber zuvor schon die Ablehnung von der Oberschule, alles von demselben Schulleiter, der bis 1989 amtiert hatte und nicht verstehen konnte, dass das Lehrerkollegium ihn im Herbst 1989 abwählte.

Das Unheimliche der Staatsmacht in der Diktatur beruhte auf ihrer Undurchschaubarkeit und Unberechenbarkeit. Sie war eine Blackbox. Man wusste nie sicher, ob man im Stand der Gnade, der Ungnade oder der Unauffälligkeit war. Man musste raten, warum die Aufenthaltsgenehmigung für die Westverwandten abgelehnt wurde. Eine Begründung bekam man nicht, und Widerspruchsmöglichkeiten waren gar nicht vorgesehen. Dadurch wurde das Risiko aufmüpfigen oder unangepassten Verhaltens unkalkulierbar. Einigermaßen sicher war man nur im Bereich des allgemein Üblichen, sprich: in der Unauffälligkeit. War die Staatsmacht einmal auf jemanden aufmerksam geworden, war ihre Verdächtigungsfantasie nahezu grenzenlos. Umgekehrt konnte man sich verfolgt sehen, ohne es zu sein. Also Gespensterfurcht auf beiden Seiten. Wer sagt, er habe nie Ärger mit der Stasi gehabt, der mag ja für sich recht haben, er sollte aber lieber nicht damit angeben.

Die Begeisterung für die menschliche Wärme in der DDR beruht teils auf Verdrängung, teils auf damaliger Unkenntnis. Jeder konnte wissen, dass Christen im Bildungswesen und Berufsleben benachteiligt wurden. Jeder konnte wissen, dass viele, die die DDR vor 1961 verlassen hatten oder später geflohen oder ausgereist waren, nachvollziehbare Gründe dafür hatten, nämlich diskriminierende Benachteiligungen. Es war aber vielen unangenehm, daran erinnert zu werden, dass es all dies gab. Oft habe ich gehört: «Wer beim Fluchtversuch umkommt, ist doch selbst dran schuld. Jeder weiß doch, dass an der Grenze geschossen wird.»

Daneben gab es allerdings auch eine beachtliche Unkenntnis über vieles, was im Land so geschah. Ich habe meine Konfirmanden regelmäßig gefragt, ob es in der DDR die Todesstrafe gibt. Sie haben das durchweg verneint. Die Vollstreckungen wurden nämlich meist geheim gehalten. Zum Teil wurde sogar fälschlich auf dem Totenschein eine Krankheit als Todesursache vermerkt. Auch die DDR-Geschichte selbst war vielen eine Terra incognita, wie der 17. Juni 1953, der Terror der Stalinzeit, die Vertreibungen im Zusammenhang mit der sogenannten Bodenreform, die Brutalitäten der Zwangskollektivierung. Selbst der Einmarsch in die CSSR 1968 war in den 1980er-Jahren manchen jungen Leuten unbekannt. Denn in vielen Elternhäusern wurde all dies vorsichtshalber verschwiegen. Nach 1990 hörten wir von einer Familie, deren Eltern, alte Kommunisten, vor den Nazis in die Sowjetunion geflohen waren, aber unter Stalin ins Arbeitslager kamen und ihren Kindern erst 1990 davon erzählten. Viele erfuhren erst 1990, dass einige der KZs vom sowjetischen Geheimdienst nach 1945 weiter benutzt wurden. Selbst die Zahl der Selbstmorde war Staatsgeheimnis und dem *Statistischen Jahrbuch* nicht zu entnehmen.

Die Kriminalstatistik wurde geheim gehalten, sodass nach 1990 zunächst viele der Meinung waren, die Kriminalität wachse sprunghaft an, was zwar der SED-Propaganda vom verkommenen Kapitalismus entsprach, nicht aber den Tatsachen. Zwar sind Autodiebstähle gestiegen und die Drogenkriminalität auch. Das hing mit den offenen Grenzen zusammen. Man kann nicht die Mauer wegreißen und das Echo stehen lassen. Aber die Gewaltkriminalität, namentlich gegen Kinder, ist nicht gestiegen. Geändert hatte sich nur die Berichterstattung. Die DDR-Nostalgiker wünschen sich, wie mir scheint, die Unwissenheit von damals zurück, nun aber wider besseres Wissen. Es gibt da bei manchen bis heute eine Hartherzigkeit gegenüber den Opfern um des eigenen Seelenfriedens willen. DDR-Bürger können stolz sein auf das, was sie unter den erschwerenden Bedingungen von Diktatur und Mangelwirtschaft in Alltag und Beruf geleistet haben. Aber sie sollten bitte nicht plötzlich stolz sein auf die erschwerenden Bedingungen, die man sich doch nie gewünscht, sondern seinerzeit oft verwünscht hat.

Man könnte das Spezifische des DDR-Alltags auch danach rekonstruieren, worüber die DDR-Bürger nach 1990 vor allem gestöhnt haben, denn das war das bisher Ungewohnte. Zweifellos muss an erster Stelle die Arbeitslosigkeit genannt werden. Die gab es in der DDR höchst selten, nämlich nur als Strafe etwa für Ausreisewillige, dann aber ohne Arbeitslosenunterstützung! Sie wurden aus der sozialistischen Familie, dem Arbeitskollektiv, verstoßen, gewissermaßen als undankbare Kinder enterbt. In der Regel fanden sie in kirchlichen Einrichtungen Arbeit bis zur Ausreise. Sonst hatte jeder einen sicheren Arbeitsplatz auf Lebenszeit. Ob er auf dieser Arbeitsstelle auch etwas zu tun hatte und ob das etwas Sinnvolles war, war eine ganz andere Frage. Man nennt das verdeckte Arbeitslosigkeit.

Was an zweiter Stelle genannt werden muss, ist der Gang zum Gericht. Dass man gegen eine Kündigung klagen kann und mit einigen Erfolgsaussichten, das war völlig neu. Auch dass man in Grundstücksangelegenheiten plötzlich das Gericht anrufen oder gegen eine Behördenentscheidung gerichtlich vorgehen konnte. Es gab in der DDR keine Verwaltungsgerichte und auch kein Verfassungsgericht. Der Rechtsweg galt als vermintes Gelände, das man möglichst mied, vor allem, wenn man befürchten musste, dass die Sache irgendwie ins Politische gezogen werden könnte. Natürlich gab es dennoch Konflikte und Regelungsbedarf. Vieles, etwa Streit zwischen Nachbarn, wurde außergerichtlich in Konfliktkommissionen vor Ort geregelt, was im Prinzip gar nicht so schlecht war. Anderes durch Eingaben, meist direkt an Honecker, was gar nicht so selten Erfolg hatte. Im Grund war das ein Gnadenrecht, in dem der Staat sich tatsächlich als gütiger Vater präsentierte. Das hatte nach 1990 für viele fatale Folgen. Sie übersahen nämlich die üblichen Einspruchsfristen der Rechtsmittelbelehrungen, denn bei den Eingaben gab es ja solche Fristen nicht. Sie betrachteten daher die Ersetzung des (feudalen) Gnadenrechts durch verbindliche Rechtsregeln als Verschlechterung.

3.1.2 Unrechtsstaat?

Ob die DDR ein Unrechtsstaat war, darüber wird seit ihrem Ende periodisch gestritten. Die erste Auseinandersetzung wurde 1992 im Zusammenhang mit dem Entwurf des Ersten SED-Unrechtsbereinigungsgesetzes geführt. Der sächsische Bundestagsabgeordnete Michael Luther (CDU), der erst im Herbst 1989 begann, sich politisch zu engagieren, bezeichnete die DDR im Bundestag als Unrechtsstaat. Dem hielt der PDS-Abgeordnete Uwe-Jens Heuer, ein lang gedienter SED-Jurist, entgegen, so werde eine «Dämonisierung der DDR als Unrechtsstaat» betrieben, sie werde aufgrund «dieses Kampfbegriffs […] mit dem nazifaschistischen Staat» gleichgesetzt.

In dieser Frage dürften die Ostdeutschen nach wie vor geteilter Meinung sein. Jedenfalls belegt dies eine Befragung von 2009. Damals lehnten 41 Prozent den Ausdruck Unrechtsstaat für die DDR ab, 28 Prozent hielten den Ausdruck für treffend und weitere 25 Prozent für teilweise richtig. Eine Mehrheit sah den Ausdruck also nicht als beleidigend oder entwürdigend an. Aber 58 Prozent der Anhänger der Linkspartei lehnten ihn ab. Ähnlich scharf gespalten war das Ergebnis bei der Frage, ob die Verharmlosung von DDR-Unrecht strafbar sein soll: 46 Prozent verneinten, 42 Prozent befürworteten dies.[106]

Eine zweite Debatte fand um den 20. Jahrestag der Herbstrevolution (ab 2009) statt. Besondere Aufmerksamkeit erregte ein Artikel von Gesine Schwan, die damals zum zweiten Mal als Bundespräsidentin kandidierte und auch um Stimmen der Linkspartei warb. Zwar hob sie hervor, dass die DDR eine Diktatur war: «fehlende Menschen- und Bürgerrechte, keine Gewaltenteilung, keine unabhängige Justiz, keine freien Wahlen», also all das, was denen vor Augen stehe, die die DDR einen Unrechtsstaat nennen. Dennoch hielt sie diese Bezeichnung für irreführend und gefährlich, weil sie «den Menschen in der DDR […] pauschal unterstellt, dass sie sich als Staatsbürger in ihrem beruflichen wie privaten Leben an diesem Unrecht beteiligt haben». Stattdessen müsse konzediert werden, dass es «Bereiche im Staat der DDR gab, in denen es trotz des Damoklesschwertes der SED-Willkür faktisch, wenn auch nie gesichert, auch rechtlich zuging». Westdeutsche würden Ostdeutsche durch den Ausdruck Unrechtsstaat «unter einen moralischen Generalverdacht stellen», weshalb sich «viele Ostdeutsche von den Westdeutschen moralisch als Menschen zweiter Klasse behandelt fühlen».[107]

Zum 25. Jahrestag 2014/15 gab es erneut eine Diskussion zum Unrechtsstaat. Auslöser war die Koalitionsbildung in Thüringen. Erstmals bestand die Möglichkeit, dass Die Linke einen Ministerpräsidenten stellt, gewählt von einer Koalition mit SPD und Bündnis 90/Die Grünen. Die machten aber zur Voraussetzung einer Koalition, dass Die Linke erklärt, die DDR sei ein Unrechtsstaat gewesen. Man einigte sich schließlich auf die seltsame Formulierung: «in der Konsequenz ein Unrechtsstaat», und Bodo Ramelow, der 1990 als Gewerkschafter aus dem Westen gekommen war, wurde Ministerpräsident. Der ebenfalls aus dem Westen stammende Ministerpräsident von Mecklenburg-Vorpommern, Erwin Sellering (SPD), widersprach damals mit dem Argument: «Es gab Millionen Menschen in der DDR, die weder Täter noch Opfer waren, sondern unter sehr schwierigen Bedingungen viel Gutes geleistet und auch für den Zusammenhalt der Gesellschaft gesorgt haben.» Opfer des SED-Regimes waren empört darüber, dass die DDR kein Unrechtsstaat gewesen sein sollte.

2015 meldete sich auch der hoch angesehene Verfassungsrechtler und einstige Verfassungsrichter Ernst-Wolfgang Böckenförde zu Wort. Er erklärte, ein Unrechtsstaat sei ein «Staat, in dem sich alles staatliche Handeln statt in der Weise des Rechts in der Weise des Unrechts vollzieht, der die Ungerechtigkeit sogar anstrebt» und folgerte daraus: «Die Kennzeichnung der DDR als Unrechtsstaat ist nicht nur falsch, sie kränkt auch die Bürgerinnen und Bürger der ehemaligen DDR.»

Auch zum 30. Jahrestag durfte das Thema nicht fehlen. Die Ministerpräsidenten Ramelow (Thüringen) und Schwesig (Mecklenburg-Vorpommern) erklärten, der Begriff Unrechtsstaat klinge so, «als sei das gesamte Leben Unrecht gewesen. Wir brauchen mehr Respekt vor ostdeutschen Lebensleistungen.» Und Ramelow erklärte für sich persönlich, der Begriff sei für ihn «unmittelbar und ausschließlich mit der Zeit der Naziherrschaft und dem mutigen Generalstaatsanwalt Fritz Bauer und seiner Verwendung des Rechtsbegriffs ‹Unrechtsstaat› in den Auschwitzprozessen verbunden».

Vor einem Klärungsversuch in diesem Labyrinth von Argumenten blicken wir auf den Frontverlauf. Die These von Schwan und Böckenförde, der Streit um den Unrechtsstaat sei ein Ost-West-Konflikt, in dem die Westdeutschen die Ostdeutschen unter moralischen Generalverdacht stellen, ist offenkundig falsch. Zwar gab und gibt es tatsächlich am Stammtisch und in den sozialen Medien gelegentlich den Generalverdacht gegen Ostdeutsche: «Ihr habt doch alle mitgemacht.» oder auch gleich: «Ihr wart ja alle Stasi.» Aber derartig pauschale und kollektive Verleumdungen kommen in der Regel ohne das Wort Unrechtsstaat aus. Das Wort ist nach 1989 zunächst gar nicht in einer Ost-West-Debatte, sondern in einer Ost-Ost-Debatte aufgetreten. Es gehört ursprünglich in die postrevolutionäre Konfrontation zwischen SED-Anhängern und SED-Gegnern, die leider heute zunehmend vergessen wird.

Ein Konflikt zwischen Ostdeutschen hat sich sekundär in einen Ost-West-Konflikt verwandelt, aber umgekehrt zum Frontverlauf, wie Schwan und Böckenförde ihn behaupten. Es sind heute an erster Stelle nicht Stammtischwessis, die darauf bestehen, dass die DDR ein Unrechtsstaat gewesen sei, sondern die Opfer des SED-Regimes. Sie waren ursprünglich allesamt DDR-Bürger, auch wenn sie nach bitteren Erfahrungen durch Flucht oder Häftlingsfreikauf in die Bundesrepublik gelangt sind. Denn die DDR war ein

Staat, der schließlich seine politischen Gefangenen gegen Westgeld in die Freiheit verkauft hat. Und das war für diese ein Glück und humanitärer Fortschritt. Sie mussten ihre Strafe nicht absitzen oder gar wie unter Stalin sich in sibirischen Lagern totschuften. Und es sind namhafte Westdeutsche, von denen sich einige in den östlichen Bundesländern verdienstvoll engagiert haben, die sich bemühen, die Ostdeutschen vor westdeutscher Verleumdung zu schützen, die allerdings so gar nicht in relevantem Umfang stattfindet. Sie tun den Ostdeutschen damit keinen Gefallen.

Es gibt noch weitere unqualifizierte Aburteilungen Westdeutscher von Stammtischqualität, wie etwa: «Ihr konntet ja nicht einmal richtige Autos bauen, denn der Trabant ist doch gegenüber dem Golf ein Witz.» Es wäre eine schlechte Verteidigungsstrategie, darauf zu antworten: «Sagt nichts Abfälliges über den Trabant, denn das kränkt die Ostdeutschen. Der Trabant war ein vorzügliches Auto.» Das sahen nämlich die Ostdeutschen selbst 1989/90 ganz anders: Sie kauften westdeutsche Gebrauchtwagen und stellten ihren bisher «alternativlos» so innig gehätschelten Trabant ohne Nummernschild am Straßenrand oder im Wald ab, weil es keine Autofriedhöfe gab. Die richtige Entgegnung wäre: «An unseren Autobauern hat es nicht gelegen. Die Ingenieure haben zweimal Prototypen für einen attraktiven Trabant (Viertakter) entwickelt, die sich international hätten sehen lassen können. Aber das Politbüro hat zweimal die Produktion untersagt und einmal sogar die Prototypen vernichten lassen.»

Analog dazu hätten diejenigen Ostdeutschen, die sich durch den Ausdruck Unrechtsstaat gekränkt fühlen – es gibt sie zweifellos – darauf hingewiesen werden sollen, dass Rechtsstaat und Unrechtsstaat das Justizsystem von Staaten charakterisieren und weder die moralischen Qualitäten der Bürger noch die Kriminalitätsstatistik (etwa so: wenig Diebstähle = Rechtsstaat, viele Diebstähle = Unrechtsstaat). Es geht hier um Unrechtsstaat und nicht um Unrechtsgesellschaft. Die moralischen Standards der Nahbeziehungen sind in Ost und West auch nach 40 Jahren sehr ähnlich geblieben.

Wie auch immer man die Justiz der DDR beurteilt, jedenfalls hatten die DDR-Bürger zu keinem Zeitpunkt auch nur die geringste Möglichkeit, die Strukturen und die Arbeitsweise der Justizorgane zu beeinflussen, weil sie nie unbedrängt gefragt worden sind. Die Ostdeutschen konnten sich weder ihre Besatzungsmacht noch ihre Regierung unter Alternativen aussuchen.

Die anstößigen Tatsachen der DDR-Justiz waren doch diese: die politisch motivierten Urteile, sobald politisch relevante Themen oder Personen eine Rolle spielten, menschenrechtswidrige politische Straftatbestände, Gummiparagrafen («Boykotthetze»), direkte Eingriffe der Partei in die Rechtsprechung bis hin zur Festsetzung des Strafmaßes und des Prozessverlaufs vor Prozessbeginn, die Ablösung von Richtern, die der Parteilinie nicht hinreichend entsprochen hatten, die Machenschaften der Stasi als eigenständiges Untersuchungsorgan bis hin zur psychischen Folter. Das alles war doch so, wie es war, ganz unabhängig davon, ob man die DDR einen Unrechtsstaat nennt oder nicht. Und so steht es auch mit der Frage der Mitverantwortung der DDR-Bürger für dieses Justizwesen. Sie stellt sich angesichts dieser Tatsachen und nicht erst durch den Titel Unrechtsstaat. Hier tun sich allerdings viele moralische Fragen auf. Es macht einen Unterschied, ob jemand all das gerechtfertigt, tunlichst übersehen oder als verkehrt verurteilt hat, oder ob jemand seine kritische Einstellung völlig versteckt, nur unter Vertrauten oder auch öffentlich zu erkennen gegeben hat. Das ist ein weites Feld. Jedenfalls war hier Vorsicht gewiss nicht unmoralisch, und niemand wollte ins offene Messer laufen.

Es war die Absicht der SED, dass möglichst alle Bürger ihre Verbundenheit mit der Staats- und Parteiführung sichtbar demonstrieren, durch «Demonstrationen», sprich: Massenaufmärsche, aber auch durch Mitgliedschaften in den Massenorganisationen. Das Ziel all dieser Bemühungen: Partei, Staat und Gesellschaft oder Volk sollten zu einer organischen Einheit zusammenfließen – jedenfalls dem Anschein nach.

Im Herbst 1989 haben sich in der DDR erstmals seit 36 Jahren Demonstranten der Staatsmacht entgegengestellt, gewaltfrei. Sie haben gerufen: «Wir sind das Volk – und keine Rowdies!» Sie haben verlangt, dass die führende Rolle der marxistisch-leninistischen Partei aus Artikel 1 der DDR-Verfassung gestrichen, also zwischen Staat und Partei unterschieden wird. Dem ist erstaunlicherweise noch die alte, SED-dominierte Volkskammer am 1. Dezember 1989 nachgekommen.

Und nun, Jahrzehnte später, kommen fürsorgliche Westdeutsche und ebnen die damals mühsam klargestellten Unterscheidungen zwischen Partei, Staat und Volk wieder ein, indem sie erklären, das Wort Unrechtsstaat beleidige die DDR-Bürger, denen nun unterstellt wird, dass sie mit dem

Staat DDR identisch waren. Aber Volk und Staat sind nie identisch. Denn das Volk (oder die Gesellschaft) besteht aus Menschen, der Staat aber aus Institutionen. Die SED könnte für einen späten Sieg dankbar sein, den ihr Westdeutsche in entmündigender Fürsorglichkeit verschaffen wollen. Denn statt das Urteilsvermögen der Ostdeutschen zu beanspruchen und gegen ostdeutsche Fehlurteile (es gibt sie, und das zuzugeben ist doch keine Schande) transparente Argumente vorzubringen, werden sie wie Kinder behandelt, die man intellektuell nicht überfordern möchte. Ein klar formulierter Widerspruch nimmt den anderen aber erheblich ernster als die Haltung herablassender Empathie von der Art: Lasst dem Kind den Schnuller.

Bodo Ramelow hat in seiner zitierten Stellungnahme von 2019 daran erinnert, dass der Ausdruck Unrechtsstaat bereits nach 1945 eine zentrale Bedeutung in den bundesrepublikanischen Auseinandersetzungen um den Charakter des nationalsozialistischen Regimes hatte. Nachdem Gustav Radbruch in seinem berühmten Aufsatz von 1946 das NS-Regime als Unrechtsstaat bezeichnet hatte, erfuhr Fritz Bauer 1952 die Genugtuung, dass sich das Braunschweiger Landgericht im Remerprozess seine Charakterisierung des NS-Regimes als Unrechtsstaat zu eigen machte. Es war dem unermüdlichen Einsatz Fritz Bauers als Generalstaatsanwalt zu verdanken, dass es in der Bundesrepublik von 1962 an zu den Auschwitzprozessen kam und dadurch zu einer Auseinandersetzung über den Charakter des NS-Regimes, der die DDR nie etwas Vergleichbares hat entgegensetzen können, weil sie sich mit der Sowjetunion auf der Seite der «Sieger der Geschichte» sah, als wäre 1945 in der sowjetischen Besatzungszone die Bevölkerung ausgetauscht worden.

Es ist eine unangenehme, aber unvermeidbare Erkenntnis: Wer behauptet, das Wort Unrechtsstaat solle nicht auf die DDR angewandt werden, weil es unbestimmt sei und lediglich ein Kampfbegriff, oder wer den Unrechtsstaat so definiert, dass es in Wirklichkeit nie einen hat geben können, müsste dann auch dem NS-Staat diese Charakterisierung verwehren. Aber ehemalige DDR-Bürger würden durch das Argument «Die DDR war kein Unrechtsstaat, weil es gar keinen geben kann» doch weder entlastet noch getröstet.

Ob sich DDR-Bürger durch die Bezeichnung der DDR als Unrechtsstaat beleidigt fühlen oder nicht, darf das entscheidende Kriterium nicht sein – und schon gar nicht, wenn ungesagt bleibt, was mit Unrechtsstaat gemeint ist. Bedenkt man, dass nach 1945 etwa die Hälfte der befragten Deutschen dem Satz zustimmten, der Nationalsozialismus sei eine gute Idee gewesen, nur die Durchführung schlecht, so kann nicht ausgeschlossen werden, dass damals die Mehrheit der Deutschen auch den Ausdruck Unrechtsstaat für das NS-Regime als beleidigend empfunden hätte. Nach derselben Logik hätte man damals Radbruch und Bauer in die Parade fahren und ihnen untersagen müssen, mit dem Ausdruck Unrechtsstaat für das NS-Regime die Gefühle vieler Deutscher zu verletzen. Die Rücksicht auf Gefühle darf nie so weit gehen, dass die Wahrheit auf der Strecke bleibt, wo sie gewusst werden kann.

Gustav Radbruch und Fritz Bauer haben ja genauer erklärt, was für sie einen Unrechtsstaat ausmacht. Für Radbruch war es das Unrecht in Gesetzesform namentlich der Nürnberger Rassengesetze. Für Fritz Bauer war der entscheidende Punkt, dass der Unrechtsstaat Bürger zu Feinden erklärt und vernichtet. Bauer hat den Begriff übrigens nicht, wie Ramelow nahelegt, exklusiv auf den NS-Staat angewandt, sondern auch auf Stalins Herrschaftssystem des Staatsterrorismus und der Lager des Gulag.

Über Sinn und Unsinn des Worts Unrechtsstaat lässt sich letztlich nur urteilen, wenn zuvor klar ist, was ein Rechtsstaat ist.

Der Gedanke des Rechtsstaats ist eine Frucht der europäischen Aufklärung, die sich so vor allem in den deutschen Ländern des 19. Jahrhunderts herausgebildet hat. Der Rechtsstaat war die typisch deutsche Entgegnung auf den Absolutismus. Während in Großbritannien die Stärkung des Parlaments gegenüber der Krone in der Glorious Revolution von 1689 den Absolutismus beendete, in den USA mit der Unabhängigkeit der Verfassungsstaat geboren wurde und in Frankreich die Revolution von 1789 die Volkssouveränität proklamierte (erst als Verfassungsstaat der Nation, dann leider als Diktatur des Wohlfahrtsausschusses), wurde in den deutschen Staaten der Absolutismus durch die von (akademischen) Juristen entwickelte Konzeption des Rechtsstaats abgelöst. Sie führte allerdings nicht direkt zur Demokratie, sondern zunächst zu konstitutionellen, also durch eine Verfassung rechtsstaatlich eingehegten Monarchien, von denen es bekanntlich in Europa bis heute nicht wenige gibt. Dennoch bezeichnen wir die Niederlande, Schweden oder Spanien als Demokratien, weil sie außerdem Rechtsstaaten sind und die Befugnisse ihrer Parlamente und Regierungen denen in einer Republik nicht nachstehen. Übrigens haben erst die

Rechtsstaatlichkeit als Einschränkung des Mehrheitsprinzips und die Gewaltenteilung als verbindliche Verfassung der Volkssouveränität die Demokratie in der westlichen Welt akzeptabel gemacht und vom Odium einer Tyrannei der Mehrheit befreit.

Die wichtigsten und ältesten Elemente des Rechtsstaats sind folgende: die Bindung von Justiz und Verwaltung an Recht und Gesetz, die Unabhängigkeit der Richter und der Gerichte, die Gewaltenteilung zwischen Legislative (Volksvertretung), Exekutive (Regierung und Verwaltung) und Jurisdiktion, die Klagemöglichkeit der Bürger gegen staatliche Akte, also die Verwaltungsgerichtsbarkeit und mehrheitenfeste Grundrechte der Bürger.

Das Ziel des Rechtsstaats ist also die Bindung und Bändigung staatlicher Gewalt durch Recht und Gesetz, um die Bürger vor staatlicher Willkür durch institutionelle Vorkehrungen zu schützen, also: Machtkontrolle und Machtbegrenzung zugunsten der bürgerlichen Freiheiten. Unter Recht werden dabei diejenigen verbindlichen und zwangsbewehrten Regeln und Institutionen verstanden, durch die die Freiheit des einen mit der der anderen zusammen bestehen kann. Der Zusammenhang von Recht und Freiheit ist hier entscheidend, wie in der deutschen Nationalhymne schön formuliert.

Man kann das Recht und namentlich die Verfassung mit Spielregeln vergleichen. Sie müssen stabil und eindeutig sein, um das freie Spiel der Interessen zu ermöglichen und Übermacht ebenso zu verhindern wie den Regelverstoß. Allerdings sind gute Spielregeln noch keine Garantie für ein gutes Spiel, wie die Fußballfans wissen. Wenn schlechter Fußball gespielt wird, liegt es aber meist nicht an den Regeln, sondern an den Spielern, manchmal auch am Schiedsrichter.

Auch diejenigen, die die DDR nicht Unrechtsstaat genannt sehen wollen, räumen ein, dass sie kein Rechtsstaat war. Können wir uns nicht darauf verständigen? Leider ist diese Bestimmung mehrdeutig.

Die Rechtsstaatskonzeption ist nicht sehr alt. Zuvor konnte es gar keine Rechtsstaaten im strengen Sinn des Worts geben. Es gab also *vorrechtsstaatliche Staaten*, die noch keine Rechtsstaaten sein konnten, aber nicht deshalb Unrechtsstaaten sein mussten. Einzelne Elemente der Rechtsstaatskonzeption allerdings, wie die Forderung, Richter müssten unbestechlich sein und Gleiches sei gleich zu behandeln, sind uralt und sehr früh schon Kindern bewusst, die ja richtiggehende Gerechtigkeitsfanatiker werden können. Es gibt zudem *defizitäre Rechtsstaaten*, die Rechtsstaaten sein wollen, aber in verschiedenen Graden den geforderten Standards nicht entsprechen. Die Unabhängigkeit der Richter kann beeinträchtigt sein, sie können korrupt sein, die Gewaltenteilung kann durchbrochen sein, Formfehler können gehäuft auftreten, Entscheidungen hinausgezögert werden usw. Schließlich aber gibt es Staaten, die ausdrücklich *keine Rechtsstaaten sein wollen*, weil sie die Konzeption des Rechtsstaats ausdrücklich ablehnen. Auch für solche Staaten brauchen wir eine Bezeichnung, und wenn wir sie nicht Unrechtsstaaten nennen wollen, brauchen wir für sie einen anderen Namen. Aber welchen? Es fehlen bisher alternative Vorschläge. Die DDR gehörte, wie alle sozialistischen Staaten, unbestreitbar zur dritten Gruppe, weil sie den Rechtsstaat als bürgerlich und formalistisch abgelehnt hatte, wie der Marxismus-Leninismus es gelehrt hat und alle Juristen es bis zuletzt ausdrücklich gelernt haben, was ihre Tauglichkeit für den Rechtsstaat beeinträchtigen musste.

Nach dem Zusammenbruch der Naziherrschaft 1945 sollte in den vier Besatzungszonen eine demokratische Erneuerung erfolgen. Die von den Nazis verbotenen Parteien wurden zugelassen, die Länder sollten demokratische Verfassungen erhalten. Ein Kontrollratsbeschluss sah auch die Einrichtung von Verwaltungsgerichten vor. Dies alles erfolgte – allerdings bereits mit einigen tückischen Abstrichen – auch in den Ländern der sowjetischen Besatzungszone. Aber 1952 wurde auf Geheiß Stalins auf der II. Parteikonferenz der SED vom 9. bis 12. Juni 1952 der «Aufbau des Sozialismus» beschlossen und die DDR nach sowjetischem Vorbild umgestaltet. Die Länder und mit ihnen die Verwaltungs- und Finanzgerichtsbarkeit sowie die kommunale Selbstverwaltung, also bereits eingerichtete Elemente des Rechtsstaats, wurden abgeschafft. Neues Paradigma war der Klassenkampf. Im Grundsatzdokument der Parteikonferenz heißt es: «Das Hauptinstrument bei der Schaffung der Grundlagen des Sozialismus ist die Staatsmacht», also innerstaatlicher Konfrontationskurs: «Verschärfung des Klassenkampfes», den «feindlichen Widerstand brechen». Die Staatsmacht wurde zur Waffe der Partei in einem administrativen permanenten Bürgerkrieg gegen die Klassenfeinde, nämlich die wirtschaftlich Selbstständigen (Kapitalisten), das Bürgertum und die selbstständigen Bauern. Ihnen wurden kollektiv die Lebensmittelkarten entzogen. 1953 wurde der Klassenkampf auf die Kirchen, namentlich auf die Junge Gemeinde (JG), ausgeweitet.[108]

Die Justiz wurde dabei regelrecht als Terrorinstrument eingesetzt, treu nach Lenin: «Das Gericht soll den Terror nicht beseitigen […], sondern ihn prinzipiell, klar, ohne Falsch und ohne Schminke begründen und gesetzlich verankern.»[109] Die Jahre 1952/53 wurden die schlimmsten der DDR-Geschichte. Der innerstaatliche Klassenkampf brachte Zigtausende von Menschen ins Gefängnis. Zugleich kam es zur Massenflucht in den Westen.

Nach Stalins Tod am 5. März 1953 fand in der Sowjetunion ein radikaler Kurswechsel statt. Die SED-Führung wurde vom 2. bis 4. Juni nach Moskau zitiert. Ihr wurde auferlegt, sämtliche Repressionen aufzuheben, was auch umgehend geschah – bis auf die Normerhöhungen für die Arbeiter, die auf der sowjetischen Liste fehlten, da sie erst im Mai verfügt worden waren. Weil sich die Arbeiter zu Recht übergangen sahen, traten sie in den Streik. Daraus wurde in wenigen Stunden ein landesweiter Aufstand, den einen Tag später, am 17. Juni 1953, sowjetische Panzer erstickten.

Anfang Juni hatte die Sowjetführung der SED-Führung auch auferlegt, «Maßnahmen zur Stärkung der Gesetzlichkeit und Gewährung der Bürgerrechte zu treffen» und «von harten Strafmaßnahmen, die durch Notwendigkeit nicht hervorgerufen werden, abzusehen». Dazu kam es nicht mehr. Nach dem 17. Juni folgte eine zweite Welle des Justizterrors, namentlich gegen diejenigen, die an Streiks beteiligt waren, obwohl die Verfassung der DDR das Streikrecht garantierte. Parallel dazu kam es zu einer umfassenden Säuberung der Partei.

Nikita Sergejewitsch Chruschtschow leitete durch seine «Geheimrede» auf dem XX. Parteitag der KPdSU am 25. Februar 1956 die Entstalinisierung ein. Zuvor schon waren die politischen Häftlinge aus Stalins Lagern des Gulag entlassen worden. Der Staatsterrorismus mäßigte sich auch in der DDR; es blieb aber in Theorie und Praxis beim Verständnis des Staats als Machtinstrument der herrschenden Klasse und der Justiz als Waffe im innerstaatlichen Klassenkampf. So hieß es etwa im offiziösen *Wörterbuch der Philosophie* zum Stichwort Demokratie: «Demokratie ist […] eine Organisation zur systematischen Gewaltanwendung einer Klasse gegen die andere.» Demnach ist Demokratie immer Diktatur, auch die sozialistische. «Die Diktatur des Proletariats ist ein qualitativ neuer Typ der Demokratie. […] Das demokratische Wesen der Herrschaft der Arbeiterklasse […] erfordert […], dass dieselbe Herrschaft der Arbeiterklasse gegenüber den Feinden des Sozialismus Diktatur [...] ist und ihnen gegenüber gegebenenfalls diktatorische Maßnahmen anwendet.»[110] Lenin: «Diktatur bedeutet [...] eine unbeschränkte, sich auf Gewalt und nicht auf Gesetze stützende Macht.»[111]

Es blieb also im marxistisch-leninistischen Staats- und Herrschaftsverständnis beim Paradigma des Klassenkampfs gegen den Klassenfeind im Land. In der sozialistischen Öffentlichkeit wurde im Zug der Entspannungspolitik die klassenkämpferische Rhetorik zwar massiv zurückgenommen. In internen Dokumenten der SED und vor allem der Stasi aber lebte bis zuletzt die Diktion des Klassenkampfs gegen die «feindlich-negativen Kräfte» fort, womit die oppositionellen Gruppen gemeint waren. Zur Erinnerung: Für Fritz Bauer war das Charakteristikum des Unrechtsstaats die Vernichtung eines inneren Feindes. Nach Stalins Tod wurde die physische Vernichtung des Klassenfeindes durch seine Zersetzung oder psychische Vernichtung ersetzt.

Bis zuletzt ist in der Ideologie der SED, dem Marxismus-Leninismus, das Recht nicht als Ermöglichung der Freiheit, sondern als Machtmittel der herrschenden Klasse verstanden worden. Warum hat das so lange so vielen doch eingeleuchtet? Einerseits, weil andere Denkansätze durch die Zensur und die Einfuhrverbote für Literatur vom Publikum ferngehalten wurden, sodass die Doktrin des Marxismus-Leninismus den Status des unhinterfragten Selbstverständlichen erlangte. Andererseits aber auch dadurch, dass der Gesamtzusammenhang dieses Politikverständnisses durchaus plausibel erscheinen konnte. Denn Politik wurde als Durchführung eines Projekts verstanden, Aufbau des Sozialismus genannt. Und das war tatsächlich so gemeint, wie sonst auch Aufbau gemeint ist, nämlich *ein Projekt durchführen*, für das es einen Plan gibt und Fachleute, die wissen, wie man diesen umsetzt. Die Fachkundigen leiten die anderen an und wer sich weigert, fliegt raus. Für dieses Projekt müssen alle Kräfte organisiert und zentral geleitet werden. Machtbegrenzung ist dann kontraproduktiv. Macht*konzentration* ist gefordert. So war es gedacht, und so wurde es auch gemacht. Die SED hat die Gewaltenteilung als ein bürgerliches Prinzip ausdrücklich abgelehnt.

Die SED legitimierte sich durch eine Geschichtstheorie, die glaubte, das Menschheitsziel zu kennen; und sie legitimierte sich durch ihr Führungswissen, die «wissenschaftliche Weltanschauung», die die Kenntnisse des

Ziels und der Mittel (der historischen und gesellschaftlichen Gesetzmäßigkeiten) des Geschichtsprozesses zur Anwendung zur Verfügung stellte. Das war, dem Typ nach, eine Legitimation «von oben», vergleichbar dem Gottesgnadentum. Man braucht sich dann nicht durch freie Wahlen von den Bürgern legitimieren zu lassen. Und: Nicht Freiheitsgarantien hier und jetzt, sondern angeblich viel mehr, nämlich das große Befreiungsversprechen, die zukünftige Errichtung des «Reichs der Freiheit», bestimmte das Politikverständnis der SED, oder kurz: *Befreiung statt Freiheiten*. Dieses so erhaben klingende Ziel ist der Grund dafür, dass diese Ideologie Menschen tatsächlich begeistern konnte. Allerdings ließ die Zugkraft der Vision mit dem Bau der Mauer erheblich nach. Signum war die Erfindung des seltsamen Ausdrucks vom «real existierenden Sozialismus», durch den von Zukunft auf Status quo umgeschaltet wurde. Das erhabene Ziel war aber auch die Rechtfertigung für die manifeste Rechtsverachtung.

Hannah Arendt hat treffend festgestellt: «Die Idee des Fortschritts – wenn diese mehr sein soll als eine bloße Veränderung der Verhältnisse und eine Verbesserung der Welt – widerspricht dem Kantischen Begriff der Menschenwürde.»[112] Denn unter Menschenwürde versteht Kant etwas, das in jedem Menschen anzuerkennen ist, jetzt und immer. Der Fortschritt, der den wahren oder neuen Menschen erst noch hervorbringen soll, macht dagegen die Gegenwart zur bloßen Vorgeschichte der wahren Menschheitsgeschichte und folglich die gegenwärtigen Menschen zum bloßen Material des zukünftigen wahren oder neuen Menschen. Denn wenn Menschen nicht durch ihre Würde, sondern durch ihren *gesellschaftlichen Nutzen* für das große Projekt der Menschheitsbefreiung definiert werden, dann liegt der Gedanke gar nicht so fern, dasjenige Menschenmaterial, das für die unmittelbare Mitwirkung am Aufbau des Sozialismus aus ideologischen Gründen nicht geeignet ist, doch wenigstens in Arbeitslagern noch einer nützlichen Verwendung für den Aufbau des Sozialismus zuzuführen. Darüber gab es nach Stalins Tod immerhin ein großes Erschrecken. Aber bis 1989 hat die SED «nutzlose» Glieder der sozialistischen Gesellschaft gegen nutzbringende Devisen an den Klassenfeind verkauft. Das ist auch eine Art von Dialektik, aber eine teuflische: dass im Namen der Befreiung des Menschen zur vollen Entfaltung des Reichtums seines Wesens massenhaft Menschen gedemütigt und ihrer Freiheit, ja sogar ihres Lebens beraubt wurden.

Horst Sendler hat schon 1993 eine überzeugende Darstellung der Probleme um den Unrechtsstaat DDR gegeben. Er erklärte, «dass einzelne Verfassungs- und sonstige Rechtsverstöße noch nicht einen Staat zum Unrechtsstaat machen; sie kommen – oft ohne, gelegentlich aber auch mit bösem Willen – leider selbst in Rechtsstaaten zustande und können auch von Gerichten nicht stets verhindert oder korrigiert werden. Entscheidend ist aber, dass die Verwirklichung des Rechts angestrebt und im Großen und Ganzen erreicht wird. Just daran fehlt es im Unrechtsstaat.»[113] Man kann das wohl auch so ausdrücken: Wo Macht vor Recht geht, und zwar nicht nur öfter tatsächlich, sondern grundsätzlich und erklärtermaßen, da haben wir es mit einem Unrechtsstaat zu tun. Nach dieser treffenden Beschreibung war auch das SED-Regime ein Unrechtsstaat.

3.1.3 Vorzüge?

Es sind sehr wenige Menschen, die sich die DDR im Ganzen zurückwünschen.[114] Aber Befragungen belegen regelmäßig, dass Ostdeutsche eine ganze Liste von Vorzügen der DDR zu benennen pflegen, die sie gern erhalten gesehen hätten. Billige Mieten, sichere Arbeitsplätze, kostenlose staatliche Kinderbetreuung, billige Grundnahrungsmittel usw. Das ist, für sich genommen, alles wünschenswert und erfreulich. Hätte man es nicht bewahren sollen? Manche gehen einen Schritt weiter und sagen: «Die Westdeutschen hätten sich gefreut, wenn bei ihnen diese Errungenschaften der DDR ebenfalls eingeführt worden wären. Dann hätten auch die Westdeutschen einen Gewinn aus der Deutschen Einheit gehabt. Geben und Nehmen wären wechselseitig gewesen.»

Das ist eine nette Idee, aber leider vollkommen weltfremd, weil sie mit den tatsächlichen damaligen Verhältnissen schlicht nichts zu tun hat. Die Verhältnisse zwischen den beiden deutschen Staaten waren 1989/90 konstitutiv und unaufhebbar asymmetrisch, und zwar nach dem damaligen Urteil der meisten Ost- und Westdeutschen. Entscheidend ist doch hier, was die Deutschen in Ost und West damals wollten und nicht die Frage, was sie nach unserer heutigen Auffassung eigentlich damals hätten wollen sollen. «Volenti non fit iniuria»: Dem Einwilligenden geschieht kein Unrecht.

Westdeutsche durften auch nach dem Mauerbau mit einem Tagesvisum den Ostteil Berlins und mit einer Aufenthaltsgenehmigung Verwandte in der

DDR besuchen. Sie hatten also kontinuierlich Gelegenheit, das Leben in der DDR kennenzulernen. Kaum jemand von ihnen war davon so begeistert, dass er in den Osten umzusiedeln beschloss.

Umgekehrt durften Ostdeutsche erst in den späten 1980er-Jahren zu hervorgehobenen Familienfesten westdeutsche Verwandte besuchen, aber nur einzeln, nicht als Familie, damit sie auch zurückkamen, was manche dennoch nicht getan haben. Insgesamt sind ab 1949 etwa dreieinhalb Millionen Ostdeutsche in den Westen gegangen. Wer floh oder freigekauft wurde, musste sein Hab und Gut in der DDR zurücklassen, denn er wurde enteignet – und nahm dies in Kauf, nolens volens.

Nun kann man einwenden: Aber die Mehrheit der DDR-Bürger ist doch in der DDR geblieben. Das stimmt. Die Frage ist nur: Sind sie geblieben, *weil* oder *obwohl* die politischen und ökonomischen Verhältnisse in der DDR so waren wie sie waren?

Es gab für viele DDR-Bürger gute Gründe, in der DDR zu bleiben, die mit einer Zustimmung zum politischen und ökonomischen System der DDR gar nichts zu tun hatten: die Liebe zur Heimat, in der man aufgewachsen und mit der man vertraut war, Verwandte und Freunde, mit denen man sich gut verstand und die man nicht verlieren wollte, das Elternhaus oder das selbst gebaute Haus, Zufriedenheit im Beruf, die Scheu vor dem mittellosen Neuanfang in fremder Umgebung. Manche lieben, andere scheuen das Risiko. Manche reiben sich an politischen Verhältnissen, die sie ablehnen, anderen sind sie eher gleichgültig. Die Anpassungsbereitschaft der meisten Menschen ist sehr hoch, überall.

Aber auch in den Monaten nach dem Fall der Mauer haben viele DDR-Bürger der DDR noch den Rücken gekehrt, manchmal, weil sie überwältigt waren von dem, was sie in der Bundesrepublik mit eigenen Augen sahen und das so gar nicht übereinstimmte mit dem von der SED propagierten Feindbild Kapitalismus, später allerdings öfter noch, um einen Arbeits- oder Ausbildungsplatz zu finden, die im Osten knapp wurden. Und diejenigen, die blieben, haben am 18. März 1990 mehrheitlich denjenigen Parteien ihre Stimme gegeben, die für den Beitritt der Bundesrepublik plädiert hatten, weil auch sie leben wollten wie in der Bundesrepublik. Sie alle zeigten damals kaum ein Interesse daran, Errungenschaften der DDR zu erhalten. Man kann einwenden: Aber die Radikalität der Transformation haben viele

nicht geahnt. Das stimmt zwar, aber warnende Stimmen vor den anstehenden Härten haben damals nicht gefehlt. Gefehlt haben vielmehr Alternativen
ohne Härten. Kein einziges ehemals sozialistisches Land hat einen Weg aus
Diktatur und Planwirtschaft ohne Härten gefunden.

Im Folgenden werden die (angeblichen) Vorzüge der DDR, die häufig
genannt werden, einzeln unter die Lupe genommen.

– **Billige Mieten:** Für den Mieter war das schön, aber nur auf den ersten
Blick. Für den Vermieter waren diese gesetzlich vorgeschriebenen niedrigen Mieten ein Verhängnis, denn sie waren nicht kostendeckend. Das
war, solange die meisten Vermieter Privatpersonen waren (Kapitalisten), wohl auch beabsichtigt. Flüchtlinge wurden enteignet, dadurch
kamen viele Mietshäuser in staatliche Verwaltung. Andere haben ihre
Mietshäuser an den Staat verschenkt, weil sie die Defizite nicht tragen
konnten. Nun also fielen die billigen Mieten dem Staat zur Last. Die
Folge war, dass die Häuser zunehmend verfielen, weil substanzerhal-
tende Maßnahmen unterblieben. In manchen Städten wurden straßen-
weise erst die oberste, dann die nächste Hausetage unbewohnbar. Das
gewaltige Neubauprogramm, das die Wohnungsknappheit als soziales
Problem bis 1990 lösen sollte, scheiterte auch daran, dass ein beachtlicher Teil der neuen Wohnungen den Verlust an Altbauwohnungen
kompensieren musste.

Weil die DDR nicht in der Lage war, die Altbausubstanz zu erhalten,
kam es erst nach dem Ende der DDR zu den zügigen Instandsetzungen,
durch die ostdeutsche Städte ihr verlorenes Gesicht zurückgewannen.
Durch weiteren Neubau, aber leider auch durch Abwanderung ist der
DDR-typische Wohnraummangel längst Geschichte – von einigen
Boomzentren abgesehen. Nach weiteren zehn Jahren sozialistischer
Wohnraumpolitik wäre von der historischen Bausubstanz der Städte
vieles endgültig verloren gewesen.

Da die Planwirtschaft diesen Mangel nicht kompensieren konnte, wurde
unter Honecker der Eigenheimbau durch Kredite gefördert, zunächst
für kinderreiche Arbeiterfamilien und mit der Auflage, dass die Eigen-
heimbauer beachtliche Bauleistungen selbst erbringen mussten, um die
knappen Handwerkerkapazitäten nicht zu belasten. Die Eigenheimbe-
sitzer mussten allerdings ihre Wohnkosten vollständig selber tragen

und hatten nichts von den billigen Mieten. Sie hatten deshalb auch keinerlei Interesse, wenn sie einmal bauten, auch Wohnraum für andere zu schaffen.

- **Sichere Arbeitsplätze:** Um das Recht auf Arbeit (dessen Kehrseite die mit Strafandrohung versehene Pflicht zur Arbeit war) zu gewährleisten, waren in vielen Betrieben mehr Menschen beschäftigt, als tatsächlich gebraucht wurden. Diese Überbeschäftigung war nichts anderes als verdeckte Arbeitslosigkeit. Das musste die Produktionskosten erhöhen und den Betriebsgewinn schmälern. Aber das alles lag ja nicht in der Kompetenz der Betriebe, sondern der Bürokratie, die die volkseigene Wirtschaft lenkte. Deshalb bestand in den Betrieben gar kein Interesse am sparsamen und effizienten Einsatz der menschlichen Arbeitskraft. Das sogenannte Schürergutachten vom 30. Oktober 1989 nennt deshalb als ersten Schritt einer Reform der sozialistischen Wirtschaft: Abbau überflüssiger Arbeitskräfte. Man könnte auch sagen: Die Sicherheit der Arbeitsplätze *um jeden Preis* sollte beendet werden.[115]

- **Bessere Kinderbetreuung:** Die staatliche Kinderbetreuung wurde flächendeckend angeboten und war kostenlos, wie zum Beispiel auch in Frankreich. Dafür spricht einiges. Inwiefern in der DDR das Kindeswohl an erster Stelle stand, ist aber eine andere Frage. Das Hauptmotiv war zweifellos die vollständige Erschließung des Arbeitskräftepotenzials auch der Mütter. Es gab ja in der DDR beides gleichzeitig: überflüssige Arbeitsplätze und einen Mangel an Arbeitskräften. Die Betreuungsqualität hing natürlich erheblich davon ab, ob die «Tanten», wie die Kindergärtnerinnen genannt wurden, das Herz am rechten Fleck hatten. Insofern müssen Behauptungen, diese Art von Kinderbetreuung hätte die Kinder in erheblichem Umfang geschädigt, als viel zu pauschal und mechanistisch geurteilt zurückgewiesen werden. Aber die amtlichen Vorgaben waren tatsächlich auf fragwürdige Weise leistungsorientiert und reglementierend. Und die Ausstattung war, nach westdeutschem Standard beurteilt, oft erbärmlich.

Die Dichte der Kinderbetreuung ist nicht etwa mit dem Ende der DDR abgeschafft worden. Es gab aber im Übergang zur Marktwirtschaft Probleme mit der Trägerschaft, wenn volkseigene Betriebe bisher einen Kindergarten (oder auch eine Betriebsambulanz) unterhalten hatten, diese zusätzlichen Kosten aber nun zu Recht als Beeinträchtigung ihrer Rentabilität nicht mehr tragen wollten. Die Kommunen oder freie Träger mussten einspringen. Geschlossen wurden Kindergärten, weil nach 1990 die Zahl der Geburten massiv zurückging. In unsicheren Zeiten verschoben viele den Kinderwunsch. Inzwischen liegt die Geburtenrate wieder ein wenig über der westdeutschen. Die Betreuungsquote der Drei- bis Sechsjährigen ist im Osten nicht spürbar zurückgegangen und liegt bei 90 Prozent. Bei den Ein- bis Dreijährigen ist sie bis auf die Hälfte gesunken. Aber gegen diese Kinderkrippen gibt es auch Bedenken vom Kindeswohl her.

Inzwischen ist in Deutschland der Rechtsanspruch auf Kinderbetreuung gesetzlich verankert. Ob das dem Vorbild der DDR zu verdanken ist oder der Tatsache, dass sich auch im Westen die Berufstätigkeit der Frauen außer Haus und die Kleinstfamilie mit ein bis zwei Kindern durchgesetzt haben, darf hier unentschieden bleiben.

– **Besseres Gesundheitswesen:** Wenn damit gemeint ist, es habe mehr für die Gesundheit seiner Bürger geleistet, ist die Behauptung schlicht falsch. Das Gegenteil ist richtig. 1990 mussten 65-jährige DDR-Bürger etwa zwei Jahre früher sterben als ihre gleichaltrigen Bundesbürger (Schaubild 33). Das Gesundheitswesen der DDR war jedoch in mancher Hinsicht bequemer als das bundesdeutsche. In Polikliniken und Ambulanzen standen (angestellte) Ärzte verschiedener Fachrichtungen unter einem Dach und mit gemeinsamer Verwaltung bereit. Der Beitragssatz für die Sozialversicherungskasse war unveränderlich und niedrig, weil ja ohnehin alles aus dem Staatshaushalt bezahlt wurde. Und Rezeptgebühren gab es auch nicht. Das alles war bequemer, aber trotzdem mussten die Ostdeutschen früher sterben als die Westdeutschen – statistisch gesehen.

Es gab in der DDR einen sich eklatant verschärfenden Mangel an moderner Medizintechnik, weil die sozialistischen Länder diesbezüglich von den westlichen Ländern überflügelt worden waren und ihnen die Devisen fehlten. Kirchliche Krankenhäuser waren in der DDR in dieser Hinsicht im Vorteil, weil ihre westdeutschen Partner ihnen in der Regel ihre vorige Generation an Geräten überließen und die DDR den Import genehmigte. Zudem hatte die DDR ihre 1949 ererbte Spitzenposition in

Schaubild 33:

Durchschnittliche fernere Lebenserwartung im Alter von 65 Jahren in West- und Ostdeutschland (1957/58–2016/18)*

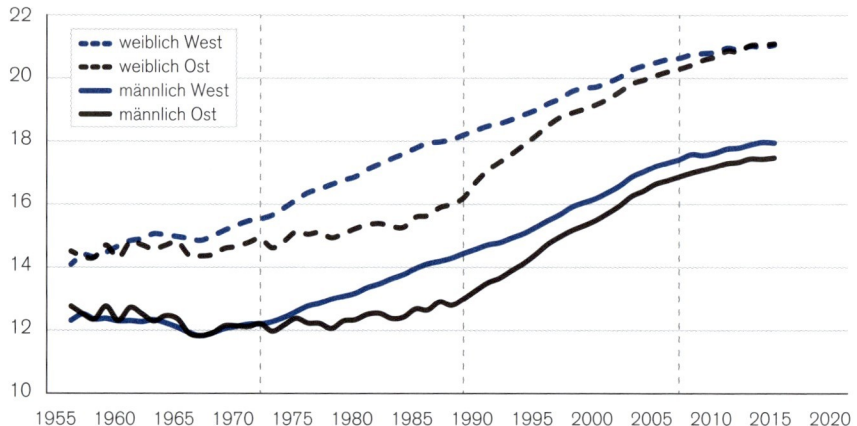

Anmerkungen:
* Periodensterbetafel nach Geschlecht, Dreijahresdurchschnittswerte (für Westdeutschland ab 1962 und für Ostdeutschland ab 1991); ab 2000 Ost und West jeweils ohne Berlin.

Datenquellen:
Statistisches Bundesamt (2012), (2018d,e), (2019b), Bundesinstitut für Bevölkerungsforschung (2018).

der pharmazeutischen Industrie im Lauf der Jahre verloren. Für bestimmte Krankheiten gab es nur im Westen Medikamente – und im Regierungskrankenhaus, dort immerhin nicht nur für die Partei- und Regierungsführung, sondern auch für SED-Veteranen, aber nicht für jedermann. Und immerhin durften sich in den 1980er-Jahren DDR-Bürger auf das Rezept eines DDR-Arztes Medikamente, die es in der DDR nicht gab, von Westverwandten oder Freunden schicken (und bezahlen) lassen – wenn sie welche hatten.

Übrigens: Die DDR hat ab 1962 Rentnern Westbesuche erlaubt. Sie *durften* zuletzt einmalig pro Jahr 15 Ostmark in 15 Westmark umtauschen, während Westdeutsche, die Verwandte in der DDR besuchten, zuletzt 20 D-Mark pro Tag in 20 Ostmark umtauschen *mussten*. Den Westaufenthalt der Ostrentner mussten die Westverwandten finanzieren. Die Bundesrepublik gewährte aber ein Begrüßungsgeld, zuletzt waren es

100 D-Mark. Es fiel schwer, unter diesen Umständen auf SED und DDR stolz zu sein. Es war das SED-Regime, das in diesen Fällen seinen Bürgern den Status von mittellosen Bittstellern oder Bürgern zweiter Klasse aufdrückte. Man schämte sich dafür.

– **Billigere Grundnahrungsmittel:** Richtig. Aber Subventionen von Grundnahrungsmitteln sind nur gerechtfertigt, wenn beachtliche Teile der Bevölkerung nahe am Existenzminimum leben, was in der DDR nicht der Fall war. Güter, die unter ihrem Herstellungspreis verkauft werden, motivieren zur Verschwendung. Und so wurde ja auch in der DDR Brot statt Korn an die Hühner verfüttert, weil es billiger war. Außerdem müssen die Subventionen schließlich irgendwie finanziert werden. Man hat die Industriegüter künstlich verteuert. Und um Preiserhöhungen für die Bevölkerung zu vermeiden, wurden doppelte Preise eingeführt, kostendeckende für die Industrie, subventionierte für die Bevölkerung. Die um ihren Informationswert hinsichtlich Angebot und Nachfrage beraubten Preise waren zudem eine große Einladung zum Betrug. Die völlig absurde Subventionsmaschine, die neben Grundnahrungsmitteln ziemlich willkürlich und schwer nachvollziehbar alles Mögliche subventionierte, bewegte schließlich jährlich 50 Milliarden Ostmark.

– **Weniger Kriminalität:** Für die schwere Kriminalität stimmt das nachweislich nicht. Nicht die Kriminalität, sondern die Berichterstattung über die Kriminalität hat seit 1990 zugenommen. In der DDR war die Kriminalitätsstatistik Staatsgeheimnis. Allerdings hat zum Beispiel der unaufgeklärte Autodiebstahl zugenommen, weil Autos über die offenen Grenzen verschwinden.

– **Keine Obdachlosen, keine Bettler:** Dies ließ sich darauf zurückführen, dass beides als «asoziale Lebensweise» bestraft wurde, zunächst mit Arbeitslager. Nachdem aber die DDR der UNO beigetreten war, musste sie auf Arbeitslager verzichten. Darauf bestrafte sie asoziale Lebensweise mit Gefängnis. Heute hat jeder Bürger das Recht auf eine Wohnung, jedenfalls auf eine Unterkunft. Aber was tun, wenn Menschen sich weigern, die Unterkunft zu benutzen, unter anderem weil sie befürchten, nachts bestohlen zu werden? Es ist sehr schwierig, Obdachlosen zu helfen, wenn man die DDR-Lösung des Einsperrens ablehnt. Alle Bürger haben auch das Recht auf das Existenzminimum. Das wird aber, um Betrug zu vermeiden, monatlich nur denen mit festem Wohnsitz ausgezahlt. Wer den nicht hat, kann nur den Tagessatz bekommen. Es ist nicht die pure Not, es sind biografische Brüche oder ein illegaler Aufenthaltsstatus, die die Inanspruchnahme der entsprechenden Sozialleistungen blockieren. Für diese vertrackten Probleme hat die DDR nur Abschreckendes, aber nichts Vorbildliches geliefert.

–   **Keine Drogen:** Bei hochkontrollierten Grenzen war der Import von Drogen tatsächlich erheblich erschwert. Trotzdem gab es in jeder Apotheke ein beachtliches Verzeichnis von Morphinisten, meist Ärzten, deren entsprechende Rezepte nicht eingelöst werden durften. Und im Alkoholkonsum pro Einwohner gehörte die DDR zur Spitzengruppe in der Welt.

–   **Geld nicht im Vordergrund:** Das ist richtig. Es drehte sich vielmehr alles um knappe Güter, die man für Ostgeld allein gar nicht bekam. Da brauchte man außerdem Vitamin B, die Beziehungen – oder eben Westgeld.

–   **Wärmeres zwischenmenschliches Klima:** Da ist etwas dran. Not macht erfinderisch und in Grenzen auch solidarisch. «Hilfst du mir, helf ich dir.» Die Frage ist allerdings: Sollen wir uns deshalb den Mangel zurückwünschen? Und außerdem: Wir waren ungemein vorsichtig im Gespräch mit Unbekannten und haben nicht so schnell jemanden eingeladen, denn wir hatten Angst vor Spitzeln, vor dem falschen Wort ins falsche Ohr.

–   **Gemächlicheres und weniger hektisches Leben:** Auch das stimmt. Und es ist sinnvoll, über Entschleunigung nachzudenken. Zu DDR-Zeiten gab es aber oft die umgekehrte Klage: «Nach dem Berufsabschluss bekomme ich meinen Arbeitsplatz zugewiesen und dann folgt Monotonie bis zur Rente.» Ganz so schlimm war es nicht, aber manchen war es in der DDR zu gemächlich. Sie wollten mehr und die weite Welt nicht nur im Fernsehen erleben.

Soweit einige der (vermeintlichen) Vorzüge der DDR, die häufig in Gesprächen vorkommen. Man kann bei solchen Listen von Vorzügen drei Gruppen unterscheiden: Die erste Gruppe bilden diejenigen, die unmittelbar mit einem schweren Nachteil verbunden waren und deshalb nur von Kurzsichtigen zurückgewünscht werden können, wie Mieten, die nicht kostendeckend sind. Die zweite Gruppe hatten Diktatur und Planwirtschaft, geschlossene Grenzen und einiges mehr zur Voraussetzung, was die Demonstranten im Herbst 1989 loswerden wollten. Man kann aber nicht die Mauer wegreißen und das Echo stehen lassen. Eine dritte Gruppe bilden diejenigen Vorzüge oder Besonderheiten der DDR, die bis heute jederzeit wieder aufgenommen werden könnten, sofern der Gesetzgeber dies mit Mehrheit beschließt.

Oft ist gefordert worden, das vereinigte Deutschland hätte mehr aus der DDR übernehmen sollen, jedenfalls mehr als den grünen Pfeil für Rechtsabbieger, heißt es dann spitz. Der Einigungsvertrag enthält eine beachtliche Liste von fortgeltendem DDR-Recht bzw. von langfristigen Übergangsregelungen, von denen die auf Eigentumsfragen und namentlich die Datschen bezogenen Regelungen das größte Interesse auf sich gezogen haben. Es ist aber zudem ein weitverbreiteter Irrtum, dass für immer verloren sei, was 1990 nicht aus der DDR übernommen worden ist. Bundestag und Landesparlamente können jederzeit beschließen, was sie wollen, sofern es grundgesetzkonform ist.

Der Osten konnte im Einigungsprozess durchaus auch Forderungen durchsetzen. Die Volkskammer hatte beschlossen, die Stasiakten unter strengen Regeln den Opfern, der Forschung und Journalisten zugänglich zu machen. Die Bundesregierung war dagegen, dass dieses Gesetz nach dem Beitritt weiter gelten sollte. Das löste in der DDR einen Proteststurm aus, der sogar die Zwei-Drittel-Mehrheit für den Einigungsvertrag in der Volkskammer gefährdete. Daraufhin wurde der DDR-Seite verbindlich zugesagt, dass der erste gesamtdeutsche Bundestag ein Stasi-Unterlagen-Gesetz (StUG) beschließen werde, was auch geschehen ist.

Viele Angelegenheiten sind nach dem Grundgesetz gar nicht Bundes-, sondern Ländersache. Hier konnten die östlichen Bundesländer doch eigene Wege gehen. Sachsen ist beim Abitur nach zwölf Schuljahren geblieben und hat das 13. Schuljahr nicht eingeführt. Andere, auch westliche Bundesländer, sind dem schließlich gefolgt, manche inzwischen wieder zurückgerudert. Brandenburg hatte vorübergehend die Prämie für Geburten eingeführt, wie sie in der DDR üblich war, dann aber wieder abgeschafft. Das Land Berlin hat den 8. März, den Internationalen Frauentag, zum gesetzlichen Feiertag erklärt. Er gehörte zu den Ritualen der DDR, allerdings nicht als gesetzlicher Feiertag.

Die Gesetzgeber sind frei. Wer eine grundgesetzkonforme DDR-Errungenschaft entdeckt, kann für eine Mehrheit kämpfen, die sie wieder einführt. Wenn sich keine Mehrheit findet, scheitert die Einführung an fehlender Zustimmung, ein urdemokratischer Vorgang.

Zu dem Erhaltenswerten aus der DDR werden an erster Stelle fast immer die Polikliniken genannt. Tatsächlich sind sie nach 1990 überwiegend aufgelöst worden. An ihrer Stelle entstanden oft Ärztehäuser und Gemeinschaftspraxen. Aber tatsächlich gab es massiven Widerstand gegen die Polikliniken aus der Bundesrepublik. Und trotzdem war auch dieser Konflikt kein Ost-West-Konflikt. Der Widerstand gegen die Polikliniken kam von der Kassenärztlichen Vereinigung (KV) selbstständiger Ärzte, die in der Bundesrepublik per Gesetz für die geregelte ambulante medizinische Versorgung zuständig war und sich diesen Alleinvertretungsanspruch nicht durch Polikliniken mit angestellten Ärzten nehmen lassen wollte. Sie hat ihr Ziel aber nicht erreicht.

Im Einigungsvertrag erhielten die Polikliniken zunächst einen Bestandsschutz bis 1995, aber bereits 1993 wurde diese Befristung aufgehoben. Für den Erhalt der Polikliniken setzten sich neben der Brandenburger Ministerin Regine Hildebrandt (SPD) vor allem zwei Westberliner ein: Dr. Bernd Köppl von der Alternativen Liste und Dr. Ellis Huber, Präsident der (West)Berliner Ärztekammer.

Die Bemühungen hatten Erfolg. Bundesgesundheitsministerin Ulla Schmidt (SPD) schaffte es, dass 2004 die rechtlichen Grundlagen für die Errichtung von Polikliniken in Kraft traten, allerdings unter dem neuen Namen Medizinische Versorgungszentren (MVZ). Inzwischen gibt es in Deutschland 2500 MVZs mit mehr als 10 000 Ärzten, Tendenz steigend.

Dass die meisten Polikliniken der DDR in den frühen 1990er-Jahren verschwunden sind, muss bedauert werden und war nicht klug. Es lag aber nicht nur an der Gegnerschaft der (westdeutschen) Kassenärztlichen Vereinigung, die suggerierte, die Polikliniken hätten ohnehin keine Zukunft, sodass viele Ärzte notgedrungen und nicht begeistert eigene Praxen gründeten. Es lag auch daran, dass Ärztekollektive der Polikliniken nicht an einem Strang zogen, sondern einige unbedingt ausscheiden und eigene Praxen eröffnen wollten. In einem freien Land kann das nicht verboten werden, wenn die rechtlichen Voraussetzungen gegeben sind. Aber rudimentäre Polikliniken hatten natürlich gar keine Chance für einen neuen Träger.

Die gute Idee hat sich also schließlich doch durchgesetzt, wenn auch mit erheblicher zeitlicher Verzögerung und mit vermeidbarem Schaden. Sie ist übrigens älter als die DDR selbst. Die Anfänge gehen bis in das 19. Jahrhundert zurück. Es gibt Polikliniken unter verschiedenen Namen übrigens nicht nur in den ehemals sozialistischen Ländern, sondern auch in der Schweiz und in den Niederlanden.[116]

Eine Einrichtung der DDR, deren Verschwinden auf allgemeines Unverständnis stieß, war das VEB-Kombinat SERO (Sekundär-Rohstofferfassung), die Sammelstellen für Altstoffe, Sekundärrohstoffe genannt, mit festen Preisen für Altpapier, Alttextilien, Glas und Altmetall. Fast nichts davon landete im Hausmüll. Warum wurde das nicht erhalten? Der Grund war die Währungsunion. Alttextilien wurden etwa nach Italien für die dortige Papierproduktion geliefert. SERO zahlte 0,50 Ostmark für das Kilo. Wenn das nach Italien für 0,25 D-Mark verkauft wurde, waren das 1,12 Ostmark, genug für die Betriebskosten und einen guten Gewinn. Nach der Währungsunion wurde daraus ein Minus von 0,25 D-Mark pro Kilo. Für Buntmetalle galten vergleichbare Rechnungen, weil die DDR sie größtenteils für D-Mark kaufen musste. Im Juli und August 1990 wurde SERO noch mit 20 Millionen staatlichen Zuschusses über Wasser gehalten, dann kam das Ende. Altpapier wurde im Westen unentgeltlich in Containern gesammelt. Die Altpapierverwerter waren nicht bereit, für SERO-Altpapier mehr zu bezahlen als für Altpapier aus dem Westen. Also zogen die unentgeltlichen Container auch im Osten ein. Wie bei einem Mühlrad hielt das West-Ost-Währungsgefälle SERO am Laufen. Bei 1 zu 1 trat Stillstand ein, unter Berücksichtigung der Betriebskosten sogar ein Minus.

3.2 Revolution – Transformation – Vereinigung

3.2.1 Was ist ein Fehler?

Die neueren Ost-West-Kontroversen beziehen sich vorrangig auf die Zeit nach der Wiedervereinigung am 3. Oktober 1990. In der sogenannten Nachwendezeit habe sich die große Demütigung und Traumatisierung der Ostdeutschen ereignet. Die Deutsche Einheit, so befand 2019 ein Kolumnist des *Spiegel*, sei ein einziges Desaster. Es habe «womöglich hundert andere

Varianten» gegeben, es besser zu machen.[117] Es muss demnach massenhaft zu Fehlentscheidungen oder Fehlern gekommen sein.

Wer einmal die deutsch-deutschen Scheuklappen ablegt und die Deutsche Einheit im europäischen Vergleich betrachtet, kommt allerdings zu einem ganz anderen Urteil. Nachdem die Tschechen und Slowaken ihre Freiheit erlangt hatten, haben sie sich getrennt. Nach blutigen Kämpfen im Baltikum haben sich auch die Länder der Sowjetunion schließlich friedlich getrennt. In Jugoslawien führte die Trennung zu einem brutalen Bürgerkrieg. Nur die Deutschen haben sich vereinigt und niemand stellt das infrage. Dies ist deshalb besonders verwunderlich oder gar ein Wunder, weil sich diese Vereinigung über den Eisernen Vorhang hinweg vollzog, also die Systemgrenze zwischen dem kapitalistischen Westen und dem sozialistischen Osten Europas übersprungen hat, die sich doch unversöhnlich wie Feuer und Wasser gegenübergestanden haben sollten. Jene Staaten, die sich nach 1990 teilten, hatten 40 und mehr gemeinsame Jahre hinter sich.

Separatistische Tendenzen gab oder gibt es in Spanien, Italien, Belgien, Großbritannien und Kanada, bloß nicht in Deutschland. Es gibt keine Partei, die die Wiederherstellung der Zweistaatlichkeit fordert, es gibt nicht einmal eine reine Ost- oder reine Westpartei – von der CSU abgesehen. Mir ist bisher kein einziger separatistischer Zeitungsartikel bekannt. Wir sollten den derzeitigen Aggregatzustand der Spannungen, Empfindlichkeiten und Verstimmungen zwischen Ost und West also nicht überschätzen. Das Erregungspotenzial ist nicht stark genug, um Demonstrationen auszulösen. Ist das neuere Ost-West-Zerwürfnis womöglich nur oder großteils herbeigeredet?

Wenn im Zug der Deutschen Einheit so viel falsch gemacht worden sein soll, sind wohl einige grundsätzliche Erwägungen zum Thema Fehler ganz hilfreich. Denn seit 30 Jahren ist doch die zweite, wenn nicht gar erste Frage zur Deutschen Einheit: Welche Fehler sind gemacht worden? – Und nicht: Sind grobe Fehler gemacht worden? Die werden stillschweigend vorausgesetzt. Denn es ist im Zug der Wiedervereinigung zweifellos für viele Ostdeutsche zu schmerzlichen Überraschungen und harten biografischen Brüchen gekommen. Und es gibt auch nach 30 Jahren immer noch deutliche Unterschiede zwischen Ost und West, wirtschaftliche, politische wie mentale. Demnach muss etwas falsch gemacht worden sein, wird gefolgert. Doch da wird eine stillschweigende und keineswegs selbstverständliche Voraussetzung gemacht: Die richtige Politik kann alles Unangenehme vermeiden – eine verchromte realitätsferne Annahme, die das Tragische nicht kennt.

Vorausgesetzt wird dabei zudem: Es gibt immer die richtige und die falsche politische Entscheidung. Wenn es um unsere Gesundheit geht, urteilen wir umsichtiger. Da nehmen wir nämlich klaglos das kleinere Übel in Kauf. So bei der Behandlung von Krebs: «Wir können Ihr Leben retten, die Therapie hat aber recht unangenehme Nebenwirkungen.» Der Haarausfall bei der Chemotherapie gilt nicht als Fehler, sondern als unvermeidliche Nebenwirkung der Krankheitsbekämpfung. Jeder Beipackzettel eines Medikaments warnt vor Nebenwirkungen. Darüber streitet niemand. Die Erwartungshaltung an die Politik sieht jedoch anders aus: Die Politiker hätten alles vorhersehen können, und wenn etwas anders ausgeht als erwartet, haben sie etwas falsch gemacht – oder gar finstere Absichten verfolgt. Hier setzen Verschwörungstheorien an.

Könnte es nicht sein, dass es auch beim Ausstieg aus Diktatur und Planwirtschaft und auf dem Weg zur Deutschen Einheit schmerzliche, dennoch unvermeidliche Nebenwirkungen geben musste? Dagegen wird eingewandt: Wer eine Entscheidung als alternativlos bezeichnet, will sie nur der Kritik entziehen. Tatsächlich: Alternativlos im wörtlichen Sinn ist nichts. Man kann die lebensrettende Operation auch ablehnen. Der Patient stirbt dann. Die meisten wollen aber diese Alternative vermieden sehen. Mit alternativlos ist ja in Wahrheit gar nicht gemeint: eine *andere* Option gibt es nicht, sondern eine *bessere* steht nicht zur Verfügung.

Wie lässt sich denn ein Fehler identifizieren? Was ein Rechtschreibfehler ist, lässt sich leicht feststellen. Schließlich gibt es den *Duden*. Dort steht, wie ein Wort richtig geschrieben wird. Auch ein Verstoß gegen die Straßenverkehrsordnung lässt sich leicht dingfest machen, und zwar auf Grundlage der Straßenverkehrsordnung. Jedes Mal gibt es für eine sich regelmäßig wiederholende Situation bewährte verbindliche Handlungsanweisungen. Für die Herbstrevolution, den Ausstieg aus Diktatur und Planwirtschaft sowie die Deutsche Einheit gab es weder einen *Duden* noch eine Straßenverkehrsordnung. Vom Kapitalismus zum Sozialismus, dafür gab es ganze Bibliotheken (deren Bücher allerdings meist Propaganda ohne Nutzanwendung waren), für den umgekehrten Weg aber so gut wie nichts. Für diesen Fall lautete die Devise: Learning by Doing, und dies bei einer gehörigen Portion von unvermeidbarem Nichtwissen. In jeder einzigartigen Situation können wir nicht wie üblich und aufgrund bewährter Erfahrungen handeln. Wir müssen Risiken eingehen, weil wir vieles nicht wissen und manches gar nicht wissen können, etwa wie die anderen Akteure reagieren werden. Die Öffnung der ungarischen Grenze nach Österreich am 19. August 1989, der Erfolg der Leipziger Montagsdemonstration am 9. Oktober, der Fall der Mauer am 9. November, der Rücktritt von Politbüro und Zentralkomitee (ZK) der SED am 3. Dezember, all das und vieles mehr geschah unangekündigt und überraschend, zumindest was den Zeitpunkt betraf. Wie sollten sich Politiker auf so viel Überraschendes vorbereitet haben können?

Mit jeder Entscheidung fallen zudem einige Optionen unter den Tisch, nämlich die verworfenen. «Wer A sagt, muss auch B sagen», oder nach Goethe: «Das Erste steht uns frei, beim Zweiten sind wir Knechte», nämlich unserer vorigen Entscheidungen. Wer heiratet, ist danach verheiratet, verwitwet oder geschieden, aber nie wieder ledig. Wer sich entscheidet, steht an einer Weggabelung. Ein folgenloses Zurück gibt es da nicht.

Fehler liegen vor, wenn ein erreichbares angestrebtes Ziel durch falsche Entscheidungen nicht erreicht wird, oder etwa auch, wenn ein unerreichbares Ziel angestrebt wird, und zwar unbeabsichtigt. Fehler gab es im Einigungsprozess reichlich, ohne Frage. Dergleichen nachträglich aufzudecken kann nicht schaden. Freilich ist der Nutzen solcher Bemühungen begrenzt. Geschichte wiederholt sich nicht, und schon gar nicht eine deutsche Wiedervereinigung. Fehlerdiagnosen erfolgen zudem immer im Rückblick. Je größer der zeitliche Abstand, umso leichter mischt sich Wissen ein, das den Akteuren damals gar nicht zur Verfügung stand. Und die Details der historischen Umstände verschwinden. Vieles scheint im Nachhinein möglich, das aufgrund der damaligen Detailkenntnisse zu Recht als undurchführbar abgewiesen wurde. Dann blühen die Träume von verpassten Chancen, die es in Wahrheit nie gegeben hat. Erinnerung ist oft heimlich produktiv. Sie vergoldet womöglich hier und dramatisiert dort und vergisst oder unterschlägt, was nicht «in den Kram» passt.

Es gibt aber einen anderen sehr gewichtigen Grund, sich mit Fehlern im Einigungsprozess zu befassen, nämlich unter der Frage: War diese und jene Entscheidung ein Fehler oder – böse Absicht? Wenn Menschen unerwartet Tragisches, Schmerzliches oder auch nur Unerfreuliches erfahren, neigen sie zu einfachen Erklärungen. Und am einfachsten sind die Erklärungen aus böser Absicht: Da will uns jemand schaden. Wer Fehler aufdecken will, muss dagegen mit vielen Faktoren rechnen: Irrtum, Versehen, mangelnde Umsicht, (unvermeidliches) Nichtwissen, unglückliche Umstände und vieles mehr. Die Erklärung aus böser Absicht dagegen benennt einen Feind, und gegen diesen richtet sich nach uralten Verhaltensmustern bei Mensch und Tier die Aggression oder, wenn diese blockiert ist, der Hass, womöglich bis hin zu Rache- oder gar zu Vernichtungsfantasien.

Wenn erwiesenermaßen die Absicht zu schaden vorliegt, müssen Beschuldigungen ausgesprochen und unvermeidbare Konflikte ausgetragen werden. Aber Absichten sind bekanntlich unsichtbar und deshalb schwer mit Sicherheit nachzuweisen, dafür aber umso bequemer zu unterstellen. Die Logik des Verdachts findet im Feld des Möglichen unerschöpfliches Material. So entstehen Verschwörungstheorien. Während Fehleranalysen Faktoren gewichten müssen, was oft mühsam ist, produzieren Verschwörungstheorien aufregende Erzählungen von (bösen) Absichten und Motiven. Aber wenn eine böse Absicht nicht bewiesen ist, wird der Vorwurf zur Verleumdung. Das Klima wird vergiftet. Deshalb ist beim Beschuldigen äußerste Vorsicht geboten. Wenn es um die Deutsche Einheit geht, wird aber tatsächlich massenhaft leichtfertig beschuldigt. Der Hang, einen Sündenbock zu finden, dominiert.

Um angemessen beurteilen zu können, was 1989 und danach in Deutschland geschah, müssen wir drei Prozesse unterscheiden, die freilich eng miteinander verzahnt sind: die Herbstrevolution von 1989, den Ausstieg aus Diktatur und Planwirtschaft, den man postrevolutionäre Transformation nennen kann, und die deutsch-deutsche Wiedervereinigung. Für den ersten und zweiten Prozess gibt es in allen Ländern des Sowjetimperiums, die Sowjetunion selbst inbegriffen, analoge Prozesse, die geeignetes Vergleichsmaterial bieten. Der dritte Prozess dagegen hat in jenen Ländern kein Gegenstück. Er hat aber in der DDR bereits die ersten beiden Prozesse beeinflusst, den ersten Prozess eher peripher, den zweiten aber massiv, da die Transformation zu wesentlichen Teilen erst nach der deutschen Vereinigung stattfand. Die mit der Vereinigung verwobene Transformation macht den deutschen Sonderweg aus. Zu ihm gibt es nirgendwo sonst ein vergleichbares Gegenstück und damit auch keine Ost-West-Konflikte über die Nachwendezeit.

3.2.2 Herbstrevolution

Die Herbstrevolution hat ihre Vorgeschichte im Wesentlichen im sozialistischen Lager. Gorbatschow, ab 1985 Generalsekretär der KPdSU, wollte auch aus wirtschaftlichen Gründen das Wettrüsten beenden und eine neue Innenpolitik beginnen, für die er die Begriffe Glasnost (Transparenz) und Perestroika (Umbau) verwendete. Da sich die SED-Führung diesem neuen Kurs demonstrativ widersetzte, bis hin zum Verbot der sowjetischen Zeitschrift *Sputnik* im November 1988, verloren viele, namentlich jüngere Bürger die Hoffnung auf Reformen in der DDR.

Ausreiseanträge häuften sich. Als im August 1989 die ungarische Grenze nach Österreich durchlässig wurde, begann über Ungarn eine Fluchtbewegung ohnegleichen in die Bundesrepublik. Darauf schloss die DDR ihre Grenzen für Reisen nach Ungarn. DDR-Bürger flohen daraufhin in die bundesdeutschen Botschaften in Prag und Warschau. Die überraschende Intensität dieser Fluchtbewegung «Wir wollen weg!» löste in der DDR eine Gegenbewegung aus: «Wir bleiben hier!» Oppositionelle Gruppen, die sich bisher meist unter dem Dach der evangelischen Kirche gebildet hatten, traten nun an die Öffentlichkeit und forderten Reformen für die DDR. Und es kam, erstmals seit dem 17. Juni 1953, zu Kundgebungen der Opposition, unter denen die Leipziger Montagsdemonstration im Anschluss an das Friedensgebet in der Nikolaikirche die wichtigste wurde. Am 9. Oktober sollte sie zerschlagen werden. Aber es waren so viele gekommen, dass sich die Sicherheitskräfte «mit Eigensicherung» unverrichteter Dinge zurückzogen. Darauf wurde Erich Honecker durch eine Palastrevolte im Politbüro am 18. Oktober von Egon Krenz abgelöst. Das erneuerte Politbüro wollte nun auch Glasnost praktizieren. Aber bei der ersten Pressekonferenz am 9. November löste Günter Schabowski unbeabsichtigt vorzeitig und unvorbereitet die Maueröffnung aus und setzte damit unwiderruflich die deutsche Frage auf die Tagesordnung. In den nun folgenden Wochen der offenen Grenzen besuchte wohl eine Mehrheit der Ostdeutschen die Bundesrepublik und gewann die Überzeugung, auch sie wollten wie in der Bundesrepublik leben – sicher kein unanständiger Wunsch. Am 1. Februar 1990 skandierte man auf der Leipziger Montagsdemonstration: «Kommt die D-Mark, bleiben wir, kommt sie nicht, gehen wir zu ihr.» In Bonn wurde das zutreffend als Drohung verstanden.

Am 1. Dezember strich die (alte!) Volkskammer die führende Rolle der SED aus der Verfassung. Am 3. Dezember traten das Politbüro und das Zentralkomitee der SED zurück. Am 7. Dezember trat der «runde Tisch» – nach polnischem Vorbild – zusammen, je zur Hälfte bestehend aus den Altparteien (Blockparteien) der bisherigen Volkskammer und den neu gegründeten oppositionellen Bewegungen. Mit den auf den 18. März 1990 vorgezogenen freien Volkskammerwahlen wurde der Übergang zur parlamentarischen Demokratie vollzogen. Wahlentscheidend war bereits die Frage der Deutschen Einheit. Diejenigen Parteien, die sich für einen Beitritt zur Bundesrepublik ausgesprochen hatten, erhielten die meisten Stimmen. Das Bündnis 90, das vor einer deutschen Vereinigung erst noch die Revolution vollenden und die DDR aufräumen wollte, bekam lediglich 2,9 Prozent. Nach wenig mehr als einem halben Jahr, am 3. Oktober 1990, war Deutschland vereinigt.

Bis zum Beginn des Wahlkampfs für die freie Volkskammerwahl waren die Ostdeutschen bei den damaligen Debatten im Wesentlichen noch unter sich. Die postrevolutionäre Umbruchssituation war geprägt von Ost-Ost-Auseinandersetzungen. Seit dem 4. Dezember wurden die Stasibezirksverwaltungen durch Bürgerkomitees besetzt. Überall im Land bildeten sich runde Tische, die den Ausstieg aus der Diktatur organisierten und die örtlichen Angelegenheiten regelten. Ein Elitenwechsel begann. Schul- und Betriebsleiter wurden von Lehrer- und Mitarbeiterversammlungen abgewählt und neue berufen – übrigens ohne rechtliche Grundlage. Stasivorwürfe machten die Runde. Viele Funktionäre verloren ihre Posten. Nicht wenige wurden wegen Untreue, Bereicherung und Wahlfälschung inhaftiert, und zwar, wohlgemerkt, von der immer noch amtierenden SED-Justiz. Zu keinem Zeitpunkt danach waren so viele Funktionäre inhaftiert wie vor den freien Volkskammerwahlen. Erich Honecker wurde zunächst des «Hochverrats», dann des «Vertrauensbruchs» angeklagt. Die Volkskammer hat diese zweifelhaften Verfahren gestoppt und zunächst eine Überprüfung sämtlicher Richter und Staatsanwälte in die Wege geleitet, um rechtsstaatliche Verfahren zu ermöglichen. Diese waren aber bis zum 3. Oktober noch nicht abgeschlossen. Deshalb ging die juristische Aufarbeitung der Regierungskriminalität an die gesamtdeutsche Justiz über. Von «Siegerjustiz» konnte schon deshalb keine Rede sein.[118]

Zur postrevolutionären Situation gehörte auch der Autoritätsverfall der Staatsmacht, namentlich der Polizisten und Lehrer. Es entstand die Zeit des «wilden Ostens», von dessen Chaos manche bis heute schwärmen, der aber aus einem bedenklichen Zerfall der staatlichen Ordnung resultierte. Auch die Regierung de Maizière konnte die Durchsetzungskraft, die für durchgreifende Wirtschaftsreformen nötig gewesen wäre, nicht zurückgewinnen. Ihre Akzeptanz beruhte vor allem auf dem Versprechen einer schnellen Deutschen Einheit. Einige ihrer Minister saßen aber im August 1990 auf gepackten Koffern, wie sie sagten, weil sie den Ausbruch von gewalttätigen Unruhen befürchteten. Der Ausstieg der Ost-SPD aus der Koalition hatte bei manchen unter anderem mit diesen Befürchtungen zu tun.

Und schließlich gehört zu jeder postrevolutionären Situation eine allgemeine Verunsicherung, die aus dem Zusammenbruch der bisherigen Selbstverständlichkeiten resultiert. Auch der Abbruch einer ungeliebten Normalität verunsichert. Nicht wenige Heranwachsende verfielen damals der Verführungskraft extremistischer Positionen. Wir beschreiben hier nicht etwa die schrecklichen Folgen westdeutscher Fremdbestimmung nach der Vereinigung, sondern die postrevolutionäre Situation in der DDR vor der Vereinigung, als Westdeutsche noch gar keine Möglichkeit hatten, mitzumischen. An die dunklen Seiten der postrevolutionären Phase soll hier nur erinnert werden, um dem Irrtum entgegenzutreten, die deutsche Vereinigung habe die Ostdeutschen der Sicherheit und Geborgenheit beraubt, die ihnen bis dahin die DDR gewährt hatte. Die DDR war in ihrem letzten Jahr ein Pulverfass und keine Idylle der Geborgenheit.

Auf der anderen Seite war die postrevolutionäre Phase von der Freude über neue Freiheiten durch sehr viel politisches und bürgerschaftliches Engagement geprägt. Verschwiegene Probleme und verheimlichte Skandale wurden aufgedeckt. Es war, als sei das Land aus einem betäubenden Schlaf erwacht. Beides, die Begleiterscheinungen einer zerfallenden Ordnung und der Aufbruch zu neuen Ufern, spielt in den heutigen Debatten keine Rolle, weil sie für eine Ost-West-Auseinandersetzung nichts hergeben. Denn damals war der Osten noch unter sich.

Aber war es denn überhaupt eine Revolution, was sich im Herbst 1989 in der DDR ereignete? Oft ist kurz von der Wende die Rede, was aber viele als kränkend zurückweisen mit dem Hinweis, dass Egon Krenz den Ausdruck gebraucht habe, als er Erich Honecker als SED-Chef ablöste. Um Wörter muss man sich nicht streiten, wohl aber um Definitionen.

Jürgen Habermas hat die Herbstrevolution in der DDR damals eine «nachholende» und «gewissermaßen rückspulende» Revolution genannt. Ihre Funktion sei es, «versäumte Entwicklungen *nachzuholen*».[119] «Nachholen will man, was den westlichen Teil Deutschlands vom östlichen vier Jahrzehnte getrennt hat – die politisch glücklichere und ökonomisch erfolgreichere Entwicklung.» Wer nachholen muss, ist irgendwie zurückgeblieben. Man denkt an Nachhilfeunterricht oder Sitzenbleiber – nicht gerade schmeichelhaft für die Revolutionäre des Herbsts. Seltsam, dass auch Habermas die Bundesrepublik hier als Norm verstand und der DDR sozusagen Defizite bei der Normerfüllung zuschrieb. Eine gewisse Berechtigung hat diese Sicht ja durchaus, vor allem was Technologien und wirtschaftliche Effizienz betrifft, sie trifft aber politisch nicht ins Schwarze. Die SED hatte, wie alle kommunistischen Parteien des sowjetischen Lagers, erklärt, der Sozialismus, der durch die Oktoberrevolution[120] seinen Siegeszug angetreten habe, sei dem Kapitalismus überlegen und eine Menschheitsepoche voraus. Der klassischen marxistischen Lehre, nach der sich durch Revolutionen Neues und Fortschrittliches jeweils Bahn breche, entsprechen die Revolutionen von 1989 tatsächlich nicht. In ihnen setzte sich vielmehr die Einsicht durch, dass der Weg des Sozialismus marxistisch-leninistischer Prägung nicht zur Befreiung der Menschheit, sondern in eine Sackgasse geführt hatte. Der leninistischen «Partei neuen Typs», die sich durch ihr Wissen von den Gesetzmäßigkeiten in Natur und Gesellschaft zur «führenden Rolle» (Diktatur) berufen sah, wurde dieser Anspruch abgesprochen und entzogen, und zwar genau am 1. Dezember 1989, indem die führende Rolle der SED aus Artikel 1 der Verfassung der DDR gestrichen wurde. Diese infrage zu stellen galt 40 Jahre lang als Sakrileg. Das wird durch den Ausdruck «nachholende Revolution» gar nicht erfasst.

Andere machen geltend, die Herbstrevolution sei doch eher eine Implosion gewesen, ein Kartenhaus, das in sich zusammenfiel. Auch diese Sicht kann einiges für sich ins Feld führen. Das SED-Regime brach zusammen – und zwar aufgrund einiger Demonstrationen, bei denen kein einziger Schuss gefallen war. Zwar gingen die Sicherheitskräfte vom 3. bis 5. Oktober in Dresden und am 7. Oktober in Berlin mit äußerster Härte gegen die Demonstranten vor. Doch obwohl in der *Leipziger Volkszeitung* angekündigt worden war, man werde am Montag notfalls mit der Waffe in der Hand gegen die Feinde des Sozialismus vorgehen, zogen sich am 9. Oktober die Sicherheitskräfte wegen der unerwarteten Überzahl der Demonstranten kampflos zurück. Allerdings konnten dies die Demonstranten zuvor nicht wissen, ihren Mut stellt das nicht infrage.

Es stimmt, dass die SED erstaunlich schnell resigniert hatte, obwohl doch von Egon Krenz die brutale Zerschlagung der Studentenproteste auf dem Platz des Himmlischen Friedens in Peking ausdrücklich begrüßt worden war. Dafür gab es zwei Gründe: Durch das Schürergutachten war dem Politbüro die desolate wirtschaftliche und finanzielle Lage der DDR inzwischen bewusst. Und Gorbatschow hatte Krenz erklärt, die Sowjetunion könne der DDR nicht aus ihren wirtschaftlichen Schwierigkeiten helfen. Zudem hatte Gorbatschow die sogenannte Breschnewdoktrin widerrufen und erklärt, dass sich die Sowjetunion nicht mehr in innenpolitische Auseinandersetzungen der sozialistischen Staaten einmischen werde. Am 17. Juni 1953 hatte die SED-Herrschaft allein durch den Einsatz sowjetischer Panzer überlebt.

Ob die Ereignisse im Herbst 1989 eine Revolution waren oder nicht, hängt also vor allem von der Definition ab. Wenn unter Revolution das durch Proteste der Bevölkerung erzwungene Ende eines Herrschaftssystems *mitsamt seiner Legitimation* verstanden wird, dann war es eine. Sowohl die Französische Revolution als auch die russische Februarrevolution erstrebten zunächst eine Verfassung und hätten auch unblutig verlaufen können, wenn nicht die Diktatur des Wohlfahrtsausschusses und der russische Bürgerkrieg gefolgt wären.

Wer den Revolutionären des Herbsts vorwirft, sie hätten die Macht, die faktisch auf der Straße lag, nicht ergriffen, sie hätten ohne Biss und zahnlos agiert, kann dafür ebenfalls einiges ins Feld führen, verkennt aber doch die besondere Situation des Herbsts 1989. In der DDR waren etwa 500 000 Soldaten und Zivilangestellte der Sowjetunion stationiert. Es war völlig klar, dass die Sowjetunion keinerlei Beeinträchtigung ihrer Interessen in der DDR hinnehmen würde. Nur eine vonseiten der Demonstranten friedliche Revolution konnte Erfolg haben. Die Revolution gegen ein Herrschaftssystem, das eine starke Schutzmacht hat, die aber durch die Revolution weder verunsichert noch gar beunruhigt werden sollte – dies erforderte ein sehr spezielles «Revolutionsprogramm».[121] Den Akteuren in den damaligen oppositionellen Bewegungen waren diese Zusammenhänge wohl bewusst. Manchen Westdeutschen ist zu empfehlen, sich einmal in diese Details zu vertiefen, um Respekt für die Umsicht und das Augenmaß der Demonstranten im Herbst 1989 zu entwickeln.

Joachim Jauer hat die Herbstrevolution eine halbe Revolution genannt.[122] Auch das ist nicht unberechtigt. Die postrevolutionären Transformationen fanden schon im Licht der bevorstehenden Wiedervereinigung statt und deshalb anders, als sie in einer auf Dauer selbstständigen DDR vollzogen worden wären. Die Maueröffnung beendete derartige Optionen. Deshalb haben führende Köpfe der oppositionellen Bürgerbewegungen die Maueröffnung verurteilt. Wolfgang Ullmann von Demokratie Jetzt (DJ) wollte Willy Brandt dafür gewinnen, sich für die umgehende Schließung der Mauer einzusetzen.[123] Tatsächlich hatte einerseits nach der Maueröffnung für die meisten DDR-Bürger eine Spritztour in den Westen Vorrang vor dem Demonstrieren. Andererseits: Reisen bildet. Die Besichtigung der Bundesrepublik öffnete erst so richtig die Augen für den jammervollen Zustand der ostdeutschen Städte, an deren Anblick man sich irgendwie gewöhnt hatte. Der Riss zwischen der Bevölkerung und der SED vertiefte sich unüberbrückbar. Hatten vor dem Mauerfall manche noch auf einen Gorbatschow aus den Reihen der SED gehofft, so ging nun der Glaube an die Reformierbarkeit der DDR, den schon all jene verloren hatten, die über Ungarn, Prag oder Warschau in die Bundesrepublik gelangt waren, endgültig zu Bruch. Die neue Hoffnung war: leben wie in der Bundesrepublik. Dabei ging es auch um Wohlstand – warum auch nicht? Die ihn haben, sehen gern auf jene herab, die ihn haben wollen. Es ging aber auch um ein offensichtlich sehr erfolgreiches politisches und wirtschaftliches System – jedenfalls im Vergleich mit der DDR. Es hatte offenbar den Praxistest bestanden. Reformbedarf gab es in der Bundesrepublik zwar auch, aber als Nachjustieren, nicht als Systemwechsel. Das waren starke und rationale Argumente für diejenigen, die gerade das Scheitern eines Systems erlebten und sich wie in einer Sackgasse fühlten.

Der Wunsch nach einer schnellen Deutschen Einheit führte auch zum Bruch zwischen der Bevölkerungsmehrheit und den Helden des Herbsts. Der erfolgte jedoch nicht sofort nach der Maueröffnung. Die Sitzungen des Zentralen Runden Tisches,[124] an dem sich die neuen oppositionellen Grup-

pen und die Parteien der alten SED-dominierten Volkskammer gegenüber-
saßen, wurden vollständig live im DDR-Fernsehen übertragen und fanden
gewaltige Beachtung. Bei den freien Volkskammerwahlen erhielt das Bündnis 90 als politische Repräsentation der Helden des Herbsts überraschend
lediglich 2,9 Prozent der Stimmen.

Man kann den Ausdruck «halbe Revolution» auch «halb richtig» nennen. Denn nachdem die SED-Herrschaft abgeschüttelt war und die Frage
anstand, wie es nun weitergehen soll, sprach sich die Bevölkerungsmehrheit
der DDR für eine Option aus, die ein halbes Jahr zuvor noch als staatsfeindlich verfolgt worden wäre. So gesehen war die Option «Leben wie in der
Bundesrepublik» durchaus revolutionär. In den Augen der Bevölkerungsmehrheit war damals die Wiedervereinigung Deutschlands die Vollendung
der Herbstrevolution. Die SED/PDS sah das verständlicherweise anders.
Und die Helden des Herbsts oft auch.

3.2.3 Transformation

Nach jeder Revolution muss eine neue Ordnung hergestellt werden. Dafür
hat sich hinsichtlich der Revolutionen in den Ländern des sowjetischen
Imperiums der Ausdruck Transformation eingebürgert. Für alle ehemals
sozialistischen Länder war die Transformation unvermeidlich. Sie hatte
immer zwei Dimensionen. Es ging erstens um den Ausstieg aus der Diktatur
der kommunistischen Partei und um die Neuordnung der politischen Institutionen, die in einer neuen Verfassung ihren wichtigsten Ausdruck fand.
Und es ging zweitens um den Ausstieg aus der zentralen Planwirtschaft im
Rahmen des Rats für gegenseitige Wirtschaftshilfe, um die Öffnung zum
Weltmarkt, um die Konvertibilität der Währung und um eine umfassende
Wirtschaftsreform und die Sanierung der Staatsfinanzen. Grundsätzlich
haben dabei alle diese Länder die parlamentarische Demokratie und die
Marktwirtschaft angestrebt. Die Wege dahin und die Resultate unterschei-
den sich aber oft beachtlich, weil bei jedem dieser Länder die Rahmenbedin-
gungen, allerdings auch traditionelle Bindungen variieren.[125]

Alle ehemals sozialistischen Länder, die der Europäischen Gemeinschaft (EG) beitreten wollten (und danach auch beigetreten sind), waren
zudem in der Pflicht, ihre Institutionen und Gesetze mit den Erfordernissen
der Europäischen Verfassung in Übereinstimmung zu bringen.[126] Intellek-

tuelle, die 1989/90 davon träumten, nach den 89er-Revolutionen sei die einmalige Gelegenheit gegeben, eine Gesellschaft zu gestalten, wie die Welt sie noch nie gesehen hat, bemerkten nicht, dass dies nur bei Selbstisolierung möglich gewesen, aber durch Selbstisolierung zugleich verhindert worden wäre. Und ihre Völker wollten nicht wieder Versuchskaninchen sein, sondern zur Europäischen Gemeinschaft gehören. Sie waren bereit, die notwendigen Umbauprozesse zu ertragen.

Der DDR ist dieser oft mühsame Beitrittsprozess zur Europäischen Gemeinschaft erspart worden, und zwar durch ihren Beitritt zur Bundesrepublik. Sie wurde automatisch EG-Mitglied mit allen damit verbundenen Förderungen und hatte zuvor schon einen bevorzugten Zugang zur Europäischen Gemeinschaft, weil die Bundesrepublik die DDR nicht als Ausland betrachtete. Weil die EG-konformen bundesdeutschen Ordnungen mit dem Beitritt übernommen wurden, hatte Brüssel gar nicht die Gelegenheit, der DDR die EG-Ordnungen zusätzlich aufzuerlegen.

Für die Transformation in der DDR ist charakteristisch, dass nur bei den ersten Schritten die Ostdeutschen noch unter sich waren. Von der Maueröffnung an vollzog sich die Transformation in der DDR nicht nur unter bundesdeutscher Beobachtung und Kommentierung, sie wurde vielmehr selbst zu einer deutsch-deutschen Angelegenheit, weil spätestens seit Helmut Kohls Besuch in Dresden am 19. Dezember 1989 der ostdeutsche Ruf nach der Deutschen Einheit alle anderen politischen Forderungen übertönte – und im Westen bei vielen Verlegenheit oder gar Widerspruch auslöste, jedenfalls aber nicht bei allen Begeisterung. Auch diese Asymmetrie wird heute gern übersehen.

Am 28. November 1989 verlas Christa Wolf im DDR-Fernsehen den Aufruf *Für unser Land*. Es war ein Aufruf von 31 DDR-Bürgern, die für den Erhalt der DDR plädierten.[127] Darin wird vor dem «Ausverkauf unserer materiellen und moralischen Werte» gewarnt und dafür geworben, die DDR als «eine sozialistische Alternative zur Bundesrepublik zu entwickeln». Die moralischen Werte werden als «die antifaschistischen und humanistischen Ideale» charakterisiert. Zu den Erstunterzeichnern gehörten Schriftsteller (Christa Wolf, Stefan Heym, Volker Braun), Reformer aus der SED (Dieter Klein), zwei prominente Vertreter der evangelischen Kirche (Christoph Demke, Günter Krusche) und prominente Vertreter der Opposition (Ulrike

Poppe, Friedrich Schorlemmer, Konrad Weiß, Sebastian Pflugbeil). Mehr als eine Million Menschen unterschrieben diesen Aufruf. Aber nicht wenige haben ihre Unterschrift später bereut, zumal schließlich auch Egon Krenz als Generalsekretär der SED und der neue Stasichef Wolfgang Schwanitz unterschrieben.

Für die Situation in der DDR zwei Wochen nach der Maueröffnung ist das Dokument sehr aufschlussreich. Man muss dabei bedenken, dass die Stasiakten noch verschlossen waren und das Geheimgutachten von Gerhard Schürer über den Zustand der Wirtschaft und der Staatsfinanzen nicht einmal dem Zentralkomitee zugänglich gemacht worden war. Die Zustimmung fiel noch in die Phase der desinformierten Öffentlichkeit der DDR.

Obwohl das Wort Kapitalismus nicht fiel, war der Aufruf noch stark vom antikapitalistischen Feindbild und vom alten Überlegenheitspathos gegenüber der um eine Menschheitsepoche zurückgebliebenen Bundesrepublik bestimmt, deren «einflussreiche Kreise» Hilfe für die DDR nun angeblich an «unzumutbare Bedingungen» knüpften und die «edle DDR» nun materiell wie moralisch ruinieren wollten. Obwohl die Bundesrepublik hinsichtlich der Bürgerfreiheiten, des institutionellen Grundrechtsschutzes und der wirtschaftlichen Potenz der DDR deutlich überlegen war, wurde dazu aufgerufen, die Bundesrepublik durch eine «sozialistische Alternative» namens DDR in den Schatten zu stellen.

Am 28. November stellte Helmut Kohl im Bundestag seinen Zehn-Punkte-Plan vor. Darin werden tatsächlich Bedingungen für ein zukünftiges engeres Zusammenrücken der beiden deutschen Staaten genannt: «Umfassende Wirtschaftshilfe, wenn ein grundlegender Wandel des politischen und wirtschaftlichen Systems in der DDR verbindlich beschlossen und unumkehrbar in Gang gesetzt wird». Und weiter: «Wir unterstützen die Forderung nach freien, gleichen und geheimen Wahlen, Aufhebung des Machtmonopols der SED, Abschaffung des politischen Strafrechts, sofortige Freilassung aller politischen Gefangenen.»[128] Diese Forderungen waren nicht neu, andersartige waren nicht bekannt. Sie waren keineswegs, wie der Aufruf unterstellt, unzumutbar. Sie waren vielmehr unabweisbar, auch in den Augen der Demonstranten und der Opposition. Die gewichtigste dieser Forderungen, die Aufhebung des Machtmonopols der SED, erfüllte die SED-dominierte Volkskammer von sich aus nur drei Tage später, am 1. Dezember, durch eine Verfassungsänderung. Die Unterzeichner des Aufrufs *Für unser Land* haben dagegen nicht protestiert.

Die große Zustimmung, die der Aufruf *Für unser Land* fand, beruhte wohl vor allem darauf, dass völlig unbestimmt blieb, was denn die erstrebte «sozialistische Alternative» charakterisieren sollte. Die führende Rolle der SED offenbar nicht. Was dann? Planwirtschaft? Schürer hatte in seinem Geheimgutachten empfohlen, den Betrieben größere Entscheidungsspielräume zu gewähren, also mehr Markt zuzulassen. Volkseigentum? Ministerpräsident Modrow (SED) hatte noch vor der freien Volkskammerwahl die Reprivatisierung der von Honecker enteigneten mittelständischen Industrie ermöglicht, also das bisherige Hauptmerkmal des Sozialismus, die Abschaffung des Privateigentums an Produktionsmitteln, rückgängig gemacht. «Sozialistische Alternative», das klang erhaben und eröffnete die Chance, etwas Besseres zu sein als der Westen. Nur leider sagte niemand, was damit genau gemeint war.

Auch die oppositionellen Gruppen sprachen sich zunächst noch für den Sozialismus aus. Hier rächte sich, dass in den oppositionellen Diskursen Frieden und Abrüstung, die Umweltzerstörung und die Nöte in der sogenannten Dritten Welt zu Recht sehr ernst diskutiert wurden, nicht aber ebenso intensiv Verfassungsfragen und Fragen der Wirtschaftsordnung. Ein Grund könnte der sein, dass man spürte: Bei diesen beiden Fragekomplexen geht es für die SED ums Existenzielle. Da lässt sie nicht mit sich spaßen. Jene drei Themenkomplexe Frieden, Gerechtigkeit und Bewahrung der Schöpfung[129] dagegen hatte sich auch die SED auf die Fahnen geschrieben, sie galten nicht per se als staatsfeindlich. Erst im Detail wurde es kontrovers. Von allen neuen oppositionellen Bewegungen des Herbsts 1989 war es allein die Ost-SPD (zunächst SDP), die eine Partei mit Statut und Programm sein wollte und gegen diffuse Sozialismusideen klar Gewaltenteilung, parlamentarische Demokratie und eine ökologisch orientierte soziale Marktwirtschaft forderte, und übrigens: Sozialstaat, aber nicht Sozialismus.

Es gab allerdings auch fundierten Widerspruch gegen den Aufruf *Für unser Land*. In jenen Monaten herrschte tatsächlich weithin Pressefreiheit. Namentlich die Zeitungen der Ost-CDU und der LDPD (sozusagen Ost-FDP) wurden mutig und ehrlich. So las man in der *Neuen Zeit*, einer Zeitung der Ost-CDU, am 11. Dezember 1989:[130] «Die Unterzeichnung des Aufrufs

Für unser Land ist von Mitarbeitern des Forschungsinstituts Manfred von Ardenne, Mitgliedern der Staatskapelle Dresden, Solisten der Staatsoper und Kollektiven Dresdener Betriebe abgelehnt worden. Sie begründen dies in einem Gegenaufruf damit, dass es sich bei der angebotenen Entwedervariante um Illusionen der Verfasser handele. […] Es genügt nicht, wenn wir uns den Kopf über gerechtes Verteilen zerbrechen. Es muss zuerst effektiv und genügend produziert werden. Wir haben genug von den Utopien! Alle Versuche, die zentrale Planwirtschaft zu reparieren, sind gescheitert. Das sozialistische Wirtschaftssystem mit zentralisierter Planung ist der sozialen Marktwirtschaft Westeuropas unterlegen», wurde erklärt. Die DDR-Wirtschaft sei in vielen Bereichen nicht konkurrenzfähig. Die DDR könne nur im Verband einer größeren Wirtschaftseinheit überleben. Der Rat für gegenseitige Wirtschaftshilfe sei nicht die Lösung. «Wir sind gegen weitere Experimente. Die Vereinigung der beiden deutschen Staaten», hieß es weiter, «ist nicht für alle Zeiten ausgeschlossen. Unsere Blicke richten sich jedoch mehr nach Straßburg als nach Bonn. Unsere Zukunft liegt in einer engen Bindung an die EG. Von der Regierung fordern wir ein Programm zur Einführung marktwirtschaftlicher Prinzipien.»

Am 28. November fand – hinter verschlossenen Türen – noch ein weiteres denkwürdiges Ereignis statt: die letzte Sitzung des Demokratischen Blocks der Nationalen Front der SED und ihrer Blockparteien.[131] Es galt das Prinzip der Einstimmigkeit. Lothar de Maizière, neuer CDU-Vorsitzender, hatte turnusgemäß die Sitzungsleitung und erklärte, dies sei möglicherweise die letzte Sitzung des Demokratischen Blocks, jedenfalls fordere das die CDU. Und: «Von dem alten Prinzip der Einstimmigkeit werden wir […] uns zu trennen haben.» Er überbrachte die Einladung der Kirchen zum runden Tisch. Unter Moderation und Organisation der Kirchen sollten je zur Hälfte Vertreter der Opposition und der fünf Parteien der Volkskammer zusammentreten. Die Volkskammer hatte aber zehn Fraktionen, nämlich fünf weitere von Massenorganisationen, in denen die SED einige Mitglieder untergebracht hatte. Die SED-Fraktion umfasste 127 Abgeordnete, aber 276 der 500 Abgeordneten waren SED-Mitglieder. Egon Krenz, Generalsekretär der SED, protestierte. Die Massenorganisationen müssten teilnehmen. Der Präsident der Volkskammer, Horst Sindermann (SED), solle den Vorsitz führen. Und nur diejenigen oppositionellen Gruppen, die Anträge auf Zulassung gestellt hatten, sollten teilnehmen dürfen, und das hieß: nicht die neu gegründete Ost-SPD. Obwohl de Maizière nur von Gerlach (LDPD) unterstützt wurde, setzte sich Krenz mit seinen Forderungen nicht durch. Am 5. Dezember traten CDU und LDPD aus dem Demokratischen Block aus. Das pseudoparlamentarische System zerfiel. Jene beiden Parteien, die 1945 auch in der sowjetischen Besatzungszone einen von der Kommunistischen Partei unabhängigen Ursprung hatten, lösten sich als Erste aus der Bevormundung durch die SED.

Es gab bei den Bürgerbewegungen, namentlich beim Neuen Forum, eine tiefe Verachtung der Parteiendemokratie, wie sie auch bei den westdeutschen Grünen anzutreffen war. Die Bürgerbewegung sollte eine neue politische Organisationsform sein, zu der auch Parteimitglieder eingeladen waren. Nur die Ost-SPD wollte von Anfang an eine Partei mit Statut und Programm sein, um vor Zersetzung möglichst geschützt zu sein. Doch dadurch wären aber, wie in der Volkskammer, wieder Doppelmitgliedschaften von Abgeordneten möglich geworden. Darum wurde bei der Erarbeitung eines Wahlgesetzes für die Volkskammerwahlen gestritten. Das Neue Forum zerstritt sich bei seiner Mitgliederversammlung am 27./28. Januar darüber so heftig, dass etwa ein Viertel der Mitglieder austrat und eine neue Partei gründete, die Deutsche Forumpartei (DFP), die dann mit den Liberalen den Bund Freier Demokraten (BFD) bildete. Mit der Entscheidung des runden Tischs für ein der parlamentarischen Parteiendemokratie entsprechendes Wahlgesetz (allerdings ohne Sperrklausel und ohne Direktkandidaten) waren die Diskussionen um grundsätzlich andere Demokratiemodelle beendet, dies übrigens ohne westdeutsche Dominanz oder Fremdbestimmung.

Auf drei Ebenen fanden 1990 noch freie Wahlen statt: die Volkskammerwahlen am 18. März, die Kommunalwahlen am 6. Mai und die Wahl zu den neuen Landtagen am 14. Oktober. Durch die Auflösung der Bezirke und ihrer Verwaltungen, die Neugründung der Länder und ihrer Verwaltungen sowie die Überprüfungen des öffentlichen Diensts auf Stasimitarbeit wurde die Gefahr von Seilschaften, die die demokratischen Strukturen unterwandern, weitestgehend gebannt.

Soweit der politische Teil der Transformation von 1989/90: von der Diktatur zur Demokratie. Der zweite Teil der Transformation betraf die Wirtschaft. Er wurde zum Kernpunkt der Vorwürfe, im Zug der deutschen Wiedervereinigung seien schwere Fehler gemacht worden. Wir haben ihn deshalb, was die Fakten betrifft, ausführlich separat – in Kapitel 2 dieses Buchs – behandelt. Und wir kommen im Zug der neuen Ost-West-Kontroversen (Abschnitt 3.3) nochmals darauf zurück, soweit sich Mythen um ihn ranken. Eine gemeinsame Schlussfolgerung lässt sich allerdings bereits an dieser Stelle für die politische und wirtschaftliche Transformation ziehen: Beide waren schmerzliche Wege von der Illusion zur Realität. Von der Diktatur zur Demokratie war es die Illusion eines eigenständigen sozialistischen Modells, das am Ende auf der Strecke blieb; von der Plan- zur Marktwirtschaft die Vorstellung eines dritten Wegs zwischen beiden. Das Scheitern dieser Illusionen wirkt bis heute nach.

3.2.4 Vereinigung

Vor der Maueröffnung war die Wiedervereinigung der beiden deutschen Staaten weder erklärte Forderung der Demonstranten noch der oppositionellen Gruppen. Daraus folgern manche, dass es vor dem Mauerfall im Osten gar kein Interesse an der Deutschen Einheit gegeben habe. Und daran heften manche die Behauptung, der Westen habe dem Osten die Einheit aufgezwungen.

Man spricht von konkludentem Handeln, wenn jemand seinen Willen durch nonverbales Verhalten zum Ausdruck bringt. Wer die Straßenbahn besteigt, hat damit ohne Worte einen Beförderungsvertrag abgeschlossen. Die meisten Ostdeutschen praktizierten ein besonderes Verhältnis zu den beiden deutschen Staaten, das sich markant vom Verhältnis zur deutschsprachigen Schweiz und zu Österreich unterschied. Allabendlich waren sie per Westfernsehen Zaungäste des Westens. Wer an Flucht oder Ausreise dachte, wollte «nach drüben» und nicht in die Schweiz. DDR-Bürger kannten meist mehr westdeutsche als DDR-Minister mit Namen und brachten ihnen großes Vertrauen entgegen, wie Besuche von Willy Brandt (Erfurt 1972), Helmut Schmidt und Richard von Weizsäcker dokumentieren. Stellvertreterbefragungen von westdeutschen DDR-Besuchern nach ihrer Rückkehr durch Infratest dimap ergaben 1985, dass sich 87 Prozent der besuchten DDR-Bürger eine Wiedervereinigung wünschten.[132]

Der Gedanke an die Deutsche Einheit war unter Honecker strafbewehrt tabuisiert worden. Der Begriff Deutsche Einheit wurde 1974 aus Ulbrichts

Verfassung von 1968 ebenso getilgt (Art. 8) wie sämtliche Erwähnungen der deutschen Nation. An den Autos musste das Kennzeichen D durch DDR ersetzt werden. Der Gedanke der Wiedervereinigung[133] galt als «revanchistisch», weil suggeriert wurde, damit sei immer Deutschland in den Grenzen von 1937 gemeint, als sollten die Ergebnisse des Zweiten Weltkriegs revidiert werden. Artikel 6 der Ulbrichtverfassung erhielt unter Honecker einen tückischen Zusatz, der «revanchistische Propaganda» zum Verbrechen erklärte. Als nach der Maueröffnung dann doch die Deutsche Einheit bei der Montagsdemonstration angesprochen wurde, geschah das nicht mit der Losung «Wir sind ein Volk», sondern mit einer Zeile aus der Nationalhymne der DDR, nämlich «Deutschland einig Vaterland». Man wird doch noch die Nationalhymne zitieren dürfen, ohne wegen Revanchismus verhaftet zu werden. Wer sich die Deutsche Einheit wünschte, nahm dieses Wort also dennoch lieber nicht in den Mund, sondern hielt sich sicherheitshalber an die Formel der Entspannungspolitik, dass die Überwindung der Teilung Europas im Zug des KSZE-Prozesses auch die deutsche Frage lösen werde – und dämpfte für sich zugleich solche Hoffnungen, weil doch nicht abzusehen war, dass die Sowjetunion ihren hoch gerüsteten westlichen Vorposten aufgeben werde. Es ist wohl für westdeutsche Forscher nicht einfach, die Sprachnot in einer Diktatur realistisch zu berücksichtigen. Dann wird gefolgert: Da die Leipziger Montagsdemonstranten vor dem Mauerfall nicht die Einheit Deutschlands gefordert haben, waren sie an dieser nicht interessiert. In Wahrheit waren sie an einer Verhaftung nicht interessiert.

Die Entspannungspolitik erleichterte Westreisen in Familienangelegenheiten und eröffnete (sehr begrenzte) Ausreisemöglichkeiten. Aber jeder, der ging, hinterließ Freunde und Verwandte, die sich fragten, ob sie auch gehen sollten. So entstanden neue Ost-West-Kontakte auch zwischen Jüngeren – und neue Ausreisewünsche. Honeckers Idee, wenn die Unzufriedenen gehen, bleiben uns die Überzeugten erhalten, war ein Irrtum.

Es ist kein typisches Merkmal von Revolutionen, dass in ihrem Gefolge eine Grenze zwischen zwei Staaten schlicht verschwindet. Bei den anderen ehemals sozialistischen Staaten hat sich dergleichen ja auch nicht ereignet. Was war das Besondere der innerdeutschen Grenze, dass sie so schnell verschwand? Sie war, im Vergleich zur tschechischen West- und Nordgrenze, nicht uralt. Und sie war, im Vergleich mit der ebenfalls jungen polnischen

Westgrenze, keine Sprach- und Kulturgrenze. Sie war bloß eine Staatsgrenze («Staatsgrenze West» hieß das im DDR-Deutsch). Sie grenzte nicht zwei Nationen voneinander ab, sondern zwei Gesellschaftsordnungen. Zudem lag sie quer zur traditionellen sprachlichen, aber auch konfessionellen und kulturellen Gliederung Deutschlands. Die war und ist nämlich nord-südlich orientiert. Landsmannschaftliche Bindungen über die innerdeutsche Grenze hinweg waren stärker als im Nord-Süd-Gefälle. Thüringen ist und war enger mit Hessen verbunden als mit Mecklenburg und dieses enger mit Schleswig-Holstein und Hamburg als mit Sachsen. Das betraf familiäre Bindungen, aber auch geschichtliche Erinnerungen. Die Grenze zwischen beiden deutschen Staaten, ursprünglich nur eine vorläufige zwischen Besatzungszonen, war hinsichtlich der deutschen Geschichte und Kultur willkürlich. Und sie war völkerrechtlich nicht endgültig, da die Siegermächte des Zweiten Weltkriegs auf ihren Vorbehaltsrechten für Deutschland als Ganzes beharrten. Auch die Sowjetunion war nicht bereit, zugunsten der DDR auf diese Rechte zu verzichten. Das ist noch einmal beim Viermächteabkommen über Berlin sichtbar geworden und seit 1945 am Status von Berlin ohnehin. Die Bundesrepublik und die DDR waren nicht so souverän, dass sie sich aus eigener Machtvollkommenheit hätten vereinigen können.

Die beiden deutschen Staaten teilte eine besonders labile Grenze, die ihre einzige Berechtigung verlor, sobald sich der Systemgegensatz milderte. Mit der Herbstrevolution hatte diese Grenze deshalb viel zu tun, weil zu den Forderungen der Montagsdemonstration am 23. Oktober 1989 auch die Forderung gehörte: «Die Mauer muss weg!» und am 30. Oktober, also auch noch vor der Maueröffnung: «Mit dem Fahrrad durch Europa, aber nicht als alter Opa.» Denn seit den 1960er-Jahren durften grundsätzlich nur ostdeutsche Rentner in den Westen reisen, weil sie, wenn sie drübenblieben, der DDR die Rente ersparten.

Da nach Honeckers Rücktritt das neue Politbüro die Forderung der Demonstranten nach Reisefreiheit erfüllen wollte, kam es zu der verunglückten Pressekonferenz vom 9. November, durch die die Grenze versehentlich «sofort, unverzüglich» geöffnet wurde. Mit dem Mauerfall bekamen die Deutschen die Deutsche Einheit unerwartet als Sonderangebot, aber mit einigen abträglichen Sonderbedingungen, die man sich nach Lehrbuch nicht ausgesucht hätte, nämlich: sofort, unvorbereitet und unaufhebbar verwoben mit dem Ausstieg der DDR aus Diktatur und Planwirtschaft, der postrevolutionären Transformation. Und außerdem war das Sonderangebot auf unbestimmte Weise zeitlich befristet: nur solange sich Gorbatschow an der Macht hält. Der damalige sowjetische Außenminister Schewardnadse signalisierte Mitte 1990, wir sollten uns mit der Einheit beeilen. Die Alternative hieß also: schnell oder womöglich gar nicht. Und «schnell» forderte seinen Preis.

In der Bundesrepublik, heißt es, gab es ein Ministerium für gesamtdeutsche Fragen, aber offenbar keines für gesamtdeutsche Antworten. Wenn allerdings ein bundesdeutsches Ministerium die Vereinigung vorgeplant hätte, wäre sie allein deshalb schon nicht zustande gekommen. Man konnte nicht gleichzeitig Entspannungspolitik betreiben und Pläne schmieden, die das Verschwinden des Vertragspartners voraussetzten. «Was in Bonn acht Personen wissen, steht auch in der Zeitung», so eine Redensart von damals. Und wir wissen doch, wie so etwas tituliert worden wäre, und zwar nicht nur von der SED: Revanchismus, die Ergebnisse des Zweiten Weltkriegs revidieren, Rollback! Der Ruf nach der Deutschen Einheit musste aus dem Osten kommen, um diesem Verdacht nicht ausgesetzt zu sein. Von der DDR-Führung konnte er nicht kommen, also setzte er eine Revolution in der DDR voraus.

3.3 Die neuen Ost-West-Kontroversen

3.3.1 Wer beherrscht den Osten?

Die DDR ist dem Geltungsbereich des Grundgesetzes nach Artikel 23 beigetreten. Das hatte einige Vorteile. Die Volkskammer konnte den Beschluss fassen, und die Bundesrepublik brauchte nicht zuzustimmen, ja sie konnte gar nicht dagegenstimmen, weil das Grundgesetz dies verbot. Der Beitritt war schnell vollziehbar – ein gewichtiger Vorzug, falls Gorbatschow entmachtet würde, was am 25. Dezember 1991 tatsächlich geschah. Der Beitritt entsprach zudem dem Wunsch der Wählermehrheit am 18. März 1990 in der DDR. Sie wollten baldigst «leben wie in der Bundesrepublik», was ja weder verwerflich noch irrational war, sich allerdings nicht so einfach realisieren ließ, wie viele damals glaubten. Es machte eben einen Unterschied, ob jemand mit nur einem Koffer über Ungarn oder Prag in die Bundesrepublik kam oder ob die DDR-Bevölkerung ihr ganzes Land mit ihren verfallenen Häusern und ramponierten Fabriken mitbrachte.

Überaus scharf kritisiert hat jüngst Ilko-Sascha Kowalczuk die Mehrheitsentscheidung bei der Volkskammerwahl für eine Regierung, die den Beitritt zur Bundesrepublik anstrebte. In seinen Worten: «Die Menschen im Osten selbst hatten sie mit überwältigender Mehrheit gewählt, weil sie genau eine solche haben wollten: keine Experimente, sondern alles dafür tun, um im Osten endlich den Westen als Kopie zu haben. Wer sich so aufgibt, bekommt noch weniger als nur eine zertrampelte Würde.»[134] Er übersieht, dass die DDR-Bevölkerung keineswegs die vollkommen freie Wahl für ihre zukünftige Gesellschaftsordnung hatte. Vorausgesetzt, dass sie Mitglied der Europäischen Gemeinschaft (später Europäische Union) werden wollte, musste sie deren Standards akzeptieren. Zudem erstrebte die polnische «Solidarność» die parlamentarische Demokratie westeuropäischen Zuschnitts für Polen. Deshalb war sie für die Deutsche Einheit, damit die DDR nicht als störender Sonderfall ihrem Zugehörigkeitswillen zu Europa Steine in den Weg legte.

Ein entscheidender Vorteil bei der Übernahme der westdeutschen Standards in Ostdeutschland war der, dass es sich um eine erprobte Ordnung handelte und westdeutsche Aufbauhelfer die Phase des postrevolutionären Chaos enorm verkürzen konnten. Anarchisten mögen solche Phasen des Chaos lieben, aber ein schwacher Staat ermöglicht immer eine starke Kriminalität, im Besonderen die Bereicherung durch die Privatisierung öffentlicher Güter. Auf diese Weise sind in Russland viele der sogenannten Oligarchen zu Milliardären geworden. Das blieb den Ostdeutschen erspart. Auch deshalb wuchs das Vertrauen der Ostdeutschen in die neue Verwaltung und Justiz sehr schnell. Kowalczuk allerdings sieht das anders: «Denn binnen kurzer Zeit musste ein großer Teil der ostdeutschen Gesellschaft die Verwaltung von Bund, Ländern und Kommunen in Anspruch nehmen oder die Justiz wegen Arbeitsrechts- und Eigentumsfragen bemühen. Davon waren Millionen Menschen betroffen, die auf diese Weise den bundesdeutschen Staat, die Demokratie nicht mehr abstrakt als Verheißung, sondern als konkreten Widerpart, als feindliches Gegenüber wahrnahmen.»[135] Und: «Der neue Staat trat seinen neuen Bürgern millionenfach als sinnlose Steuerungs-

und Regelungsinstanz gegenüber, die das Nichts verwaltete. Er wurde als Feind wahrgenommen.»[136]

Der neue Staat als Feind, so also Kowalczuk. Damit liegt er jedoch falsch. Es war genau umgekehrt. In der DDR wurden Behörden und Justiz zuvor vielfach als unberechenbares feindliches Gegenüber wahrgenommen. Namentlich die neue Justiz hatte sehr schnell Vertrauen gewonnen, was die Anzahl der Klagen belegt. Bei Klagen gegen Kündigungen und in Eigentumsfragen hatten Ostdeutsche sehr oft Erfolg, und das sprach sich herum. Im Westen kursierte gar das Gerücht, die neue Justiz bevorzuge Ostdeutsche. In der DDR konnte gegen Behördenentscheidungen nicht geklagt werden. Man konnte höchstens eine Eingabe machen und auf Gnade hoffen. Dazu brauchte man keinen Rechtsanwalt und musste nicht auf Einspruchsfristen achten. Das Eingabewesen war einfacher als der Rechtsstaat. «Das ist ja jetzt bürokratischer als in der DDR», war oft zu hören. Das stimmte auch. Der Datenschutz verkomplizierte viel. In der DDR hatten alle Behörden Zugang zu den Informationen, die mit der Personenkennzahl zentral gesammelt wurden, nur nicht der betroffene Bürger. Eine Losung der Leipziger Montagsdemonstration hieß deshalb «Rechtssicherheit statt Staatssicherheit».

Wer beherrscht nun aber diesen Staat im Osten? Diese Frage stellte der Mitteldeutsche Rundfunk, als er 2015 bei der Leipziger Universität eine Studie in Auftrag gab, die erheben sollte, wie Ostdeutsche in den ostdeutschen und den gesamtdeutschen Eliten vertreten sind. Unter Elite wurden dabei die jeweils höchsten Positionen verstanden. Als Ostdeutsche galten all jene, die vor 1975 in der DDR geboren waren, also zum Zeitpunkt der deutschen Einigung (3. Oktober 1990) 15 Jahre alt waren. Das Ergebnis: «Nur 23 Prozent beträgt der Anteil Ostdeutscher innerhalb der Führungskräfte in den neuen Bundesländern – bei 87 Prozent Bevölkerungsanteil»; «Nur 1,7 Prozent der betrachteten Spitzenpositionen auf Bundesebene sind von Ostdeutschen besetzt – bei einem Bevölkerungsanteil von bundesweit 17 Prozent.» Dass die Westdominanz so stark ist, hat viele verwundert. Sie wurde erst durch diese Studie publik. Erschienen ist die Studie unter dem Titel «Wer beherrscht den Osten?»[137]

Die Studie ist methodisch nicht zu beanstanden. Dargelegt wird korrekt, dass die Kategorien Führungskräfte und Spitzenpositionen sehr eng gefasst worden sind. In der Politik zum Beispiel wurden lediglich Regierungsmitglieder (in den östlichen Landesregierungen waren 2004 75 % Ostdeutsche und 2016 70 %) und Staatssekretäre (Ostdeutsche 2004: 26 % und 2016: 46 %) erfasst. Hätte man weitere Hierarchiestufen vom Ministerialdirektor an erfasst, wären höchstwahrscheinlich ganz andere Ergebnisse herausgekommen, aber darüber schwieg die Studie. Innerhalb der Justiz wurden exklusiv die Richter der obersten Gerichte berücksichtigt, beim Militär nur die Generäle (ostdeutsche 2004: 0; 2016: 2). Gerade in diesen beiden Feldern musste aber der postrevolutionäre Elitenwechsel besonders drastisch ausfallen. Ähnlich bei den Medien. Dort ist gemeinhin der Geschäftsführer für den wirtschaftlichen Erfolg, nicht aber für die Ausrichtung der Berichterstattung von Bedeutung. Und da gab es nach 1990 ein Problem, das durch die Fragestellung dieser Studie gar nicht erfasst wurde: Ostdeutsche Journalisten schrieben weiter in den von westdeutschen Verlagen übernommenen ehemaligen SED-Bezirkszeitungen und ließen oft allzu deutlich ihre Sympathien mit der DDR und nun der PDS erkennen. Mehrfach gab es in diesem Zusammenhang nach 1990 spektakuläre Enthüllungen über Stasiverwicklungen ostdeutscher Journalisten.

Hauptsache Ostdeutscher – so macht man sich in einer postrevolutionären Situation die Dinge allzu einfach. Hinzu kommt ein zweites Problem, das schon im Titel der Studie deutlich wird: «Wer beherrscht den Osten?» Das Wort beherrschen wird mit Unterdrückung und Fremdbestimmung assoziiert und setzt einen gemeinsamen Willen der Herrschenden gegen die Beherrschten voraus. Davon konnte nun bei den Westdeutschen in ostdeutschen Führungsetagen gar keine Rede sein. Sie gehörten verschiedenen Parteien an und repräsentierten keine Herrschaftsclique. Sie waren auch keine Statthalter, die den Willen ihres fernen Herrn durchsetzten. Sie waren gegenüber der ostdeutschen Landesregierung oder dem Landesparlament verantwortlich oder unterstützten die Interessen ihrer Universität. Einige mögen im Osten eine Karriere gemacht haben, die ihnen im Westen nicht möglich war. Aber konnte der Osten denn wirklich den Anspruch begründen, dass für ihn nur westdeutsche Spitzenkräfte gerade gut genug sind? Die meisten machten einen guten Job, engagierten sich zudem sehr oft stärker zivilgesellschaftlich als die Einheimischen und fanden für beides auch vor Ort Anerkennung. In Monarchien und Diktaturen ist entscheidend, wer herrscht. In einem demokratischen Rechtsstaat herrscht aber streng genommen nicht jemand, sondern etwas, nämlich Recht und Gesetz. Entscheidend ist dann, ob Amtspersonen Recht und Gesetz korrekt anwenden. Woher sie stammen, ist zweitrangig.

Klar ist: Normalerweise sollten in den Chefsesseln die Landeskinder angemessen vertreten sein. Die deutsche Wiedervereinigung war jedoch nun einmal nichts Normales. Die Fangfrage: «Wer beherrscht den Osten?» setzt voraus, dass es da zwei Völker gab, von denen eines das andere beherrschte. Aber das Volk der Ostdeutschen erstand erst nach der deutschen Wiedervereinigung. Zuvor hatten sich Ostdeutsche entweder als Deutsche im geteilten Deutschland verstanden. Diese Haltung hielt am deutsch-deutschen Zusammengehören fest und war deshalb durchaus aufsässig oder gar subversiv gegenüber der SED. Die anderen Ostdeutschen verstanden sich im Sinn der SED als sozialistische Internationalisten und teilten Honeckers Theorie von einer kapitalistischen und einer sozialistischen Nation auf deutschem (!) Boden, die sich unversöhnlich gegenüberstanden. Die Einheit von Volk und Partei, die die SED so gern beschwor, zerbrach zudem für alle sichtbar in der Herbstrevolution.

Es stellt sich weiterhin die Frage: Wie sind denn die Westdeutschen auf die Chefsessel gelangt? Ein beachtlicher Teil ist gewählt worden – von Ostdeutschen, nämlich Ministerpräsidenten, Richter oberster Landesgerichte, Bischöfe. Gewählt wurden Westdeutsche, weil Ostdeutsche sie für die besseren Kandidaten hielten. Wer in freier Wahl seinen Repräsentanten bestimmt, kann nicht geltend machen, er sei unterrepräsentiert. Auch bei der Wahl Westdeutscher zu ostdeutschen Universitätsrektoren dürfte die Mehrheit der Wahlberechtigten ostdeutscher Herkunft gewesen sein. Es stimmt, dass sehr viele Professoren im Osten Westdeutsche sind. Das hat aber in beachtlichem Umfang mit dem postrevolutionären Elitenwechsel zu tun und lag im Interesse der Studierenden, namentlich in den ideologiebelasteten Fächern Philosophie, Ökonomie, Jura, Geschichte und Germanistik. Mit einem Examen in sozialistischer Ökonomie waren die Berufsaussichten nach 1990 düster. Und die Ostdeutschen stellen nur ein Fünftel der Gesamtbevölkerung. Es wird deshalb für interessante Posten immer mehr westdeutsche als ostdeutsche Bewerber geben.

Dass Ostdeutsche in den höchsten Positionen angemessen vertreten sind, ist wünschenswert. Aber: «Jeder Deutsche hat nach seiner Eignung,

Befähigung und fachlichen Leistung gleichen Zugang zu jedem öffentlichen Amt», heißt es in Artikel 33(2) des Grundgesetzes. Damit sind Benachteiligungen, aber auch Bevorzugungen aufgrund der landsmannschaftlichen Herkunft verboten. Ein Skandal läge vor, wenn Ostdeutsche zugunsten von Westdeutschen übergangen werden. Dagegen kann geklagt werden. Die entscheidende Frage ist also die: Werden Ostdeutsche in ihrer Karriere behindert oder haben sie ein geringeres Interesse an einer Karriere? Aus der DDR jedenfalls brachten sie eine gewisse Karrierescheu mit. Die Leipziger Studie nennt als möglichen Grund die Abwanderung von Fachkräften in den Westen. «Damit ist dem Osten Deutschlands erhebliches Potenzial für nachfolgende Elitepositionen verloren gegangen.»[138]

Auch für die Wirtschaft brauchte die Deutsche Einheit besondere Bedingungen. 1990 rief man im Osten nach westdeutschen Investoren. Gesucht wurden Unternehmer, die sich in der Marktwirtschaft bewährt hatten sowie Kapital und Know-how mitbrachten, denn all dies fehlte in der DDR. Zur Einladung wurden Gewerbegebiete eingerichtet, oft zu groß, weil weniger kamen als erhofft. Heute aber beklagt Kowalczuk «ortsfremde Investoren». Man fragt sich: Ist es nicht gleichgültig, wem ein Unternehmen gehört, wenn es vor Ort Arbeitsplätze schafft? Die Waggonbauer in Görlitz haben noch nie deshalb gestreikt, weil das Werk zum Siemens-Konzern gehört, sondern als die Schließung drohte. Bei Siemens sind übrigens nur 31 Prozent der Aktien in (west)deutscher Hand, 69 Prozent sind in der Hand von «Ortsfremden», sprich: Ausländern. Das stört aber offenbar niemanden.

Was die Qualität der Politik betrifft, mutmaßt Petra Köpping, eine stärkere Repräsentation von Ostdeutschen hätte zu einer für den Osten günstigeren Entscheidung geführt.[139] Und dies, obwohl in den Landtagen und im Bundestag doch Ostdeutsche proportional exakt repräsentiert sind. Da Ostdeutsche im Bundestag immer in der Minderheit sind, können sie doch nie die anderen niederstimmen, sondern nur dann etwas für den Osten bewirken, wenn sie Westdeutsche dafür gewinnen, ihr Anliegen zu unterstützen. Daran hindert sie auch heute niemand. Die Ostdeutschen haben aber gar keine einheitliche Meinung darüber, was für sie das Beste sei.

Kowalczuk behauptet: «Der rigide Austausch der gesamten ostdeutschen Elite, der Funktionärs- und Dienstklasse, der Führungskräfte, nicht nur der obersten Spitzen, trug erheblich zur Demütigung eines Teils der

Ostdeutschen bei […].»[140] Er liegt falsch: Ein solcher rigider Austausch hat nämlich gar nicht stattgefunden. In den 1990er-Jahren hörte man sogar oft die Klage, in den Ämtern säßen ja noch dieselben Leute. Bei Fachleuten war die Mitgliedschaft in der SED kein Karrierehindernis. Die Fachleute aus DDR-Ministerien und aus den Bezirksverwaltungen konnten sich für die zu errichtenden Länderverwaltungen bewerben und haben das auch oft erfolgreich getan. Richter und Staatsanwälte der DDR wurden auf eigenen Antrag hin überprüft, und zwar anhand der Akten von Prozessen, an denen sie mitgewirkt hatten, und bei positivem Ausgang übernommen. In Brandenburg wurden etwa die Hälfte der Richter und zwei Drittel der Staatsanwälte übernommen.[141] Viele hatten allerdings die Übernahme gar nicht beantragt. Leistungsstarke DDR-Wirtschaftsfunktionäre fanden durchaus eine Beschäftigung, zum Beispiel als Unternehmensberater, und ehemalige Stasioffiziere und Stasimitarbeiter (IM) übrigens auch, denn ihnen war ja nur eine öffentliche Karriere versperrt, keine wirtschaftliche. Klar ist natürlich: Das rechte Maß beim Elitenwechsel zu finden war eine schwierige Aufgabe. Auf der einen Seite bestand die Gefahr der Seilschaften alter Kameraden, die das Neue mit dem alten Ungeist vergifteten, auf der anderen Seite die Gefahr des Dilettantismus der Neuen; zwei Gefahren, die auch nach 1945 existierten, die eine stärker im Westen, die andere stärker im Osten.

Gegen die Stasiüberprüfungen vor allem des öffentlichen Diensts und der Abgeordneten wendet Kowalczuk ein: «Bei den Überprüften gab es etwa eine Quote von 6 Prozent Stasifällen, von denen die Hälfte als so belastet galten, dass sie wegen ihrer Tätigkeit bei der Stasi aus dem öffentlichen Dienst entlassen wurden. Darf man […] fragen, […] ob dieser gewaltige Aufwand angesichts solcher Zahlen gerechtfertigt war?»[142] Die Antwort lautet: Ja, selbstverständlich! Es ging bei den Stasiüberprüfungen um Klarheit und nicht um Jagderfolge. Sie sollten das Ansehen der öffentlichen Ämter und Institutionen schützen und verhindern, dass Stasivorwürfe zu Verleumdungskampagnen eingesetzt werden. Diese Absicht wäre auch dann sinnvoll gewesen, wenn sich kein einziger aller Stasivorwürfe durch die Einsicht der Akten bestätigt hätte.

3.3.2 Wem gehört der Osten?

Die «Treuhandpolitik führte letztlich dazu, dass 85 Prozent der von der Treuhand verwalteten Betriebe an westdeutsche Eigentümer gingen», behauptet Petra Köpping.[143] Demnach haben Westdeutsche, so die Insinuation, Ostdeutschland ausgeplündert und die Ostdeutschen leer ausgehen lassen. Es wäre furchtbar, wenn es tatsächlich so gewesen wäre. Es wäre aber kaum weniger furchtbar, wenn es nicht so war, aber die Mehrheit mit Köpping (fälschlich) darin übereinstimmt, dass es so gewesen sei.

Tatsache ist: Ostdeutsche haben die Hälfte aller Betriebe erworben, aber nur 7 Prozent des Kapitals.[144] Und das erklärt sich wie folgt: Die größten DDR-Unternehmen sind nicht an natürliche Personen (Westdeutsche) verkauft worden, sondern an (in- und ausländische) Kapitalgesellschaften oder Konzerne wie Siemens, Bombardier oder BASF. Es gab aber im Osten keine Konzerne, die als Käufer hätten auftreten können, denn die Kombinate wurden schließlich verkauft. Wie hoch der Anteil von Kapitalgesellschaften am Erwerb von Treuhandunternehmen war, ist nicht bekannt. Dieser Anteil müsste errechnet werden, ehe der Anteil westdeutscher und ostdeutscher Erwerber geschätzt wird.

Im Zug der sogenannten *kleinen Privatisierung* von Einzelhandelsgeschäften, Apotheken, Gaststätten, Hotels sind 22 340 Einheiten an Ostdeutsche gegangen, meist an die bisherigen Leiter der Einrichtungen. In diesen Fällen war der Kaufpreis für Ostdeutsche erschwinglich und wurde auch kreditfinanziert. Kein Ostdeutscher war jedoch finanziell in der Lage, einen Großbetrieb zu erwerben. Dies war letztlich Ergebnis einer «Reichtumsvermeidungspolitik», die zu den erklärten Zielen des DDR-Regimes gehörte. Und sie wirkte: Es fehlte am Schluss massiv an Kapital.

Bei der *großen Privatisierung* (11 000 Unternehmen), von der meist exklusiv die Rede ist, sind etwa 25 Prozent durch Management-Buy-outs (MBOs) bzw. Management-Buy-ins (MBIs) privatisiert worden (etwa 2700 Unternehmen). Dabei hat oft ein ostdeutscher Geschäftsführer oder Betriebsleiter «sein» Unternehmen übernommen (so wie im prominenten Fall der Sektkellerei Rotkäppchen). Die exakte Anzahl der ostdeutschen Management-Buy-outs ist nicht bekannt.

Unter Honecker wurden 1972 die bis dahin verbliebenen privaten und halbstaatlichen Unternehmen enteignet, insgesamt 11 400. Noch unter

Modrow wurden diese Enteignungen rückgängig gemacht (die «Reprivatisierung», nach dem Grundsatz «Rückgabe vor Entschädigung»: das sogenannte Modrow-Unternehmensgesetz). Allerdings sind nur etwa 3000 Unternehmen tatsächlich reprivatisiert worden. In den anderen Fällen haben entweder die ostdeutschen Alteigentümer auf die Rücknahme verzichtet, oder die Betriebe existierten inzwischen nicht mehr. Bei diesen Reprivatisierungen sind exklusiv Ostdeutsche zum Zug gekommen. Allerdings sind diese nicht alle wirtschaftlich erfolgreich gewesen. 25 Prozent hatten bis 1997 aufgegeben, von den 2700 Betrieben galten 1997 nur 500 als hoffnungsvoll. Der Vorgang zeigt plastisch, dass die Übergabe von Unternehmen an Ostdeutsche als solche keine Erfolge garantierte. Das lag wohl vor allem daran, dass die unternehmerischen Erfahrungen fehlten, namentlich das Marketing und die Kundenakquise. Hinzu kam, dass die alten und zugleich neuen Eigentümer ungern als Einstieg die Belegschaft reduzieren wollten und deshalb die Produktivität nicht hinreichend steigern konnten.[145]

Wichtig ist schließlich: Selbst die Aussage, nur 7 Prozent des Kapitals der ostdeutschen Wirtschaft seien an Ostdeutsche gegangen, ist irreführend, weil suggeriert wird, es habe sich um Werte gehandelt, die Werte erzeugen. Das etwa versteht man doch unter Kapital: Das Haus bringt Mieten ein und die Fabrik Gewinne. In Wahrheit handelte es sich meistens um «gelähmtes Kapital», das man erst durch kräftige Investitionsspritzen wieder ankurbeln musste. Dazu waren pro zu erhaltenden Arbeitsplatz im Durchschnitt sechsstellige Investitionen nötig.[146] Die Vorstellung, die DDR-Wirtschaft hätte auch nach der Währungsunion wie bisher weiter funktioniert, wenn die Treuhandanstalt nicht störend eingegriffen hätte, ist völlig abwegig. Das «lebendige Kapital» vor Ort waren doch vor allem das Humankapital, die Fertigkeiten und die Lernfähigkeit der Ostdeutschen. Wären die ostdeutschen Unternehmen tatsächlich so, wie sie zum Angebot standen, Goldgruben gewesen, wären sie sprichwörtlich weggegangen wie warme Semmeln. In Wahrheit war die westdeutsche Wirtschaft bei der Übernahme östlicher Betriebe sehr zögerlich. Und selbst mancher Alteigentümer hat nach der Besichtigung ernüchtert auf einen Rückgabeantrag verzichtet.

Kurzum: Die zentralen Behauptungen von Petra Köpping sind falsch bzw. grob irreführend. Ilko-Sascha Kowalczuk ist zwar besser informiert als Köpping und kennt die kleine Privatisierung, aber auch er verbreitet falsche

Behauptungen zur Treuhandanstalt ohne überzeugende Belege. Er behauptet, «dass westlichen Käufern die ‹Altschulden› oft einfach erlassen worden sind. Ostdeutsche Investoren hatten das Nachsehen – sie verfügten über nichts. Und ihnen wurde auch nichts erlassen.»[147] Tatsache ist: Käufern sind Altschulden erlassen worden, wenn sie verbindlich Investitionen in erheblicher Millionenhöhe zugesagt haben, wozu ostdeutsche Erwerber allerdings nie in der Lage waren. Die Treuhandanstalt hatte aber den Erwerb mittlerer Unternehmen durch die ostdeutschen Betriebsleiter (durch Management-Buy-outs) ausdrücklich gefördert, durch MBO-Messen und Erleichterungen bei der Finanzierung.[148] Dazu Norbert Pötzl: «Im Mai 1991 veranstaltete die Treuhand in Berlin eine erste MBO-Messe, bei der 750 ostdeutsche Firmenchefs informiert wurden, wie sie zu Arbeitgebern werden können. Das Interesse war gewaltig: Obwohl der Eintritt 400 D-Mark kostete, mussten weitere 500 Interessenten vor der Tür bleiben.» Und: «Die Niederlassungen der Treuhand gewährten […] regelmäßig Rabatte für kaufwillige Geschäftsführer, um die ostdeutsche Eigeninitiative zu fördern. Die Berliner Zentrale sah das freilich nicht gerne. Wenn wir 30, 40 Prozent Abschlag für den Management-Buy-out gewähren würden, wurde ein Partner der Unternehmensberatung Roland Berger zitiert, wäre jeder Investor aus dem Westen dumm, der sich keinen Geschäftsführer als Strohmann sucht. Statt Nachlässe zu gewähren, stundete die Treuhandzentrale lieber den Kaufpreis, verlängerte die Bürgschaften oder verkaufte das Anlagevermögen nicht sofort, sondern verpachtete es nur. Damit erleichtere man den Ostdeutschen die Finanzierung, wurde argumentiert.»[149]

Der angeblich so niedrige Anteil Ostdeutscher am Erwerb von Treuhandbetrieben suggeriert, die Treuhandanstalt sei verpflichtet gewesen, den Ostdeutschen ein Startkapital mitzugeben, um sich wirtschaftlich selbstständig zu machen. Das stimmt natürlich nicht. Es gab in der DDR ja bis zuletzt private Handwerksbetriebe. Sie durften maximal neun Beschäftigte haben. Als diese Begrenzung 1990 fiel, expandierten manche ganz erheblich, zumal während des Baubooms. Mit der Treuhandanstalt hatten diese ostdeutschen Betriebe allerdings überhaupt nichts zu tun und kamen deshalb in ihrer Bilanz gar nicht vor.

Ab 1990 konnte man «auf der grünen Wiese» oder in einem der Gewerbegebiete, wie sie die Kommunen damals überall errichteten, eine Firma gründen. Von 1990 bis 1998 hat es nach Recherchen von Klaus Schroeder 1 700 000 Gewerbeanmeldungen von Ostdeutschen gegeben, davon 800 000 Unternehmen. Allerdings musste die Hälfte später aus wirtschaftlichen Gründen aufgeben. 1996, also nachdem die Treuhandanstalt ihre Arbeit beendet hatte, waren drei Viertel der ostdeutschen Betriebe in ostdeutscher Hand, mit der Hälfte der Beschäftigten. In westdeutscher Hand waren 11,8 Prozent mit 19,4 Prozent der Arbeitnehmer in diesem Bereich.[150] Fazit: Von einer Ausplünderung der Wirtschaft des Ostens durch den Westen kann nicht die Rede sein, wohl aber von einem gewaltigen Kapitalmangel im Osten.

Nun zu den Immobilien: Wem gehören die Wohnungen im Osten? Daniela Dahn hat 1994 prognostiziert, aufgrund der Eigentumsregelung des Einigungsvertrags, nämlich Rückgabe vor Entschädigung, würde die Hälfte der Ostdeutschen ihr Haus oder ihre Wohnung verlieren.[151] Sie sah einen Verteilungskampf um knappen Wohnraum voraus, als würde sich der Mangel der Planwirtschaft fortsetzen. In Wahrheit wurde der Mangel durch Bautätigkeit und Abwanderung schnell beseitigt. Bald gab es Probleme mit Leerstand, und es kam zum Abriss von Honeckers Neubauten. Zutreffend ist, dass manche teuer sanierten Altbauten und viele der nach 1990 errichteten Neubauten Westdeutschen gehören. Rückgabe vor Entschädigung bedeutete übrigens nicht, dass DDR-Bürger, die zu DDR-Zeiten ein Grundstück korrekt erworben hatten, das zuvor vom Staat enteignet worden war, nun ihre Immobilie an den Vorbesitzer abtreten mussten. Ausschließlich Grundstücke in «Volkseigentum» wurden zurückgegeben. Die Alteigentümer waren übrigens meist einst selbst DDR-Bürger, die seinerzeit in den Westen geflohen und deshalb enteignet worden waren.[152]

Unter Ulbricht war der private Eigenheimbau untersagt. Unter Honecker wurde lediglich ein restriktives Einfamilienhausprogramm für kinderreiche Arbeiterfamilien eingerichtet. Aber auch der private Erwerb von Häusern war sehr stark eingeschränkt. Deshalb gab es, was das Wohneigentum betraf, 1990 zwischen Ost und West beachtliche Unterschiede, die sich inzwischen deutlich verringert haben. Während 1998 nur 28,6 Prozent der Ostdeutschen in den eigenen vier Wänden lebten, waren es bei den Westdeutschen 44,3 Prozent. 2018 waren es im Osten 36,2 Prozent und im Westen 49,2 Prozent.[153]

Richtig ist aber, dass in den ostdeutschen Städten viele Gebäude Westdeutschen gehören, die nicht selbst in diesen Häusern wohnen, sondern sie an Einheimische vermieten. Das war so von der Bundesregierung beabsichtigt, und zwar aufgrund des Kapitalmangels im Osten. Durch die Sonderabschreibung Ost sollte westdeutsches Privatkapital in den ostdeutschen Wohnungsbau gelenkt werden. Das ist auch gelungen. Etwa 100 Milliarden D-Mark wurden von privaten Investoren in den ostdeutschen Wohnungsbau investiert. Auch deshalb sind die ostdeutschen Städte so schnell renoviert worden.[154] Allerdings haben sich die Gewinnerwartungen vielfach nicht erfüllt. Manche Westdeutsche sind durch ihre Investition im Osten finanziell ins Straucheln geraten. Denn der Aufschwung Ost verlief zäher als erhofft, die Mieten stiegen nicht so schnell wie erwartet oder fielen sogar; aufgrund der Abwanderung fanden sich manchmal keine Mieter, die Kredite mussten aber dennoch getilgt werden. Für den Aufbau Ost haben all diese Investitionen aber wichtige Impulse gesetzt.[155]

3.3.3 Der Treuhandmythos

«Die Treuhand hat die DDR-Wirtschaft vor allem zum Vorteil westdeutscher Unternehmen abgewickelt.» Diesem Satz stimmten bei einer Umfrage im Jahr 2019 44 Prozent der Westdeutschen und 71 Prozent der Ostdeutschen zu. «Die Treuhand hat unter sehr schwierigen Bedingungen dazu beigetragen, eine marode Planwirtschaft in die Marktwirtschaft zu überführen.» Diesem Satz stimmten 39 Prozent der Westdeutschen und 23 Prozent der Ostdeutschen zu.[156]

Man kann also nicht einfach behaupten, das Thema Treuhandanstalt sei zwischen Ost und West umstritten. Denn auch im Westen wird dem negativen Urteil über die Treuhandanstalt häufiger zugestimmt als dem positiven.[157] Trotzdem gibt es in der Begründung des jeweiligen Urteils möglicherweise markante Ost-West-Unterschiede. Westdeutsche, die dem negativen Urteil zustimmen, sehen wohl an der Treuhandanstalt nur ihr grundsätzliches Misstrauen bestätigt, dass der Wirtschaft jede Niedertracht zuzutrauen sei und dass die Wirtschaft die Bundesregierung in der Hand habe. Das Thema wurde jedoch im Westen nicht intensiv diskutiert. Deshalb auch die höhere Quote der Stimmenthaltung: 17 Prozent. Ganz anders im Osten. Da haben nur 6 Prozent keine Stellung bezogen. Dort erhitzt das Thema Treuhand bis heute die Gemüter, wenn es erneut auf die Tagesordnung gerät. Denn die 71 Prozent, die der Treuhandanstalt die Abwicklung der DDR-Wirtschaft vorwerfen, äußern sich damit nicht allgemein kapitalismuskritisch, sondern sehen sich betrogen und beraubt: Die Treuhand, das waren doch, heißt es, alles Westdeutsche. Diese Schuld sei bis heute ungesühnt. Das ist der harte Kern eines neuerdings besonders intensiv gepflegten ostdeutschen Opfermythos. Aus dieser Perspektive stellt das Thema Treuhand einen brisanten Ost-West-Konflikt dar, der übrigens auf beiden Seiten unter massiven Kenntnisdefiziten leidet.

Die Befürchtung, der Westen wolle den Osten ausplündern, ist viel älter als die Treuhandanstalt selbst. Schon in dem Aufruf *Für unser Land* war davor gewarnt worden. Vielleicht spielen dabei die Erfahrungen mit der Mangelwirtschaft eine gewisse Rolle. Als die Polen frei in die DDR reisen durften, kamen in der DDR antipolnische Ressentiments auf: «Die kaufen uns unsere Geschäfte leer.» In einer Mangelgesellschaft löste das nicht Freude über Umsatzsteigerungen aus, sondern empörte als zusätzliche Verknappung ohnehin knapper Güter. Es mutet heute grotesk an, aber Hans Modrow hat nach der Maueröffnung von Helmut Kohl einen finanziellen Ausgleich dafür verlangt, dass Westdeutsche im Osten staatlich subventionierte Güter wie Grundnahrungsmittel und Kinderkleidung kauften.

Von den ersten Betriebsschließungen an war von den Betroffenen zu hören: «Die wollen hier alles nur plattmachen.» Sehr schnell war eine stereotype Erzählung im Umlauf, die etwa so lautete: «Westdeutsche Unternehmen kaufen ostdeutsche Betriebe, um sie dann plattzumachen und sich die ostdeutsche Konkurrenz vom Hals zu schaffen. Die Maschinen, die Kundenkartei und die vollen Auftragsbücher nehmen sie mit.» Es war das eingängige Deutungsmuster «Räuber», das hier Pate stand.

Plausibel war dieses Narrativ nie. Es ist auch bis heute kein einziger Fall bekannt, der nach diesem Muster abgelaufen wäre. Wohlgemerkt: Es hat im Zug der Privatisierung der DDR-Wirtschaft kriminelle Machenschaften gegeben. Manchmal waren auch Treuhandmitarbeiter darin verstrickt. Berüchtigt war in dieser Hinsicht die Bezirksniederlassung Halle. Aber die Treuhandanstalt unterhielt selbst eine eigene Abteilung zur Aufdeckung krimineller Machenschaften und hat diese nicht etwa, wie das Narrativ behauptet, unterstützt. Zudem: Wenn ein profitgieriger Kapitalist einen Betrieb kauft, der ordentlich Gewinn abwirft, wird er ihn doch nicht schließen, sondern auf Hochtouren weiterlaufen lassen. Und allen Bürgern war 1990 doch klar, dass der Golf nicht vor der Konkurrenz des Trabants geschützt werden musste – um nur ein Beispiel zu nennen. Das Trabantwerk ist durch Kaufverweigerung in den Ruin gegangen und durch nichts sonst. Es war ganz unnötig, das Trabantwerk zu kaufen, um es «plattzumachen». VW errichtete nebenan ein komplett neues Autowerk und schaffte dadurch neue Arbeitsplätze. Dies geschah aber durch VW und nicht durch die Treuhandanstalt. Von der wird allerdings weiterhin behauptet, sie habe hier 8000 Arbeitsplätze vernichtet.

Bundeskanzler Helmut Kohl wollte durch die Vereinigung und auch nach der Vereinigung Wahlen gewinnen. Niemand sollte bestreiten, dass er ein genialer Machtpolitiker war. Ihm war jede ostdeutsche Stimme wichtig. Massenarbeitslosigkeit macht aber unzufrieden mit der Regierung. Auch deshalb hatte die Treuhandanstalt den Auftrag, nicht in einem neoliberalen Geist Tabula rasa zu machen, sondern sich auf den Erhalt von Arbeitsplätzen auszurichten. Deshalb mussten sich die Erwerber ostdeutscher Betriebe auf eine Mindestzahl von zu erhaltenden Arbeitsplätzen verpflichten – bei Androhung von fünfstelligen Konventionalstrafen pro eigenmächtig gestrichenem Arbeitsplatz in D-Mark. Auch durften sie nicht eigenmächtig den erworbenen Betrieb schließen. Allerdings konnte die Treuhand ihre Zustimmung zu einer Betriebsschließung nicht verweigern, wenn etwa osteuropäische Kunden, namentlich Russland, plötzlich wegen Zahlungsunfähigkeit Handelsabkommen kündigten, wie beim Waggonbau und anderswo geschehen. Ein Werk, dem die Kunden abhandengekommen waren, musste dann doch geschlossen werden.

Warum das Narrativ des Plattmachens dennoch einen Siegeszug sondergleichen antreten konnte, hat mehrere Gründe. Startpunkt ist dabei die historische Erfahrung der Planwirtschaft. Der Maßstab, nach dem die Leistung der ostdeutschen Betriebe zu DDR-Zeiten gemessen wurde, waren nicht Gewinn und Rentabilität, sondern die Planerfüllung nach vorgegebener Stückzahl und Qualität. Erst mit dem Ausstieg aus der Planwirtschaft wurden Ein- und Verkauf zu Betriebsangelegenheiten. Der Einschnitt, den der Übergang zur Marktwirtschaft bedeutete, wurde in den Betrieben und in der damaligen ostdeutschen Öffentlichkeit gar nicht im Einzelnen nachvollzogen und in seinen Konsequenzen erfasst. Wir produzieren doch heute nicht weniger Autos pro Woche als vor einem halben Jahr. Warum heißt es plötzlich, wir würden unrentabel arbeiten und unsere Produkte seien nicht absetzbar? Das wurde weithin nicht verstanden. Und wie Menschen nun einmal beschaffen sind, erklären sie sich das unerklärlich überraschende Schädliche mit böser Absicht. Das Treuhandnarrativ war geboren und hält sich hartnäckig bis heute.

Dieses Narrativ setzt voraus: Unser Betrieb lief gut, bis die Treuhandanstalt zerstörerisch eingriff. Bis heute wissen viele nicht, dass nach der Währungsunion nichts mehr gelaufen wäre, wenn nicht die Treuhandanstalt eingegriffen und die Betriebe über Wasser gehalten hätte – mit Liquiditätskrediten in Milliardenhöhe, die es ermöglichten, weiterhin Löhne zu zahlen und Material zu beschaffen. Die Treuhandanstalt war schließlich Eigentümer der Betriebe geworden, und jeder Eigentümer haftet für eigene betriebliche Verluste.

26 Prozent der DDR-Betriebe mussten letztlich liquidiert werden, aber der Großteil, 74 Prozent, blieb erhalten. Dafür musste die Treuhandanstalt 264 Milliarden D-Mark einsetzen. Zusätzlich haben die Käufer der DDR-Unternehmen 211 Milliarden D-Mark investiert.[158] Diese enorme Investitionssumme ist kaum gewürdigt worden, den meisten ist sie daher wohl nicht bekannt. Mit der Treuhandanstalt werden ausschließlich Betriebsschließungen und Entlassungen in Verbindung gebracht und nicht ihre Erfolge bei der Rettung des größeren Teils der DDR-Betriebe. Mehr als das: Die volkswirtschaftliche Bilanz des Ostens, die sich 30 Jahre nach der Deutschen Einheit sehen lassen kann und von uns in Kapitel 2 dieses Buchs ausführlich dargelegt wurde, kann nur als Ergebnis einer erfolgreichen Politik interpretiert werden, bei der die Treuhandanstalt einen maßgeblichen Baustein lieferte.

Der Schock, den der wirtschaftliche Einbruch nach der Maueröffnung ausgelöst hat, soll hier nicht kleingeredet werden. «So habe ich mir die Einheit nicht vorgestellt» war in der ersten Hälfte der 1990er-Jahre ein geflügeltes Wort. Es ging ja nicht um postrevolutionäre Arbeitslosigkeit.[159] Wenn ein Stasioffizier oder Dozent für Marxismus-Leninismus 1990 arbeitslos wurde, hielt sich das Bedauern sehr in Grenzen. Aber ab 1990 wurden transformationsbedingt viele arbeitslos, die weder Stützen noch Nutznießer der Diktatur gewesen waren. Manche haben sofort ihren Neustart betrieben, oft erfolgreich, aber andere, zumal Ältere, haben den Neustart nicht geschafft und verstanden sich zum Teil als unverschuldete Verlierer der Revolution, die sie doch begrüßt hatten. Nichts davon darf geleugnet werden. Ja, es gab ihn, den Einigungsschock. Es hat aber bisher noch niemand gezeigt, wie er auf praktikable Weise hätte vermieden werden können.

Arbeitnehmer in Aufsichts- und Betriebsräten waren mit der Situation ihres Betriebs vertraut. Sie haben den Vertretern der Treuhandanstalt öfter gesagt: «Wenn ihr die Fortexistenz unseres Betriebs garantiert, übernehmen wir intern den Abbau der überzähligen Arbeitsplätze.» Sie haben häufig sogar der Betriebsschließung zugestimmt, weil sie die Chancenlosigkeit ihres Betriebs unter den neuen Bedingungen nachvollziehen konnten. Überwiegend aber hat sich der allzu menschliche Drang, Unglück durch Bosheit anderer zu erklären, durchgesetzt.

Der extrem schlechte Ruf der Treuhandanstalt beruht auf einem erheblichen Wissensmangel. Er konnte sich aber auch deshalb verbreiten, weil niemand sie öffentlich verteidigt hat, auch nicht die Bundesregierung. Es war doch allen Kundigen klar, dass der Übergang von der Plan- zur Marktwirtschaft in all den betroffenen Ländern ein äußerst schmerzlicher Prozess werden musste, über den auch Regierungen sehr schnell stürzen konnten. Deshalb bedeutete es eine Entlastung der verantwortlichen Politiker, wenn die Härten nicht ihnen direkt, sondern der Treuhandanstalt zugeschrieben wurden. Die Treuhandanstalt fungierte als Sündenbock, Prügelknabe, Prellbock und Blitzableiter. Hergard Rohwedder, die Witwe des am 1. April 1991 ermordeten Chefs der Treuhandanstalt, Detlev Karsten Rohwedder, hat im letzten Interview vor ihrem Tod gesagt: «Die Ministerpräsidenten der Ostländer waren im Verwaltungsrat; sie segneten alle größeren Sachen ab, fuhren nach Hause und redeten dann in dieser Art [d. h. von Plattmachen, d. Verf.]. Mein Mann hat immer gesagt: Die machen Politik, die Menschen dort sind verunsichert. Die wollen sie beruhigen.»[160] Möglicherweise war es damals angesichts der Erregung für Politiker tatsächlich aussichtslos oder zumindest wenig opportun, die Treuhandanstalt öffentlich zu verteidigen. Denn wer einer Geächteten beispringt, wird sehr schnell selbst geächtet.

Zum zehnten Jahrestag der Ermordung Rohwedders wurde die Anregung zu einer Gedenkveranstaltung vom Bundesfinanzminister nicht einmal beantwortet. Bundespräsident Johannes Rau nahm die Idee dann zwar auf, ließ die Veranstaltung in Schloss Bellevue aber unter Ausschluss der Öffentlichkeit stattfinden. Der Pressesprecher der Treuhandanstalt hatte ein erstes wissenschaftliches Kolloquium zur Arbeit der Treuhand geplant. Das Projekt wurde vom Finanzministerium untersagt. Erst am 25. Jahrestag hat der damalige Bundesfinanzminister Wolfgang Schäuble eine öffentliche Gedenkveranstaltung veranlasst. Und die beiden Autoren dieser Streitschrift konnten ein erstes Symposion zur Treuhandarbeit anregen.[161] Dabei kam zutage, dass für die Wissenschaft kaum Daten zur Arbeit der Treuhand zugänglich sind, weil die Akten noch der üblichen 30-jährigen Sperrfrist für Behördenakten unterliegen.[162] Daraufhin konnten die Autoren dieses Buchs den Bundesfinanzminister dafür gewinnen, sich für die Verkürzung dieser Sperrfrist einzusetzen. Seit 2016 werden die Treuhandakten ins Bundesarchiv überführt und sind so für jedermann zugänglich. Inzwischen liegen zwei Publikationen vor, die auf systematischer Akteneinsicht beruhen.[163]

Die neueren Diskussionen über die Treuhandanstalt sind wohl durch Petra Köppings Buch mit dem Titel *Integriert doch erst mal uns! Eine Streitschrift für den Osten* ausgelöst worden.[164] Darin fordert sie «Wahrheitskommissionen», die das Unrecht und die Kränkungen zur Darstellung bringen sollen, die Ostdeutschen durch die Treuhandanstalt widerfahren seien. Denn diese habe im Interesse der westlichen Konkurrenz überlebensfähige ostdeutsche Unternehmen ruiniert, dadurch mutwillig Existenzen vernichtet und Lebensleistungen zerstört. Mit dem Ausdruck Wahrheitskommission unterstellt sie, dass die Transformation der DDR-Wirtschaft tatsächlich mit den blutigen Verbrechen der südafrikanischen Rassentrennungspolitik vergleichbar wäre.

Die Autorin erwartet Geständnisse von denjenigen, die nach ihrer Auffassung den Ostdeutschen im Einigungsprozess übel mitgespielt haben, und zwar in amtlichen Funktionen, also abgesehen von schwarzen Schafen unter den Gebrauchtwagenhändlern. «Ich wünsche mir das Geständnis der westdeutschen Politiker, die schnelle Währungsunion, die Ausrichtung der Treuhand und viele andere Instrumente der Nachwendezeit wurden […] nicht zum Wohl Ostdeutschlands gemacht, sondern gehörten zu einer Politik, um westdeutsche Bürger vor den Konsequenzen der Wiedervereinigung zu schützen.»[165]

Die Entgegensetzung: «[…] nicht zum Wohl Ostdeutschlands, sondern […]» ist falsch. Eine vernünftige Einigungspolitik zum Wohl der Ostdeutschen musste gleichwohl darauf achten, dass die Solidarität der Westdeutschen nicht überstrapaziert wurde. «Eine Gefährdung westdeutscher Arbeitsplätze durch vielleicht sogar staatlich geförderte Unternehmen im Osten? Das Szenario hatte keine Chance.»[166] Das herzlose Konzept «Aufbau Ost als Abbau West» hätte das Zeug zum innerdeutschen Zerwürfnis gehabt: «Wir bezahlen mit unseren Steuergeldern den Aufbau Ost und damit unseren Ruin.» Petra Köpping erwartet ein weiteres Geständnis. «Ich glaube, am Beginn einer Aufarbeitung muss es ein Geständnis der westdeutschen Politik und der Wirtschaft geben: Ja, im Osten haben sich westdeutsche Unternehmen in hohem Masse eine potenzielle Konkurrenz vom Hals gehalten. Die ostdeutsche Nachfrage war wichtig, das ostdeutsche Angebot wurde beiseitegedrängt.»[167] Und weiter: «Mancher Betrieb und Firmensitz würde heute im Osten noch bestehen. Die westdominierte Politik hat allerdings diese Marktbereinigung gedeckt.»; «Es muss […] einfach mal gesagt werden dürfen: Der Osten hatte mehr Potenzial gehabt, doch viele Chancen wurden aktiv durch westdeutsche Unternehmen kaputtgemacht.»[168] Das sind Behauptungen, die allenfalls auf kriminelle Machenschaften zutreffen. Für deren Aufdeckung war eine Abteilung der Treuhandanstalt zuständig, die solche Fälle der Staatsanwaltschaft übergeben hat.

An keiner Stelle ihres Buchs berücksichtigt Köpping die Erschwernisse, unter denen die DDR-Wirtschaft litt, noch ehe die Treuhandanstalt ihre Arbeit begann. Das Schürergutachten wird nicht erwähnt, ebenso wenig wie die wirtschaftlichen Folgen der unvorbereiteten Maueröffnung, der Kurssturz der Ostmark, die Währungsunion, die Selbstauflösung des Rats für gegenseitige Wirtschaftshilfe. Köpping geht nicht den Weg einer detaillierten Fehleranalyse, sondern erklärt all diese Probleme aus böser Absicht. Sie erwähnt einmal einen ostdeutschen Hang zu Verschwörungstheorien,[169] hat aber nicht bemerkt, dass auch sie ihm erlegen ist.

Zur Treuhandanstalt führt Petra Köpping in ihrem Buch nur zwei konkrete Beispiele an. Am ausführlichsten geht sie auf die Margarethenhütte in Großdubrau ein. Die Margarethenhütte habe sehr erfolgreich Hochspannungsisolatoren aus Porzellan produziert und zu 80 Prozent exportiert, auch in den Westen. Sie verfügte über moderne Maschinen aus der Schweiz.

«Plötzlich hieß es aber über Nacht, der Betrieb müsse geschlossen werden. Es wurde behauptet, alles sei völlig veraltet und marode. Doch das ist nicht alles: Die damaligen Ingenieure erzählten mir, wie nachts die wichtigsten Betriebsunterlagen und Porzellanrezepturen sowie die letzten Mitarbeiter-löhne samt Tresor weggeschleppt wurden. Ich kann nur wie die ganze Beleg-schaft vermuten: das geschah zugunsten der Konkurrenz.»[170]

Köppings Erzählung lässt sich überprüfen. Bündnis 90 hat nämlich 1992 an die Bundesregierung eine Anfrage zur Margarethenhütte gerichtet, die diese auf neun Seiten beantwortet hat.[171] Ergebnis: Köppings Erzählung ist völlig frei erfunden. Die Schließung der Margarethenhütte hatte nämlich überhaupt nichts mit Verkauf, Privatisierung oder mit westdeutscher Kon-kurrenz zu tun. Sie wurde auch nicht von der Treuhandanstalt veranlasst. Denn die Margarethenhütte gehörte zum VEB Keramische Werke Herms-dorf, aus dem 1990 die Keramische Werke Hermsdorf – Tridelta AG wurde, mit insgesamt 18 Standorten, davon drei für Elektrokeramik. Bis zur Wäh-rungsunion war das ein sehr erfolgreiches DDR-Unternehmen, das sogar den Börsengang vorbereitete. Zu dem Zweck wurde eine Standortkonzen-tration vorgenommen. Aber infolge der Währungsunion kam es zu massiven Einbrüchen im Absatz. Der Börsengang musste aufgegeben werden, weil die Banken bei defizitärer Bilanz ihre Unterstützung zurückzogen. In der Ant-wort der Bundesregierung heißt es: Im Dezember 1990 «wurde einvernehm-lich mit den Arbeitnehmern im Aufsichtsrat und dem Betriebsrat der Marga-rethenhütte der Stilllegungsbeschluss gefasst», der dann im Mai 1991 (und nicht über Nacht) vollzogen wurde.

Die Währungsunion erzeugte für ostdeutsche Produkte ein Preispro-blem, das sich als Rückgang des Absatzes seit dem 2. Juli 1990, oft mit einer gewissen Verspätung, bemerkbar machte. Insofern waren volle Auftrags-bücher vor der Währungsunion gar kein Beweis dafür, dass die Nachfrage nach der Währungsunion stabil blieb. Köpping verschweigt das Preis-problem und behauptet stattdessen, man habe wahrheitswidrig erklärt, die Maschinen seien Schrott.[172] Das war zwar tatsächlich – gemessen an norma-len Standards der Technologie – vielfach der Fall, aber nicht immer; für die Margarethenhütte traf dies nicht zu. Aber auch neuere Maschinen waren keine Garantie für weltmarktfähige Preise, denn die Arbeitsproduktivität wurde noch von anderen Faktoren massiv beeinflusst. Indem Köpping eine absurde und offensichtlich falsche Begründung unterstellt, erscheint die Schließung als willkürlich, irrational und interessengesteuert und ist daher allein mit Bosheit und finsterer Absicht zu erklären. Damit ist das Tor zu Verschwörungstheorien weit geöffnet.

Da die Schließung der Margarethenhütte eine innerostdeutsche Entscheidung zur Standortkonzentration war, konnte der von Köpping angeprangerte «Betrug westdeutscher Kapitalisten an ostdeutschen Arbeitern» jedenfalls nicht stattgefunden haben. Auch gehörten die Betriebsunterlagen nicht der Belegschaft der Margarethenhütte, sondern der Tridelta AG Hermsdorf am Hermsdorfer Kreuz. Dort werden sie wohl bis heute liegen. Denn Tridelta produziert weiterhin auch Elektroporzellan. Die modernen Maschinen der Margarethenhütte wurden in das Zweigwerk in Sonneberg/Thüringen gebracht (und nicht in den Westen!) und laufen dort vermutlich noch heute. Damit bricht jedoch Köppings Vorwurf zusammen, durch die Entwendung jener Unterlagen sei die Belegschaft der Margarethenhütte von Westdeutschen um ihre Lebensleistung betrogen worden.

Auch Tridelta Hermsdorf ist nicht an einen Westdeutschen verkauft worden, sondern wurde 1992 von Lothar Späths Gründung Jenoptik in Jena übernommen.[173] Zu jenem Zeitpunkt hatte Tridelta die Folgen der Währungsunion noch immer nicht verkraftet und produzierte ein monatliches Defizit von 5 bis 10 Millionen D-Mark, das die Treuhandanstalt als Eigentümer zu begleichen hatte, wie früher der DDR-Staat die Defizite der VEBs. Dadurch hatte die Treuhandanstalt Tridelta vor dem Konkurs und vor der Konkurrenz geschützt. Tridelta hat sich übrigens erholt und produziert bis heute.

Petra Köpping gibt in ihrem Buch durchaus zutreffende Beschreibungen von ostdeutschen Stimmungen in bestimmten Milieus wieder. Dass sie aber die jenen Stimmungen zugrunde liegenden Konstrukte unbesehen für Tatsachen hält und dass sie eine Wahrheitskommission fordert, selbst aber die eigene Wahrheitssuche nicht einmal bis zur Google-Recherche voranbringt, ist schon bemerkenswert.

Petra Köpping hat noch eine zweite weitreichende These zur Treuhandanstalt: Sie trage auch die Schuld an ostdeutscher Ausländerfeindlichkeit. Aus ihren vielen Bürgergesprächen berichtet Köpping: «Fast in allen Fällen war recht schnell nicht mehr die Flüchtlingsproblematik das entscheidende Thema. Es ging um etwas viel tiefer Liegendes», nämlich um «unbewältigte Demütigungen, Kränkungen und Ungerechtigkeiten der Nachwendezeit».[174]

Es ist nicht unmittelbar einleuchtend, dass viele, die einmal unerwartet und unverschuldet arbeitslos wurden, deshalb fast ein Vierteljahrhundert später gegen die «Islamisierung des Abendlandes» (so der hintere Teil des Akronyms PEGIDA) demonstrieren, Ausländerhass zeigen, gegen Flüchtlinge hetzen oder gar Flüchtlingsheime anzünden. Köppings Erklärungsversuch lautet: «Hier geht es anscheinend bei vielen gar nicht um das Thema Flüchtlinge. Diese waren nur Projektionsfläche für eine tiefer liegende Wut und Kritik.»[175] «Viele scheinen bereit, sich von der Stimmung anstecken zu lassen, dass man scheinbar das Recht habe, gegenüber anderen Gruppen von Menschen ungerecht zu werden, weil man sich selbst ungerecht behandelt fühlt.»[176]

Das ist Küchenpsychologie. Wahrscheinlich stand Köpping eine These der Entwicklungspsychologie vor Augen, die plausibel erklärt: Wer als Kind physische Gewalt erfahren hat, neigt als Erwachsener öfter selbst zu physischer Gewalt. Wenn man Arbeitslosigkeit mit physischer Gewalt gleichsetzt und Erwachsene mit Kindern, gelangt man zu Köppings Schlussfolgerung. In den Wissenschaften sind solche flotten Gleichsetzungen allerdings unzulässig. Es ist erstaunlich, wie viele Kommentatoren in Ost und West diese abwegige These, ostdeutsche Ausländerfeindlichkeit sei durch das Wüten der Treuhandanstalt bewirkt, übernommen haben. Bekanntlich fanden die ersten ausländerfeindlichen Exzesse in Ostdeutschland in Hoyerswerda am 17. September 1991 statt. Es folgte Rostock-Lichtenhagen vom 22. bis 26. August 1992. Diese forderten zwar keine Todesopfer, aber sie fanden unter beachtlichem Beifall Einheimischer statt. Todesopfer aber forderten die heimlichen Anschläge in Mölln (23. November 1992) und Solingen (19. März 1993) von westdeutschen Neonazis. Es ist in keiner Weise plausibel, dass diese vier ausländerfeindlichen Exzesse irgendetwas mit der Treuhandanstalt zu tun haben könnten.

Der ostdeutsche Einigungsschock war mächtig, er sitzt tief und hat ein anhaltendes Misstrauen gegen «die da oben» ausgelöst. Die Fusion der Bundesländer Berlin und Brandenburg scheiterte nicht an den Westberlinern, sondern an den Brandenburgern. Deren Hauptargument: «Bloß nicht noch eine Vereinigung!» Dieser Einigungsschock ist aber weder für ostdeutsche Vorbehalte gegenüber der Migration noch für Ausländerfeindlichkeit verantwortlich.

Petra Köpping will mit ihrer These offenbar Ostdeutsche entlasten: Wenn PEGIDA-Anhänger gegen die Migrationspolitik demonstrieren, einen Miniaturgalgen mit der Aufschrift «Für Merkel» vor sich hertragen und die Regierenden aufgrund ihrer Migrationspolitik als Volksverräter beschimpfen, dann haben sie «eigentlich» gar nichts gegen Fremde, aber sie sind durch die Entwürdigungen der Nachwendezeit traumatisiert. Deshalb wissen sie nicht wirklich, warum sie das tun. Dieser Entlastungsversuch ist eine Entmündigung, weil er die betroffenen Ostdeutschen infantilisiert und pathologisiert. Wer Angst vor einer Islamisierung des Abendlandes hat, mit dem sollte man streiten, ob diese Angst berechtigt ist. Wer ihm stattdessen beschwichtigend unterstellt: «Eigentlich hast du gar nichts gegen Muslime, sondern du bist durch die Entwürdigungen des Einigungsprozesses traumatisiert», der nimmt ihn nicht ernst. Küchenpsychologie ist eine Art von Zauberei, die alles mit allem erklären kann. Es stellt sich die Frage: Warum ist in Polen, Tschechien und Ungarn die Ablehnung von Migranten sogar noch stärker als in Ostdeutschland, obwohl es dort keine Treuhandanstalt gab? Und warum werden migrationskritische Parteien in allen westlichen und südlichen Ländern Europas zunehmend stärker? Die Treuhandanstalt jedenfalls kann man dafür schwerlich verantwortlich machen.

Übrigens machte Petra Köpping die Erfahrung, dass in Großdubrau kaum jemand von der einstigen Belegschaft ihr Gesprächsangebot über die Nachwendezeit annahm.[177] Man könnte daraus folgern, dass die Leute an dem Thema nicht mehr ernsthaft interessiert sind. Es ist lange her, ändern lässt sich ohnehin nichts mehr. Mithilfe der Küchenpsychologie kann man das aber auch viel dramatischer deuten, nämlich zum Beispiel in Anlehnung an die Traumaforschung: Die Ostdeutschen seien nach einem Vierteljahrhundert noch nicht in der Lage, über diese schrecklichen Erlebnisse zu sprechen. Sie konnten die notwendige «Trauerarbeit»[178] über den Verlust ihres Arbeitsplatzes noch nicht leisten und – was Köpping doch zitierend tatsächlich aufzählt – den Verlust ihres Schulsystems, ihres politischen und wirtschaftlichen Systems – also kurz: den Verlust der SED-Herrschaft.[179] Wir wissen, dass ehemalige SED-Mitglieder das manchmal bis heute so sehen – und einige allzu verständnisinnige Westjournalisten auch. Die Herbstrevolution wird durch diese Argumentation einfach widerrufen.

3.3.4 Lebensleistung zerstört?

«Die Entwertung des ganzen Lebens», so heißt eine Kapitelüberschrift in Petra Köppings *Streitschrift für den Osten*.[180] «Von Medien, Politikern und neuen Chefs wurde uns Ostdeutschen vermittelt, letztlich im ‹falschen Land› aufgewachsen zu sein.»[181] «Wie die Buchbestände ganzer Verlage auf dem Müll landeten, so auch die Lebensläufe»,[182] zitiert sie. Und: Die Wendegeneration sah «ihr komplettes Leben entwertet».[183] Ähnlich Kowalczuk: «Besonders ungerecht freilich empfanden die meisten Ostdeutschen, dass ihre ganz persönliche Lebensleistung über Nacht kaum noch etwas wert war.»[184]

Es trifft zu, dass es 1991 für sehr viele Ostdeutsche einen Einigungsschock gegeben hat. «So habe ich mir die Einheit nicht vorgestellt», das war in der ersten Hälfte der 1990er-Jahre ein geflügeltes Wort. Aber wird dieser Schock durch jene Zitate korrekt beschrieben? Das sind doch sehr dramatische, aber zugleich sehr blumige Formulierungen. Sie künden von Schrecklichem, aber sie benennen es nicht.

Köpping wird in dieser Frage an zwei Stellen ihres Buchs konkreter. Wenn sie von Lebensleistungen spricht, die nicht anerkannt worden seien, sieht sie an erster Stelle «die Berufskarrieren, die nach der Wende als wertlos erachtet wurden».[185] Das gab es durchaus. Die bisherigen Berufskarrieren von ZK-Mitgliedern, Parteisekretären, NVA-Offizieren, hauptamtlichen Stasimitarbeitern waren allerdings tatsächlich auch für sie nach der Wende wertlos. Wer im Aufbau des Sozialismus seine Lebensleistung gesehen hatte, dem war mit dem Ende der SED-Herrschaft tatsächlich der bisherige Lebenssinn abhandengekommen. Das waren unvermeidliche biografische Brüche, sie waren aber revolutionsbedingt und nicht einigungsbedingt. Grundsätzlich waren doch ostdeutsche Facharbeiter, Ingenieure, Ärzte überall in Deutschland anerkannt und willkommen. Wenn sie in den Westen gingen, hatten sie dort in der Regel keinerlei Integrationsprobleme.

Allerdings war die Anerkennung von Abschlüssen, die es im Westen nicht gab, in einigen Fällen ein zäher Prozess, weil das Ländersache war und Gerichte angerufen werden mussten. Köppings einziges und durchaus wichtiges Beispiel ist nun aber gerade nicht zum Skandal geeignet. Es geht um eine Frau, die in der DDR ein Studium als Diplomökonom absolvierte und die Gleichwertigkeit ihres Studiums mit einem westdeutschen Hochschulabschluss auch vom zuständigen Ministerium bestätigt bekommen hatte, nun aber darüber hinaus forderte, den allein im Westen gebräuchlichen Titel Kauffrau führen zu dürfen. Das Bundesverwaltungsgericht hatte ihre Forderung zurückgewiesen mit dem Argument, ihr Abschluss sei gemäß Artikel 37 des Einigungsvertrags bereits als Hochschulabschluss anerkannt und mit einem westlichen Abschluss gleichgestellt. Ein «Umtausch» der akademischen Berufsbezeichnungen, Grade und Titel aus der DDR würde dagegen diese DDR-Titel geradezu entwerten und womöglich eine Flut von Umtauschbegehren auslösen.[186] Dieses Urteil empört Köpping. Sie widmet ihm einen Abschnitt unter der Überschrift «Durch nicht anerkannte Abschlüsse das Leben abgewertet».[187] Auf Anfrage der PDS von 1999 nennt die Bundesregierung allerdings lediglich drei Abschlüsse, die weder mit einem Berufsfachschulabschluss noch mit einem Fachschulabschluss gleichgestellt werden können.[188]

Hinsichtlich der Anerkennung von akademischen Graden aus der DDR haben manche den gegenteiligen Vorwurf erhoben. Denn nicht einmal die fragwürdigen Doktortitel (Dr. iur.), die die Stasihochschule Stasioffizieren verliehen hat und die den Ansprüchen an eine Dissertation manifest Hohn sprachen, sind aberkannt worden. Noch heute können sich die damaligen Empfänger mit ihnen schmücken und womöglich eine Kompetenz vorspiegeln, die sie gar nicht haben. Zum Beispiel der Professor für Marxismus-Leninismus, der nun als Heilpraktiker mit «Prof. Dr.» wirbt und damit eine Superkompetenz vor anderen Heilpraktikern vorspiegelt, die er gar nicht hat.

Das andere konkrete Beispiel für die «Entwertung des ganzen Lebens» ist für Köpping Großdubrau. Die Entwertung besteht diesmal in der angeblich unbegründeten Schließung von Betrieben. Demnach waren die Betriebe «das ganze Leben». Stimmt das?

Zu Recht betont sie – und auch Kowalczuk – die große Bedeutung, die für viele in der DDR die Großbetriebe und Landwirtschaftliche Produktionsgenossenschaften (LPGs) hatten. An ihnen hingen oft die gesundheitliche Versorgung, der Kindergarten, das Ferienheim, Kulturprogramme und Brigadeabende. Das Verhältnis der Beschäftigten zu ihrem Betrieb war einerseits eng. Es war aber andererseits ambivalent, Hassliebe sozusagen. Mal fehlten Materialien, mal Ersatzteile, aber der Plan musste erfüllt werden – also wurde getrickst. Der Stolz bestand doch vor allem darin, trotzdem den Laden am Laufen gehalten zu haben. Wenn ein Betrieb, der auf dem Weltmarkt nicht bestehen konnte, geschlossen werden musste, war das doch keine Demütigung der Beschäftigten und keine Missachtung ihrer Tätigkeit.

Zweifellos übertreibt Kowalczuk mächtig, wenn er von denen, die in den Vorruhestand geschickt wurden, schreibt: «aus der Arbeitsgesellschaft ins: Nichts.»[189] Denn die meisten ostdeutschen Rentner hatten Erwerbsbiografien ohne Arbeitslosigkeit und bei Paaren fast immer beide einen Rentenanspruch, zusätzlich angereichert durch Abfindungszahlungen. Gleichwohl gilt: Die Arbeitslosigkeit kam für die meisten Betroffenen überraschend und war bis dahin unbekannt. Die finanzielle Absicherung konnte die verlorene Zukunftssicherheit nicht kompensieren. Die damit verbundene Erfahrung, nicht gebraucht zu werden, hat geschmerzt.

Aber: DDR-Bürger haben den Sinn ihres Lebens doch nicht exklusiv aus ihrer Arbeitswelt bezogen. Die Bedeutung der Datschen und Kleingärten war doch sprichwörtlich. Familie und Freunde hatten als vertraute Rückzugszone eine wichtigere Bedeutung als im Westen. Hobbys gab es auch und Vereine, zwar unter der Kontrolle der Partei, aber nicht als Teil des Betriebs. Das alles ist durch die Wirtschaftskrise nicht verschwunden. Hier wird gewaltig dramatisiert, im Interesse eines neuen ostdeutschen Opferkults.

Dabei ist das deutsche Wort Opfer doppeldeutig. Im Englischen wird unterschieden zwischen «sacrifice», das heisst jemandem, der sich für andere geopfert hat, wie John Maynard in Fontanes Ballade und Jesus Christus in der neutestamentlichen Interpretation: «Er starb für uns». «Victim» (ursprünglich: der Besiegte) dagegen ist das unverschuldete, nicht verdienstvolle Opfer, das «es erwischt hat», etwa als Verkehrsopfer oder Kriminalitätsopfer. Der neue ostdeutsche Opferkult zielt auf «victim» und verlangt Entschädigung vom angeblichen Sieger. Dies über gerichtsfeste Tatbestände hinaus zu kultivieren, ist überaus fragwürdig. Jedenfalls fördert es nicht die Selbstachtung.

Von den Erfahrungen, die DDR-Bürger aus der DDR mitbrachten, wird heutzutage oft behauptet, sie seien entwertet oder wertlos. Sehen wir genauer hin: Die allermeisten Berufserfahrungen waren auch nach 1990 brauchbar und anerkannt. Sie vor allem und natürlich auch die zwischenmenschlichen

Beziehungserfahrungen machen doch die Lebensleistungen der Ostdeutschen aus. Andere DDR-Erfahrungen sind aber tatsächlich entwertet, so die unerschöpflichen Fähigkeiten beim Reparieren und Improvisieren in der Berufswelt. Das war dem Mangel geschuldet und gewaltige Zeitverschwendung. Andere DDR-Erfahrungen sollten Ostdeutsche doch lieber freiwillig ablegen, so die Neigung, im Hintergrund zu bleiben, nicht aufzufallen und lieber den Mund zu halten, also diktaturbedingte Gewohnheiten, die sich zu Recht unter freiheitlichen Bedingungen entwerten. Nicht alles, was Ostdeutsche aus der DDR mitbrachten, war erhaltenswert. Und die speziellen Erfahrungen in der Planwirtschaft waren nur zum kleineren Teil in der Marktwirtschaft noch brauchbar. Stattdessen war Lernfähigkeit gefragt.

Die These von vernichteten Lebensleistungen ist insofern nicht nachvollziehbar. Was viele Westdeutsche nicht genügend würdigen, sind jedoch die gewaltigen Umstellungsleistungen, die allen Ostdeutschen beim Ausstieg aus Diktatur und Planwirtschaft abverlangt wurden, während sich für Westdeutsche zunächst kaum etwas änderte. Die Vergangenheit steht unveränderlich fest. Aber die Erinnerung gleicht einem Scheinwerfer, der nicht alles gleichmäßig erhellt, sondern Schwerpunkte setzt. Ostdeutsche sind zur Opferperspektive nicht verpflichtet. Sie könnten auch mit einem gewissen Stolz sagen: Es war schwierig und manchmal hart, aber wir haben das durchgestanden.

3.3.5 Bürger zweiter Klasse?

«Sind Ostdeutsche Bürger zweiter Klasse?», hat Infratest dimap gefragt. 27 Prozent der Westdeutschen und 42 Prozent der Ostdeutschen haben erklärt: «Die Antwort ist richtig», 68 Prozent der Westdeutschen und 50 Prozent der Ostdeutschen sagen: «Die Antwort ist falsch.»[190] Rechtlich gesehen gibt es natürlich gar keine Bürger zweiter Klasse. Gemeint ist: Sind Ostdeutsche benachteiligt? Ehe darauf sinnvoll geantwortet werden kann, muss man zurückfragen: Benachteiligt – durch wen? Vom Schicksal und seit Langem schon – oder von den Westdeutschen seit 1990?

Wichtig ist: Das Gefühl, Bürger oder Deutscher zweiter Klasse zu sein, ist nicht erst durch die deutsche Einigung entstanden. Die Ostdeutschen haben es in die Einigung mitgebracht. In der DDR wurde unter vorgehaltener Hand das Kürzel DDR als «Der Dumme Rest» gedeutet, als ein Bedauern, nicht auch «nach drüben abgehauen zu sein». In der Zeit der deutschen Teilung waren Jahr für Jahr zehnmal so viele Menschen heimlich aus der DDR geflohen wie freiwillig in die DDR übergesiedelt. Man nannte das die Abstimmung mit den Füßen. Dass sie geflohen sind, weil für sie die DDR nur «zweite Klasse» war, wäre für viele von ihnen eine allzu arge Beschönigung. Sie flohen vor massiven Benachteiligungen und bis zum Mauerbau oft auch vor willkürlicher Verhaftung.

Auch in der DDR stieg der Lebensstandard stetig, er war der höchste im sozialistischen Lager, jedenfalls unvergleichlich höher als in der Sowjetunion. Er stieg aber disproportional, denn die Einkommen stiegen schneller als das Warenangebot. Also stieg – scheinbar paradox – mit dem Einkommen die Unzufriedenheit. Aber wie beim Wettlauf zwischen Hase und Igel war der Westen immer eine Runde vorweg. Farbfernseher, Taschenrechner, Heimwerkermaschinen usw. – all das gab es immer zuerst nur im Westen, und wenn sie mit Verzögerung auch im Osten angeboten wurden, dann waren diese Güter unverhältnismäßig teuer und knapp oder nur im Intershop für Westgeld zu haben. Diese Tatsache hatte das Selbstwertgefühl der DDR-Bürger nicht gestärkt. Genauso wenig wie Westbesuche von Verwandten, wenn dann der Mercedes neben dem Trabant parkte. Westdeutsche machten an Bulgariens Schwarzmeerküste im komfortablen Neckermann-hotel Urlaub, und ostdeutsche Camper bekamen für ihr Geld in demselben Hotel nicht einmal eine Tasse Kaffee – und das im «sozialistischen Bruder-land». Die Einheimischen fragten, wenn jemand deutsch sprach: «Deutscher oder DDR?» und dachten sich nicht viel dabei, wenn sie den DDR-Bürgern absprachen, auch Deutsche zu sein. Sie hatten es ja nur den Bundesbürgern nachgesprochen. «Woher kommen Sie?» – «Aus Deutschland.» Das hatte mächtigen Einfluss auf die Hilfsbereitschaft, denn gemeint war: Westmark oder Ostmark? Und warum war das so? Die Besatzungsmächte sind nicht nach Verdienst verteilt worden, haben aber ganz verschiedene Lebenschancen gewährt. Dabei ging es nicht um Gerechtigkeit, das war Schicksal.

Und dieses Schicksal wirkte sich auch nach 1990 noch nachteilig für die Ostdeutschen aus, in Gestalt der Asymmetrien im Einigungsprozess: die Ostdeutschen in der Minderheit, ihr Staat desolat, die postrevolutionäre Situation verbunden mit viel Streit und das gesamte sozialistische Lager in einer tief greifenden Systemkrise, bei der die bisherigen Gewissheiten vor

den Augen zerrannen – was aber andererseits auch als große Befreiung erlebt
wurde. Ebenso war die zweifache Transformation allein im Osten nötig. Die
DDR in stürmischer See, aber die Bundesrepublik auf ruhiger Fahrt, auch
das war Schicksal und nicht durch den Westen bewirkt.

Wir sollten nicht nur fragen, ob die Ostdeutschen im Zug der Deutschen
Einheit von der westlichen Seite benachteiligt worden sind, sondern eher, ob
die Nachteile, die sich aus der DDR-Geschichte ergeben haben, im Einigungsprozess hinreichend berücksichtigt und abgebaut worden sind. In
dieser Hinsicht dürfte die Bilanz im Großen und Ganzen zufriedenstellend
ausfallen. Allerdings gibt es in Transformationsprozessen dieses Ausmaßes
immer auch – meist überschaubare – Gruppen, deren besonders vertrackte
Situation nicht angemessen bedacht worden ist. Und es gibt Gerechtigkeits-
fragen, über die man streiten kann.[191] Daraus ein Charakteristikum des Einigungsprozesses zu machen ist infam. Und es ist eine unbillige Forderung, im
Zug der deutschen Einigung hätten Ostdeutsche so gestellt werden müssen,
als hätten sie 40 Jahre nicht in der DDR, sondern in der Bundesrepublik
gelebt. Bei der Rentenberechnung wird das übrigens ungefähr so praktiziert,
anderenfalls gäbe es im Osten nur Hungerrenten.

3.4 Heimat, Volk und Vaterland

3.4.1 «Wir sind das Volk» – «Wir sind ein Volk»

«Wir sind das Volk» wurde durch die Montagsdemonstration vom 9. Okto-
ber berühmt, als die Demonstranten diesen Satz den Sicherheitskräften und
damit den Herrschenden entgegenriefen. Die andere Losung «Wir sind ein
Volk» spielte zwar am 9. Oktober auch eine Rolle, aber ohne Bezug zur Deutschen Einheit. Auf einem Flugblatt von Pfarrer Wonneberger hieß es an die
Sicherheitskräfte gerichtet: «Reagiert auf Friedfertigkeit nicht mit Gewalt.
Wir sind ein Volk. Gewalt unter uns hinterlässt ewig blutende Wunden.»
Gegen die konfrontative Klassenkampfperspektive, die aus Mitbürgern
Klassenfeinde machte, wurde hier an etwas Verbindendes appelliert, über
den Graben der Konfrontation hinweg. Mit Bezug auf die Deutsche Einheit
ist diese Losung bei Montagsdemonstrationen jedoch nicht nachgewiesen.[192]
Sie verbreitete sich erst vom Jahreswechsel an durch Aufkleber und Plakate,

verteilt von der West-CDU. Auf der Montagsdemonstration war allerdings zu hören: «Deutschland einig Vaterland.» Man wird ja noch «unsere Nationalhymne» zitieren dürfen.[193]

Die Losung «Wir sind das Volk» gehört in die revolutionäre Phase, als die Ostdeutschen noch unter sich agierten. Sie war begleitet von der anderen: «Wir sind keine Rowdies.» In einem Zeitungsartikel hatte es geheißen, Rowdies würden montags in Leipzig die öffentliche Ordnung stören. Dagegen riefen die Demonstranten: «Wir sind das Volk» – und keine Rowdies oder Konterrevolutionäre. Wir sind Staatsbürger, die ihre Rechte einfordern. «Deutschland einig Vaterland», das richtete sich gegen niemanden. Es war zuerst ein Hilferuf angesichts einer desolaten Wirtschaftslage und verfallener Städte, ein Appell an die nationale Solidarität der Deutschen.

Die Doppeldeutigkeit im deutschen Wort Volk, die in den beiden Losungen zum Vorschein kommt, lässt sich bis in die Antike zurückverfolgen. Denn sowohl das Griechische als auch das Lateinische verwenden für die beiden Bedeutungen verschiedene Vokabeln.[194] *Das verfasste* Volk, das seine Angelegenheiten nach Regeln (einer geschriebenen oder ungeschriebenen Verfassung) selbst ordnet bzw. durch seine Vertreter ordnen lässt, heißt griechisch «demos» und lateinisch «populus». Heute reden wir in dieser Bedeutung vom Staatsvolk, das aus den Staatsbürgern besteht, den Inhabern der staatsbürgerlichen Rechte. Davon unterscheidet sich das *bestimmte Volk* in Abgrenzung zu anderen Völkern, und zwar hinsichtlich seiner Geschichte, seiner Kultur, seiner Sprache, seiner gemeinsamen Abstammung (die wohl immer ein fiktives Konstrukt ist). Hier ist der Plural ebenso konstitutiv wie die Abgrenzung von anderen Völkern. Griechisch heißt das «ethnos», lateinisch «gens» oder «natio». Jemand ist Italiener oder Pole und selten beides zugleich.

Es gibt noch eine dritte Bedeutung des Worts Volk, die für den Unterschied zwischen demokratischen und diktatorischen Berufungen auf das Volk wichtig ist, nämlich Volk im Sinn von *unverfasster Volksmasse*, griechisch «ochlos» oder «demos», lateinisch «plebs» oder «vulgus». Die beiden deutschen Diktaturen haben das Wort Volk geradezu exzessiv gebraucht: Volksgenosse, Volksgerichtshof, Volksempfänger, Volkswagen die eine, Volkskammer, Volkspolizei, Volksarmee, Volksdemokratie die andere. Diktaturen beanspruchen nämlich gern Volksmassen, namentlich in Massenaufmärschen und Massenversammlungen, und zwar zur Herrschaftslegitimation, die sie durch korrekte Wahlen nicht erlangen. Sie fürchten freie und geheime Wahlen, lieben aber die Akklamation durch die Massen oder, etwas feiner formuliert, durch Volksabstimmungen.

Die erste und dritte Bedeutung von Volk betreffen das Verständnis von Demokratie. Bei der zweiten geht es um die Fragen der deutschen Nation. Und die hängt eng mit umstrittenen Fragen zu Migration und Integration zusammen. Beide Fragenkomplexe sind zwischen Ost und West umstritten, natürlich nicht als Konfrontation zweier Kollektivmeinungen, sondern im quantitativen Sinn: Bestimmte Überzeugungen werden überwiegend im Osten, andere überwiegend im Westen vertreten. Ost und West sind sich nämlich so ähnlich, dass es wohl gar keine Überzeugung, Ansicht oder Einstellung gibt, die nur in einem Teil des Landes vertreten wird.

Das Verständnis von Nation bekam durch die Französische Revolution, mit der die europäische Moderne beginnt, einen neuen Akzent. Am 17. Juni 1789 erklärten sich die Vertreter des Dritten Standes der französischen Generalstände zur Nationalversammlung, die die Nation vertrete und beschlossen im Ballhausschwur am 20. Juni, nicht auseinanderzugehen, bevor eine neue Verfassung beschlossen sei.

Als Reaktion auf den Absolutismus machte der Dritte Stand *die Rechte der Nation,* ihre Souveränität, geltend. Nation wird ein staatsrechtlicher Begriff. Der Gedanke der Volkssouveränität ist ausdrücklich gegen die Fürstensouveränität der absolutistischen Theorie gerichtet: «Princeps legibus solutus est.» Für dieses Verständnis von Volk oder Nation ist der Zusammenhang von *Nation und Freiheit* konstitutiv, zunächst als Absage an das Ancien Régime. Es geht hier um die Staatsnation. Die Rechte der Nation werden zugleich als Menschenrechte verstanden. Das ergibt eine spannungsreiche Verbindung zwischen Nation, Revolution und Universalismus. Das Widersprüchliche dieser Verbindung wurde deutlich, als die Revolutionstruppen unter Napoleon dazu übergingen, Europa zu «befreien». Denn viele Betroffene sahen in dieser Befreiung lediglich eine französische Fremdherrschaft. Der Universalismus erschien als Vorwand für einen französischen Partikularismus.

Unter Napoleons Druck wurde das Heilige Römische Reich deutscher Nation aufgelöst. In diesem Namen bedeutete Nation etwas anderes als der französische Begriff der Nation, nämlich so viel wie «natio», Herkunft, die wechselseitige Vertrautheit der gemeinsamen Sprache, der Sitten und Gebräuche, einer gemeinsamen Geschichte und in diesem Sinn einer gemeinsamen Kultur, eine *vorstaatliche und vorrechtliche Verbindung*, die ein Zusammengehörigkeitsgefühl stiftet und Verständigung erleichtert. Kulturnation wurde das später genannt.

Die Auflösung des Heiligen Römischen Reichs im Jahr 1806 hinterließ ein Bündel von Staaten, deren Bevölkerungen sich keineswegs zuerst als geteilte deutsche Nation verstanden, sondern als Sachsen, Bayern, Hessen usw. Die beiden größten Staaten aber, Österreich und Preußen, waren gar keine Staaten bloß deutscher Nation, sie vereinigten Untertanen verschiedener Nationalitäten.

Die Konfrontation dieser Situation mit dem Begriff der Nation aus der Französischen Revolution ergab in den deutschen Landen zwei extreme Reaktionen: einen übernationalen Universalismus und einen aggressiv-partikularen Nationalismus. Dazwischen gab es ein Mittleres, die Liberalen, namentlich am Rhein.

Für das eine Extrem stehe hier das Distichon von Goethe und Schiller (1796):

«Zur Nation euch zu bilden, ihr hofft es, Deutsche, vergebens.
Bildet, ihr könnt es, dafür freier zu Menschen euch aus.»

Den Deutschen wird also empfohlen, das Volk der Dichter und Denker zu bleiben, ohne Nationalstaat zu werden, Humanität statt Nationalität – ein Gedanke, der noch heute in Deutschland seine Anhänger hat. Außerhalb Deutschlands betrachtet man dergleichen allerdings als typisch deutsch und als ein bisschen verrückt. Das Widersprüchliche dieser Empfehlung unserer Dichterfürsten: Sie unterstellt eine spezifisch deutsche Chance, nicht deutsch sein zu müssen, eine nationale Sendung, nicht Nationalstaat zu werden. Darauf zielt der Spott von Heinrich Heine (1844):

«Franzosen und Russen gehört das Land,
Das Meer gehört den Briten,
Wir aber besitzen im Luftraum des Traums
Die Herrschaft unbestritten.»

Die andere Reaktion lässt sich durch Ernst Moritz Arndt repräsentieren. Im Furor gegen die französische Fremdherrschaft wird in den Befreiungskriegen als «Abwehrideologie» (H. A. Winkler) ein Verständnis von Nation formuliert, das nicht im Rechtsgedanken sein Zentrum hat, sondern in den vorhin als «natio» beschriebenen Zusammenhängen, die aber nun zum deutschen Wesen überhöht werden – Nation als Seelenverfassung – und definiert mit Bezug auf den Erbfeind:

> «Das ist des Deutschen Vaterland,
> Wo Eide schwört der Druck der Hand,
> Wo Treue hell vom Auge blitzt
> Und Liebe warm im Herzen sitzt –
> Das soll es sein!
> Das, wackrer Deutscher, nenne dein.
>
> Das ist des Deutschen Vaterland,
> Wo Zorn vertilgt den welschen Tand,
> Wo jeder Franzmann heißet Feind,
> Wo jeder Deutsche heißet Freund.»

Die Grenzen dieses Deutschlands beschreibt Arndt so:
> «So weit die deutsche Zunge klingt
> Und Gott im Himmel Lieder singt.»

Weil die deutsche Nation damals keine Staatsnation war, wurde sie von Arndt (wie auch im ersten Vers des *Deutschlandlieds*) als das deutschsprachige Gebiet ohne Rücksicht auf Staatsgrenzen definiert, die deutsche Kulturnation, der keine Staatsnation entsprach – wie in Italien, aber anders als in Frankreich und Großbritannien.

Die deutsche Nation als Seelenverfassung, das geht auf Herder zurück. Die Völker versteht er als kollektive Persönlichkeiten, denen eine Volksseele zugesprochen wird, die sich etwa in der Volksdichtung äußert. Für Herder selbst sind alle Völker gleich wertvoll und alle Kulturen zusammen der Reichtum der Menschheit. Daran ist nichts zu kritisieren. Aber das personalistische Verständnis der Völker wurde die Grundlage für die Rede von einem überzeitlichen deutschen Wesen, und dies konnte später, wie in den völkischen Bewegungen, biologistisch-rassistisch umgedeutet werden.

Dieser Sonderweg führte schließlich in die unsägliche Katastrophe Nazideutschlands. Dem totalen Krieg folgte die totale Niederlage, militärisch, wirtschaftlich, moralisch. Man nannte damals in Deutschland dieses Ereignis *Zusammenbruch* und nicht Befreiung. In diesem Ausdruck wurden Zustände und Gefühle zusammengefasst: die Schmach des verlorenen Kriegs, das Elend der zerbombten Städte und der Flüchtlinge, auch Empörung über «den Führer», seltener aber die Scham über die Nazibarbarei.

3.4.2 Die deutsche Nation im geteilten Deutschland

Zu einem gemeinsamen Neubeginn der Deutschen konnte es nach dem Zweiten Weltkrieg nicht kommen, weil zwischen den Siegermächten der Kalte Krieg ausbrach, der Deutschland für 40 Jahre teilte. Aus den Besatzungszonen, zunächst Provisorien bis zum Friedensvertrag wie in Österreich, wurden zwei deutsche Staaten.

Für das Verhältnis der beiden deutschen Staaten zur deutschen Nation und zueinander lassen sich zwei Phasen unterscheiden, nämlich die Phase der Konfrontation zweier Alleinvertretungsansprüche und seit den 1970er-Jahren die Phase der Entspannung durch ein vertraglich geregeltes Nebeneinander.

Sowohl das Grundgesetz der Bundesrepublik als auch die DDR-Verfassung von 1949 wollten Verfassungen für ein vereintes Deutschland sein, nämlich unter der Voraussetzung, dass der jeweils andere deutsche Staat verschwinden müsse. Beide kannten nur eine deutsche Staatsbürgerschaft.[195] Die DDR-Propaganda bekämpfte die Bundesrepublik als das Land der Nazis, Kapitalisten, Junker, Revanchisten und Kriegstreiber. In der Bundesrepublik bezeichnete man die DDR weiterhin als sowjetische Besatzungszone oder auch nur als «Zone» oder «Ostzone».

Für die Bundesrepublik stellte sich die nationale Frage zunächst so dar: Deutschland ist dreigeteilt in den freien Teil (Westdeutschland), den sowjetisch besetzten Teil (Ostzone) und in den Teil «unter polnischer Verwaltung», wie es im Potsdamer Abkommen hieß. Vertriebenenverbände machten ein «Recht auf Heimat» geltend. Durch die Akzeptanz der Demokratie, die Westintegration, das Wirtschaftswunder, aber wohl auch durch die Angst vor «den Russen», wurde die Bundesrepublik innenpolitisch stabil. Der Bruch mit der Nazizeit war zunächst lau, die personellen Kontinuitäten stark. Außenpolitisch jedoch gelang Konrad Adenauer die Versöhnung mit Frankreich und dem Staat Israel sowie die Einbindung in den Westen.

Die DDR verstand sich nach Lesart der SED als das «Neue Deutschland», das mit der unseligen deutschen Geschichte durch Beseitigung des Privateigentums an Produktionsmitteln und die Vertreibung der Junker und Kapitalisten, also Enteignungen, endgültig gebrochen hatte. Der «Antifaschismus» wurde zum Gründungsmythos der DDR, aber triumphalistisch genutzt: Die Sowjetunion hat den «Faschismus» besiegt, und die DDR steht aufseiten der Sieger der Geschichte, als sei 1945 die Bevölkerung ausgetauscht worden. Nazis waren immer die anderen. Dem Sozialismus gehörte die Zukunft, der Kapitalismus war zum Sterben verurteilt. Die Mehrheit der Bevölkerung stand all dem reserviert bis ablehnend und bedrückt gegenüber. Der Ausdruck «Faschismus» für den Nationalsozialismus war übrigens eine Verharmlosung, weil er die Judenvernichtung marginalisierte. Die deutschen Nazis waren weitaus brutaler als die italienischen Faschisten. Aber die italienischen Faschisten waren früher da und deshalb bezogen sich die entsprechenden Thesen der kommunistischen Internationale zunächst auf die «Faschisten». Die erste Faschismustheorie der Kommunisten verstand sie als Spielart der Sozialdemokratie, weil Mussolini zuvor Sozialdemokrat war. Die zweite, von Dimitrow formulierte kommunistische Faschismustheorie verstand diesen als die Ideologie der aggressivsten Kreise des Monopolkapitals. Und dies wurde offiziell in der DDR als Faschismus verstanden und bekämpft. Die Selbstbezeichnung der Nazis Nationalsozialistische Deutsche Arbeiterpartei (NSDAP) vermied man tunlichst, und zwar wegen der Wörter «sozialistisch» und «Arbeiter».

Nach dem Bau der Mauer wurde der Anspruch auf Alleinvertretung der geteilten Nation in beiden deutschen Staaten nach und nach zurückgefahren. Die neue Ostpolitik der Brandt-Scheel-Regierung hielt an der Einheit der Nation fest, suchte aber die tatsächlich fruchtlose Konfrontation durch das Konzept «Wandel durch Annäherung» abzubauen und die Folgen der deutschen Teilung zu lindern. Die Anerkennung der Zweistaatlichkeit und Respektierung (nicht Anerkennung) der DDR-Staatsbürgerschaft – zwei deutsche Staaten, die füreinander nicht Ausland sind – und die Erwartung, die deutsche Frage schließlich durch den Entspannungsprozess wenn nicht zu lösen, so doch zu entschärfen, all das haben viele in der DDR begrüßt, weil es eine wirkungslose Einheitsrhetorik durch konkrete kleine Schritte ersetzte. Als Willy Brandt 1970 Erfurt besuchte, riefen spontane Sprechchöre: «Willy Brandt ans Fenster!» Reiseerleichterungen, Ausreisemöglichkeiten und die Berichterstattung westdeutscher Journalisten aus der DDR für die DDR, die das Monopol der SED-Propaganda brachen, haben tatsächlich viel dazu beigetragen, dass das besondere Verhältnis zwischen den beiden deutschen Staaten auch als solches erlebt wurde. Freilich geschah dies viel stärker im Osten als im Westen. Zur DDR-Perspektive gehörte immer der Blick nach Westen, mindestens interessiert, teils auch beneidend – oder, so die SED, zum Zweck permanenter Abgrenzung.

Die SED nahm den Anspruch auf Alleinvertretung der geteilten Nation dadurch zurück, dass sie die deutsche Nation wegdefinierte und die DDR-Bevölkerung zur sozialistischen Nation erklärte. «Die sozialistische Nation beruht auf dem gesellschaftlichen Eigentum an Produktionsmitteln und den sich daraus ergebenden Beziehungen der gegenseitigen Hilfe und Unterstützung der politisch und moralisch geeinten nicht antagonistischen Klassen und Schichten»,[196] definierte das offiziöse *Philosophische Wörterbuch* 1970. Was üblicherweise Nation genannt wird, wurde nun als bürgerliche Nation bezeichnet und mit den kapitalistischen Produktionsverhältnissen begründet. Das sozialistische Weltlager und die Solidarität mit den um ihre Befreiung kämpfenden Völkern sollten das neue Wir konstituieren. Alle Erinnerungen an ein deutsches Zusammengehören wurden seit Anfang der 1970er-Jahre systematisch getilgt. In den 1950er-Jahren wurde auf Formularen zwischen Nationalität (deutsch) und Staatsbürgerschaft (DDR) unterschieden. Danach entfiel die Rubrik Nationalität. Das gemeinsame Autokennzeichen D wurde 1974 durch DDR ersetzt, die Nationalhymne der DDR verlor ihren Text. Die Tabuisierung der deutschen Nation durch die SED hatte zur Folge: «Deutsch sein, das war eine Form von Westbindung.»[197]

Was war der Grund für diese Wendung? Offenbar wurde der Begriff der deutschen Nation aufgegeben, weil die Sowjetunion nicht mehr auf die Weltrevolution setzte, sondern Besitzstandswahrung betrieb. Denn darin bestand das sowjetische Interesse am KSZE-Prozess. Zudem war das Modell eines autarken sozialistischen Wirtschaftssystems, das die kapitalistische Welt in der Leistungskraft überholen werde, sichtbar gescheitert. Merkwürdigerweise ging aber mit jener Absage an die deutsche Nation eine verstärkte

Rückwendung zur Geschichte einher. Höhepunkt war die Lutherehrung 1983. Bisher Fürstenknecht, wurde er nun dem progressiven Erbe zugerechnet. Das Denkmal Friedrich des Großen erschien wieder Unter den Linden. Die Bauplanung in der «Hauptstadt der DDR» ging von sozialistischen Großbauten zur Rekonstruktion historischer Ensembles über. Offenbar sollten solche Rekurse auf die Geschichte die verblassende Legitimationskraft der Zukunftsvision kompensieren. Aber die Geschichte, an die da erinnert wurde, war unentrinnbar gesamtdeutsch. Man konnte aus Luther keinen DDR-Bürger machen.

Jene Theorie von den zwei Nationen auf deutschem Boden enthielt jedoch eine Sollbruchstelle. Otto Reinhold, Rektor der Akademie für Gesellschaftswissenschaften beim Zentralkomitee der SED, hat sie in einem Radiointerview am 19. August 1989 kenntlich gemacht. Er wies darauf hin, dass die anderen sozialistischen Staaten schon vor ihrer sozialistischen Umgestaltung Staaten waren – genauer: Nationalstaaten. «Anders die DDR. Sie ist nur als antifaschistische, als sozialistische Alternative zur BRD denkbar. Welche Existenzberechtigung sollte eine kapitalistische DDR neben einer kapitalistischen Bundesrepublik haben?»[198]

Genau das ist die Argumentation, die später in dem Aufruf *Für unser Land* wiederkehrt. Sie war gegen eine Infragestellung des Sozialismus der DDR gerichtet, besagte aber zugleich: Nur der Systemgegensatz zur Bundesrepublik kann verhindern, dass sich das nationale Zusammengehören Bahn bricht. Die offiziell geleugnete Einheit der Nation wird unausgesprochen als gefährlich wirkungsmächtige Kraft verstanden, gegen die ein ideologischer «antifaschistischer Schutzwall» nötig ist: die Systemalternative. Die angeblich so souveräne DDR hat demnach nur eine geliehene Existenzberechtigung: als Alternative – und keine eigenständige. Aber was passiert, wenn Moskau die Systemalternative relativiert? Dann bewahrheitet sich Reinholds Feststellung zur entgegengesetzten Konsequenz: Die DDR verliert ihre Existenzberechtigung. «In der Bundesrepublik hatte sich eine ‹Staatsnation› herausgebildet, der nichts fehlte als das offizielle Bewusstsein, eine zu sein. Der DDR hingegen fehlte zur ‹Staatsnation› alles außer dem Anspruch der Offiziellen, eine solche zu vertreten».[199]

Einer der wenigen Einigungswitze geht so: Der Ostdeutsche ruft begeistert: «Wir sind ein Volk!» Der Westdeutsche brummelt: «Wir auch.» In der

Bundesrepublik hatte sich namentlich unter den Achtundsechzigern ein Selbstverständnis herausgebildet, das keiner Bezugnahme auf die DDR und die Einheit der Nation mehr bedurfte. Die beiden grundlegenden Stichworte waren: Verfassungspatriotismus und postnationale Demokratie. Karl Dietrich Bracher hat 1976 erklärt, die Bundesrepublik sei eine «postnationale Demokratie unter Nationalstaaten».[200] 1997 hat er kommentiert: «Das, was postnationale Demokratie war, war eine Errungenschaft in der Zeit, in der der deutsche Nationalstaat nicht möglich war.»[201] Dolf Sternberger hat 1979 in der *Frankfurter Allgemeinen Zeitung* den Ausdruck «Verfassungspatriotismus» geprägt. «Das Nationalgefühl bleibt verwundet, wir leben nicht im ganzen Deutschland. Aber wir leben in einer ganzen Verfassung, in einem ganzen Verfassungsstaat, und das ist selbst eine Art von Vaterland.»[202]

Während beide Autoren erklärten, dass ihre Bestimmungen mindestens auch der Not der Teilung geschuldet waren, die seinerzeit einen deutschen Nationalstaat verhinderten, gaben viele der Achtundsechziger und nicht wenige Intellektuelle den beiden Stichworten einen anderen Akzent, nämlich die postnationale Demokratie als Absage an einen deutschen Nationalstaat und den Verfassungspatriotismus als Absage an jede andere Art von Patriotismus. «Der einzige Patriotismus, der uns dem Westen nicht entfremdet, ist ein Verfassungspatriotismus»,[203] so hatte es Habermas formuliert. Das wurde wohl nur für die Bundesrepublik behauptet, denn Polen oder Franzosen lassen sich ihre Liebe zum Vaterland nicht auf die Liebe zur Verfassung reduzieren. Zwar ist die Liebe zum Vaterland eine unglückliche Liebe, wenn sie durch Trauer oder gar Zorn über die politischen Verhältnisse vergällt ist und bis zur Scheidung führen kann, wenn die Freiheit fehlt. So ähnlich hatte es auch Sternberger gesehen. «Zustimmung erwächst der staatlichen Ordnung nicht schon aufgrund einer geschichtlich gewachsenen Schicksals- und Erlebnisgemeinschaft. Wirkliches Identitätsgefühl vermag allein die gemeinsame Wahrnehmung von Freiheits- und Partizipationsrechten stiften.»[204] Er sprach aber dabei ausdrücklich von der staatlichen Ordnung. Galt das auch für das Vaterland?

Wohlgemerkt: Wer als oppositionell gesinnter DDR-Bürger die DDR nicht verließ, blieb ja nicht wegen, sondern trotz der politischen und gesellschaftlichen Verhältnisse – und gewiss nicht wegen der Verfassung, die übrigens ohne Verfassungsgericht vor Staatswillkür überhaupt nicht schützte. Es kann auch einen Patriotismus geben, der sagt: «Ich bleibe hier, weil ich hier meine Familie und meine Freunde und meine Aufgaben unter Mitmenschen habe und weil mir meine Heimat, mein Land und meine Leute vertraut sind. Ich akzeptiere nicht, dass die SED das Alleinverfügungsrecht über dieses Land beansprucht. Mein Land hat Besseres verdient.» Hätte es diese Art von Patriotismus in der DDR nicht gegeben, so hätte es auch 1989 keine Montagsdemonstrationen und keine Opposition am runden Tisch gegeben. Verfassungspatriotismus war das nicht, aber in den einschlägigen damaligen bundesdeutschen Diskussionen wurde dieser Patriotismus nie auch nur mit einer Silbe erwähnt. Ein großes Missverständnis!

«Wenn wir uns von den diffusen Vorstellungen über den Nationalstaat nicht frei machen, wenn wir uns der vorpolitischen Krücken von Nationalität und Schicksalsgemeinschaft nicht entledigen, werden wir den längst eingeschlagenen Weg in die multikulturelle Gesellschaft, […] den Weg zum Nationalitätenstaat eines vereinigten Europas nicht unbelastet fortsetzen können»,[205] so Habermas. Denkt man dies zu Ende, hätte sich demnach die Bundesrepublik auch der gesamtdeutschen nationalen Solidarität entledigen müssen; und tatsächlich unterstützte Habermas die Forderung Oskar Lafontaines, Übersiedler aus der DDR den Asylanten gleichzustellen.[206] Sollte das heißen: bei Ablehnung des Übersiedlungsantrags über die (gerade verschwindende) innerdeutsche Grenze abschieben? Ein völlig absurder Gedanke – auch undurchführbar. Aber wie sonst sollte dies interpretiert werden? Im Ergebnis: Der Verfassungspatriot nimmt die Verfassung nicht ernst, die allen DDR-Bürgern die eine deutsche Staatsbürgerschaft zuerkannte. «Ihr seid uns immer willkommen, außer ihr kommt tatsächlich.» War es wirklich so gemeint?

Scharf wandte sich Habermas gegen den Beitritt der DDR gemäß Artikel 23 des Grundgesetzes. Die Bundesbürger sollten das Recht haben, «Nein zu sagen».[207] Der «Modus des Beitritts hat vier Fünfteln der Wahlbevölkerung die Chance genommen, sich frei zu entscheiden».[208] Wofür? Für einen Verfassungsbruch? Oder für eine eilige Verfassungsänderung? Für den Test, ob die Hartherzigkeit in der Bundesrepublik mehrheitsfähig ist – vor den Augen der völlig konsternierten Weltöffentlichkeit? Wer jene Chance schaffen wollte, hätte Artikel 23 streichen müssen, aber doch nicht in dem Moment, da sich erstmals seit Jahrzehnten wieder die Gelegenheit bot, sein

Angebot anzunehmen. Habermas setzte im November 1989 noch vage Hoffnungen auf eine radikaldemokratische Umgestaltung der sozialistischen Gesellschaft der DDR bzw. auf das «Experiment eines ‹neuen Sozialismus›, für das sich eine Mehrheit der Bevölkerung immerhin entscheiden könnte».[209] Er wünschte sich deshalb für längere Zeit eine unabhängige DDR, mit namentlichem Bezug auf Reinholds Argumentation,[210] also höchstens Konföderation, aber keine Vereinigung.

Die «postnationale Demokratie unter Nationalstaaten» als Beschreibung der Bundesrepublik hatte Bracher seinerzeit als Konsequenz eines derzeit unaufhebbaren Defizits verstanden. Andere haben das Defizit zum Vorzug umgedeutet, so auch Habermas. In diesem Verständnis wurde die Bundesrepublik zum Vorreiter unter Zurückgebliebenen, den ordinären Nationalstaaten ringsum um eine Menschheitsepoche voraus, weil sie die Nationalität selbst als «Erdenrest, zu tragen peinlich» (Goethe) abgeschüttelt habe. Ausdrücklich hatte Habermas das Verständnis der Nation als Schicksalsgemeinschaft zu den Krücken gezählt, derer sich die Bundesrepublik entledigen sollte.

Gegen das Verständnis der Nation als Schicksalsgemeinschaft stellt Habermas Ernest Renans Verständnis von Nation,[211] das dieser als tägliches Plebiszit, als Willensgemeinschaft für eine gemeinsame Zukunft verstand. Und in der Tat: Diejenigen Staaten, die nach 1989 zerfielen, weil die Bürger einen gemeinsamen Staat und eine gemeinsame Nation ablehnten, beweisen eben, dass Nationen nur so lange existieren, wie sie mehrheitlich bejaht werden und keine überzeitlichen substanzartigen Entitäten sind. Aber Habermas hat nur die Hälfte von Renans Beschreibung einer Nation erwähnt: der Wille zu einer gemeinsamen Zukunft und die Erinnerung an eine gemeinsame Geschichte. Damit hatte Renan in seiner Definition von Nation das Element «Schicksalsgemeinschaft» gar nicht ausgeschlossen. Allerdings denkt er nur an eine heroische, erhebende Vergangenheit und erteilt sogar der Heroisierung, sprich: Beschönigung das Wort. Dies ist abzulehnen! Wir werden weiter auch die dunklen Seiten, ja auch die schwarzen Kapitel deutscher Geschichte nicht beschönigen. Allerdings wäre es umgekehrt ebenso einseitig, wenn sich das Erinnern durchweg am Schlimmen und Schrecklichen festbisse. Die Unfähigkeit zu trauern sollte nicht durch die Unfähigkeit zur Freude an der deutschen Freiheitsgeschichte im letzten Jahrzehnt des

20. Jahrhunderts und an ihrer Vorgeschichte vor 1933 ersetzt werden, die sich bis ins Mittelalter zurückverfolgen lässt, als es hieß: «Stadtluft macht frei», nämlich von Hörigkeit und Grunduntertänigkeit, oder als im Investiturstreit die Theokratie (man könnte auch sagen: ein christliches Kalifat) scheiterte oder als mit der Goldenen Bulle das Wahlkaisertum festgeschrieben und der Absolutismus auf Reichsebene ausgeschlossen wurde.

Das schwarze Kapitel der deutschen Geschichte ist und bleibt eine schwere Last. Relativierungen zum «Vogelschiss» (Alexander Gauland) muss entschieden widersprochen werden, aber auch Mystifizierungen. Günter Grass hat seinerzeit behauptet, durch Auschwitz hätten die Deutschen das Recht auf einen gemeinsamen Staat verspielt. Das ist Pseudotheologie, denn er spielt den Weltenrichter. Und sollte das etwa heißen: Durch die Strafe der Teilung sei Auschwitz gesühnt? Peter Scheider hatte diese Haltung hinterfragt: «Warum war eigentlich die Bereitschaft, für die deutsche Schuld in Gestalt der Teilung zu büßen, vornehmlich bei den Westdeutschen anzutreffen, die ja gar nicht büßten und mit der Teilung vergleichsweise prächtig lebten? Und warum weigerte sich das Volk der Ostdeutschen – mit Ausnahme ihrer privilegierten Intellektuellen – so beharrlich, diese angebliche Strafe der Geschichte anzunehmen? In Wahrheit war die Teilung Deutschlands keineswegs eine direkte Folge des Hitlerkriegs gewesen. Sie war eine Folge des Kalten Kriegs.»[212] Wer hatte denn solche Fragen zu entscheiden? Für Deutschland als Ganzes hatten sich die vier Siegermächte das letzte Wort reserviert. Ein Friedensvertrag stand schließlich noch aus. Wenn sie und die Nachbarstaaten tatsächlich der Auffassung gewesen wären, dass ein vereintes Deutschland zu gefährlich sei, hätten wir das akzeptieren müssen. Aber wir können und dürfen uns doch nicht vorauseilend selbst bezichtigen, wir seien unfähig zur friedlichen Staatsnation. Das ist doch der alte Mythos vom besonderen «deutschen Wesen», nur mit umgekehrtem Vorzeichen. Vom erwählten Volk zum verworfenen Volk – aber immer etwas ganz Besonderes? Für die europäische Stabilität wäre die weiterhin offene deutsche Frage doch kein Stabilitätsanker, sondern ein Unsicherheitsfaktor geworden, weil unabsehbar gewesen wäre, was aus der DDR wird.

«Denk ich an Deutschland in der Nacht, dann bin ich um den Schlaf gebracht.» Das dichtete Heinrich Heine 1844 in Paris. Der Satz wurde nach 1990 häufig das Motto westlicher Veranstaltungen, in denen es um das Unbehagen an Deutschland ging. Heine scheint ein düsteres Geheimnis über Deutschland anzudeuten. Wirklich? «Nach Deutschland lechtz' ich nicht so sehr, wenn nicht die Mutter dorten wär'. Das Vaterland wird nie verderben, jedoch die alte Frau könnt sterben.»[213] Heine war ein Patriot und kein Schwarzseher für Deutschland.

Die westdeutsche radikale und extreme Linke hat 1990 und danach mit Losungen wie «Nie wieder Deutschland»,[214] «Deutschland muss sterben, damit wir leben können» und «Deutschland verrecke!»[215] demonstriert. Die Auseinandersetzung mit der Nazizeit wurde im Westen sehr viel gründlicher betrieben als in der DDR. Aber der Blick in diesen Abgrund hatte wohl nicht wenige so geschockt, dass sie keine Deutschen mehr sein wollten. «Ich fühle mich nicht als Deutscher, ich bin Europäer.» Das ist verständlich, aber keine Lösung. Denn die Nachkommen der Opfer sehen in uns die Nachkommen der Täter, ohne zu fragen, ob uns das recht ist. Wir dürfen aber darauf hinweisen, dass wir lediglich Nachkommen sind, die sich weder Eltern noch Geburtsort aussuchen konnten. Und dass die Behauptung einer generationenübergreifenden Kollektivschuld der Menschenwürde widerspräche.

Ein deutscher Nationalstaat, hatte Habermas behauptet, werde die Entstehung eines Nationalitätenstaats im vereinigten Europa behindern. Lafontaine hatte 1988 geschrieben: Weil die (West)Deutschen «mit einem pervertierten Nationalismus schreckliche Erfahrungen gemacht» hätten, seien sie dazu «prädestiniert», «die treibende Rolle im Prozess der supranationalen Vereinigung zu übernehmen».[216] Also schon wieder eine (west)deutsche Sonderrolle? Wie auch immer die Vereinigung Europas voranschreiten wird, jedenfalls kann es kein Hindernis sein, wenn Deutschland ein Nationalstaat ist wie alle anderen. Die Nationalstaaten in Europa bleiben weiterhin die wichtigste Ebene der politischen Vergemeinschaftung, weil die nationale Identität eine Quelle von Solidarität darstellt, Verständigung und folglich Beschlussfassungen erleichtert und Sicherheit, die innere wie die soziale, zu gewährleisten vermag. Die Demokratie hat sich in Europa in Nationalstaaten durchgesetzt, weil nur sie die Realisierung der Volkssouveränität ermöglichte. Aber ein Nationalstaat grenzt doch aus! Das ist richtig. Ihm gehören nur die Staatsbürger und die mit legalen Aufenthaltstiteln an. Und territoriale Grenzen seiner Zuständigkeit muss er auch haben. Aber ohne diese beiden Begrenzungen (und eine Staatsform zudem) kann es gar keinen Staat geben. Abgrenzungen können friedensstiftend sein, wie die Zäune zwischen benachbarten Grundstücken: «Ihr habt euren, wir haben unseren Staat.» Die Könige und Kaiser hielten als Reichsapfel einen Globus mit Kreuz in der Hand. Das war das Symbol eines imperialen, unbegrenzten Herrschaftsanspruchs.[217]

Fazit: «Europa kann […] nicht gegen die Nationen vereinigt werden, sondern nur mit ihnen und durch sie.»[218]

3.4.3 Patriotismus versus Nationalismus

Es besteht eine grundlegende und unaufhebbare Spannung im Menschengeschlecht zwischen Gleichheit und Ungleichheit, zwischen Universalität und Partikularität. Alle Menschen haben nach westlicher Überzeugung dieselbe Würde und sollen dieselben Rechte haben, die Menschenrechte. Insofern sind alle Menschen gleich. Aber jedes Individuum ist einmalig und deshalb anders als alle anderen Menschen, insofern also sind alle Menschen ungleich, selbst genetisch gleiche Menschen, denn jeder Mensch wird auch durch seine Umwelt geprägt und diese prägt auf unterschiedliche Weise. Universalität und Partikularität lassen sich an den Sprachen gut verdeutlichen. Die Fähigkeit, die Sprache zu erlernen, in der es angesprochen wird, besitzt zunächst jedes Kind. Aber mit dieser universalen Fähigkeit allein kann niemand sprechen, denn Sprachen gibt es nur im Plural. Jeder Mensch hat eine Muttersprache, manche haben zwei, aber mehr als drei wohl nie. Menschen können ihre Muttersprache wechseln, aber schwerlich mehrmals im Leben. Ebenso gibt es Kulturen nur im Plural und Religionen auch. Es gibt nur eine Menschheit, aber viele Völker, Staaten und Kulturen. Das kulturelle Erbe der Menschheit ist nicht die eine Menschheitskultur, sondern die Pluralität aller ihrer Kulturen. Die Menschheitskultur ist tatsächlich multikulturell. Aber das Feld des Menschenmöglichen ist viel größer als das, was ein Individuum oder auch eine Gesellschaft realisieren kann. Deshalb ist die Frage berechtigt, in welchem Maß eine konkrete Gesellschaft oder ein Staatsvolk tatsächlich multikulturell sein kann. Gibt es Grenzen der Diversität, über die hinaus Diversität das Zusammenleben in einer Gesellschaft stört oder gar zerstört?

Freiheit hat Pluralität zur Konsequenz, und die fordert Toleranz. «Tolerare» heißt ertragen. Mit Toleranz ist also nicht das Vergnügen an möglichst vielen verschiedenen Meinungen gemeint – dieses Vergnügen haben nur diejenigen, die an Wahrheit nicht interessiert sind –, sondern die Bereitschaft, etwas Unangenehmes zu ertragen: dass andere mir nicht zustimmen wollen. Die Pluralität aus Freiheit bedarf gleichwohl eines übergreifenden Konsenses, der nicht nur in der Anerkennung des Grundgesetzes, sondern darüber hinaus in weiteren elementaren Verständigungsbedingungen besteht. Deutsch ist in Deutschland die einzige Amts- und Verkehrssprache. Rücksicht auf die hiesigen Üblichkeiten, um nicht vermeidbar anzuecken, ist auch eine der Verständigungsbedingungen und eine Anforderung an gutwillige Zuwanderer. Und natürlich grundsätzlich die Bereitschaft, am hiesigen gesellschaftlichen Leben teilzunehmen und sich nicht auf den Standpunkt zu stellen, dass «wir» zwar hier leben wollen, aber vor allem «westliche» Denk- und Lebensweise verachten und vermeiden müssen. Es ist nicht immer hinreichend klar, ob die Befürworter einer multikulturellen Gesellschaft das auch so sehen. Unstrittig ist hoffentlich, dass die Entstehung von Parallelgesellschaften oder gar einer Paralleljustiz[219] das Maß akzeptabler Diversität überschreitet.

Zurück zur unvermeidlichen Partikularität von Muttersprache und Vaterland. Im Deutschen wird sie durch das Wort Heimat artikuliert. «Heimat», sagt Herder treffend, «ist da, wo man sich nicht erklären muss.» Es ist das kleine Stück unserer Erde, mit dem ich vertraut bin, wo ich Stock und Stein kenne und die Nachbarn auch und diese mich. Man mag sich nicht immer, aber man kennt sich gut. Das kann ein Dorf sein oder ein Stadtteil. Gegenbegriff ist die Fremde, das «andere Land», auf Althochdeutsch «eli lenti», auf Neuhochdeutsch Elend. Wer seine Heimat verliert und damit den Beistand seiner Familie und Freunde, ist elend dran. Er hat Heimweh. Eine Heimat zu haben schadet niemandem, und wem das verwehrt ist, der ist nicht zu beglückwünschen, sondern eher zu bedauern. Selbstverständlich gibt es keine Pflicht zur Heimat.

Das Lied «Nun ade, du mein lieb Heimatland» hat der Student August Disselhoff 1851 gedichtet, als er zum Studium von Arnsberg in Westfalen nach Halle wanderte. Das «fremde Land» war Halle an der Saale. Das Ade fällt ihm allerdings nicht schwer, denn zur Heimat spricht er: «Gott weiß, zu dir steht stets mein Sinn, doch jetzt zur Ferne zieht's mich hin.» Heimat und Fremde sind also hier zwar klar unterschieden, aber die Fremde ist diesmal nicht das Elend. Nicht nur Studenten, auch die Handwerksburschen zog es in die Fremde, in die «weite Welt», zur Horizonterweiterung, zur Bildung. Heimat kann schließlich auch heißen: Beschränktheit und immer dasselbe. Und man kann auch die Heimat wechseln, eine neue Heimat finden. Dafür braucht es allerdings Zeit. Und weil wir endliche Wesen sind, werden wir nicht allzu oft die Heimat wechseln können, jedenfalls nicht das Vaterland. Dazu ist unser Leben wohl zu kurz.

Am *Duden* ist kritisiert worden, dass er keinen Plural von Heimat ausweist. Kann man gleichzeitig mehrere Heimaten haben? Das Flugzeug macht vieles möglich. Aber Ferien in der türkischen Heimat und den Rest des Jahrs in Deutschland kann (aber muss nicht) dazu führen, dass man in der Türkei als der Deutsche und in Deutschland als der Türke nicht so ganz dazugehört. Und vier Heimaten, das ist sicher nicht lebbar. Denn hier geht Extensität auf Kosten der Intensität. Wer überall zu Hause sein will, ist in Wahrheit nirgends zu Hause. Wer nirgends zu Hause ist, engagiert sich auch nirgends. Er muss (oder will sogar) auf Partizipation verzichten. Er mag sich für einen Kosmopoliten halten, ist aber in Wahrheit überall fremd. Allerdings: Polyglotte Wissenschaftler, Künstler und der Jetset finden überall in den Metropolen ihresgleichen (und überall Hotels derselben Ausstattung, als wäre man zu Hause), was hier nicht getadelt werden soll, sofern es dem internationalen Wissens- und Kulturaustausch dient. Aber überall zu Hause sind diese Ausnahmemenschen keineswegs. In einem senegalesischen oder nepalesischen Dorf ohne Hilton-Hotel würden sie eine sehr ernüchternde Erfahrung von Fremdsein machen. Vaterland ist sozusagen die vergrößerte Heimat, deren Bewohner mir näherstehen, auch wenn mir nur ein sehr kleiner Teil persönlich vertraut ist. Bei Flugzeugunglücken wird in der Regel gemeldet, ob sich Deutsche unter den Opfern befinden. Das interessiert uns, weil es sich um Menschen handeln könnte, die uns nahestehen. Aber sollten uns als universalistische Kosmopoliten nicht alle Menschen gleich nahestehen? Wir sind leibliche Menschen, jeweils im Hier und Jetzt. «Seid umschlungen, Millionen, diesen Kuss der ganzen Welt» – da wird in Wahrheit niemand umarmt oder geküsst. Warum sind mir meine Kinder wichtiger als andere? Weil ich ihr einziger Vater bin. Deshalb hat Nächstenliebe Vorrang vor Fernstenliebe, wenn auch keinen absoluten.

Jeder Staat beansprucht das Recht zu entscheiden, zu regulieren und zu kontrollieren, wer einreisen und sich befristet oder unbefristet im Staatsgebiet aufhalten darf. Jeder Staat hat dafür rechtliche Regelungen getroffen und zudem völkerrechtliche und in Europa europarechtliche Verpflichtungen übernommen. Die Rechtslage ist nicht gerade übersichtlich, aber allgemein anerkannt ist: Es gibt ein Menschenrecht auf Ausreise, aber in keinem Menschenrechtskatalog ein Menschenrecht auf Einreise. Denn dieses würde ja die Pflicht eines jeden Staats auf Aufnahme aller, die kommen wollen, zur Voraussetzung haben. Dazu ist kein Staat dieser Welt bereit. Die eigenen Bürger würden protestieren. Das würde zudem den Sozialstaat sprengen, weil es unbegrenzte Ausgaben bei weiterhin begrenzten Einnahmen zur Folge hätte, und Sicherheitsprobleme erzeugen, wenn von denen, die da kommen, nichts bekannt ist. Die Rechtslage in Deutschland lässt das im Übrigen nicht zu.

Es gibt in Deutschland grundsätzlich vier Gründe für eine Aufenthaltsgenehmigung: für Touristen, für individuell Verfolgte auf die Dauer der Gefahr, aber mit der Möglichkeit, dauerhaft zu bleiben, wenn sie sich integriert haben, sodann «subsidiär» für diejenigen, denen in ihrer Heimat Gefahr für Leib und Leben droht und schließlich für Arbeitsmigranten, die in Deutschland ihren Lebensunterhalt durch ihre Berufstätigkeit bestreiten können und dem Arbeitskräftemangel abhelfen. Das ist prinzipiell eine gute Regelung, aber bei der Durchführung gibt es erhebliche Probleme, die hier ausgeklammert werden. «Unser Herz ist weit, aber unsere Möglichkeiten sind endlich», so formulierte es Bundespräsident Joachim Gauck.

Wer ist Deutscher? Die entscheidende Antwort muss die rechtliche sein: wer die deutsche Staatsbürgerschaft besitzt. Sie wird durch Geburt erworben, nämlich durch Eltern deutscher Staatsbürgerschaft («jus sanguinis») oder durch den Geburtsort («jus soli») – oder auf Antrag verliehen. Die Mindestbedingungen für die Verleihung sind die Akzeptanz der deutschen Rechtsordnung (und nicht nur des Grundgesetzes), die Fähigkeit und der Wille, sich in diesem Land zurechtzufinden, im Besonderen die Kenntnis der deutschen Sprache in dem Maß, wie sie für die Orientierung in Alltag und Beruf notwendig ist, und dass die betreffende Person ihren Lebensunterhalt aufbringen kann.

Und was heißt: Ich bin Deutscher? Nichts Besonderes, aber etwas Bestimmtes. Und dies macht den Unterschied zwischen Patriotismus und Nationalismus aus. Patriotismus ist die Liebe zum eigenen Vaterland – so, wie andere das ihre lieben. Sehr schön hat das Bertolt Brecht in seiner *Kinderhymne*[220] ausgedrückt, die er als Alternative zur DDR-Hymne gedacht hatte. Der Nationalist dagegen kann sich seines Vaterlands nicht erfreuen, ohne auf andere Nationen herabzusehen. Kosmopoliten, die nur die ganze Welt als Vaterland akzeptieren, laufen Gefahr, Patriotismus und Nationalismus gleichermaßen zu verachten und so in einen Topf zu werfen.

Was die deutsche Kultur charakterisiert, besteht aus einem manifesten, offenkundigen Teil und aus einem latenten, verdeckten. Zum Ersteren gehört vor allem die deutsche Sprache, die in Deutschland die einzige Amtssprache ist. Aber es kommt schon noch ein bisschen mehr hinzu. Auch die deutsche Geschichte, wie sie alltäglich in Bauwerken, Denkmälern, Gedenktagen, Straßennamen und auf Briefmarken präsent ist, darf denjenigen, die sich als Deutsche verstehen oder die doch dauerhaft hier leben und dazugehören wollen, nicht gänzlich unbekannt sein, weil sie anderenfalls von stummen Rätseln umgeben wären. Es gibt zweifellos eine Alltagspräsenz der sogenannten Hochkultur. Diese deutsche Kultur ist weder etwas Unveränderliches noch etwas Isoliertes. Sie ist vielmehr Teil des europäischen Kulturkreises und hat mit allen anderen europäischen Nationalkulturen dieselben prägenden Wurzeln, nämlich Jerusalem, Athen und Rom. Und sie stand immer im innereuropäischen Austausch. Das Wort «natio» erscheint in einem technischen Sinn erstmals an den intereuropäischen mittelalterlichen Universitäten, in denen Studenten derselben Herkunftsländer jeweils gemeinsam wohnten und in Landsmannschaften organisiert waren.

Der latente Teil, das sind die deutschen Üblichkeiten und Gewohnheiten. Sie entziehen sich der alltäglichen Wahrnehmung und werden erst auffällig, wenn sie ausfallen, also entweder wenn wir ins Ausland fahren und erleben, dass dort Kopfnicken ein Nein bedeuten kann oder dass Frauen ohne Kopftuch als leichtlebig gelten. Oder wenn Fremde zu uns kommen und Anstoß erwecken, weil sie sich weigern, einer Frau zum Gruß die Hand zu geben. Man sollte sich Heiligabend in Deutschland nicht so verhalten, wie es in Deutschland am Silvesterabend üblich ist. Diese Üblichkeiten werden weder ausgehandelt noch beschlossen noch angeordnet. Sie erleichtern die Verständigung. Sie zu berücksichtigen ist Ausdruck des Wohlwollens, der Rücksicht und der Vermeidung unnötiger Reibereien. Besprechen muss man sie nur, wenn es ihretwegen doch zu Reibereien kommt oder Neuerungen verärgern. Das alles erscheint recht diffus. Dennoch bestehen unsere Nachbarn darauf, dass sie an uns und bei uns Üblichkeiten wahrnehmen, die sie als «typisch deutsch» bezeichnen.

3.4.4 Verbleibende Ost-West-Unterschiede

Und was hat all dies nun mit Ost und West zu tun? Die erste Antwort mag überraschen: Herzlich wenig, wenn es um die Frage geht: Was ist deutsch? Umfragen des Instituts für Demoskopie Allensbach[221] haben ergeben, dass die Frage «Gibt es einen deutschen Nationalcharakter?» von 57 Prozent der Deutschen bejaht und von 26 Prozent verneint wird. Bei den Anhängern der Linken und von Bündnis 90/Die Grünen ist die Zustimmung am niedrigsten (46 %), aber immer noch höher als die Ablehnung (36 bzw. 34 %). Markante Unterschiede zwischen Ost und West gibt es dabei nicht. «Deutsch sein hat auch mit Herkunft und Tradition zu tun», bejahen in Ost und West 49 Prozent. Die Feststellung «Deutsch sein hat nicht unbedingt etwas mit Herkunft und Tradition zu tun. Für mich sind alle diejenigen Deutsche, die den deutschen Pass besitzen, das Grundgesetz und unsere freiheitliche demokratische Ordnung akzeptieren und danach leben» – also die Position des reinen Verfassungspatriotismus – bejahen im Westen 40 Prozent, im Osten 34 Prozent, also jeweils die Minderheit. «Sollte für Ausländer, die hier leben, die deutsche Kultur Leitkultur sein?» bejahen in Deutschland 76 Prozent, 16 Prozent verneinen dies.

Trotzdem gibt es auf diesem Feld markante Unterschiede. Die postnationale Position wird im Westen bis heute offenkundig weit stärker vertreten als im Osten. Robert Habeck, der heutige Co-Vorsitzende von Bündnis 90/Die Grünen, hat 2010 geschrieben: «Patriotismus, Vaterlandsliebe also, fand ich stets zum Kotzen. Ich wusste mit Deutschland nichts anzufangen und weiß es bis heute nicht.»[222] Es wird schwer werden, eine vergleichbar dezidierte Absage von einem bekannten Ostdeutschen zu finden. Die allermeisten Ostdeutschen werden diese Aussage seltsam finden. Wenn jemand unmusikalisch ist, ist ihm das nicht vorzuwerfen. Sollte er aber behaupten, Musikfreunde seien zurückgeblieben, weil sie Musik mögen, wird er Widerspruch ernten.

Der Zürcher Soziologe Gerhard Schmidtchen, der von 1990 bis 1992 auch in Leipzig lehrte, bemerkte 1999: «Der Westen betreibt Ostethnologie.»[223] Man schreibt Reiseberichte über ein exotisches Land und liefert gern freihändige Erklärungen.

Wenn in Hamburg ein Paar sein Kind verhungern lässt oder in Saarbrücken die Wirtin der Tosaklause sexuellen Kindsmissbrauch organisiert, ist die Öffentlichkeit zu Recht schockiert. Aber niemand kommt auf die Idee, zu diskutieren, ob das typisch für den Westen sei. Wenn aber bei Frankfurt (Oder) eine Frau neun ihrer Neugeborenen heimlich tötet und in Blumentöpfen auf dem Balkon bestattet – ein monströs singulärer Vorgang –, gibt es eine Diskussion, ob das typisch sei für den Osten und sich aus dortigen Verhältnissen erkläre.

Der makaberste Beleg für Ostethnologie war der Fall Sebnitz im Jahr 2000. Ein irakisch-deutsches Apothekerehepaar aus dem Westen hatte in Sebnitz eine Apotheke eröffnet, aber die Sebnitzer gingen weiter zu den alteingesessenen Apotheken. Als ihr siebenjähriger Sohn 1997 beim Baden starb, wollte die Apothekerin die Diagnose «plötzlicher Herztod» nicht glauben. Über Jahre sammelte sie Aussagen von Kindern und kam zu dem Schluss, Neonazis hätten unter Anstiftung einer Apothekerstochter ihren Sohn vor 300 Zeugen im Stadtbad betäubt, geschlagen und ertränkt. Sie bot ihre Geschichte mehreren Zeitungen an, aber denen erschien sie nicht glaubwürdig. Im November 2000 jedoch brachte *Bild* die Meldung: «Viele hörten seine Hilferufe, keiner half.» Es kam zu drei Verhaftungen. Die meisten deutschen Medien meldeten darauf die Geschichte als Tatsache. Wenige Tage später stellte sich heraus, dass nichts davon stimmte. Einige Zeitungen entschuldigten sich bei ihren Lesern. Andere warnten vor Entwarnung. «Es hätte passieren können», titelte die *taz*. Man könnte das Inländerfeindlichkeit nennen: Denen im Osten ist einfach alles Schlechte zuzutrauen. Auch dass 300 Zeugen in einem Stadtbad einen öffentlichen Kindermord trotz der Hilferufe des Kinds geschehen lassen.[224]

Was sagt nun die Statistik? Tatsache ist, dass es im Osten zu mehr rassistischen Übergriffen, rechtsextremistisch motivierten Taten (worunter auch sogenannte Propagandadelikte zählen), rechtsextremistischer körperlicher Gewalt und Übergriffen auf Asylbewerber und Flüchtlinge als im Westen gekommen ist. Relativ zur Einwohnerzahl liegt die Zahl der Vorfälle ziemlich konstant über die Jahre dreimal höher.[225] Wie erklärt sich das?

Auch hier lohnt ein Blick in die Geschichte: Bereits in der DDR gab es eine rechtsextreme Skinheadszene. Zu Altnazis und zu westdeutschen Skinheads hatten sie keine Verbindung, aber zu skandinavischen. Öfters handelte es sich um opponierende Kinder von SED-Funktionären, die genau wussten, womit sie ihre Eltern zur Rotglut bringen konnten. Es gab in der DDR auch eine Punkerszene. In der sahen Skinheads ihre passenden Opfer. Die Stasi unterhielt zwar eine eigene Abteilung für Skinheads und Neonazis, blieb aber lange zurückhaltend. Schließlich schlug sie zu und steckte einige ins Gefängnis. Aber 1990 kamen diese durch die allgemeine Amnestie frei und fühlten sich als Sieger. Da die bisherige Jugendbetreuung der SED durch die FDJ 1990 ersatzlos zusammenbrach, konnten sie das postrevolutionäre Orientierungschaos für sich nutzen. Dabei spielte auch die Umkehrlogik «Was die SED verboten hat, ist jetzt erlaubt» eine fatale Rolle. Im Prozess gegen Beate Zschäpe und den Nationalsozialistischen Untergrund (NSU) ist am Beispiel der rechtsextremen Mörder Uwe Böhnhardt und Uwe Mundlos eine extreme Version jener postrevolutionären Desorientierungen zur Darstellung gekommen.

Dagegen sind die rechtsextremen Parteien im Osten exklusiv Westimporte. Sie haben auch immer mehr Mitglieder im Westen als im Osten gehabt – außer der NPD. Denn die hat ihr Zentrum vom Westen nach Sachsen verlegt. Sie war von 2004 bis 2014 im Sächsischen Landtag vertreten. Einige ihrer Abgeordneten und sämtliche Fraktionsmitarbeiter waren Westdeutsche. Aber klar ist: Die nötigen Stimmen bekamen sie in Sachsen.

Die höhere Zahl ausländerfeindlicher Straftaten sagt für sich noch nichts über die Verbreitung ausländerfeindlicher Überzeugungen im Osten aus. Zunächst aber auch hier eine Erinnerung an die DDR. Es gab in der DDR sogenannte Vertragsarbeiter aus Mozambique, Vietnam, Kuba und anderen Ländern. Aber es gab nicht die Erfahrung mit dem Ausländer nebenan, weder im Wohnbezirk noch am Arbeitsplatz. Denn sie waren kaserniert und arbeiteten in geschlossenen Brigaden. Kontakte mit der einheimischen Bevölkerung waren unerwünscht. Wenn Frauen schwanger wurden, mussten sie umgehend in ihr Herkunftsland zurückkehren. Echte Zuwanderung begann erst 1990, und zwar sehr zögerlich.

Das Erstaunen über Ausländerfeindlichkeit ohne Ausländer ist ein Denkfehler. Am meisten Angst macht das Unbekannte und Ungewohnte. Die meisten Menschen fürchten den Verlust gewohnter Normalität. Das Ausmaß der Ängstlichkeit auf diesem Gebiet hat etwas mit Bildung und mit persönlicher Souveränität zu tun. Die passende westliche Vergleichssitua-

tion wären die frühen 1960er-Jahre gewesen, als nach dem Wegfall der ostdeutschen Flüchtlinge aufgrund des Mauerbaus die Anwerbung ausländi-
scher «Gastarbeiter» in Fahrt kam. Sie konnten sich damals noch nicht einer
wohlwollenden Willkommenskultur erfreuen.

Aus der Tatsache, dass ausländerfeindliche Akte im Osten relativ zum
Bevölkerungsanteil dreimal häufiger vorkommen als im Westen, darf man
nicht folgern, dass drei Viertel der Ostdeutschen oder auch gleich der gesamte Osten negativ gegen Ausländer eingestellt sei. Befragungen haben
nämlich dokumentiert, dass auch im Osten nur eine Minderheit ausländerfeindlich gesonnen ist.

«Nimmt die Bundesregierung die Sorgen beim Thema Zuwanderung
ernst?» Das verneinen im Osten 66 Prozent, im Westen zwar weniger als die
Hälfte, aber immerhin 46 Prozent. «Welche Erfahrungen haben Sie mit Ausländern gemacht?» Sehr gute oder eher positive Erfahrungen haben im Westen
37,1, im Osten 37,3 Prozent gemacht – sogar etwas mehr als im Westen! Gar
keine Erfahrungen haben im Westen 33,1 Prozent, im Osten aber 40,1 Prozent
gemacht. Na, was lehrt uns das? Jedenfalls nicht, dass der Osten unbelehrbar
ausländerfeindlich sei. «Wird Deutschland die Flüchtlingskrise bewältigen?»
Das verneinen im Westen 32 Prozent und im Osten 45 Prozent. Man kann plausibel vermuten, dass diejenigen, die keine Erfahrung mit Ausländern gemacht
haben, besonders oft befürchten, dass das nicht gut ausgehen werde.[226]

3.5 Gefährdet der Osten die Demokratie?

Nach der Bundestagswahl von 2017 war von westlichen Kommentatoren zu
hören, die Demokratie werde in Deutschland vom Osten aus in Gefahr
gebracht. Grund war der Wahlerfolg der rechtspopulistischen AfD. Sie
erreichte im Westen 10,7 und im Osten 21,9 Prozent, also fast genau doppelt
so viele Prozentpunkte. Allerdings heißt dies auch, dass fast 80 Prozent der
Ostdeutschen – und fast 90 Prozent der Westdeutschen – die AfD *nicht*
gewählt haben, was das Gefälle etwas relativiert. Hinzu kommt, dass es bei
dieser Wahl innerhalb der beiden Großräume West und Ost ein sehr deutli-
ches Südost-Nordwest-Gefälle gab (Schaubild 34): Bayern und Baden-Württemberg wählten viel stärker die AfD als Schleswig-Holstein, Niedersachsen

Schaubild 34:
Zweitstimmenanteil der AfD in der Bundestagswahl 2017*

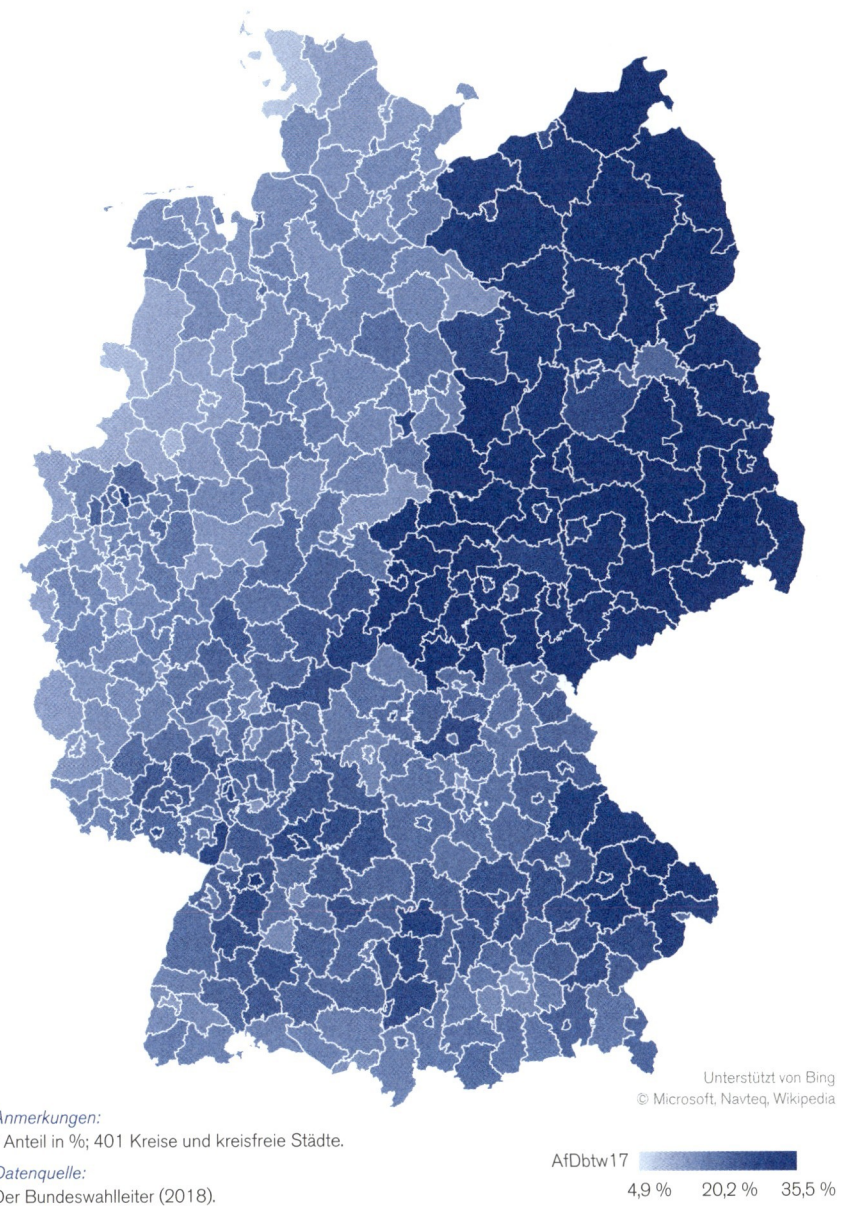

Anmerkungen:
* Anteil in %; 401 Kreise und kreisfreie Städte.

Datenquelle:
Der Bundeswahlleiter (2018).

Unterstützt von Bing
© Microsoft, Navteq, Wikipedia

AfDbtw17

4,9 %   20,2 %   35,5 %

und Nordrhein-Westfalen, genauso wie im Osten Sachsen im Vergleich zu Mecklenburg-Vorpommern.[227] Einfache Erklärungsmuster nach wirtschaftlicher Stärke und den Folgen der Deutschen Einheit sind also kaum ausreichend, um die Muster des AfD-Aufstiegs zu erklären. Unstrittig ist allerdings, dass der hohe Stimmenanteil der AfD bei den Landtagswahlen 2019 in Thüringen 23,4 und in Sachsen 27,5 Prozent die jüngsten Regierungsbildungen in zwei ostdeutschen Ländern enorm erschwert hat.

Es ist deshalb legitim zu fragen: Wie sieht es mit der allgemeinen Akzeptanz der Demokratie im Osten aus? Tatsache ist: Die parlamentarische Demokratie wird in ostdeutschen Kommunen, Kreis- und Landtagen korrekt und unangefochten praktiziert. Und die grundsätzliche Zustimmung zur Demokratie ist in Ost und West hoch.[228] Anders sieht es aus, wenn gefragt wird: «Sind Sie mit der Art und Weise, wie die Demokratie in der Bundesrepublik Deutschland funktioniert, alles in allem zufrieden?» Das bejahen im Westen 59, im Osten aber nur 41 Prozent. Nicht zufrieden sind im Westen 41, im Osten 57 Prozent.[229] Das sind markante Unterschiede. Worauf beruhen sie?

3.5.1 Hat der Westen den demokratischen Neuanfang im Osten erdrückt?

Petra Köpping behauptet: «Viele hatten die runden Tische am Ende der DDR als eine basisdemokratische Sternstunde erlebt.» Doch diese neu entstandene Bürgergesellschaft wurde nach 1990 «von den westdeutschen Politprofis übergangen und zur Seite geschoben».[230] Die runden Tische in Polen und in der DDR waren aber gar keine neue Form der Demokratie und auch gar nicht demokratisch (nämlich durch Wahlen) legitimiert. Sie dienten als Instrumente für den gewaltfreien Übergang zur Demokratie. Der Zentrale Runde Tisch in der DDR ist auch nicht von westdeutschen Profis beiseitegeschoben worden, sondern hat seine Arbeit vor der ersten freien Wahl zur Volkskammer formell beendet, wie es von Anfang an vorgesehen war. Er hatte demokratische Wahlen ermöglicht und sich dadurch erledigt. Die vielen runden Tische auf kommunaler Ebene beendeten analog ihre Tätigkeit nach den ersten freien Kommunalwahlen am 6. Mai 1990. Nicht wenige Teilnehmer dieser runden Tische wurden später Abgeordnete der Kommunalvertretungen. Eigentlich eine schöne Kontinuität.[231] Man könnte sogar sagen: Das ist genau das, was man erreichen wollte.

Runde Tische sind keine neue Form von Demokratie, aber zur gründlichen Aussprache Betroffener über komplizierte und besonders umstrittene Fragen weiterhin gut geeignet, bevor sich Entscheidungsgremien der Themen annehmen. 2009 ist ein Runder Tisch Heimerziehung unter der Schirmherrschaft des Bundestagspräsidenten ins Leben gerufen worden. Die Idee hat also überlebt und ist nicht von böswilligen Westdeutschen beiseitegewischt worden.

Köpping beklagt zweitens, dass die Koalitionsregierung aus CDU/CSU und FDP 1992 «die Einführung einer Volksgesetzgebung» verhindert habe. Daraufhin hätten sich «die ignorierten Bürgerrechtler mehrheitlich gekränkt» zurückgezogen.[232] Aber die Landesverfassungen der neuen Bundesländer, die alle nach 1990 entstanden sind, erlauben ausnahmslos die Volksgesetzgebung. Bis 2019 fanden in Deutschland auf Länderebene 48 Volksabstimmungen statt.[233] Es trifft allerdings zu, dass sie bei der Überarbeitung des Grundgesetzes nicht in dieses aufgenommen worden ist. Nach den britischen Erfahrungen mit der Volksabstimmung zum Brexit sollte das jedoch nicht ungeprüft als verhinderter Fortschritt gegeißelt werden. Und dass die Volksgesetzgebung ein Erbe der DDR oder der Herbstrevolution sei, kann man nicht behaupten.

3.5.2 Die AfD: Partei des Ostens?

Die AfD (Alternative für Deutschland) ist 2013 als eine westdominierte eurokritische Partei gegründet worden. Als solche war sie gerade dabei, in der Bedeutungslosigkeit zu versinken, da begann die außereuropäische Einwanderung nach Deutschland massiv zuzunehmen. Die AfD wechselte das Schwerpunktthema und die Führungsspitze und wurde zur migrationskritischen und zunehmend ausländerfeindlichen Partei, die sich als politische Heimat all derer anbot, die mit der Willkommenskultur und der Einwanderungspolitik der Bundesregierung nicht einverstanden waren. Frauke Petry setzte in Dresden ein Signal, indem sie den PEGIDA-Vorstand 2015 zur Fraktion der AfD im Sächsischen Landtag einlud. Der neue starke Mann der AfD, Alexander Gauland, nahm an einer PEGIDA-Veranstaltung teil und lobte die Bewegung. Die AfD wurde im Osten – vor allem in Sachsen – stark, obwohl das Führungspersonal bis heute fast vollständig aus dem Westen stammt.

Die AfD versichert, dass sie auf dem Boden des Grundgesetzes stehe. Tatsächlich findet sich in ihren Programmen nichts, was dem widerspräche. Es war aber die erklärte Strategie von Alexander Gauland, eine klare Abgrenzung zum Rechtsextremismus zu vermeiden. Er hatte es auf die Wählerstimmen rechtsextremer Parteien abgesehen. Zudem vertritt innerhalb der AfD der inzwischen formell aufgelöste Flügel, dessen Exponent der Thüringer Landesvorsitzende Björn Höcke war, völkische Positionen einer homogenen Volksgemeinschaft. Er redet von einem Alleinherrscher als Heilmittel gegen Dekadenz, einem groß angelegten Remigrationsprojekt und anderen Seltsamkeiten. Er ist kein Demokrat im Sinn des Grundgesetzes. Seine Partei, die AfD, ist ein Sammelbecken verschiedener Strömungen, deren Unterschiede nicht ausgetragen sind. Viele wählen die AfD aus Protest und nicht, weil sie ihr die Lösung ihrer Probleme zutrauen, sondern weil die anderen Parteien – ihrer Meinung nach – ihre Sorgen ignorieren.

Weil keine Partei des vorigen Bundestags die Besorgnisse derjenigen thematisiert hat, denen die unkontrollierte Masseneinwanderung von 2013 bis 2017 mit ihrem Höhepunkt 2015/16 unheimlich war, bildete sich eine außerparlamentarische Opposition, in diesem Fall also PEGIDA. Deren Anliegen trug eine Partei in das Parlament. So gesehen ist dieser Vorgang keine Gefährdung der Demokratie, sondern eine ihrer Stärken. Eine Kluft zwischen Repräsentation und Partizipation,[234] also zwischen den Volksvertretern und Teilen des Volks, war entstanden und durch Neuwahlen ein Stück weit ausgeglichen worden. Diesen Vorgang sollte man nicht schon deshalb schlecht finden, weil die Überzeugungen, die da ins Parlament drängen, für viele befremdlich und inakzeptabel sind oder auch weil die Neuen sich im Parlament oft anstößig gebärden. Wenn die AfD eine rechtsextreme Partei wäre, müsste ein Verbotsverfahren eingeleitet werden. Wenn es in ihr rechtsextreme Gruppierungen gibt, muss der Verfassungsschutz das dokumentieren.

Die Nazizeit hat nicht nur ewig gestrige Erben hinterlassen, die deren vergiftetes Gedankengut weiter pflegen, sondern wohl auch eine Art von Gespensterfurcht. Wir im Westen haben die bösen Geister erkannt und verbannt, aber im Osten spuken sie noch – so die Vorstellung. In Wahrheit stammen alle rechtsextremen Parteien aus dem Westen und hatten dort auch prozentual immer mehr Mitglieder als im Osten – außer der NPD, nachdem sie ihr Zentrum nach Sachsen verlegt hatte. Die Furcht vor Wiedergängern aus dem Osten vergiftet das Klima, sie ist aber auch nicht sonderlich plausibel. Meist ist die nächste Krankheit eine andere und die nächste Gefahr eine neue. Dass der Rechtsextremismus in Deutschland die Oberhand gewinnen und die Demokratie gefährden könnte, das befürchten allzu ängstliche Demokraten, denen mehr Selbstvertrauen zu wünschen ist.

Dass die AfD die Demokratie gefährde, steht jedenfalls erst einmal in Widerspruch zu ihrem Anspruch, für mehr oder für eine bessere Demokratie einzutreten. Viele ihrer Anhänger sagen nämlich: Was wir jetzt haben, ist ja gar keine echte Demokratie, denn wir werden nicht gefragt. Sie wollen die Demokratie verbessern, und zwar in dieselbe Richtung, die Köpping sich wünscht: mehr direkte Demokratie, denn «Wir sind das Volk.» Wie zuvor PEGIDA knüpft die AfD damit an die Herbstrevolution an. Wie damals richtet sich die Losung gegen «die da oben». Dass damit das gegenwärtige Deutschland mit der DDR gleichgestellt wird, ist beabsichtigt. Denn auf dem Wahlplakat der AfD mit jener Losung stand auch: «Vollende die Wende.» Die heutigen Verhältnisse seien schlimmer als in der DDR, hört man landauf, landab. Man dürfe wieder nicht sagen, was man denkt. Die Presse stecke mit der Regierung unter einer Decke, betreibe Hofberichterstattung und unterdrücke regierungskritische Stimmen. Da wird geradezu eine vorrevolutionäre Situation herbeigeredet. Da ist vom «System» die Rede, das abgeschafft werden müsse und von den Altparteien, die nichts taugen, denn sie hielten sich nicht an den Volkswillen. Hieß es im Herbst 1989: «Wir sind das Volk – und keine Rowdies», so heißt es nun: «Wir sind das Volk – und unser Wille geschehe.» Aber die das rufen, sind doch niemals «das Volk», sondern nur ein verschwindend kleiner Teil davon.

Programmatische Darlegungen zu ihrem Demokratieverständnis hat die AfD nicht vorgelegt. Man müsste sich auf Zitate ihrer Exponenten beziehen. Aber die haben gar nicht die Absicht, eine schlüssige Demokratiekonzeption vorzulegen und haben intern wohl auch gar keine abgestimmt. Sie wollen vor allem provozieren, Tabus brechen, Aufsehen erregen und Widerstand demonstrieren. Der Volkswille ist der AfD nur an einem Punkt wichtig: Er soll gegen die Migrationspolitik der Regierung in Stellung gebracht werden. Und dafür wünscht sich die AfD das Instrument der Volksabstimmung. Möglichst viele Volksabstimmungen bedeuten mehr Demokratie, denn Demokratie heißt doch Volksherrschaft.

Eine Antwort auf die Frage, ob in Deutschland die Demokratie gefährdet ist, muss zuvor klären, was unter Demokratie verstanden werden soll und worin ihre zentralen Elemente zu sehen sind. Alle Befragten sind heute gemeinhin für Demokratie – fragt sich nur für welche?

3.5.3 Was ist Demokratie?

Immanuel Kant hat, auf Aristoteles aufbauend, folgende Systematik möglicher Regierungsformen entwickelt. Frage 1: «Wer regiert – einer, einige, alle?» Frage 2: «Wie wird regiert – despotisch oder republikanisch?» Republikanisch heißt: Gewaltenteilung zwischen dem Gesetzgeber und dem, der die Gesetze anwendet, und folglich Machtbegrenzung. Beide Gesichtspunkte kombiniert ergeben sechs denkbare Staatsformen. Nebenbei: Kant kennt hier nur zwei Gewalten, nämlich Legislative (Parlament) und Exekutive (Regierung). Von Montesquieu stammt die Lehre von den drei Gewalten, die sich durchgesetzt hat, nämlich plus Rechtsprechung.

Unter Demokratie versteht Kant wie Aristoteles: Alle regieren, aber despotisch. Und deshalb sei die Demokratie eine despotische Staatsform. Beide denken bei Demokratie an die reine Mehrheitsdemokratie. Und die ist in der Tat die Diktatur der Mehrheit über die Minderheit, wie Marx übrigens tatsächlich die «Diktatur des Proletariats» verstanden hat. Erst Lenin hat sie als die Diktatur der Minderheit (der Partei neuen Typs) über die Mehrheit verstanden.[235]

Wenn PEGIDA und AfD heute wieder rufen: «Wir sind das Volk», soll das wohl so verstanden werden: Was die Mehrheit will, müssen Regierung und Parlament unmittelbar vollziehen (imperatives Mandat). Denn das sei doch der Volkswille.

Im antiken Athen wurde die reine Mehrheitsdemokratie praktiziert. Herodot berichtet: Als die Perser Milet eroberten, die Athener aber ihren Stammesverwandten nur mäßig geholfen hatten, verfasste Phrynichos in Athen das Schauspiel *Die Einnahme von Milet*. Da brach das ganze Theater in Tränen aus – aus Scham. Darauf legten die Athener Phrynichos eine Strafe von 1000 Drachmen auf, weil er sie an ein für sie so unangenehmes Ereignis erinnert habe, und verordneten, dass das Stück nie wieder aufgeführt werden dürfe.[236] Eine Strafe für die Erinnerung an unangenehme Tatsachen, das ist tatsächlich typisch für Tyranneien. Die Athener haben übrigens auch per

Mehrheitsbeschluss der Volksversammlung Politiker ohne Gerichtsverhandlung in die Verbannung geschickt (Ostrakismos). Solche Beschlüsse sind nur in einer reinen Mehrheitsdemokratie möglich. In einer Grundrechtsdemokratie bzw. in einem Rechtsstaat hätte sich Phrynichos auf die Freiheit der Kunst und die Freiheit der Meinung berufen können und darauf, dass so etwas gar nicht Gegenstand einer Mehrheitsentscheidung der Volksversammlung sein darf. Und eine Strafe darf dort nur ein Gericht verhängen, nicht aber die Volksversammlung oder die Volksvertreter.

Aristoteles und Kant haben vollkommen recht: Die reine Mehrheitsdemokratie ist Tyrannei oder Despotie gegenüber der Minderheit. Erst die Gewaltenteilung und die mehrheitenfesten Grundrechte haben das Wort Demokratie von diesem Makel befreit und sozusagen geadelt. Das vollzog sich erst nach der Französischen Revolution im Vormärz, vor 1848. Seitdem machte man den Unterschied zwischen der direkten oder absoluten Demokratie, die Despotismus ist, und der repräsentativen, die durch Rechtsstaat und Gewaltenteilung das Mehrheitsprinzip beschränkt.

Die Französische Revolution war, was das Demokratieverständnis betrifft, ambivalent. Mit der Erklärung der Rechte des Menschen und Bürgers und mit der ersten französischen Verfassung stellte sie sich in die in den USA gegründete Tradition der repräsentativen Demokratie mit Grundrechten, Gewaltenteilung und schriftlichen Verfassungen, die bereits in den britischen Kolonien Nordamerikas begann. An diese haben die Verfassungsgebungen anderer europäischer Länder im 19. Jahrhundert angeknüpft.

Hingegen hat sich die Terrorherrschaft des Wohlfahrtsausschusses unter Robespierre in der zweiten Phase auf Rousseaus Gesellschaftsvertrag und dessen Theorie von der Volkssouveränität und den irrtumsfreien allgemeinen Willen berufen, nicht ganz zu Recht übrigens. An Rousseau hat Karl Marx angeknüpft. Rousseau war der Auffassung, wenn man Parteien und öffentliche Interessenvertretung verbietet, würden die Bürger nur noch das Gemeinwohl vertreten – eine Schnapsidee, am Schreibtisch geboren, aber von Marx fortgeschrieben. Daran knüpfen, wie es scheint, PEGIDA und AfD mit der Wiederholung der Losung von 1989 «Wir sind das Volk» an.

Das sind zwei geradezu entgegengesetzte Quellen des modernen Demokratieverständnisses. Ihnen liegen auch zwei verschiedene Menschenbilder zugrunde. Rousseau setzt voraus: Der Mensch ist gut, aber die gesellschaftlichen Verhältnisse verderben ihn. Ganz so simpel denkt Rousseau in diesem Zusammenhang zwar nicht, aber Marx hat es ungefähr so verstanden und nach Abschaffung der verdorbenen kapitalistischen gesellschaftlichen Verhältnisse die Entstehung eines neuen Menschen erwartet. Menschenrechte kennt Rousseau nicht. Sogar das Leben des Bürgers sei «ein ihm bedingungsweise bewilligtes Geschenk des Staates».[237] Marx hat die Erklärungen von Grund- und Menschenrechten einer vernichtenden Kritik unterzogen, weil sie das Recht auf Privateigentum statt der Freiheit vom Privateigentum gewähren und die Religionsfreiheit statt der Freiheit von der Religion.[238] Dem sind die kommunistischen Parteien gefolgt.

Die US-amerikanische Tradition, die für die erste Phase der Französischen Revolution tonangebend war, beruhte auf einem anderen Menschenbild. Sie war, in christlicher Tradition, machtkritisch. James Madison, einer der Väter der US-amerikanischen Verfassung, sagte: «Wenn die Menschen Engel wären, wäre keine Regierung notwendig. Wenn Engel die Menschen regierten, wären weder äußere noch innere Kontrollen der Regierung notwendig.»[239] Also: Im Unterschied zu Rousseaus Verherrlichung der Volkssouveränität sieht Madison das wichtigste Element der Demokratie in der Machtkontrolle, denn Menschen sind nun einmal verführbar und das besonders, wenn sie mächtig geworden sind.

Deshalb ist die repräsentative Demokratie, verbunden mit individuellen Grundrechten und mit der Gewaltenteilung, die wahre Demokratie und nicht die direkte. Die direkte Demokratie ist als Staatsform ohnehin undurchführbar, sobald die Zahl der Bürger etwa 5000 überschreitet. Aber einzelne Elemente direkter Demokratie sind der repräsentativen Demokratie nützlich für den Fall, dass sich die gewählten Abgeordneten allzu weit von den Wählern entfernen.

Schauen wir uns die direkte Demokratie als Beispiel für Deutschland noch etwas genauer an. Dass ein Volk von 80 Millionen aus praktischen Gründen nicht dauernd direkt entscheiden kann, leuchtet allen ein. Demnach wäre die Volksvertretung nur ein Notbehelf, und man sollte doch wenigstens so viel wie möglich über Volksabstimmungen entscheiden lassen. Manche träumen davon, dass die Weiterentwicklung der modernen Kommunikationstechnik es ermöglichen werde, jederzeit zu vielen Fragen das Wahlvolk direkt zu befragen. Diese Computerdemokratie ist eine völlig absurde Idee. Denn einen Knopf kann man ohne viel Nachdenken drücken. Sie würde zu Entscheidungen ganz ohne Überlegungen und Diskussionen führen können – ein Albtraum. Die Tendenz «erst schreiben, dann nachdenken» wird durch das Internet und die sozialen Medien aber bereits jetzt mächtig gefördert.

Das Parlament ist angesichts der Aporien der großen Zahl mehr als ein Notbehelf. Denn bei Volksabstimmungen ist der Volkswille immer nur auf eine vorgegebene Alternative, also als Ja-Nein-Entscheidung feststellbar. Deshalb kommt immer demjenigen ein bedeutender Einfluss zu, der die Alternative formuliert. Grundsätzlich gibt es wohl zwei Arten von Fragen: Entscheidungsfragen, bei denen ein Entweder-Oder ansteht, und Ermessensfragen, bei denen das Für und Wider abgewogen werden muss. Bei Ersteren kann es keine Kompromisse geben. Von dieser Art sind Gewissensfragen. Ermessensfragen dagegen können keine Gewissensfragen sein, hier sind Kompromisse ohne Verrat an sich selbst möglich. Entscheidungsfragen wie die, ob Berlin und Brandenburg fusionieren sollen oder nicht, sind für Volksbefragungen gut geeignet, weil man sie sachgemäß mit Ja oder Nein beantworten kann. Ganze Gesetzestexte dagegen sind oft viel zu komplex, um zu ihnen nur Ja oder Nein sagen zu können. Im Parlament gibt es mehrere Lesungen und zwischen den Lesungen die Ausschussarbeit, wo Betroffene und Fachleute gehört und Festlegungen mit misslichen Folgen beseitigt werden können. Kompromisse sind möglich, die zur Akzeptanz des Gesetzes beitragen. Oder nach Peter Struck: «Kein Gesetzentwurf verlässt den Bundestag so, wie er eingereicht wurde.» Bei einer Volksgesetzgebung dagegen gibt es kein Äquivalent zur Ausschussarbeit. Man muss Ja oder Nein zum ganzen Text sagen, auch wenn man die Grundidee für gut, Paragraf 5 aber für verderblich hält. Außerdem kann es gewaltige Probleme geben, wenn nun zwei Gesetzgeber nebeneinander bestehen. Darf dann der eine das Gesetz des anderen verändern oder aufheben? Beide denkbaren Antworten sind unbefriedigend.

Außerdem sind Volksabstimmungen anonyme Entscheidungen, für die hinterher niemand haftet. Oder: Die direkte Demokratie ist die verantwortungslose Demokratie. In der repräsentativen Demokratie dagegen ist die Macht auf Zeit an gewählte Vertreter übergeben. Die Minister sind dem Ministerpräsidenten verantwortlich, die Regierung dem Parlament, das Parlament den Wählern. Sie agieren öffentlich unter Kontrolle der Medien. Sie alle können abgewählt bzw. abberufen werden – nicht aber das Volk.

Und noch eines: Regierungen und Parteien planen ihre Politik. Sie soll bestimmte Ziele in mehreren Schritten erreichen und steht in einem größeren Zusammenhang. Das alles wird öffentlich diskutiert, und dafür werden Mehrheiten organisiert. Volksabstimmungen dagegen haben untereinander keinen thematischen inneren Zusammenhang. Jede ist ein insuläres Ereignis mit ungewissem Ausgang. Auf diese Weise kommt keine politische Handlungskontinuität zustande. Insofern hat eine Serie von Volksabstimmungen eine gewisse Ähnlichkeit mit Würfeln. Im Übrigen ist das Volk nicht weniger zerstritten, als die Volksvertreter es sind. Man könnte zwar geltend machen: Wenn das Volk selbst etwas Nachteiliges entschieden hat, kann es sich hinterher nicht beschweren und muss «die Suppe auslöffeln, die es sich selbst eingebrockt hat». Das ist noch das beste Argument für Volksabstimmungen. Es ist aber, genauer besehen, ein schäbiges Argument der Schadenfreude, das gerade nicht dem üblichen Amtseid entspricht: Schaden vom Volk abwenden.

Man muss zudem wissen, dass Volksabstimmungen generell Entscheidungsabläufe und Planungsvorgänge verzögern und erschweren. Mehr Demokratie heißt in diesem fragwürdigen Sinn deshalb oft: mehr Zeit, mehr Bürokratie und weniger Planungssicherheit. Zudem neigen Volkabstimmungen dazu, den Status quo zu erhalten, sind also häufiger gegen Neuerungen. Das hatte zum Beispiel in der Schweiz zur Folge, dass erst 1990 das Frauenwahlrecht auf allen Ebenen eingeführt war. Wo Volksvertreter zu entscheiden hatten, kam die Einführung des Frauenwahlrechts schneller.

Weil das Volk niemanden über sich hat, lassen sich solche Entscheidungen auch schwerer korrigieren, wenn falsch entschieden worden ist. Niemand soll behaupten, dass das nicht vorkommt. Auch dass das Volk bei Volksabstimmungen vorrangig das Gemeinwohl im Auge habe, gilt nur eingeschränkt. Je weniger der Einzelne mit den behandelten Fragen direkt zu tun hat, umso stärker wird er andere Gesichtspunkte berücksichtigen, unter Umständen auch sachfremde.[240] Dafür drei Beispiele:

-   Die Verfassung Europas von 2004 wurde in Frankreich Gegenstand einer Volksabstimmung. Zwingend war das nicht, aber Präsident Chirac wollte es. Er hatte empfohlen zuzustimmen. Also wurde es eine

Abstimmung über Chirac, die er verlor. Daran ist diese Verfassung Europas gescheitert. War das wirklich demokratischer als eine Entscheidung des Parlaments? Parlamentarier können sich beraten und sind oft besser informiert als das Volk, weil sie sich intensiver mit komplizierten Fragen beschäftigt haben als der Durchschnittsbürger, der sich nicht die Zeit nimmt oder dem nicht die erforderlichen Sachinformationen zur Verfügung stehen. Die wenigsten Franzosen haben den Text, der zur Abstimmung stand, überhaupt gelesen, dafür war er zu lang und zu schwierig.[241]

- Vor der Volksabstimmung über den Brexit am 12. Juni 2016 behaupteten Befürworter, durch den Austritt würde Großbritannien wöchentlich 350 Millionen Pfund sparen, die dem Gesundheitswesen zugutekommen können. Nach dem Brexit erklärten sie, das müsse ein Missverständnis gewesen sein. An der Abstimmung haben viele jüngere Briten namentlich in London nicht teilgenommen, weil sie sich irrtümlich der Ablehnung sicher waren. Tatsächlich waren in Umfragen bis zum 12. Juni die Gegner des Brexit in der Mehrheit. Der Brexit war demnach in relevantem Umfang von der jeweiligen «Tagesform» abhängig. Dafür ist der Ausdruck Volkswille wohl doch etwas hochgestochen.
- 2005 verhandelte Griechenland mit seinen Kreditgebern, der Troika. Während der Verhandlungen ließ die Regierung Tsipras über das letzte Angebot der Troika das Volk abstimmen. Es wurde abgelehnt. Da sich die Troika davon nicht beeindrucken ließ, überging die Regierung einfach das Votum des Volks und nahm das Angebot an, weil Griechenland anderenfalls keinen Kredit bekommen hätte.

Offenkundig kann mit Volksabstimmungen viel Schindluder getrieben werden, und dies umso mehr, je weniger das Thema den Bürgern lebensweltlich vertraut ist. Umgekehrt sind Formen direkter Demokratie umso besser geeignet, je vertrauter die Stimmberechtigten mit den zu entscheidenden Fragen sind und je übersichtlicher die Zahl der Stimmberechtigten ist. In einem Dorf mit 20 Stimmberechtigten braucht man keine repräsentative Demokratie. In einer Großgesellschaft dagegen brauchen wir Volksvertreter, die nach bestem Wissen und Gewissen entscheiden, ihre Entscheidungen begründen, sich beraten lassen und kompromissbereit sind. Dann allerdings sind die Volksvertreter zweifellos kompetenter als diejenigen, die alles zu wissen meinen, aber sich mit keinem Detail vertraut machen.

Diktatoren fürchten freie und geheime Wahlen, aber sie lieben die Akklamation durch Volksabstimmungen, weil sie, auf Ja oder Nein getrimmt, die Bürger unter Druck setzen können: «Bist du für oder gegen uns?» Sie gestalten ja auch ihre Scheinwahlen dualistisch. «Wählt die Kandidaten der Nationalen Front.» – Andere gibt es gar nicht. «Und wehe, ihr geht nicht zur Wahl!» Hitler hat vier «Volksentscheide» durchführen lassen, allerdings immer, nachdem er zuvor Tatsachen geschaffen hatte.[242] Die Forderung nach direkter Demokratie hat manchmal auch etwas Tyrannisches. «Ich werde mich nicht gründlich informieren, das ist mir zu aufwendig. Ich werde mich auch nicht engagieren, das ist mir zu anstrengend. Ich will aber intervenieren. Mein Wille geschehe! Und nun tanzt mal, ihr faulen Politiker, nach meiner Pfeife!» Auch so kann man eine Demokratie ruinieren.

Die direkte Demokratie reduziert das, was die parlamentarische Demokratie auszeichnet: Machtkontrolle. Fichte sagte einmal, bezogen auf den Herzog: «Der Staat räsoniert nie, er dekretiert.»[243] Denn wenn er selbst räsonierte, könnte er irren. Das würde die Autorität des Souveräns beschädigen. Deshalb: Der Souverän lässt sich beraten und entscheidet dann. Sollte sich herausstellen, dass die Entscheidung falsch war, so lag es nicht am Entscheider, sondern daran, dass er falsch beraten wurde. Er entlässt daraufhin seine Berater und wählt andere. So sollte das Volk mit den Parteien verfahren. Das Volk hat das letzte Wort. Wer das letzte Wort hat, darf nicht geschwätzig sein.

Im Übrigen stimmt es nicht, dass bei Volksabstimmungen der unverfälschte Wille des Volks zum Ausdruck kommt, frei vom entstellenden Einfluss von Parteien und Organisationen. Der Volkswille ist ein Konstrukt, allerdings weder ein willkürliches noch ein vermeidbares. Jedenfalls ist der Volkswille keine eindeutig formulierte Absicht und Meinung. Empirisch gegeben ist er immer nur am Tag einer Wahl oder Abstimmung, aber auch da nur als der Wille derjenigen, die teilgenommen haben. Und er ist dann nie einer, sondern ein Mehrheitswille (der Teilnehmer, nicht des Volks) neben Minderheitswillen. Bei Wahlen etwa besteht er lediglich aus Prozentzahlen. Das Volk hat Parteien bzw. Volksvertreter gewählt und damit die Zusammensetzung dieses Parlaments, aber keine Koalitionen. Die auszuhandeln hat das Volk den Gewählten aufgetragen. Die Berufung auf den Volkswillen ist usurpatorisch und diktatorisch.

Bei Volksabstimmungen haben immer diejenigen Institutionen großen Einfluss, die mobilisieren können. Das sind dann allerdings nicht nur die Parteien, sondern auch andere Organisationen wie die Gewerkschaften und die Unternehmensverbände, manchmal auch die Kirchen. Und Geld spielt da eine ganz erhebliche Rolle. Die Befürworter des Brexit sind von einem Geschäftsmann mit einer Spende von 12 Millionen Pfund unterstützt worden, der höchsten Spende für politische Zwecke in der Geschichte Großbritanniens.

In der Politik sind nicht selten unangenehme und umstrittene Entscheidungen unvermeidlich. Jeder kennt das persönlich vom Zahnarzt: Unangenehmes heute in Kauf nehmen, damit es einem hinterher besser geht. Aber in der Politik neigt der Wähler doch eher dazu, nichts Unangenehmes in Kauf zu nehmen. Regierung und Parlament könnten durchaus der Versuchung erliegen, sich vor unangenehmen Entscheidungen zu drücken und das Volk stattdessen abstimmen zu lassen. Hinter dem Volk können sie sich dann verstecken: Das Volk hat entschieden, nicht wir.

Wohlgemerkt: Hier wird gar nicht grundsätzlich gegen plebiszitäre Elemente polemisiert, sondern gegen ihre exzessive Erweiterung und gegen illusionäre Erwartungen. Noch ein paar Bemerkungen zum Verhältnis von Repräsentation und Partizipation oder zum Verhältnis von Volksvertretern und Volk.[244] Die repräsentative Demokratie ist darauf angewiesen, dass sich das Volk durch seine Vertreter auch vertreten sieht. Dafür ist eine kontinuierliche Kommunikation zwischen den Abgeordneten und den Bürgern notwendig, also einerseits die Vermittlung von Bürgeranliegen in Parlament und Regierung hinein durch die Abgeordneten, andererseits eine begreifliche Vermittlung der Problemlagen auf gesamtstaatlicher und internationaler Ebene für diejenigen Bürger, die sich dafür interessieren. Wenn diese Kommunikation gestört ist, sollte es Möglichkeiten geben, sie zu erzwingen. Volksinitiativen zwingen das Parlament, eine bestimmte Frage zu behandeln. Davon sollte rege Gebrauch gemacht werden. Dagegen muss die Volksabstimmung und namentlich die Gesetzgebung durch Volksabstimmung die seltene Ausnahme bleiben.

Genau dafür sorgen bereits manche Verfassungen, indem sie das Quorum festlegen: wie viel Prozent der Wahlberechtigten teilnehmen müssen, damit die Abstimmung gültig ist. Von denen muss dann mehr als die Hälfte zustimmen. In Brandenburg etwa muss bei einer Volksabstimmung ein Viertel der Stimmberechtigten zustimmen. Es ist faktisch immer nur eine Minderheit des Volks, die eine Volksabstimmung zum Erfolg führt. In der Schweiz lag vor 1971 der Anteil der Bevölkerung, der die jeweilige Entscheidung trug, zwischen 5 und 15 Prozent.[245] Da das Quorum oft nicht erreicht wird, schlagen manche vor, es solle gesenkt werden. Das würde jedoch bedeuten, dass ein noch geringerer Teil des Volks stellvertretend für alle entscheiden darf. Dasselbe Problem besteht zwar auch bei einer geringen Wahlbeteiligung. Da wird aber eben keine Sachfrage definitiv entschieden, sondern es werden diejenigen gewählt, die Entscheidungen treffen sollen. Übrigens wird meist festgelegt, dass bestimmte Fragen nicht durch Volksabstimmung entschieden werden dürfen, nämlich Personalia und Steuern. In Kalifornien, wo die direkte Demokratie sehr stark ausgebaut ist, hat sich das Volk selbst einmal so kräftige Steuersenkungen genehmigt, dass weder Schulen renoviert noch Straßen repariert werden konnten.

Manche behaupten, mehr direkte Demokratie würde die Politikverdrossenheit senken. Europaweit hat in den letzten Jahrzehnten der Einsatz von Elementen direkter Demokratie stark zugenommen, die Politikverdrossenheit allerdings auch. Umfragen in Ostdeutschland deuten darauf hin, dass dort die Präferenz für die direkte Demokratie ausgeprägter ist als im Westen (Schaubild 35). So sprachen sich 2019 im Osten 68 Prozent der Befragten für mehr Volksabstimmungen aus, im Westen 46 Prozent. In einem Positionspapier von PEGIDA hieß es: «PEGIDA ist FÜR die Einführung von Bürgerentscheidungen nach dem Vorbild der Schweiz.» Offenbar funktioniert dort ein System, in dem Volksabstimmungen eine fundamentale Rolle spielen. Warum nicht auch bei uns?

Das Schweizer Demokratiemodell beruht auf zwei Voraussetzungen, die für Deutschland so nicht gegeben sind. Die Größe und die Geschichte. Die Schweiz hat halb so viele Einwohner wie Nordrhein-Westfalen und etwa so viele wie Niedersachsen. In den deutschen Bundesländern sind Elemente direkter Demokratie in den Landesverfassungen verankert. Für das politische Leben in der Schweiz hat aber der Gesamtstaat eine weitaus geringere Bedeutung als in Deutschland und ähnlichen Großflächenstaaten. Die Kantone haben Einwohnerzahlen zwischen 15 000 (Appenzell-Innerrhoden) und

Schaubild 35:
Umfrageergebnisse zur Präferenz für mehr direkte oder repräsentative Demo-kratie (2019)*

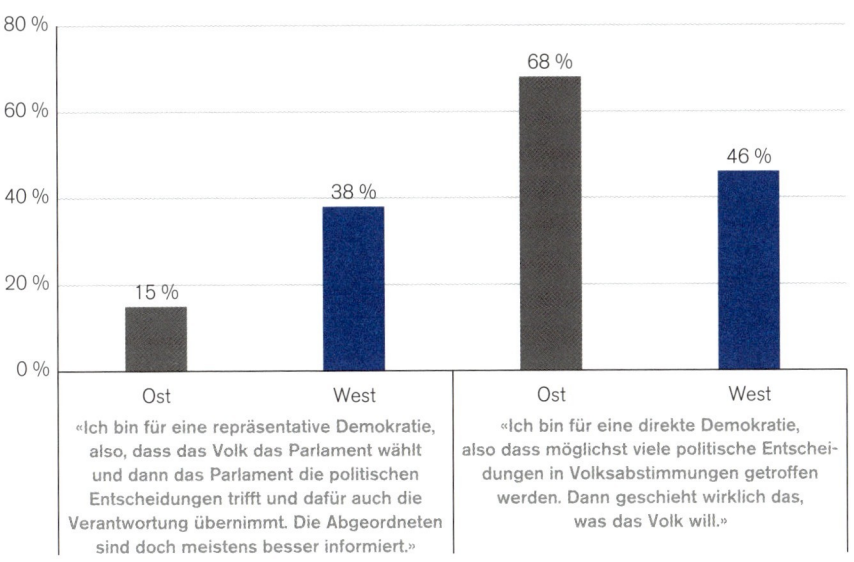

Anmerkungen:
* eigene Darstellung auf der Grundlage einer IfD-Umfrage; Erhebungszeitraum: 16.2.–4.3.2019;
Anzahl der Befragten: 644 (499 West, 145 Ost).

Datenquelle:
Institut für Demoskopie Allensbach, IfD (2019), S. 23, Tab. 8a.

eineinhalb Millionen (Zürich). Und diese Gebilde, die oft kleiner sind als deutsche Landkreise, haben Kompetenzen, die über die der deutschen Bundesländer hinausgehen.

Es hängt mit der Alpenlandschaft zusammen, dass sich im Lauf der Zeit in den Tälern der Schweiz mindestens seit 1275 Talgemeinden in Gestalt von Genossenschaften gebildet haben. Das wirkt bis heute nach. Auf Bundesebene hat die Schweiz keine Regierung und keine Minister, sondern den siebenköpfigen Bundesrat als Exekutive, von dem jedes Mitglied für ein Jahr das Amt des Bundespräsidenten wahrnimmt. Alle größeren Parteien sind im Bundesrat vertreten, also ist das fast eine Allparteienregierung. Es gibt nicht den Unterschied zwischen Regierungs- und Oppositionsparteien. Das Parlament kann die Regierung nicht stürzen; und Wahlen bestimmen lediglich die Zusammensetzung des Parlaments, nicht die der Regierung. Man spricht deshalb von einer Konsens- und Verhandlungsdemokratie und vom Konkordanzprinzip. Die entsprechenden Wahlen gelten deshalb nicht als besonders wichtig, die Wahlbeteiligung ist gering. Die Funktion der Opposition in den parlamentarischen Demokratien des westlichen Typs ist in der Schweiz gewissermaßen aus dem Parlament ins Volk verlagert. Würde die Schweiz der Europäischen Union beitreten und also die Schweizer Regierung fortwährend in Brüssel an Abstimmungen teilnehmen müssen, würde das Schweizer System der verschiedenen Typen von Volksabstimmungen die Regierung in Brüssel handlungsunfähig machen. Schon deshalb wird die Schweiz niemals formell der Europäischen Union beitreten. Warum auch?

Hinzu kommt, dass die Schweizer über Jahrhunderte bis auf die Gemeindeebene das ehrenamtliche politische Engagement mit sehr weitgehenden Vollmachten auszuüben gewohnt sind. Die Urschweizer waren eben nie Untertanen. Aus einer solchen über Jahrhunderte gewachsenen politischen Kultur kann man nicht ein Element herausbrechen und in einen anderen Demokratietyp unbeschadet übertragen.

Das massive Misstrauen, das die AfD-Anhänger «denen da oben» entgegenbringen, ist leider heute in vielen Demokratien im Vormarsch. Populisten gewinnen. Darunter sollen hier Politiker verstanden werden, die gegen das Establishment aggressiv zu Feld ziehen, das als unfähig dargestellt wird, die Welt in Schwarz-Weiß malen und drohende Katastrophen beschwören. Sie bieten für komplexe Probleme viel zu einfache Lösungen, die zudem vielfach nicht zusammenpassen. Sie benennen Sündenböcke als Blitzableiter für Frust und Wut.

Das Meinungsforschungsinstitut Allensbach hat über Jahrzehnte dieselben Fragen gestellt und kann deshalb Trends dokumentieren. Hier einige einschlägige Ergebnisse.[246] Von den zwei Ansichten: «Ich finde, ein Politiker kann auch mal gegen den Willen der Mehrheit des Volkes entscheiden. Schließlich wurde er gewählt, dass er Verantwortung übernimmt und stellvertretend für das Volk entscheidet.» Oder: «Ich erwarte von einem Politiker, dass er sich so entscheidet, wie die Mehrheit des Volkes entscheiden würde. Schließlich wurde er deswegen gewählt.» bejahten 60 Prozent der Befragten die zweite Position, unter den AfD-Anhängern gar 85 Prozent. Die These:

«Die Politiker haben keine Ahnung, das kann ich besser.» bejahen 42 Prozent der CDU-Wähler, 46 Prozent der SPD-Wähler und 71 Prozent der AfD-Wähler. «Glauben Sie, dass man große Fähigkeiten haben muss als Bundestagsabgeordneter?» Das glaubten 1972 noch 63 Prozent, 2016 waren es lediglich 24 Prozent der Befragten. «Verfolgen Abgeordnete die Interessen der Bevölkerung oder andere Interessen?» 1978 sagten 50 Prozent: «die Interessen der Bevölkerung», 2016 meinten das nur noch 25 Prozent.

Die Probleme werden aufgrund wachsender europäischer und globaler Verflechtungen immer komplexer. Aber die Darstellung der politischen Probleme im Fernsehen wird immer kürzer. Daraufhin denkt Otto Normalverbraucher: «Das ist doch ganz einfach, die Politiker sind dumm oder egoistisch.» Das Vertrauen in die Volksvertreter sinkt, die Selbstüberschätzung steigt. Der Ruf nach einfachen Lösungen kann das austarierte Regelwerk einer repräsentativen Demokratie tatsächlich stören und im schlimmsten Fall zerstören.

Man kann etwas verbessern. Man kann etwas verschlechtern. Es gibt eine dritte Möglichkeit: verschlimmbessern, nämlich vermeintlich und irrtümlich verbessern, in Wahrheit aber verschlechtern. Der Ruf nach möglichst vielen Elementen direkter Demokratie ist eine uninformierte und gefährliche Verschlimmbesserung. Darauf hinzuweisen ist nicht unwichtig, 30 Jahre nach der Wiedervereinigung und der gemeinsamen Rückkehr zu demokratischen Verhältnissen in Deutschland. Zu groß mag die Verführung sein, durch aufgestauten Frust und aufgestaute Wut sowie immer oberflächlichere Politinformationen der Medien das Vertrauen in die repräsentative Demokratie zu verlieren. Aber dazu gibt es – objektiv betrachtet – keinen Grund, jedenfalls dann nicht, wenn man jenen Realitätssinn des gesunden Menschenverstands bewahrt, ohne den jede demokratische Form des politischen Lebens zerbricht. Insofern kann man nur hoffen und wünschen, dass nach 30 Jahren Deutscher Einheit jener Realitätssinn fortbesteht bzw. zurückkehrt, der Anfang der 1990er-Jahre herrschte.

4 Zum Schluss: vereint oder gespalten?

4.1 Geschichte und Schicksal

Im Jahr 2015 veröffentlichte der britische Historiker Ian Kershaw ein Buch mit dem englischen Originaltitel: *To Hell and Back. Europe 1914–1949.*[247] Es ist die Geschichte eines Europa, das in den Katastrophen zweier Weltkriege versank und dazwischen eine politische und ökonomisch extrem instabile Phase der zeitweiligen Erholung erlebte. Mit der bedingungslosen Kapitulation Hitlerdeutschlands vor 75 Jahren endete diese Höllenfahrt, und es formierte sich bis 1949 ein neues, nun aber infolge des Kalten Kriegs geteiltes Europa. Dieses hatte bis 1989/90 Bestand, um dann nach dem Fall des Eisernen Vorhangs und der Wiedervereinigung Deutschlands erneut zusammenzuwachsen. Aus der historischen Vogelperspektive konnten Europa und Deutschland ab diesem Zeitpunkt an die erfolgreiche Entwicklung vor 1914 anknüpfen, jetzt wieder gemeinsam. Immerhin hatte es ja vom Wiener Kongress 1815 bis zum Beginn des Ersten Weltkriegs in Europa eine (weitgehende) Friedenszeit gegeben – mit der erfolgreichen Industrialisierung Deutschlands und der wirtschaftlichen Integration des ganzen Kontinents.

Aus dieser Vogelperspektive betrachtet ist die Zeit der deutschen und europäischen Teilung eigentlich nur eine Spanne von 40 Jahren in einer gut 200-jährigen Geschichte – von den Napoleonischen Kriegen bis heute. Davon stand die Berliner Mauer gerade mal 28 Jahre, weniger als eine Generation. Eine solche Sichtweise mag dazu verleiten, die Aufbau- und Reparaturarbeiten im Zug der Deutschen Einheit als ein überschaubares Projekt zu verstehen – gewissermaßen die Rückkehr zu einem Normalzustand, aus dessen Bahn uns das Schicksal vorübergehend geworfen hatte. Also: schnelle Wiedereingliederung der Nationen Europas in eine Art natürliche Integration des alten Kontinents samt Wiedervereinigung Deutschlands.

Diese Vorstellung – das ist drei Jahrzehnte später klar – hat sich als Illusion erwiesen, und zwar sowohl ökonomisch als auch politisch. Die Spuren der Teilung Deutschlands und Europas sind noch immer deutlich erkennbar.

Und es wäre naiv zu glauben, dass sich daran so schnell etwas Grundlegendes ändern ließe. In dieser Streitschrift haben wir versucht zu verdeutlichen, warum dies so ist. Wirtschaftlich ist unsere Diagnose dabei relativ einfach. Die Planwirtschaft war eben nicht nur ein Hort der Ineffizienz, sondern auch ein Zerstörer der industriellen Innovationskraft – und diese wiederzugewinnen ist eine Aufgabe von einigen Jahrzehnten, nicht nur von wenigen Jahren. Hinzu kommt – wie bei der Fabel vom Hasen und Igel –, dass jeder Fortschritt des Ostens in einer Wirtschaftswelt stattfindet, die sich selbst dynamisch weiterentwickelt, wie es typisch für die kapitalistische Marktwirtschaft ist. In dieser Welt heißt aufholen, sich einem Ziel nähern, das als Norm immer anspruchsvoller wird. Keine leichte Aufgabe!

Gleichwohl sind genug Chancen da, den Aufholprozess fortzusetzen oder gar zu beschleunigen. Vor allem die dynamischen Zentren Ostdeutschlands müssen zum Motor dieser Entwicklung werden. Allen voran die wachsende Millionenmetropole Berlin und deren unmittelbares Umland in Brandenburg, aber auch der Kranz von Großstädten mit eigener Nachbarschaft, der sich auf die vier umliegenden ostdeutschen Länder verteilt – von Sachsen, Sachsen-Anhalt und Thüringen bis hin zu den Küstenregionen Mecklenburg-Vorpommerns. Es verbleiben einige abgelegene Landstriche, die es nicht leicht haben werden, Anschluss zu finden, aber in dieser Hinsicht wird sich die ostdeutsche Entwicklung kaum noch von der des Westens und anderer Nationen unterscheiden. Denn der Strukturwandel des 21. Jahrhunderts – von der Industrie- zur Informationsgesellschaft – begünstigt anscheinend überall die urbanen Räume gegenüber den ländlichen, zumal die demografische Entwicklung nicht mehr wie in früheren Zeiten der Industrialisierung die Wirkungen der Landflucht neutralisiert oder zumindest abschwächt.

Konnte man eigentlich mehr erwarten, als einen solchen wirtschaftlichen Zwischenstand nach 30 Jahren der Deutschen Einheit? Unsere Antwort ist eindeutig nein. Und sie ist es umso entschiedener vor dem Hintergrund jener gewaltigen Irrtümer, die im 20. Jahrhundert über das Wesen einer sozialistischen Planwirtschaft herrschten und die auch der Teilung Europas und Deutschlands zugrunde lagen. Mit etwas Mut zur Vereinfachung lassen sich drei Phasen unterscheiden: Zunächst – seit der Oktoberrevolution 1917 und der Gründung der Sowjetunion bis tief in die 1950er-Jahre – der Glaube vieler west- und osteuropäischer Intellektueller an die Überlegenheit eines rational geplanten Systems der zentralen wirtschaftlichen Organisation, die das Chaos und die Ungerechtigkeit des profit- und marktorientierten Kapitalismus ablösen sollte.[248] Dann – in den 1960er- und den 1970er-Jahren – die Vorstellung, dass wenigstens eine Konvergenz der Systeme in Effizienz und Innovationskraft möglich und tatsächlich zu beobachten sei, zumal im Westen die Arbeitslosigkeit als Dauerphänomen zurückkehrte und dessen Wohlstandsversprechen infrage stellte. Und schließlich – erst ab den frühen 1980er-Jahren – die zunehmend verbreitete Erkenntnis, dass es wohl doch einige unüberwindliche Schwächen und Schwierigkeiten der Planwirtschaft gab, die tief greifende Reformen erforderten. Selbst dann wurde nur in ganz wenigen Kreisen bemerkt und diskutiert, dass diese Schwächen das System grundlegend gefährdeten – allen voran in den konspirativen Zirkeln (noch) machtloser Intellektueller in Polen und Tschechien,[249] aber kaum in der damaligen DDR und auch nicht ernsthaft in der Bundesrepublik, wo die Beschäftigung mit den Unzulänglichkeiten des real existierenden Sozialismus im Osten zumindest auf der linken Hälfte des politischen Spektrums geradezu als revanchistisch eingeschätzt wurde. Jedenfalls unterblieb sie, sei es aus ideologischer Verblendung oder arroganter Nachlässigkeit.[250]

Das Spiegelbild dieser Ahnungslosigkeit wurde dann nach 1990 ein ebenso naiver Glaube, nun müsse doch die Transformation schnell und reibungslos verlaufen – gewissermaßen als ein einmaliger Akt der massiv staatlich unterstützten Investition und Systemumwandlung. Wieder zeigte sich das fehlende Verständnis für jenen «Flurschaden des Sozialismus»[251] in Form zerstörter Innovationskraft, der ein wirtschaftlicher Kernpunkt der Analyse dieser Streitschrift ist. Diese Illusion wurde dann allerdings auch gezielt politisch genährt, insbesondere durch Helmut Kohls Bild der blühenden Landschaften, die in nur wenigen Jahren im Osten entstehen würden. Aus nachvollziehbarer politischer Opportunität verzichtete Kohl auf eine Unterscheidung zwischen dem neuen baulichen Zustand des Ostens, der sich tatsächlich recht schnell in eindrucksvoll renovierten Großstädten mit stolzer Geschichte zeigte, und dem verbleibenden Rückstand in der Wirtschaftsleistung.

All dies führte zu Frustration und Unzufriedenheit. Sie sind bis heute in der ostdeutschen Bevölkerung nachweisbar, allerdings tendenziell in abnehmendem Maß. Statistisch zeigen sie sich in den Antworten auf all jene Fragen, die auf die Gemütslage der Bevölkerung abzielen: Gefühle des persönlichen Glücks, der Anerkennung der Lebensleistung, der Diskriminierung als Bürger zweiter Klasse usw. usw. Überall blitzen in Umfragen noch Narben und Verletzungen auf, die aus der frühen Zeit der Transformation stammen. Manche Politiker, die selbst aktiv an dieser Transformation beteiligt waren – so unter anderem Johannes Ludewig, in den frühen 1990er-Jahren Staatssekretär im Bundeskanzleramt und zuständig für den Osten –, räumen deshalb öffentlich ein, zwar in der Sache richtig gehandelt zu haben, aber eben nicht mit dem nötigen psychologischen Feingefühl, das die Situation erforderte.[252] Dies mag in der Tat zutreffend sein, lässt aber die Frage offen, ob bei der Dramatik und Geschwindigkeit des Strukturwandels eine sensiblere Behandlung tatsächlich die Stimmungslage maßgeblich zum Besseren gewendet hätte. Vieles spricht dafür, dass die Narben und Verletzungen doch tief mit der objektiven Situation verknüpft waren, wie sie sich für die Menschen vor Ort darstellte (und nicht wie sie westdeutsche Entscheidungsträger kommunizierten).

Vielleicht kommt man nicht umhin, an dieser Stelle einen archaischen Begriff zu bemühen, der die Situation beschreibt: das Schicksal. Historisch betrachtet war dieses Schicksal zwischen Ost und West alles andere als fair. Nach 1949 – in Kershaws Begrifflichkeit: nach der Rückkehr aus der Hölle – erlaubte die Westintegration den Menschen in Westdeutschland, an glücklichere Zeiten vor Beginn der Hölle recht nahtlos anzuknüpfen. Ohne besondere eigene Verdienste wurden sie damit Teil jenes enormen Wirtschaftsaufschwungs und des Aufbaus einer starken marktwirtschaftlichen Innovationskraft, die sich auf Dauer als nachhaltig und tragfähig erwies. Dies blieb ohne jede eigene Schuld den Ostdeutschen verwehrt. Viele DDR-Bürger verließen deshalb so weit möglich den Osten, die meisten aber blieben. Kaum jemand rechnete mit dem Mauerfall und der schnellen deutschen Wiedervereinigung, aber als diese dann kamen, trafen sie die Ostdeutschen wirtschaftlich wieder wie ein Schlag des Schicksals – und hinterließen die Spuren, die eines der Themen dieser Streitschrift liefern.

Zu diesen Spuren zählt auch jene Neigung zur Selbststilisierung, wie sie die Ost- und die Westdeutschen in ganz unterschiedlicher Weise, aber situationsgerecht entwickelt haben. Bei den Ostdeutschen ist es die Tendenz, sich als Opfer darzustellen und in dieser Rolle auch einzurichten, zumal sie gelegentlich warme Worte des Mitleids und Bedauerns nach sich zieht; bei den

Westdeutschen ist es die Attitüde des Oberlehrers, der den Ostdeutschen beim Nachsitzen behilflich ist und sie durch eine Art ethnografische Brille betrachtet, ohne Verständnis für deren vermeintlich veralteten Patriotismus, der als Nationalismus verunglimpft wird. Diese Varianten der Selbststilisierung könnten eigentlich nachsichtig und selbstironisch hingenommen werden, würden sie nicht von beiden Seiten allzu oft mit einer typisch deutschen verbiesterten Rechthaberei verbunden. Dies macht sie dann gelegentlich doch unerträglich.

Stellt sich die Frage: War dies alles vermeidbar? Wir zweifeln daran – mit Blick auf die Fakten. Natürlich lohnt weiterhin jede sorgfältige Prüfung des Historikers, ob im Einigungsprozess vermeidbare Fehler unterlaufen sind, die das Zusammenwachsen der Ost- und Westdeutschen erschwert haben. Aber dies sollte nicht in den krampfhaften Versuch abgleiten, einen Schuldigen ausfindig zu machen, der vielleicht sogar mit böser Absicht das Gelingen des Projekts hintertrieben hat. Wie in der Medizin müssen unvermeidliche Nebenwirkungen, auch wenn sie schwer sind, strikt von einer absichtsvoll falschen Behandlung unterschieden werden. Dies gilt umso mehr, als diese Nebenwirkungen der industriellen Erneuerung im ganzen postsozialistischen Raum Osteuropas zu beobachten waren, dort allerdings ohne das Damoklesschwert der Massenabwanderung, aber auch ohne den relativ leicht zugänglichen Kapitalzufluss aus dem Westen.

Klar ist: Wir können niemandem ausreden, die Realität anders zu sehen und zu deuten, als wir dies tun. Empfehlen würden wir allerdings, auf jene Mythen zu verzichten, die Deutschland in Opfer und Täter aufteilen. Angemessener erscheint uns das Bild einer Schicksalsgemeinschaft, die in historisch vertrackter Lage versucht hat, das Beste daraus zu machen. Dies ändert nichts daran, dass dieses Schicksal unfair war, denn es wies den Ostdeutschen die viel schwierigere Rolle zu. Aber ein ungünstiges Schicksal kann auch Grund zum Stolz sein, wenn man es mit Bravour und Disziplin meistert. Und genau dies ist doch geschehen. So sehen es jedenfalls viele Beobachter aus anderen Nationen, die gar nicht auf den Gedanken kämen, die Deutsche Einheit als gescheiterte Geschichte von Opfern und Tätern zu deuten. Sie betrachten von außen das Ergebnis der deutschen Wiedervereinigung als höchst respektabel – vielleicht nicht optimal, aber unter den gegebenen Umständen fast schon vorbildlich.

4.2 Neue Generationen, neue Herausforderungen

Erinnerung verblasst. Dies hat Nachteile: Es wird immer schwieriger, einer jüngeren Generation die Lebenswirklichkeit in der DDR und die gewaltigen Aufgaben der 1990er-Jahre nach der Wiedervereinigung zu verdeutlichen. Dies gilt für West und Ost: Wer jünger als 30 Jahre ist, hat keine Erinnerungen an Mauer und Reisebeschränkungen, an eingeschränkte Wahl von Beruf und Studienplatz, an den Verfall der ostdeutschen Städte und den täglichen Mangel der Versorgung oder an das Erscheinungsbild eines Wartburgs oder Trabants als Standardausstattung der Bevölkerung (und nicht wie heute als nostalgisches Kultobjekt). Das ist bedauerlich, gehört doch eine konkrete Vorstellung der Vergangenheit dazu, um das Erreichte treffend einordnen zu können. Gelegentlich träumt man als historisch interessierter Zeitgenosse davon, dass im Fernsehen oder Internet jeden Abend für ein paar Sekunden Bilder einer ostdeutschen Stadt aus den 1980er-Jahren gezeigt werden: in Sachsen Chemnitz, Dresden und Leipzig, in Thüringen Erfurt, Jena und Weimar, in Sachsen-Anhalt Dessau, Halle/Saale und Magdeburg, in Brandenburg Cottbus, Frankfurt (Oder) und Potsdam, in Mecklenburg-Vorpommern Rostock, Schwerin und Stralsund, um nur einige zu nennen; und natürlich Bilder aus der Metropole Berlin einschließlich Mauer bzw. Mauerbrache. Dies könnte schon helfen, das Bewusstsein für das Vergangene ein Stück zu beflügeln und dem Vergessen emotional entgegenzutreten.

Auf der anderen Seite hat das kollektive Verblassen der Erinnerung durch den Wechsel der Generationen auch gewisse Vorteile: Das Erlebte und Erlittene einer früheren Generation wird zum Teil der Geschichte – gewissermaßen abgespeichert in einer Schublade, deren Inhalt die Jüngeren bei allem Respekt vor der Vergangenheit weit weniger interessiert als die Herausforderungen des täglichen Lebens und auch der anstehenden politischen Agenda. Diese enthält eine Fülle von Themen, die dann doch – für sich genommen – wenig zu tun haben mit der deutschen Teilung und Wiedervereinigung. Wie steht es um die Globalisierung und den Klimawandel? Wie um die Einigung Europas? Wie um Bildung und Digitalisierung? Wie um die Zukunft unserer Alterssicherung? Wie, ganz aktuell, um den Kampf gegen das Coronavirus und um unsere Gesundheitspolitik? Der Tisch in Deutsch-

land ist voll mit Fragen, auf die Gesellschaft, Politik und Wirtschaft eine
angemessene Antwort finden müssen – und die hat nicht mehr allzu viel mit
der Deutschen Einheit zu tun.

Jedenfalls nicht direkt. Schaut man allerdings genauer hin, so gibt es
doch einzelne Herausforderungen, die mit den Spätfolgen der deutschen
Teilung und Einheit zusammenhängen. Denn eines ist klar: Was in den
1990er-Jahren in Ostdeutschland geschah, war ein machtvoller Prozess der
Deindustrialisierung. Die Entwicklung der letzten Jahre in einer ganzen
Reihe von Industrienationen zeigt nun immer deutlicher, dass Prozesse dieser Art tiefe Spuren hinterlassen – und zwar in Form von Rissen in der
Gesellschaft. Besonders eindrucksvoll hat dies David Goodhart für Großbritannien beschrieben, indem er zwischen «anywheres» und «somewheres»
unterscheidet – also jenen Menschen, die durch Mobilität und Bildung relativ mühelos von der Globalisierung profitieren (die «anywheres») und jenen,
deren berufliches und persönliches Selbstwertgefühl stark durch die zusam-
mengebrochene Altindustrie geprägt ist und die keine einfachen Alternativen dazu haben (die «somewheres»). Ähnlich beschrieb vor einigen Jahren
Charles Murray die Spaltung der US-amerikanischen Gesellschaft; und ähnlich tat dies in jüngster Zeit Andreas Reckwitz für Deutschland.[253]

Schaut man summarisch über eine Vielzahl von Industrienationen in
Europa, so fällt auf, dass sich dieses Spaltungsmuster fast überall zeigt. Und
es spiegelt sich in Wahlergebnissen, vor allem was den Erfolg rechtspopu-
listischer Parteien betrifft. Dabei fallen die Ziele dieser Parteien im konkreten Kontext der nationalen Politik sehr unterschiedlich aus. So ist die politische Agenda des Front National in Frankreich stark antieuropäisch, und er
feiert seine größten Wahlerfolge im altindustriellen Nordosten des Landes
sowie im strukturschwächeren mediterranen Süden. In Großbritannien
gaben die Brexit-Wähler im altindustriellen Nordosten Englands bei der
Abstimmung 2016 den Ausschlag für das Ausscheiden des Landes aus der
EU. Und in den USA war es die Mehrheit der Wähler in den Regionen des
Mittleren Westens – und nicht in den Zentren der Hochtechnologie an der
Ost- und Westküste, die Donald Trump 2016 zum Präsidentenamt verhal-
fen. Ähnliche Muster lassen sich im postsozialistischen Osteuropa beobachten: Der dort nationalistisch gefärbte Populismus hat seine Hochburgen
nicht in den dynamischen urbanen Zentren, die von der Globalisierung pro-

fitieren, sondern eher in den entlegeneren ländlichen Regionen, die wirtschaftlich benachteiligt sind.

Mit Blick auf Ostdeutschland ist klar: Die Region als Ganzes ist innerhalb Deutschlands ein Schwerpunkt des Rechtspopulismus. Sie ist damit auch Teil eines viel breiteren Phänomens, das überall in Industrienationen jene Regionen betrifft, die durch besonders harte Prozesse der Umstrukturierung gegangen sind. Damit wird der Wandel in der ostdeutschen Gesellschaft in hohem Maß zu einem Element jener weltweiten Veränderungen, die offenbar nur wenig zu tun haben mit den Besonderheiten der Deutschen Einheit selbst, wohl aber mit den Wirkungen der Globalisierung und des technischen Fortschritts auf die Wachstumsperspektiven und Lebenswirklichkeit einzelner Regionen.

Dieser Befund liefert einen Grund mehr, die Wirtschafts- und Wachstumspolitik für den Osten Deutschlands in den kommenden Jahren sehr ernst zu nehmen. Eine Verfestigung des verbleibenden ökonomischen Rückstands muss möglichst verhindert werden. Aber wie mehrfach betont: Die Chancen stehen nicht schlecht, dass dies gelingen kann.

Nachwort

Das vorliegende Buch ist das Ergebnis einer langjährigen Beschäftigung der beiden Autoren mit der Deutschen Einheit. Sie reicht bis ins Jahr 1989 zurück, bei Richard Schröder noch viel weiter. In dieser Zeit haben wir unzählige Diskussionen zum Thema geführt, privat mit Freunden und Bekannten, professionell mit Politikern und Wissenschaftlern, öffentlich auf einer Vielzahl von Podien und im Gefolge von eigenen Vorträgen. Es ist nicht möglich, den Dank aufzulisten, den wir den vielen Gesprächspartnern schulden. Wir nennen stellvertretend drei Einrichtungen, mit denen wir beide verbunden sind und die für uns regelmäßig einen besonders fruchtbaren Rahmen des Austauschs zum Thema darstellten: die Deutsche Gesellschaft e. V., einschließlich der inzwischen mit ihr fusionierten Gesellschaft für Deutschlandforschung; das Deutsch-Koreanische Konsultationsgremium für Vereinigungsfragen, getragen von den Regierungen Südkoreas und Deutschlands; und in jüngster Zeit der Beirat des neuen großen Forschungsprojekts zur Geschichte der Treuhandanstalt des Instituts für Zeitgeschichte München/Berlin.

Beim Schreiben des Buchs gab es viele helfende Köpfe und Hände. Institutionell waren es vor allem der Rückgriff auf die Infrastruktur der Fakultät für Wirtschaftswissenschaft an der Otto-von-Guericke-Universität Magdeburg und der Austausch in der Friedrich-Naumann-Stiftung für die Freiheit, Potsdam/Berlin. Von herausragender Qualität und Quantität war die redaktionelle Unterstützung von Kathrin Meyer-Pinger, Assistentin am Lehrstuhl für Internationale Wirtschaft von Karl-Heinz Paqué. Dank gebührt Dr. Urs Hofmann und seinem Team des Verlags NZZ Libro, insbesondere Tamara Ulrich. Die Zusammenarbeit klappte vorzüglich. Die Deutsche Einheit ist offenbar in Schweizer Händen bestens aufgehoben. Dank gilt unseren Partnerinnen Sabine Paqué, die auch das Manuskript stilistisch polierte, und Ruth Kautzsch. Kein anderes Thema hat es geschafft, über die Jahre zu einem Dauerbrenner der täglichen Frühstücksgespräche im Hause Paqué und im Hause Schröder zu werden. Andere Themen kommen und gehen, die Deutsche Einheit bleibt.

Schließlich möchten wir mit diesem Buch an Hergard Rohwedder erinnern, die Witwe von Detlev Karsten Rohwedder, dem ersten Vorstandsvorsitzenden der Treuhandanstalt, der am 1. April 1991 ermordet wurde – im Haus der Familie in Düsseldorf. Er wurde zum tragischen Todesopfer der Deutschen Einheit, übrigens dem einzigen. Hergard Rohwedder verstarb 2019. Bis zuletzt verfolgte sie alles, was sich in der Deutung der Deutschen Einheit tat, mit kritischem Geist und liberaler Überzeugung. Beide Autoren bleiben ihr eng verbunden.

Karl-Heinz Paqué und Richard Schröder

Anmerkungen

1 Aus ihren vielen Bürgergesprächen berichtet Köpping: «In fast allen Fällen war recht schnell nicht mehr die Flüchtlingsproblematik das entscheidende Thema. Es ging um etwas viel tiefer Liegendes», nämlich um «unbewältigte Demütigungen, Kränkungen und Ungerechtigkeiten» der «Nachwendezeit. «Hier geht es anscheinend bei vielen gar nicht um das Thema Flüchtlinge. Diese waren nur Projektionsfläche für eine tiefer liegende Wut und Kritik» (Köpping 2018, S. 9). «Viele scheinen bereit, sich von der Stimmung anstecken zu lassen, dass man scheinbar [gemeint ist: anscheinend, RS] das Recht habe, gegenüber anderen Gruppen von Menschen ungerecht zu werden, weil man sich selbst ungerecht behandelt fühlt.» (Köpping 2018, S. 13).

2 Köpping (2018), S. 23.

3 «Herabwürdigung als Staatsraison», Kowalczuk (2019), S. 103.

4 Kowalzcuk (2019), S. 68.

5 Kowalzcuk (2019), S. 168.

6 Kowalzcuk (2019), S. 182.

7 Bluhm und Jacobs (2016).

8 Hensel und Foroutan (2019); Foroutan, Kalter, Canan und Simon (2019); *Die Zeit* (2019b).

9 Infratest dimap (2019b).

10 Deutscher Bundestag (2019a).

11 Deutscher Bundestag (2019b).

12 Wegweisend Steiner (2004).

13 Dazu im (komplexen) Detail Ebbinghaus (2003).

14 Siehe unten Abschnitte 2.3 und 2.4, insb. 2.3.5.

15 Steiner (2004), S. 274, Abbildung 1.

16 Die volkswirtschaftliche Gesamtrechnung der DDR unterschied sich grundlegend von der im marktwirtschaftlichen Westen üblichen. Die Vergleichbarkeit ist deshalb, was das Wohlstandsniveau betrifft, massiv eingeschränkt. Die Veränderung im Trend dagegen ist für sich genommen aussagekräftig. Dies gilt zumindest dann, wenn man die Wachstumsraten als Zunahme der rein materiellen Güterversorgung interpretiert. Dies geschieht im Folgenden.

17 Steiner, Judt, Reichel (2006), S. 63, Tabelle 0.3.1.

Anmerkungen

18   Paqué (2018), S. 278, Abbildung 7. Dies beruht auf Berechnungen von Heske (2009), die bei aller Sorgfalt seiner Forschung auf zum Teil höchst fragwürdigen Annahmen basieren.

19   Steiner (2004), S. 157, Tabelle 12, und S. 189, Tabelle 13.

20   Steiner (2004), S. 105, Tabelle 11.

21   Siehe dazu den *Deutschen Wirtschaftsatlas*, der in eindrucksvoller Weise die industriellen Zentren des Westens und Ostens (genauer: des damaligen Mitteldeutschlands einschließlich Berlin und Sachsen) als nahezu gleichwertig für die Wirtschaftskraft Deutschlands in vielen Dimensionen ausweist. Tiessen (1929).

22   Dazu Plumpe (2019), Kapitel 3, insb. S. 384 f.

23   Giersch, Paqué, Schmieding (1992), Kapitel 2 und 3.

24   Steiner (2004), Kapitel 1, S. 24–34.

25   Bähr (1997) und Steiner (2004), S. 72.

26   Dazu Plumpe (2019), Kapitel 5.

27   Dazu Steiner (2004), S. 142–51.

28   Helpman (1998).

29   Dazu Paqué (2009), Abschnitt 5.2, S. 208–31, sowie insb. Anm. 94, S. 270 f.

30   Meadows et al. (1972).

31   Sommer (1986) sowie Die Zeit (1986). Es ist übrigens bemerkenswert, wie wenig man sich im Westen auch nach Ende der DDR an die krassen (eigenen) Fehlurteile über die Leistungsfähigkeit der ostdeutschen Wirtschaft zur Zeit der deutschen Teilung erinnerte. Im Gegenteil, was gestern noch mit anerkennenden Worten bedacht worden war, wurde nach 1990 bei Betriebsbesichtigungen außerordentlich kritisch gewürdigt. Siehe dazu Radkau (2008, S. 387–404), der dort auch außerordentlich treffend die Sackgassen der planwirtschaftlichen Technologiepolitik und -geschichte beschreibt.

32   *Der Spiegel* (1979).

33   Zum Fall IKEA u. a. *Süddeutsche Zeitung* (2012).

34   Zum Fall Quelle siehe Pötzl (2019), S. 61.

35   Allerdings gibt der Fall Quelle einen Hinweis, wo der Marktwert im Westen für einen Kühlschrank der DDR, also einen Standardgegenstand des Haushaltsgebrauchs, in etwa lag und welche extrem niedrigen Einkommen damit für Arbeitnehmer in der Produktion unter Marktverhältnissen zu erzielen waren. Unter «normalen» Marktbedingungen, wie sie durch die Währungsunion 1990 hergestellt wurden, war ein solches Geschäftsmodell offensichtlich undenkbar.

36   «Westkataloge voller Ostprodukte» – so titelte der MDR (2018) am 23.11.2018 im Rückblick, als der letzte Quellekatalog in gedruckter Form erschien.

37   Früher Pionier dieser Denkrichtung in der Tradition von Schumpeter (1911) war Giersch (1979). Es folgten mit mathematisch ausgearbeiteten Modellen der Theorie

des endogenen Wirtschaftswachstums Romer (1986), Grossman, Helpman (1991) u. v. a.

38 Schürer et al. (1989).
39 Pötzl (2019), S. 53–55.
40 Schürer et al. (1989), S. 6.
41 Schürer et al. (1989), S. 3.
42 Schürer et al. (1989), S. 3.
43 Martens (2020), Bangel et al. (2019).
44 So u. a. Rödder (2011).
45 Ausführlich dazu Paqué (2009), Abschnitt 2.1, S. 25–44.
46 So u. a. auch Altbundeskanzler Helmut Schmidt (2005), S. 114.
47 Dazu im Einzelnen Pötzl (2019), Kapitel 2, S. 45–71.
48 Seibel (2010).
49 Brie (2005), S. 210.
50 Dazu Pötzl (2019), S. 63.
51 Pötzl (2019), S. 112.
52 Dazu vor allem Paqué (2009), S. 46 f., und Pötzl (2019), S. 144 f., beide basierend auf Treuhandanstalt (1994a, 1994b) sowie Bundesarchiv (1994), B 412/2993, Blatt 185.
53 Dazu im Einzelnen Pötzl (2019), insb. Kapitel 4, S. 99–123, Goschler, Böick (2017) und Paqué (2009), Abschnitt 2.1, S. 25–44.
54 Dazu Pötzl (2019), S. 113 f., Breuel (1993), Schwarzer (2014).
55 So Heering (1998), S. 32 f.
56 So u. a. Ther (2020), der die Tätigkeit der Treuhandanstalt in die Philosophie des «Neoliberalismus» einbettet. Jene neusten Forschungsarbeiten, die tatsächlich auch Akten der Treuhandanstalt verwenden, seit sie öffentlich zugänglich sind – so das Buch von Pötzl (2019) und die Aufsatzsammlung, die Hoffmann (2020) herausgegeben hat – machen deutlich, dass diese Einordnung irreführend ist, weil sie nicht der Tatsache Rechnung trägt, dass rein «kapitalistische Leitlinien» im Sinne der «Shareholder Value»-Maximierung keineswegs dominierten. Stets gab es bei der Treuhandanstalt ein komplexes Bündel an Zielen, die zum Großteil nichts zu tun hatten mit neoliberalen Wirtschaftsideen.
57 Lucke (1995), DIW, IfW, IWH (1999), Teil B. I, S. 28–43.
58 Dazu Dohnanyi (1990) und ausführlich Paqué (2009), S. 64–68.
59 Siehe dazu Institut für Zeitgeschichte (2020).
60 Paqué (2009), Abschnitt 2.2, S. 56–71.
61 Löhr (2002).
62 Siehe Paqué (2009), Abschnitt 2.3, S. 71–85, und unten Abschnitt 2.3.
63 Köpping (2018).
64 Im Detail dazu Pötzl (2019), S. 154–65.

Anmerkungen

65   Zu den Fällen Allianz, Deutsche Bank und Steigenberger siehe Pötzl (2019), Kapitel 5, S. 125–39, mit dem bezeichnenden Titel «Goldene Nasen». Es liest sich in der Tat wie ein Krimi.

66   Im Einzelnen dazu Paqué (2009), Abschnitt 3.1, S. 89–91.

67   Paqué (2009), Abschnitt 3.2, S. 99–109.

68   Paqué (2009), Abschnitt 3.1, S. 94–99.

69   Diese Interpretation wird u. a. von Philipp Ther (2020) vertreten, der dabei im Wesentlichen die Deutsche Einheit als das Ergebnis einer neoliberalen Grundhaltung in wirtschaftspolitischen Kreisen der westlichen Welt und der Philosophie des Washington Consensus beschreibt, wie er sie schon in Ther (2017) präsentierte, und zwar als ein Paradigma, das in den frühen 1990er Jahren die wirtschaftliche Transformation der mittel- und osteuropäischen Länder bestimmte. Er konzediert – im Nachgang zu einer ausführlichen und kontroversen Diskussion mit den Autoren bei Gelegenheit einer Tagung der Deutschen Gesellschaft e. V. in Berlin im Jahr 2019 – vor allem mit Blick auf die hohen West-Ost-Transferzahlungen und großzügigen Sozialleistungen, «dass bei den Reformen in Ostdeutschland nicht alles nach dem Lehrbuch des Washington Consensus» lief. Gleichwohl sieht er offenbar doch die Leitlinien des Neoliberalismus bei der Grundkonzeption («Schocktherapie») der Deutschen Einheit dominant am Werk. Genau dies bestreiten wir. – Ther (2020) steht mit dieser Deutung übrigens keineswegs allein. Bei summarischen Darstellungen der Transformation – etwa in der Geschichte Europas 1950–2017 des namhaften britischen Historikers Ian Kershaw (2017) – taucht die Vorstellung in ähnlicher Weise aus.

70   Dazu wegweisend das inzwischen klassische Werk des verstorbenen Historikers Gerhard A. Ritter (2006), das den bezeichnenden Titel *Der Preis der deutschen Einheit* trägt.

71   Ritter (2006).

72   Eigene Berechnungen auf der Grundlage der VGRdL-Revision 2019, basierend auf Volkswirtschaftliche Gesamtrechnungen der Länder (2020b), Tab. 11.1, Tab. 11.3.1.2.

73   Paqué (2012).

74   Dazu Untersuchungen, zitiert in Paqué (2009), Abschnitt 3.3, S. 115–120.

75   Erfreulicherweise gibt es derzeit Bemühungen des Leibniz-Zentrums für Zeithistorische Forschung Potsdam (ZZF), diese Forschungslücke zu schließen.

76   Dazu Paqué (2012), Abschnitt 1.4, S. 50 f., 69, sowie Paqué (2018), S. 282.

77   Im Detail dazu Paqué (2009, 2012).

78   Dies liegt übrigens nicht ausschließlich an einem Boom der Dienstleistungen in Berlin, sondern auch an einem weit überdurchschnittlichen Wachstum des verarbeitenden Gewerbes, das nach einer schweren Krise in den 1990er-Jahren vor allem im Osten der Stadt wieder kräftig zulegte.

79 Dazu im Einzelnen Paqué (2009), S. 185–86. Dort wird für das Jahr 2006 eine grobe Schätzung der Größenordnung vorgenommen. Sie lautet: 8 Milliarden Euro.

80 Zu dieser Problematik im Detail Paqué (2009), S. 186–87, insb. die Anm. 71.

81 Zu beachten ist, dass in Schaubild 16 und im folgenden Schaubild 17 für die unterschiedlichen Länder international standardisierte EUROSTAT-Statistiken zur Arbeitsproduktivität im verarbeitenden Gewerbe verwendet werden. Diese weichen geringfügig von den nicht standardisierten Daten für Ost- und Westdeutschland ab.

82 Dies nicht erkennen zu wollen ist der zentrale Denkfehler jener Ökonomen, die noch heute davon träumen, dass der Osten Deutschlands besser gefahren wäre, hätte er ein «evolutionäres» Modell der Entwicklung wie in Mittel- und Osteuropa verfolgt. So Sinn, Sinn (1991) sowie Sinn (2002).

83 Dazu Heydemann, Vodička (2013).

84 Eigene Berechnungen, basierend auf Eurostat (2020), Tab. nama_10_a64_e, Tab. nama_10_a64, sowie Volkswirtschaftliche Gesamtrechnungen der Länder (2020b), Tab. 4.3.1.2.

85 Siehe dazu auch Paqué (2017b), der u. a. auf Paqué (2012) zurückgreift.

86 Dazu ausführlich Paqué (2012), Kapitel 1 und 2.

87 Ob die derzeitige Coronakrise auf längere Sicht genau dazu führt, ist heute nicht zu beurteilen. Wahrscheinlich, aber keineswegs sicher ist, dass sie auf einige Jahre die innereuropäischen Wertschöpfungsketten negativ beschädigt, aber dass diese langfristig wiedererstehen.

88 So war es auch in den 1960er- und 1970er-Jahren in Westdeutschland zur damaligen Zeit extremer Voll- bzw. sogar Überbeschäftigung. Siehe dazu Giersch, Paqué, Schmieding (1992), Kapitel 4. A.

89 Giersch, Paqué, Schmieding (1992), ebd.

90 Dazu Paqué (2012), Abschnitt 3.5.

91 So seit einigen Jahren die Diskussion vor allem in den USA. Dazu wegweisend Pisano, Shih (2012).

92 Die schwächere Steuerkraft lässt sich vor allem an den sogenannten Steuerdeckungsquoten ablesen, also dem Anteil der eigenen Einnahmen der Bundesländer, der durch eigenständige Steuereinnahmen gedeckt wird. Dieser ist noch immer bei allen Flächenländern im Osten deutlich niedriger als im Westen. Zum Teil wird dies durch den Länderausgleich kompensiert.

93 Vorsicht ist natürlich geboten bei einem Vergleich von Maßen der subjektiven Einschätzung entlang einer recht willkürlichen Skala von 0 bis 10 im Vergleich zu objektiven wirtschaftlichen Maßzahlen. Gleichwohl fällt auf, dass die Werte der Lebenszufriedenheit im Ost-West-Vergleich deutlich näher beisammen liegen als etwa die Lohnniveaus.

94 Dazu im Detail Goschler, Böick (2017).

Anmerkungen

95 Goschler, Böick (2017), S. 104.

96 Methodik und Datengrundlage dieses ungewöhnlichen und wertvollen Datensatzes präsentiert Förster (2020).

97 Förster (2020), S. 34, Abb. 1.

98 Förster (2020), S. 70, Abb. 8.

99 Dazu Berth et al. (2020), S. 143–56, mit detailliertem statistischem Material, sowie Förster (2020).

100 Schröder (2009), S. 22.

101 Rothland (2008), S. 55–61. Etwa die Hälfte stimmte dem Satz über Jahre hin zu. 1952 waren es immerhin noch 41 %, die in der Idee des Nationalsozialismus mehr Gutes als Böses sahen. Als das Gute wurde genannt: «die guten Arbeitsmöglichkeiten und Arbeitsplatzangebote an erster, der Lebensstandard und die gute soziale Vorsorge an zweiter und die gute Organisation, Disziplin und Sicherheit an dritter Stelle» (S. 57). So ungefähr sieht auch heute der Katalog von Vorzügen des Sozialismus bei seinen Anhängern aus.

102 Die Ichform bezieht sich hier und im weiteren Kapitel – ausgenommen Zitate – auf eigene Erfahrungen von Richard Schröder.

103 Horst Sindermann im Interview über Gorbatschow: «Wir im Politbüro haben damals allesamt seine große Vision nicht verstanden, sondern dogmatisch geprüft, ob das, was er ankündigte, mit dem Marxismus-Leninismus vereinbar sei. Wir hielten uns für klüger und befanden: die Klassenlage ist anders» (Harenberg, 1990).

104 Dalos (1993) sowie Hertle, Saure (2015).

105 Der Grundsatz stammt von Cabet (1839), dort auf dem Titelblatt. Müller (1972), S. 479, Anm. 178. – Ermöglicht werden sollte jenes Verteilungsprinzip durch den Überfluss an allen Gütern. Chruschtschow erklärte bekanntlich 1961 auf dem 22. Parteikongress der KPdSU, dass dies in der Sowjetunion 1980 verwirklicht sein werde.

106 *Märkische Oderzeitung* (2009).

107 Schwan (2009).

108 Zum Beschuss der II. Parteikonferenz der SED siehe Sozialistische Einheitspartei Deutschlands (1952).

109 Lenin, WW 33,344, zitiert nach Kolakowski (1981), S. 564.

110 Heyden (1970), S. 225.

111 Lenin, WW 10, S. 211, zitiert nach Kolakowski (1981), S. 555.

112 Arendt (1979), S. 226.

113 Sendler (1993), S. 1–5.

114 3 % der Westdeutschen und 10 % der Ostdeutschen wünschen sich die DDR zurück; 97 % der Westdeutschen und 88 % der Ostdeutschen nicht (Infratest dimap 2019b).

115 Siehe dazu Abschnitt 2.1.4.

116 Müller, Köppl (2011).

117 Fricke (2019).

118 Marxen, Werle (1999) sowie Schröder (1997).

119 Habermas (1990), S. 180.

120 Die Oktoberrevolution war keine Revolution im marxschen Verständnis, sondern eher ein nachrevolutionärer Putsch der Bolschewiki gegen die Entwicklung Russlands zu einer parlamentarischen Demokratie. Die Rote Armee hat die frei gewählte verfassungsgebende Versammlung bekanntlich auseinandergejagt, weil die Bolschewiki in ihr nicht die Mehrheit hatte, sondern die «Sozialrevolutionäre», die Lenin inhaftieren ließ. Aus ihren Reihen wurde das Attentat auf Lenin verübt.

121 Die erste Delegiertenkonferenz der SPD-Ost (12.1.–14.1.1990) hat deshalb neben einer Erklärung zur Deutschlandfrage einen Brief an Gorbatschow verfasst, in dem es heißt: «Uns ist bewusst, dass die deutsche Einigung nicht ohne Zustimmung unserer Nachbarn möglich ist» (Vorstand der Sozialdemokratischen Partei in der DDR 1990, S. 238 f., 261 f.).

122 Jauer (2019).

123 Überstürzte und unbedachte Entscheidungen hat die Mitbegründerin des Neuen Forums, Bärbel Bohley, der neuen DDR-Führung vorgeworfen. In einem Interview mit der Pariser Sonntagszeitung *Le Journal du Dimanche* erklärte sie sich bestürzt über das dadurch entstandene Chaos. «Die Leute sind verrückt, und die Regierung hat den Verstand verloren», sagte sie. Der nach ihrer Ansicht wie zufällig bekanntgegebene Beschluss zur Öffnung der Mauer habe die Menschen überwältigt und aus der Fassung gebracht. Der Effekt sei der gleiche, als wenn nach 28 Jahren plötzlich die Gefängnistore geöffnet würden. Durch dieses Vorgehen habe die Regierung ihre Inkompetenz bewiesen und sich diskreditiert. Unter den jetzigen Umständen wären freie Wahlen eine Katastrophe, meinte Bohley. Ihre Bewegung brauche mindestens ein Jahr, um sich zu organisieren und ihre Position zu stärken. Sie fürchte, dass die Regierung gerade deshalb die Dinge überstürze und zu sofortigen Wahlen aufrufen wolle» (zitiert in *Frankfurter Rundschau* 1989). – Vgl. auch Bärbel Bohley anlässlich der Verleihung des Karl-Hofer-Preises: «Ich hoffe sehr, dass die Leute, die wieder über den Potsdamer Platz und die anderen Grenzübergänge zurückfahren, wissen, dass ihr Platz immer noch auf der Straße ist, da noch nicht sehr viel bei uns verändert worden ist.» Sie habe Angst darum, dass jetzt wieder viel an Geld gedacht werde. Sie wünsche sich, dass die jetzige Entwicklung, die nicht unbedingt in eine Wiedervereinigung aufgehen muss, nicht sterbe» (*Berliner Morgenpost* 1989). – Vgl. auch Neues Forum (1989). «Wie traumatisierend die politische Entwicklung zunächst auf die Opposition wirkte, zeigten auch einige interne Vorgänge. Ullmann war derartig nervös geworden, dass er am 13.11. um Mitternacht mit Matthias Arzt in der Wohnung von Neubert erschien, um zu erörtern, ob die

Opposition nicht zur Grenzschließung aufrufen solle, da die DDR ansonsten wirtschaftlich schnell an ihr Ende kommen würde, eine Idee, die schließlich verworfen wurde, auch die von Ullmann angesprochenen Vertreter der SDP wiesen das Ansinnen zurück. Ein großer Teil von Oppositionellen hat ohnehin die Maueröffnung begrüßt» (Neubert 1997, S. 877). Der von Wolfgang Ullmann angesprochene Vertreter der Sozialdemokratischen Partei in der DDR war ihr erster Sprecher Stephan Hilsberg, von dem Ullmann die Telefonnummern von Willy Brandt und Hans-Jochen Vogel erbat, um sie von der Notwendigkeit einer Schließung der Grenze zu überzeugen (Information von Stephan Hilsberg).

124 Thaysen (1990) sowie Thaysen (2000).

125 Bei den Nachfolgestaaten der Sowjetunion fällt auf, dass die dem lateinischen Kulturkreis zugehörigen baltischen Staaten und der größere Teil der Ukraine die Standards der EU anstreben, während die südlichen ehemaligen Sowjetrepubliken mit mehrheitlich islamischer Bevölkerung fast durchweg einen niedrigen Demokratieindex, aber einen hohen Korruptionsindex aufweisen.

126 «Für einen Beitritt zur Europäischen Union haben die Staats- und Regierungschefs der EU 1993 bei ihrem Treffen in Kopenhagen drei Voraussetzungen formuliert. Diese so genannten ‹Kopenhagener Kriterien› müssen alle Staaten erfüllen, die der EU beitreten wollen:

Das ‹politische Kriterium›: institutionelle Stabilität, demokratische und rechtsstaatliche Ordnung, Wahrung der Menschenrechte sowie Achtung und Schutz von Minderheiten.

Das ‹wirtschaftliche Kriterium›: eine funktionsfähige Marktwirtschaft und die Fähigkeit, dem Wettbewerbsdruck innerhalb des EU-Binnenmarkts standzuhalten.

Das ‹Acquiskriterium›: die Fähigkeit, sich die aus einer EU-Mitgliedschaft erwachsenden Verpflichtungen und Ziele zu eigen zu machen, das heißt: Übernahme des gesamten gemeinschaftlichen Rechts, des ‹gemeinschaftlichen Besitzstandes› (acquis communautaire).

Die Bedingungen für den Beitritt werden grundsätzlich in Abkommen festgelegt. Diese Beitrittsabkommen werden zwischen der Union und den Beitrittskandidaten kapitelweise ausgehandelt. Derzeit sind dies 35 Kapitel, die alle Rechtsbereiche umfassen. Bestandteil der Abkommen sind meist Übergangsregelungen, um den Beitritt eines Landes für beide Seiten verträglich zu gestalten. Diese Verhandlungen dauern normalerweise mehrere Jahre» (Die Bundesregierung 2020).

127 «Unser Land steckt in einer tiefen Krise. Wie wir bisher gelebt haben, können und wollen wir nicht mehr leben. Die Führung einer Partei hatte sich die Herrschaft über das Volk und seine Vertretungen angemaßt, vom Stalinismus geprägte Strukturen hatten alle Lebensbereiche durchdrungen. Gewaltfrei, durch Massendemonstrationen, hat das Volk den Prozeß der revolutionären Erneuerung erzwungen, der sich in

atemberaubender Geschwindigkeit vollzieht. Uns bleibt nur wenig Zeit, auf die verschiedenen Möglichkeiten Einfluß zu nehmen, die sich als Auswege aus der Krise anbieten.

Entweder können wir auf der Eigenständigkeit der DDR bestehen und versuchen, mit allen unseren Kräften und in Zusammenarbeit mit denjenigen Staaten und Interessengruppen, die dazu bereit sind, in unserem Land eine solidarische Gesellschaft zu entwickeln, in der Frieden und soziale Gerechtigkeit, Freiheit des einzelnen, Freizügigkeit aller und die Bewahrung der Umwelt gewährleistet sind.

Oder wir müssen dulden, daß, veranlaßt durch starke ökonomische Zwänge und durch unzumutbare Bedingungen, an die einflußreiche Kreise aus Wirtschaft und Politik in der Bundesrepublik ihre Hilfe für die DDR knüpfen, ein Ausverkauf unserer materiellen und moralischen Werte beginnt und über kurz oder lang die Deutsche Demokratische Republik durch die Bundesrepublik Deutschland vereinnahmt wird. Laßt uns den ersten Weg gehen. Noch haben wir die Chance, in gleichberechtigter Nachbarschaft zu allen Staaten Europas eine sozialistische Alternative zur Bundesrepublik zu entwickeln. Noch können wir uns besinnen auf die antifaschistischen und humanistischen Ideale, von denen wir einst ausgegangen sind. Alle Bürgerinnen und Bürger, die unsere Hoffnung und unsere Sorge teilen, rufen wir auf, sich diesem Appell durch ihre Unterschrift anzuschließen» (Chronik der Mauer 1989).

128 Konrad-Adenauer-Stiftung (2009).

129 Aktion Sühnezeichen, Pax Christi (1990); Schröder (1996); Kunter (2006).

130 *Neue Zeit* (1989).

131 Zum Protokoll jener Sitzung vgl. Suckut (1994).

132 Wohlgemerkt: der besuchten DDR-Bürger. Viele hatten gar keine Westverwandten, und SED-Genossen durften keine Westkontakte pflegen. (Gieseke 2015, S. 66–97, 82). Dabei plädierten 35 % für ein neutrales Deutschland wie Österreich und 40 % für ein mit der westlichen Welt verbundenes Deutschland.

133 Manche lehnen bis heute den Ausdruck Wiedervereinigung ab, entweder wegen der Assoziation an die Grenzen von 1937 oder mit dem Argument, durch den Beitritt der DDR sei ja, was das Staatsgebiet betrifft, ein Deutschland entstanden, das es zuvor nie gab. Diese Behauptung ist falsch. Das Staatsgebiet des 1945 in vier Besatzungszonen aufgeteilten Deutschland, das bis zum Zerwürfnis der Siegermächte vom Alliierten Kontrollrat gemeinsam verwaltet wurde, entsprach exakt dem heutigen deutschen Staatsgebiet.

134 Kowalczuk (2019), S. 104.

135 Kowalczuk (2019), S. 245.

136 Kowalczuk (2019), S. 149.

137 Bluhm, Jacobs (2016).

138 Bluhm, Jacobs (2016), S. 3.

Anmerkungen

139 Köpping (2018), S. 116.

140 Kowalczuk (2019), S. 182.

141 Faupel (2019), S. 148, Anm. 19.

142 Kowalczuk (2019), S. 197.

143 Köpping (2018), S. 29.

144 Leibniz-Institut für Wirtschaftsforschung Halle (1999), S. 1817.

145 Ebbinghaus (2003).

146 Siehe dazu oben Abschnitt 2.2.2.

147 Kowalczuk (2019), S. 122.

148 Köpping (2018) behauptet auch, ostdeutschen Kaufwilligen seien höhere Kaufsummen genannt worden als westdeutschen Interessenten (S. 30). Wenn es dafür Beweise gäbe, hätten die Betroffenen dagegen klagen können.

149 Pötzl (2019), S. 123.

150 Schroeder (2000), S. 145 f.

151 Dahn (1994).

152 Zur Regelung der Eigentumsfrage im Einzelnen vgl. Schröder (2014), S. 172 ff.

153 Ostdeutschland einschließlich Berlin, Statistisches Bundesamt (1998), Tab. 5; (2019c), Tab. 4.

154 Der westdeutsche Baulöwe Jürgen Schneider hatte sich in Leipzigs Innenstadt verliebt, die spektakulärsten, aber heruntergekommenen Altbauten mit kriminellen Finanzierungsmethoden erworben und renoviert und sich schließlich ins Ausland abgesetzt. Die sächsischen Handwerker blieben auf ihren Rechnungen sitzen. Das Land Sachsen hat sie entschädigt. Schneider kam ins Gefängnis. Einige seiner aufwendigen Bauensembles wurden zu Touristenattraktionen, deshalb wird er in Leipzig als Wohltäter verehrt. Es waren sehr seltsame Zeiten (Baum 2016).

155 Hähnig (2019).

156 Infratest dimap (2019b).

157 Siehe dazu auch oben Abschnitt 2.6.

158 Siehe dazu oben Abschnitt 2.2.2.

159 Die gab es ja auch. Die Volksarmee wurde aufgelöst, ebenso erging es der Stasi und den aufgeblähten Apparaten der Parteien und Massenorganisationen. Auch die Auflösung der Ministerien und Bezirksverwaltungen hatte nichts mit der Treuhandanstalt zu tun.

160 Jürgs (2018).

161 Depenheuer, Paqué (2012).

162 Köpping (2018) unterstellt der gesetzlich geregelten Sperrfrist eine Vertuschungsabsicht: «Die Bestände waren komplett unter Verschluss, weil die damalige CDU-FDP-Bundesregierung einen Großteil der Dokumente als Verschlusssachen eingestuft hatte. Vielfach scheinen es sogar die Treuhandmitarbeiter selbst gewesen zu

sein, die festlegen konnten, was mit welchen Schutzfristen weggeschlossen werden sollte» (S. 39). Das ist alles vollkommen frei erfunden. Wenn es so gewesen wäre, hätte doch die rot-grüne Bundesregierung bereits 1998 die Treuhandakten öffnen und die angeblich versteckten Skandale der vorigen Bundesregierung öffentlich machen können.

163 Pötzl (2019), Anm. 64.

164 Köpping (2018), S. 55.

165 Köpping (2018), S. 28.

166 Köpping (2018), S. 28.

167 Köpping (2018), S. 23.

168 Köpping (2018), S. 28.

169 Köpping (2018), S. 100.

170 Köpping (2018), S. 25. In Interviews hat sie nicht mehr einschränkend gesagt: «wurde mir berichtet», sondern das Berichtete wurde von ihr als Tatsachen wiedergegeben, vgl. die Nachweise bei Pötzl (2019), S. 96 f. Köppings einseitige Darstellung ging ungeprüft durch viele große Zeitungen, vgl. Locke (2017), Decker (2018).

171 Deutscher Bundestag (1992).

172 «Die wesentlichen Produktionsstätten und Anlagen stammen aus den Jahren 1985 bis 1989», konstatierte die Treuhandanstalt. «Die Porzellanmasseherstellung (Massemühle) mit einer Kapazität von mehr als 25 000 Tonnen pro Jahr arbeitet vollautomatisch und ist die modernste Anlage Europas.» Ausgerechnet die Leistungsstärke erwies sich als Handicap: «Aufgrund des Wegfalls des bisherigen Absatzmarktes für Hochspannungsisolatoren (primäre Abnehmer waren die RGW-Länder) sind die Produktionsstätten in Großdubrau überdimensioniert.» Und weiter: «Der Betrieb wurde in der sozialistischen Planwirtschaft regelrecht kaputtinvestiert», erklärte die in Großdubrau wohnende CDU-Bundestagsabgeordnete Maria Michalk, die in den 1960er-Jahren in der Margarethenhütte tätig war. «Neuinvestitionen waren notwendig. Aber in der vollzogenen Größenordnung und damit in der Aufnahme von Krediten, die in keinem Verhältnis zur Produktion standen, war es ökonomischer Unfug» (Pötzl 2019, S. 97 f.).

173 *Der Spiegel* (1992).

174 Köpping (2018), S. 9.

175 Köpping (2018), S. 9.

176 Köpping (2018), S. 13.

177 Köpping (2018), S. 26.

178 Köpping (2018), S. 88, vgl. S. 80.

179 Köpping (2018), S. 147.

180 Köpping (2018), S. 67.

181 Köpping (2018), S. 77.

Anmerkungen

182 Köpping (2018), S. 67.

183 Köpping (2018), S. 132.

184 Kowalczuk (2019), S. 168.

185 Köpping (2018), S. 73.

186 Aktenzeichen BVerwG 6 C 19.04; «Ein pauschaler Umtausch von DDR-Diplomen in westliche Abschlüsse würde bundesdeutsche Grade faktisch entwerten, argumentierten die Richter», heißt es in *Der Spiegel* (2005). Die Richter hatten aber gesagt: Der Umtausch werde die DDR-Titel entwerten.

187 Köpping (2018), S. 73 ff.

188 Es handelt sich um die Abschlüsse «Oberstufenlehrer für polytechnischen Unterricht» und «Staatswissenschaftler», die an Offiziersschulen der Grenztruppen der DDR erworben wurden und den Abschluss «Verkehrsingenieur» der Offiziersschule der Landstreitkräfte, und zwar «wegen der besonders ausgeprägten Ausrichtung auf das Gesellschaftssystem der DDR» (Deutscher Bundestag 1999 sowie Marxen, Werle und Schäfter 2007).

189 Kowalczuk (2019), S. 149.

190 Infratest dimap (2019b).

191 Zwei Beispiele. Wer vor der Maueröffnung die DDR verlassen hat, dem wurde nach der Maueröffnung die Rente nach den nun zugänglichen DDR-Unterlagen und nicht mehr nach den Schätzungen gemäß dem Fremdrentengesetz berechnet. Das prangern die Betroffenen als ungerecht an, weil dabei eine niedrigere Rente herauskommt, so niedrig wie die der übrigen ehemaligen DDR-Bürger. Köpping (2018) kritisiert, dass den Chemiearbeitern des Braunkohleveredlungswerks Schwarze Pumpe von der DDR die Bergarbeiterrente versprochen worden ist, um sie in die ferne Lausitz zu locken. Vgl. S. 63. Würde die Rentenversicherung das Versprechen der DDR erfüllen, könnten die Chemiearbeiter aus Bitterfeld protestieren: «Und warum nicht auch wir?»

192 Fischer (2005), darin zitiert die *Bild-Zeitung*: «‹Wir sind das Volk› rufen sie heute – ‹Wir sind ein Volk› rufen sie morgen!»

193 Siehe dazu Abschnitt 3.2.3.

194 Brandt (2001), S. 1080–90.

195 So lautet Artikel 1(1) der DDR-Verfassung von 1949 «Deutschland ist eine unteilbare demokratische Republik» und Artikel 1(4) «Es gibt nur eine deutsche Staatsangehörigkeit» (Die Verfassung der Deutschen Demokratischen Republik 1949).

196 Klaus, Buhr (1976); vgl. Kosing (1976) und *Die Zeit* (1975).

197 Berg (2017).

198 Zitiert bei Werth (2007) S. 20.

199 Winkler (1997), S. 48 f.

200 Bracher (1979), S. 544. 1986 hat Bracher jene Formulierung mit dem Zusatz versehen: «[…] und damit […] die Konsequenzen selbst verschuldeter Teilung zu tragen» (Bracher 1986, S. 406).

201 Bracher (1997), S. 21 f.

202 Sternberger (1979b), S. 3–16 sowie Sternberger (1979a).

203 Habermas (1986), S. 40.

204 Sternberger (1982), S. 17–31.

205 Habermas (1990), S. 217.

206 Habermas (1990), S. 215.

207 Habermas (1989) in Habermas (1990), S. 160.

208 Habermas (1989) in Habermas (1990), S. 160; Habermas (1991). Dazu damals kritisch Schröder (1991).

209 Habermas (1989) in Habermas (1990), S. 161, 165.

210 Habermas (1989) in Habermas (1990), S. 161.

211 Renan (1882).

212 Schneider (2014).

213 Nachtgedanken, zuerst in Heine (1844).

214 Das war die Losung einer Demonstration in Frankfurt (am Main) am 12.5.1990 mit 20 000 Teilnehmern. In der ersten Reihe: Claudia Roth, Angelika Beer und Jutta Ditfurth von den Grünen.

215 Die letzten beiden Zeilen aus dem Song einer Hamburger Band sind sogar Gegenstand eines Urteils des Verfassungsgerichts geworden. Sie sind demnach durch die Meinungsfreiheit gedeckt. Siehe Bundesverfassungsgericht (2000). Die erste Losung ist die Umkehrung einer Zeile aus dem Gedicht Soldatenabschied von Heinrich Lersch: «Deutschland muss leben, und wenn wir sterben müssen» (Lersch 1916). Diese findet sich am Gefallenendenkmal von Hamburg Dammtor.

216 Lafontaine (1988), S. 188 f. Hier zitiert nach Winkler (2016).

217 Halfwassen (2017).

218 Winkler (2016), S. 12.

219 Die Studie im Auftrag des Bundesministeriums der Justiz und für Verbraucherschutz (2014) legt dar, dass Tendenzen zu einer Paralleljustiz bei Migranten in Deutschland vor allem mit Clanstrukturen und weniger mit dem Islam als Religion zu tun haben.

220 «Anmut sparet nicht noch Mühe, / Leidenschaft nicht noch Verstand,
daß ein gutes Deutschland blühe, / wie ein andres gutes Land. //
Daß die Völker nicht erbleichen / wie vor einer Räuberin,
sondern ihre Hände reichen / uns wie andern Völkern hin. //
Und nicht über und nicht unter / andern Völkern wolln wir sein,
von der See bis zu den Alpen, / von der Oder bis zum Rhein. //
Und weil wir dies Land verbessern, / lieben und beschirmen wir's.

Und das liebste mag's uns scheinen / so wie andern Völkern ihrs» (Brecht 1997). Die dritte Strophe korrigiert ausdrücklich die erste des Deutschlandlieds. Die Bundesrepublik hat allein die dritte zur Nationalhymne erklärt.

221 Petersen (2016a).

222 Habeck (2010), S. 19 f.

223 Schmidtchen (1999).

224 So damals Schröder (2000), S. 41.

225 Daten von 2015 bietet Reimann (2015).

226 Infratest dimap (2018), S. 4; Ahrens (2017), S. 15, 35.

227 Paqué (2017a).

228 Umfragen zur Akzeptanz von Demokratie erheben nicht, was die Befragten unter Demokratie verstehen. Das beeinträchtigt ihren Aussagewert. Bei der Frage, ob die Demokratie die beste Staatsform sei, wird wohl als Alternative die Diktatur vor Augen stehen. Bei der Frage nach der Leistungskraft der Demokratie in Deutschland wird dagegen im Osten wahrscheinlich oft ein holistisches Demokratieverständnis leitend sein. Gewohnt war man, dass Kapitalismus und Sozialismus als «Gesellschaftsordnungen» kontrastiert wurden, also nicht eine Regierungsform im Unterschied etwa zur Wirtschaftsform, sondern die jeweilige gesellschaftliche Gesamtverfassung in allen ihren Dimensionen. Dann wird als Demokratie nicht die Staatsform, sondern die aktuelle Politik oder auch die wirtschaftliche Lage beurteilt.

229 Infratest dimap (2019c).

230 Köpping (2018), S. 174. Zum runden Tisch vgl. Schröder (1999).

231 Siehe dazu oben Abschnitt 3.2.

232 Köpping (2018), S. 83.

233 Zur Liste der Plebiszite in Deutschland siehe Wikipedia (2020).

234 Kielmansegg (2016).

235 Kolakowski (1981), S. 63 (Kautzky gegen Lenin), S. 555 (Lenin).

236 Herodot (1964), S. 456, VI, 21.

237 Rousseau (2011), II,5.

238 Marx (1844), S. 362 ff.

239 Hamilton, Madison, Jay (1993), Nr. 51 (1787/88).

240 Buruma (2016).

241 Der Text umfasste 160 000 Wörter. Die US-amerikanische Verfassung umfasst 4600 Wörter.

242 Über den Austritt Deutschlands aus dem Völkerbund (12.11.1933); über das Staatsoberhaupt des Deutschen Reichs (19.8.1934); über die Ermächtigung zur Rheinlandbesetzung (29.3.1936); über den Anschluss Österreichs an das Deutsche Reich (10.4.1938). Siehe Wikipedia (2020). – vgl. Werner (2016).

243 Fichte (1987), S. 195.

244 Kielmansegg (2016).

245 Es gab noch kein Frauenwahlrecht, und die Beteiligung ist meist nicht sehr hoch. Wolf Linder, *Schweizerische Demokratie*, hier zitiert aus Plöhn (2016), S. 10.

246 Petersen (2016b), S. 8.

247 Kershaw (2015).

248 Es gab nur wenige (liberale) Intellektuelle, die früh und konsequent die grundlegenden Schwächen einer planwirtschaftlichen Ordnung verdeutlichten, allen voran Friedrich Hayek und Karl Popper. Hinzu kamen allerdings zunehmend Denker der politischen Linken, denen in Anbetracht der Verhältnisse in Osteuropa die ursprünglich naivgläubige Haltung gegenüber dem Sozialismus abhandenkam. Meist konzentrierte sich ihre Kritik allerdings auf die Beschränkung der individuellen Freiheit, nicht die Ineffizienz oder gar Innovationsfeindlichkeit der Planwirtschaft.

249 Garton Ash (1990).

250 Einer der Autoren (Karl-Heinz Paqué) erlebte dies ganz konkret während seiner Studien- und Assistentenzeit in den späten 1970er- und frühen 1980er-Jahren im (westdeutschen) Freundeskreis seines universitären Umfelds. Es wurde dort z. B. viel und leidenschaftlich über neue sozialistische Wege in Lateinamerika diskutiert (und dies von den meisten mit viel Sympathie!), aber die Situation in der DDR wurde verschämt verschwiegen oder beschönigt. Der Gedanke einer Wiedervereinigung war in dieser Generation der Nachachtundsechziger und Babyboomer gänzlich verpönt.

251 Paqué (2009).

252 Ludewig (2015).

253 Goodhart (2017), Murray (2012), Reckwitz (2019).

Literatur und Datenquellen

Ahrens, P.-A. (2017), *Skepsis und Zuversicht. Wie blickt Deutschland auf Flüchtlinge?*, Sozialwissenschaftliches Institut der EKD (SI), Hannover.

Aktion Sühnezeichen; Pax Christi (Hg.) (1990), *Ökumenische Versammlung für Gerechtigkeit, Frieden und Bewahrung der Schöpfung, Dresden – Magdeburg – Dresden. Eine Dokumentation*, Berlin.

Arendt, H. (1979), *Vom Leben des Geistes*, Bd. 2, Piper Verlag, München.

Bähr (1997), «Die Firmenabwanderung aus der SBZ/DDR und aus Berlin-Ost (1945–1953)», in Fischer, W.; Müller, U.; Zschaler, F. (Hg.), *Wirtschaft im Umbruch*, S. 229–49, Scripta Mercaturae Verlag, St. Katharinen.

Bangel, C.; Blickle, P.; Erdmann, E.; Faigle, P.; Loos, A.; Stahnke, J.; Tröger, J.; Venohr, S. (2019), «Die Millionen, die gingen», in *Zeit online* (2. Mai 2019), abrufbar unter https://www.zeit.de/politik/deutschland/2019-05/ost-west-wanderung-abwanderung-ostdeutschland-umzug

Baum, A. (2016), «Der Niedergang des Baulöwen Jürgen Schneider», in *Deutschlandfunk* (23.02.2016), abrufbar unter https://www.deutschlandfunk.de/vor-20-jahren-der-niedergang-des-bauloewen-juergen-schneider.871.de.html?dram:article_id=346334

Berg, S. (2017), «Warum fragt keiner die Wessis, wann sie in Deutschland ankommen?», in *Der Spiegel* (13. November 2017), abrufbar unter https://www.spiegel.de/spiegel/ossis-und-wessis-sind-sie-angekommen-in-deutschland-a-1177622.html

Berliner Morgenpost (1989) «Bärbel Bohley mit Karl-Hofer-Preis ausgezeichnet», in *Berliner Morgenpost* (15. November 1989), S. 4.

Berth, H.; Brähler, E.; Zenger, M.; Stöbel-Richter; Y. (2020), «Quo vadis Deutsche Einheit? Ausgewählte Ergebnisse aus 30 Jahren Sächsische Längsschnittstudie», in Berth, H.; Brähler, E.; Zenger, M.; Stöbel-Richter, Y. (Hg.), *30 Jahre ostdeutsche Transformation – Sozialwissenschaftliche Ergebnisse und Perspektiven der Sächsischen Längsschnittstudie*, S. 143–56, Psychosozial-Verlag, Gießen.

Bluhm, M.; Jacobs, O. (2016), «Wer beherrscht den Osten? Ostdeutsche Eliten ein Vierteljahrhundert nach der deutschen Wiedervereinigung», Universität Leipzig, Institut für Kommunikations- und Medienwissenschaft, abrufbar unter https://www.mdr.de/heute-im-osten/wer-beherrscht-den-osten-studie-100.html

Boersengefluester (2020), «Das Top-Ranking der deutschen Börsenstädte», abrufbar unter https://boersengefluester.de/top-ranking-der-deutschen-boersen staedte/

Bracher, K. D. (1979), *Die deutsche Diktatur. Entstehung, Struktur, Folgen des Nationalsozialismus*, 10. Auflage (Nachwort zur 5. Auflage 1976), Büchergilde Gutenberg, Frankfurt (am Main).

Bracher, K. D. (1986), «Politik und Zeitgeist. Tendenzen der 1970er-Jahre», in Bracher, K. D.; Jäger, W.; Link, W. (Hg.), *Republik im Wandel 1964–1974. Die Ära Brandt*, Deutsche Verlags-Anstalt, Stuttgart.

Bracher, K. D. (1997), «Zwischen Geschichts- und Politikwissenschaft», in Aretin, K. O. v.; Lehmann, H.; Vierhaus R. (Hg.), *Erinnerungsstücke. Wege in die Vergangenheit. Rudolf Vierhaus zum 75. Geburtstag gewidmet*, S. 21–48, Böhau Verlag, Wien.

Brandt, P. (2001), «Volk», in Ritter, J.; Gründer, K.; Gabriel, G. (Hg.), *Historisches Wörterbuch der Philosophie*, Bd. 11, S. 1080–90, Schwabe & Co, Basel.

Brecht, B. (1997), *Ausgewählte Werke in sechs Bänden*, Band 3. Suhrkamp, Frankfurt (am Main).

Breuel, B. (1993), *Treuhand intern – Tagebuch*, Ullstein, Berlin.

Brie, A. (2005), «Deutsch-deutsche Fremdheiten», in Bahrmann, H.; Links, C. (Hg.), *Am Ziel vorbei. Die deutsche Einheit – Eine Zwischenbilanz*, Ch. Links Verlag, Berlin.

Bundesagentur für Arbeit (2020a), «Arbeitslosigkeit im Zeitverlauf – Entwicklung der Arbeitslosenquote (Strukturmerkmale)», Nürnberg.

Bundesagentur für Arbeit (2020b), «Betriebe und sozialversicherungspflichtig Beschäftigte – Deutschland, West/Ost, Länder und Kreise (Jahreszahlen und Zeitreihe) 2019», abrufbar unter https://statistik.arbeitsagentur.de/nn_280978/ SiteGlobals/Forms/Rubrikensuche/Rubrikensuche_Suchergebnis_Form. html?view=processForm&sortString=regionlink_rev&year_month=201912 &topicId=746744, Nürnberg

Bundesarchiv (1994), «Bericht zur Beendigung der THA am 31. Dez. 1994», in *Bundesarchiv* B 412/2993, abrufbar unter https://invenio.bundesarchiv.de/invenio/ direktlink/034595fe-0fcd-4f79-bd60-fb81ed05c7e1/

Bundesinstitut für Bevölkerungsforschung, BiB (2018), «Fernere Lebenserwartung im Alter 65 in West- und Ostdeutschland nach Geschlecht, Sterbetafel 1958 bis 2015», abrufbar unter https://www.bib.bund.de/DE/Fakten/Fakt/S37-Lebens erwartung-Alter-65-Geschlecht-West-Ost-ab-1958.html

Bundesministerium der Justiz und für Verbraucherschutz (2014), *Gibt es eine Paralleljustiz in Deutschland? Streitbeilegung im Rechtsstaat und muslimische Traditio-*

nen, 59 S., abrufbar unter https://www.bmjv.de/SharedDocs/Archiv/Down
loads/Studie-Paralleljustiz.html?__blob=publicat

Bundesverfassungsgericht (2000), «Beschluss der 2. Kammer des Ersten Senats
vom 03. November 2000 – 1 BvR 581/00 – Rn. 1–33», in *Pressemitteilung*
150/2000 (23. November 2000), abrufbar unter http://www.bverfg.de/e/rk2000
1103_1bvr058100.html

Buruma, I. (2016), «Die Referendumsfarce. Volksabstimmungen sind oft demago-
gisch und der Demokratie abträglich» (18. März 2016), abrufbar unter https://
www.ipg-journal.de/kolumne/artikel/die-referendumsfarce-1339/

Cabet, É. (1839), *Voyage en Icarie*, Matlet, Paris.

Chronik der Mauer (1989), «Aufruf ‹Für unser Land›, Neues Deutschland, 26. November 1989», abrufbar unter https://www.chronik-der-mauer.de/material/
178900/aufruf-fuer-unser-land-neues-deutschland-26-november-1989

Dahn, D. (1994), *Wir bleiben hier oder Wem gehört der Osten? Vom Kampf um Häuser
und Wohnungen in den neuen Bundesländern*, Rowolth, Reinbek.

Dalos, G. (1993), *Proletarier aller Länder, entschuldigt mich! Das Ende des Ostblock-
witzes*, Temmen, Bremen.

Decker, K. (2018), «Die Seelsorgerin der Sachsen», in *Der Tagesspiegel* (11. Oktober
2018), abrufbar unter https://www.tagesspiegel.de/politik/integrationsminis
terin-petra-koepping-die-seelsorgerin-der-sachsen/23158002.html

Depenheuer, O.; Paqué, K.-H. (2012*), Einheit – Eigentum – Effizienz. Bilanz der Treuhandanstalt. Gedächtnisschrift zum 20. Todestag von Dr. Detlev Karsten Rohwedder*, Springer, Heidelberg.

Der Bundeswahlleiter (2018), «Bundestagswahl 2017 – Ergebnisse nach kreisfreien
Städten und Landkreisen», abrufbar unter https://www.bundeswahlleiter.de/
bundestagswahlen/2017/ergebnisse/weitere-ergebnisse.html

Der Spiegel (1979), « Das kranke England», in *Der Spiegel* 6/1979 (5. Februar 1979),
S. 150–72, abrufbar unter https://www.spiegel.de/spiegel/print/d-40351829.
html

Der Spiegel (1992), «Thüringer Modell», in *Der Spiegel* 21/1992 (18. Mai 1992), S. 166–
68, abrufbar unter https://www.spiegel.de/spiegel/print/d-13680824.html

Der Spiegel (2005), «DDR Akademiker. Kein Recht auf Umdiplomierung», in *Der
Spiegel* (24. November 2005), abrufbar unter https://www.spiegel.de/lebenund
lernen/uni/ddr-akademiker-kein-recht-auf-umdiplomierung-a-386675.html

Deutscher Bundestag (1992), «Bundestags-Drucksache 12/1996», abrufbar unter
http://dipbt.bundestag.de/doc/btd/12/019/1201996.pdf

Deutscher Bundestag (1999), «Bundestags-Drucksache 14/574», abrufbar unter
https://dejure.org/Drucksachen/Bundestag/BT-Drs._14/574

Deutscher Bundestag (2019a), «Bundestags-Drucksache 19/9793», abrufbar unter https://dip21.bundestag.de/dip21/btd/19/097/1909793.pdf

Deutscher Bundestag (2019b), «Bundestags-Drucksache 19/11126», abrufbar unter https://dip21.bundestag.de/dip21/btd/19/111/1911126.pdf

Deutsches Patent- und Markenamt (2019), «Jahresbericht 2018», München.

Die Bundesregierung (2020), «Bedingungen für den Beitritt zur Europäischen Union», abrufbar unter https://www.bundesregierung.de/breg-de/themen/europa/bedingungen-fuer-den-beitritt-zur-europaeischen-union-434536

Die Verfassung der Deutschen Demokratischen Republik (1949) «Die Verfassung der Deutschen Demokratischen Republik vom 7. Oktober 1949», in *document Archiv.de* (Hg.), abrufbar unter http://www.documentarchiv.de/ddr/verfddr 1949.html

Die Zeit (1975), «Die SED unterscheidet zwischen Nation und Nationalität», in *Die Zeit* 9 (21. Februar 1975), abrufbar unter https://www.zeit.de/1975/09/die-sed-unterscheidet-zwischen-nation-und-nationalitaet/komplettansicht

Die Zeit (1986), «Reise ins andere Deutschland», *Die Zeit* 25/1986 (13. Juni 1986), abrufbar unter https://www.zeit.de/1986/25/reise-ins-andere-deutschland

Die Zeit (2019a), «30 Jahre Mauerfall», in *Die Zeit* 41/2019, S. 2–3, abrufbar unter https://www.policy-matters.de/site/assets/files/1397/zeit_2019_41.pdf

Die Zeit (2019b), «Ostdeutsche und Migranten ähnlich stark benachteiligt», in *Die Zeit* (2. April 2019), abrufbar unter https://www.zeit.de/gesellschaft/zeitge schehen/2019-04/integration-studie-ostdeutsche-migranten-benachteiligung-einkommen.

DIW, IfW, IWH (1999), *Gesamtwirtschaftliche und unternehmerische Anpassungs-fortschritte in Ostdeutschland*, Neunzehnter Bericht, Forschungsreihe 5/1999, Halle.

Dohnanyi, K. v. (1990), *Das Deutsche Wagnis. Über die wirtschaftlichen und sozialen Folgen der Einheit*, Droemer Knaur, München.

Ebbinghaus, F. (2003), *Ausnutzung und Verdrängung. Steuerungsprobleme der SED-Mittelstandspolitik 1955–1972*, Duncker und Humblot, Berlin.

Eckert, D. (2020), «Der Sachsen-Effekt markiert einen Umbruch in der deutschen Wirtschaft», in *WELTplus*, abrufbar unter https://www.welt.de/wirtschaft/plus213206882/Einkommensvergleich-Sachsen-und-Brandenburg-lassen-Saarland-hinter-sich.html?cid=onsite.onsitesearch.

Eurostat (2020), Datenbank der Europäischen Kommission, Eurostat, abrufbar unter https://ec.europa.eu/eurostat/data/database

Faupel, R. (2019), «Vereinheitlichung der Rechtssysteme und Neuaufbau der Justiz im Zuge der Wiedervereinigung», in *Zeitschrift für Geschichtswissenschaft* 67(2), S. 148.

Fichte, J. G. (1987), «J. G. Fichtes als Verfasser des ersten angeklagten Aufsatzes und Mitherausgeber des philosophischen Journals Verantwortungsschrift», in Röhr, W. (Hg.), *Appellation an das Publikum. Dokumente zum Atheismusstreit um Fichte, Forberg, Niethammer. Jena 1798/99*, Reclam, Leipzig.

Fischer, V. (2005), «Wir sind ein Volk. Die Geschichte eines deutschen Rufes», in *Deutschlandfunk Kultur* (29. September 2005), abrufbar unter https://www.deutschlandfunkkultur.de/wir-sind-ein-volk.1001.de.html?dram:article_id=155 887

Förster, P. (2020), «Über eine Studie, die schon mehrmals sterben sollte, noch immer lebt und weiterleben muss», in Berth, H.; Brähler, E.; Zenger M.; Stöbel-Richter, Y. (Hg.), *30 Jahre ostdeutsche Transformation – Sozialwissenschaftliche Ergebnisse und Perspektiven der Sächsischen Längsschnittstudie*, S. 33–142, Psychosozial-Verlag, Gießen.

Foroutan, N.; Kalter, F.; Canan, C.; Simon, M. (2019), «Ost-Migrantische Analogien I. Konkurrenz um Anerkennung», Deutsches Zentrum für Integrations- und Migrationsforschung, DeZIM-Institut, Berlin.

Forschungsgruppe Wahlen (2019), *30 Jahre Mauerfall – Ergebnisse einer repräsentativen Bevölkerungsumfrage Juni/Juli 2019*, Mannheim.

Frankfurter Rundschau (1989), «Krenz kündigt Parteitag und Neuwahl des Zentralkomitees an», in *Frankfurter Rundschau* 264 (13. November 1989), S. 2.

Fricke, T. (2019), «Ist doch alles super gelaufen», in *Der Spiegel* (4. Oktober 2019), abrufbar unter https://www.spiegel.de/wirtschaft/ostdeutschland-und-mauerfall-ist-doch-alles-super-gelaufen-oder-etwa-nicht-kolumne-a-1289927.html

Garton Ash, T. (1990), *Ein Jahrhundert wird abgewählt – Aus den Zentren Mitteleuropas 1980–1990*, Carl Hanser Verlag, München.

Giersch, H. (1979), «Aspects of Growth, Structural Change and Employment – A Schumpeterian Perspective», in *Weltwirtschaftliches Archiv* 115(4), S. 629–52.

Giersch, H.; Paqué, K.-H.; Schmieding, H. (1992), *The fading miracle. Four decades of market economy in Germany*, Cambridge University Press, Cambridge.

Gieseke, J. (2015), «Auf der Suche nach der schweigenden Mehrheit Ost. Die geheimen Infratest-Stellvertreterbefragungen und die DDR-Gesellschaft 1968–1989», in *Zeithistorische Forschungen* 12, S. 66–97.

Goodhart, D. (2017), *The Road to Somewhere: The Populist Revolt and the Future of Politics*, C. Hurst & Co., London.

Goschler, C.; Böick, M. (2017), *Studie zur Wahrnehmung und Bewertung der Arbeit der Treuhandanstalt im Auftrag des Bundesministeriums für Wirtschaft und Energie*, Ruhr-Universität Bochum.

Grimm, R.; Raffelhüschen, B. (2019), *Deutsche Post Glücksatlas 2019*, Penguin Verlag, München.

Grossman, G. M.; Helpman, E. (1991), *Innovation and Growth in the Global Economy*, MIT Press, Cambridge.

Habeck, R. (2010), *Patriotismus. Ein linkes Plädoyer*, Gütersloher Verlagshaus, Gütersloh.

Habermas, J. (1986), «Eine Art Schadensabwicklung: Die apologetischen Tendenzen in der deutschen Zeitgeschichtsschreibung», in *Die Zeit* 29 (11. Juli 1986), S. 40, abrufbar unter http://www.zeit.de/1986/29/eine-art-schadensabwicklung/komplettansicht

Habermas, J. (1989),«Die Stunde der nationalen Empfindung – Republikanische Gesinnung oder Nationalbewußtsein?», 23. November 1989, in Habermas, J. (1990), *Die nachholende Revolution – Kleine Politische Schriften VII*, Suhrkamp, Frankfurt (am Main).

Habermas, J. (1990), *Die nachholende Revolution – Kleine Politische Schriften VII*, Suhrkamp, Frankfurt (am Main).

Habermas, J. (1991), «Die andere Zerstörung der Vernunft», in *Die Zeit* 20/1991 (10. Mai 1991), abrufbar unter https://www.zeit.de/1991/20/die-andere-zerstoerung-der-vernunft

Hähnig, A. (2019), «Wer ist eigentlich mein Vermieter?», in *Die Zeit* 36/2019 (29. August 2019).

Halfwassen, J. (2017), «Was ist Nationalkultur?», in *Frankfurter Allgemeine Zeitung* 114 (17. Mai 2017), S. 12.

Hamilton, A., Madison, J.; Jay, J. (1993), *The Federalist Papers* (übersetzt von B. Zehnpfennig), Wbg Academic, Darmstadt.

Harenberg, W. (1990), «Wir sind keine Helden gewesen», in *Der Spiegel* (7. Mai 1990), abrufbar unter https://www.spiegel.de/spiegel/print/d-13498194.html

Heering, W. (1998), «Acht Jahre deutsche Währungsunion. Ein Beitrag wider die Legendenbildung im Vereinigungsprozeß», in *Aus Politik und Zeitgeschichte, Beilage zur Wochenzeitung Das Parlament* B 24/98, S. 20–34.

Heine, H. (1844), *Neue Gedichte*, Reclam, Ditzingen.

Helpman, E. (1998), *General Purpose Technologies and Economic Growth*, MIT Press, Cambridge, MA.

Hensel. J; Foroutan, N. (2019) «Das nennt man Emanzipation», in *Die Zeit* (1. April 2019), abrufbar unter https://www.zeit.de/gesellschaft/zeitgeschehen/2019-03/naika-foroutan-ostdeutsche-muslime-diskriminierung-rassismus

Herodot (1964), *Das Geschichtswerk des Herodot von Hallikarnassos* (übersetzt von Theodor Braun), 4. Auflage, Insel-Verlag, Leipzig, 1964.

Hertle, H.-H.; Saure, H.-W. (2015), *Ausgelacht. DDR-Witze aus den Geheimakten des BND*, Ch. Links Verlag, Berlin.

Heske, G. (2009), «Volkswirtschaftliche Gesamtrechnung DDR 1950–1989: Daten, Methoden, Vergleiche», in *Historical Social Research, Supplement* (21), S. 1–356.

Heydemann, G.; Vodička, K. (Hg.) (2013), *Vom Ostblock zur EU. Systemtransformationen 1990–2012 im Vergleich*, Vandenhoeck & Ruprecht, Göttingen.

Heyden, G. (1970), «Demokratie», in Klaus, G.; Buhr, M. (Hg.), *Philosophisches Wörterbuch*, Bd. 1, S. 225, Bibliographisches Institut, Leipzig.

Hoffmann, D. (Hg.) (2020), *Transformation einer Volkswirtschaft – Neue Forschungen zur Geschichte der Treuhandanstalt*, Zeitgeschichte im Gespräch Band 31. Metropol, Berlin.

Infratest dimap (2018), Eine Studie zur politischen Stimmung im Auftrag der ARD-Tagesthemen und der Tageszeitung *Die Welt* – ARD-DeutschlandTREND, Berlin, abrufbar unter https://www.infratest-dimap.de/fileadmin/user_upload/dt1809_bericht.pdf

Infratest dimap (2019a), ARD-DeutschlandTREND November 2019 – Repräsentative Studie zur politischen Stimmung im Auftrag der Tagesthemen, abrufbar unter https://www.tagesschau.de/inland/deutschlandtrend-1863.pdf

Infratest dimap (2019b), «30 Jahre Mauerfall», abrufbar unter https://www.infratest-dimap.de/umfragen-analysen/bundesweit/umfragen/aktuell/30-jahre-mauerfall/

Infratest dimap (2019c), «Zufriedenheit mit der Demokratie in West und Ost unterschiedlich», abrufbar unter https://www.infratest-dimap.de/umfragen-analysen/bundesweit/umfragen/aktuell/zufriedenheit-mit-der-demokratie-in-west-und-ost-unterschiedlich/

Institut für Demoskopie Allensbach, IfD (2019), *70 Jahre Grundgesetz: Der Rückhalt des Grundgesetzes bei den Bürgern*, Allensbach, abrufbar unter https://nbn-resolving.org/urn:nbn:de:0168-ssoar-65150-8

Institut für Zeitgeschichte, IfZ (2020), «Im Laboratorium der Marktwirtschaft – Zur Geschichte der Treuhandanstalt 1989/90 bis 1994», abrufbar unter https://www.ifz-muenchen.de/aktuelles/themen/geschichte-der-treuhandanstalt/

Jauer, J. (2019), *Die halbe Revolution. 1989 und die Folgen*, Herder, Freiburg.

Jürgs, M. (2018), «Interview mit Hergard Rohwedder. Witwe des Treuhand-Chefs gibt neue Hinweise auf die Mörder ihres Mannes», in *Handelsblatt* (7. November 2018), abrufbar unter https://www.handelsblatt.com/politik/deutschland/interview-mit-hergard-rohwedder-witwe-des-treuhand-chefs-gibt-neue-hinweise-auf-die-moerder-ihres-mannes/23574244.html?ticket=ST-1300828-jecA12YXYSxeAVrsQcng-ap1

Kershaw, I. (2015), *To Hell and Back – Europe, 1914–1949*, Penguin Books, London.

Kielmansegg, P. G. (2016), «Repräsentation und Partizipation. Überlegungen zur Zukunft der repräsentativen Demokratie», in *Wissenschaftliche Gesellschaft an der Johann Wolfgang Goethe-Universität Frankfurt am Main – Sitzungsberichte (WGF-S)*, Band 53(3), Franz Steiner Verlag, Stuttgart.

Klaus, G.; Buhr, M. (1976), *Philosophisches Wörterbuch*, 2 Bände, VEB Verlag Enzyklopädie, Leipzig.

Kosing, A. (1976), *Nation in Geschichte und Gegenwart*, Dietz, Berlin.

Kolakowski, L. (1981), *Die Hauptströmungen des Marxismus, Entstehung Entwicklung Zerfall*, Bd. 2, Piper Verlag, Zürich.

Konrad-Adenauer-Stiftung, KAS (2009), «Zehn-Punkte-Plan – Erklärung von Bundeskanzler Helmut Kohl vor dem Deutschen Bundestag am 28. November 1989», in *KAS Online-Dokumentation* 14(2007), abrufbar unter https://www.kas.de/c/document_library/get_file?uuid=eb8e3de0-bb1a-8a78-a08d-568bcbd0d677&groupId=252038

Köpping, P. (2018), *Integriert doch erst mal uns! Eine Streitschrift für den Osten*, Ch. Links Verlag, Berlin.

Kowalczuk, I.-S. (2019), *Die Übernahme. Wie Ostdeutschland Teil der Bundesrepublik wurde*, C. H. Beck, München.

Kunter, K. (2006), *Erfüllte Hoffnungen und zerbrochene Träume. Evangelische Kirchen in Deutschland im Spannungsfeld von Demokratie und Sozialismus (1980–1993)*, Vandenhoeck und Ruprecht, Göttingen.

Lafontaine, O. (1988), *Die Gesellschaft der Zukunft. Reformpolitik in einer veränderten Welt*, Hoffmann und Campe, Hamburg.

Leibniz-Institut für Wirtschaftsforschung Halle, IWH (1999), «Eigentums- und Vermögensstrukturen in den neuen Bundesländern», in Deutscher Bundestag (Hg.), *Materialien der Enquetekommission ‹Überwindung der Folgen der SED-Diktatur im Prozess der deutschen Einheit›*, Bd. III/2, S. 1817.

Lersch, H. (1916), *Herz! Aufglühe dein Blut. Gedichte im Kriege*, Diederichs, Jena.

Locke, S. (2017), «Vom Ende der Sprachlosigkeit», in *Frankfurter Allgemeine Zeitung* (6. August 2017), abrufbar unter https://www.faz.net/aktuell/politik/inland/aerger-ueber-sachsens-aufarbeitung-der-nachwendezeit-15136922.html

Löhr, H. C. (2002), *Der Kampf um das Volkseigentum. Eine Studie zur Privatisierung der Landwirtschaft in den neuen Bundesländern durch die Treuhandanstalt (1990–1994)*, Duncker & Humblot, Berlin.

Lucke, B. (1995), «Die Privatisierungspolitik der Treuhandanstalt – Eine ökonometrische Analyse», in *Zeitschrift für Wirtschafts- und Sozialwissenschaften* 115, S. 393–428.

Ludewig, J. (2015), *Unternehmen Wiedervereinigung – Von Planern, Machern, Visionären*, Osburg Verlag, Hamburg.

Märkische Oderzeitung (2009), «Umfrage: Im Osten sehen 41 Prozent in der DDR keinen Unrechtsstaat», in *Märkische Oderzeitung*, abrufbar unter www.moz. de/artikel-ansicht/dg/0/1/47396

Martens, B. (2020) «Der Zug nach Westen – Jahrzehntelange Abwanderung, die allmählich nachlässt», in *Dossier Lange Wege der Deutschen Einheit*, Bundeszentrale für politische Bildung, abrufbar unter https://www.bpb.de/geschichte/ deutsche-einheit/lange-wege-der-deutschen-einheit/47253/zug-nach-westen

Marx, K. (1844), «Zur Judenfrage», in Marx, K.; Engels, F.; Institut für Marxismus-Leninismus beim ZK der SED (Hg.) (1978), *Werke*, S. 362 ff., Dietz Verlag, Berlin.

Marxen, K.; Werle, G. (1999), *Die strafrechtliche Aufarbeitung von DDR-Unrecht. Eine Bilanz*, deGruyter, Berlin.

Marxen, K.; Werle, G. und Schäfter, P. (2007), «Die Strafverfolgung von DDR-Unrecht – Fakten und Zahlen», abrufbar unter: https://www.bundesstiftung-aufarbeitung.de/de/publikationen/die-strafverfolgung-von-ddr-unrecht.

MDR (2018), «West-Kataloge voller Ost-Produkte», in *Mitteldeutscher Rundfunk* (23. November 2018), abrufbar unter https://www.mdr.de/zeitreise/quelle-und-ddr-produkte-100.html

Meadows, D. H.; Meadows, D.; Randers, J. Behrens III, W. W. (1972), *The Limits to Growth*. Universe Books, New York.

Mediengruppe RTL Deutschland (2019), RTL/n-tv-Trendbarometer / Forsa-Atuell: «69 Prozent der ehemaligen DDR-Bürger sagen, es gehe ihnen heute besser als vor dem Mauerfall», abrufbar unter https://www.presseportal.de/pm/ 72183/4345977

Müller, J. B. (1972), «Bedürfnis», in Brunner, O.; Conce, W.; Koselleck, R. (Hg.), *Geschichtliche Grundbegriffe. Historisches Lexikon zur politisch-sozialen Sprache in Deutschland*, Bd. 1, Klett-Cotta Verlag, Stuttgart.

Müller, S.; Köppl, B. (2011), «Von der Poliklinik zum Medizinischen Versorgungszentrum», in *BMVZ Schriftenreihe* 1, 13 S.

Murray, C. (2010), *Coming apart – The State of White America, 1960–2010*, Crown Forum, New York.

Neubert, E. (1997), *Geschichte der Opposition in der DDR 1949–1989*, Ch. Links Verlag, Berlin.

Neue Zeit (1989): «Der Blick nach Strasbourg. Aufruf aus Dresden: ‹Genug der Experimente›», in *Neue Zeit* 45(291) (11. Dezember 1989), abrufbar unter https://www.ddr89.de/texte/land.html/html

Neues Forum (1998), «Die Mauer ist gefallen», Erklärung des Neuen Forums zum Mauerfall, 12. November 1989, abrufbar unter https://www.chronik-der-mauer.de/system/files/dokument_pdf/58668_cdm-891112-NF-mauerfall.pdf

Paqué, K.-H. (2009), *Die Bilanz – Eine wirtschaftliche Analyse der Deutschen Einheit*, Carl Hanser Verlag, München.

Paqué, K.-H. (2012), *Vollbeschäftigt – Das neue deutsche Jobwunder*, Carl Hanser Verlag, München.

Paqué, K.-H. (2017a), «Der Aufstieg der AfD lässt sich nicht allein durch Wirtschaft und Arbeit erklären. Karl-Heinz Paqué zum Thema Populismus nach der Bundestagswahl 2017», abrufbar unter https://www.freiheit.org/der-aufstieg-der-afd-laesst-sich-nicht-allein-durch-wirtschaft-und-arbeit-erklaeren

Paqué, K.-H. (2017b), «Gewachsen, aber gefährdet: Eine wirtschaftliche Zwischenbilanz der deutschen Einheit», in Heydemann, G.; Paqué, K.-H. (Hg.), *Planwirtschaft – Privatisierung – Marktwirtschaft. Wirtschaftsordnung und -entwicklung in der SBZ / DDR und den neuen Bundesländern 1945–1994*, S. 287–327, Vandenhoeck & Ruprecht, Göttingen.

Paqué, K.-H. (2018), «Die Rückkehr der Mitte Europas, 70 Jahre Soziale Marktwirtschaft in Deutschland», in *Perspektiven der Wirtschaftspolitik* 19(4), S. 269–301.

Paqué, K.-H. (2020), «Was macht der Osten? Er holt auf! Es wächst doch zusammen, was zusammengehört.», abrufbar unter https://www.freiheit.org/generation-aufbruch-was-macht-der-osten-er-holt-auf.

Petersen, T. (2016a), « Der deutsche Pass ist nicht genug », in *Frankfurter Allgemeine Zeitung* 222 (2. September 2016), S. 8, abrufbar unter https://www.faz.net/aktuell/politik/allensbach-umfrage-zum-thema-nationalkultur-14446621.html

Petersen, T. (2016b), «Die Welt der Wutbürger», in *Frankfurter Allgemeine Zeitung* (18. Mai 2016), abrufbar unter https://www.faz.net/aktuell/politik/inland/das-weltbild-der-wutbuerger-und-wie-populismus-deutschland-bestimmt-14237988.html

Pisano, G. P.; Shih, W. C. (2012), *Producing Prosperity – Why America Needs a Manufacturing Renaissance*, Harvard Business Review Press, Boston, MA.

Plöhn, J. (2016), «Mehr Demokratie?», in *Evangelische Verantwortung* 1+2/16, S. 10.

Plumpe, W. (2019), *Das kalte Herz – Kapitalismus: die Geschichte einer andauernden Revolution*, Rowohlt, Berlin.

Pötzl, N. (2019), *Der Treuhandkomplex. Legenden. Fakten. Emotionen*, kursbuch.edition, Hamburg.

Radkau, J. (2008), *Technik in Deutschland. Vom 18. Jahrhundert bis heute*, Campus Verlag, Frankfurt (am Main).

Reckwitz, A. (2019), *Das Ende der Illusionen – Politik, Ökonomie und Kultur in der Spätmoderne*, Suhrkamp, Berlin.

Reimann, A. (2015), «Faktencheck. Ist der Osten fremdenfeindlicher als der Westen?», in *Der Spiegel* (21. September 2015), abrufbar unter https://www.

spiegel.de/politik/deutschland/ost-west-streit-faktencheck-zu-rassismus-a-1050637.html

Renan, E. (1882), «Was ist eine Nation?», Vortrag an der Sorbonne am 11. März 1882, abrufbar unter https://archive.org/details/RenanErnstWasIstEineNation/mode/2up

Ritter, G. (2006), *Der Preis der deutschen Einheit. Die Wiedervereinigung und die Krise des Sozialstaats*, C. H. Beck, München.

Rödder, A. (2011), *Geschichte der deutschen Wiedervereinigung*, C. H. Beck, München.

Romer, P. M. (1986), «Increasing Returns and Long Run Growth», in *The Journal of Political Economy* 94(5), S. 1002–37.

Rothland, M. (2008), «Selektive Erinnerung? Meinungsumfragen zum Nationalsozialismus der frühen Nachkriegszeit», in *Die politische Meinung* 462, S. 55–61.

Rousseau, J.-J. (2011), *Der Gesellschaftsvertrag* (übersetzt von Denhardt, H.), tredition, Hamburg.

Schmidt, H. (2005), *Auf dem Weg zur deutschen Einheit. Bilanz und Ausblick*, Rowohlt, Hamburg.

Schmidtchen, G. (1999), «Der Westen betreibt Ost-Ethnologie. Wie junge Deutsche die Wiedervereinigung erlebt und verarbeitet haben», in *Journal der Jugendkulturen* 1 (1. November 1999).

Schneider, P. (2014), «Wie haben wir geirrt!», in *Cicero* (8. November 2014), abrufbar unter https://www.cicero.de/innenpolitik/wie-haben-wir-geirrt/40347

Schroeder, K. (2000), *Der Preis der Einheit. Eine Bilanz*, Carl Hanser Verlag, München.

Schröder, R. (1991), «Es ist doch nicht alles schlecht», in *Die Zeit* 23/1991 (31. Mai 1991), abrufbar unter https://www.zeit.de/1991/23/es-ist-doch-nicht-alles-schlecht

Schröder, R. (1996), «Die Ökumenische Versammlung für Gerechtigkeit, Frieden und Bewahrung der Schöpfung in der DDR», in Brockemann, D. (Hg.), *Freiheit gestalten. Zum Demokratieverständnis des deutschen Protestantismus; FS für G. Brakelmann zum 65. Geburtstag*, Vandenhoeck und Ruprecht, Göttingen.

Schröder, R. (1997), «Schwamm drüber? Das reicht nicht. Vor dem Urteil im Politbüro-Prozess: Die Aufarbeitung des DDR-Unrechts. Versuch einer Bilanz», in *Die Zeit*, abrufbar unter https://www.zeit.de/1997/35/Schwamm_drueber_Das_reicht_nicht

Schröder, R. (1999), «Um das Erbe der Revolution betrogen? Zehn Jahre Runder Tisch: eine erfolgreiche Institution beim Übergang zur Demokratie, aber mehr nicht», in *Die Zeit* 50/1999, abrufbar unter https://www.zeit.de/1999/50/Um_das_Erbe_der_Revolution_betrogen_

Schröder, R. (2000), «Sebnitz oder die Leichtgläubigkeit im Schlechten», in *Frankfurter Allgemeine Zeitung* 280 (1. Dezember 2000), S. 41.

Schröder, R. (2009), «Erinnerungen an die DDR», in *Wie schmeckte die DDR? Band 1 – Wege zu einer Kultur des Erinnerns*, Konrad-Adenauer-Stiftung, Berlin.

Schröder, R. (2014), *Irrtümer über die deutsche Einheit*, Herder Verlag, Freiburg.

Schürer, G.; Beil, G.; Schalck, A.; Höfner, E.; Donda, A. (1989), *SED-Politbürovorlage: Analyse der ökonomischen Lage der DDR mit Schlußfolgerungen, 30. Oktober 1989*, 30. Oktober 1989, abrufbar unter https://www.chronik-der-mauer.de/system/files/dokument_pdf/58553_cdm-891030-analyse-oekonomische-lage.pdf

Schumpeter, J. (1911), *Theorie der wirtschaftlichen Entwicklung – Eine Untersuchung über Unternehmergewinn, Kapital, Kredit, Zins und den Konjunkturzyklus*, Duncker und Humblot, Berlin.

Schwan, G. (2009), «In der Falle des Totalitarismus», in *Die Zeit* 27 (25. Juni 2009).

Schwarzer, C. J. (2014), *Insides Ost – Vom West-Berater zum Ost-Unternehmer*, dtv Verlagsgesellschaft, München.

Seibel, W. (2010), «Die gescheiterte Wirtschaftsreform in der DDR 1989/1990», in *Aus Politik und Zeitgeschichte* 11/2010, abrufbar unter https://www.bpb.de/apuz/32891/die-gescheiterte-wirtschaftsreform-in-der-ddr-1989-1990

Sendler, H. (1993), «Die DDR ein Unrechtsstaat – ja oder nein?», in *Zeitschrift für Rechtspolitik* 26, S. 1–5.

Sinn, G.; Sinn, H.-W. (1991), *Kaltstart. Volkswirtschaftliche Aspekte der deutschen Vereinigung*, Mohr Siebeck, Tübingen.

Sinn, H.-W. (2002), «Germany's Economic Unification: An Assessment after Ten Years», in *Review of International Economics* 10(1), S. 113–28.

Sommer, T. (1986), *Reise ins andere Deutschland*, Rowohlt, Hamburg.

Sozialistische Einheitspartei Deutschlands (1952), Beschuss der II. Parteikonferenz der SED zur gegenwärtigen Lage und zu den Aufgaben im Kampf für Frieden, Einheit, Demokratie und Sozialismus. II. Parteikonferenz der SED vom 9. bis 12.7.1952, Dietz-Verlag, Berlin.

Statistische Ämter des Bundes und der Länder (2020), «Bevölkerung nach Geschlecht – Stichtag 31.12. – regionale Tiefe: Kreise und krfr. Städte», abrufbar unter https://www.regionalstatistik.de/genesis/online/data?operation=abruf tabelleBearbeiten&levelindex=2&levelid=1589565628822&auswahloperation=abruftabelleAuspraegungAuswaehlen&auswahlverzeichnis=ordnungs struktur&auswahlziel=werteabruf&code=12411-01-01-4&auswahltext=& werteabruf=Werteabruf

Statistisches Bundesamt (1998), «MZ-Zusatzerhebung 1998 – Bewohnte Wohneinheiten nach Gebäudegröße und Art der Nutzung», Zusendung auf Anfrage am 13.7.2020, Wiesbaden.

Statistisches Bundesamt (2012), «Periodensterbetafeln für Deutschland 1871/1881 bis 2008/2010», Wiesbaden.

Statistisches Bundesamt (2013), «Wanderungen zwischen den Bundesländern nach Herkunfts- und Zielländern», Zusendung auf Anfrage vom 6. August 2013, Wiesbaden.

Statistisches Bundesamt (2015), «Bevölkerung und Erwerbstätigkeit – Wanderungen 2013», abrufbar unter https://www.destatis.de/GPStatistik/receive/DEHeft_heft_00028152

Statistisches Bundesamt (2017a), «Bevölkerung und Erwerbstätigkeit. Wanderungen 2014», abrufbar unter https://www.destatis.de/GPStatistik/receive/DEHeft_heft_00042090

Statistisches Bundesamt (2017b), «Bevölkerung und Erwerbstätigkeit – Wanderungen 2015», abrufbar unter https://www.destatis.de/GPStatistik/receive/DEHeft_heft_00061792

Statistisches Bundesamt (2018a), «Außenhandel – Außenhandel nach Bundesländern (Exporte)», Wiesbaden.

Statistisches Bundesamt (2018b), «Außenhandel – Gesamtentwicklung des deutschen Außenhandels ab 1950», Wiesbaden.

Statistisches Bundesamt (2018c), «Bevölkerung und Erwerbstätigkeit – Wanderungen 2016», abrufbar unter https://www.destatis.de/GPStatistik/receive/DEHeft_heft_00083823

Statistisches Bundesamt (2018d), «Sterbetafeln – Ergebnisse aus der laufenden Berechnung von Periodensterbetafeln für Deutschland und die Bundesländer 2014/2016», Wiesbaden.

Statistisches Bundesamt (2018e), «Sterbetafeln – Ergebnisse aus der laufenden Berechnung von Periodensterbetafeln für Deutschland und die Bundesländer 2015/2017», Wiesbaden.

Statistisches Bundesamt (2019a), «Bevölkerung und Erwerbstätigkeit – Wanderungen 2017», abrufbar unter https://www.destatis.de/DE/Themen/Gesellschaft-Umwelt/Bevoelkerung/Wanderungen/Publikationen/Downloads-Wanderungen/wanderungen-2010120177004.html

Statistisches Bundesamt (2019b), «Sterbetafeln – Ergebnisse aus der laufenden Berechnung von Periodensterbetafeln für Deutschland und die Bundesländer 2016/2018», Wiesbaden.

Statistisches Bundesamt (2019c), «Wohnen in Deutschland – Zusatzprogramm des Mikrozensus 2018», Wiesbaden.

Statistisches Bundesamt (2020a), «Aus- und Einfuhr (Außenhandel): Bundesländer, Jahre (Exporte)», Wiesbaden.

Statistisches Bundesamt (2020b), «Bevölkerung und Erwerbstätigkeit – Wanderungen 2018», abrufbar unter https://www.destatis.de/DE/Service/Bibliothek/_publikationen-fachserienliste-1.html

Literatur und Datenquellen

Statistisches Bundesamt (2020c), «Volkswirtschaftliche Gesamtrechnungen – Bruttoinlandsprodukt, Bruttonationaleinkommen, Volkseinkommen, Lange Reihen ab 1925», Wiesbaden.

Statistisches Bundesamt und Stifterverband Wissenschaftsstatistik (2020a), «Ausgaben für Forschung und Entwicklung 2017 nach Bundesländern und Sektoren», abrufbar unter https://www.destatis.de/DE/Themen/Gesellschaft-Um welt/Bildung-Forschung-Kultur/Forschung-Entwicklung/Tabellen/fue-aus gaben-bundeslaender-sektoren.html

Statistisches Bundesamt und Stifterverband Wissenschaftsstatistik (2020b), «Personal für Forschung und Entwicklung 2017 nach Bundesländern und Sektoren», abrufbar unter https://www.destatis.de/DE/Themen/Gesellschaft-Umwelt/ Bildung-Forschung-Kultur/Forschung-Entwicklung/Tabellen/fue-personal-bundeslaender-sektoren.html

Steiner, A. (2004), *Von Plan zu Plan. Eine Wirtschaftsgeschichte der DDR*, Deutsche Verlags-Anstalt, München.

Steiner, A.; Judt, M.; Reichel, T. (2006), *Statistische Übersichten zur Sozialpolitik in Deutschland seit 1945 – Band SBZ/DDR*, Forschungsbericht / Bundesministerium für Arbeit und Soziales, FB352, Bundesministerium für Arbeit und Soziales, Bonn, abrufbar unter https://nbn-resolving.org/urn:nbn:de:0168-ssoar-265355

Sternberger, D. (1979a), «Verfassungspatriotismus», in: *Frankfurter Allgemeine Zeitung* (23. Mai 1979), S. 1.

Sternberger, D. (1979b), «Verfassungspatriotismus», in Sternberger, D. (Hg.), *Schriften Band X*, S. 3–16, Insel Verlag, Frankfurt (am Main).

Sternberger, D. (1982), «Verfassungspatriotismus. Rede bei der 25-Jahr-Feier der Akademie für Politische Bildung», in Sternberger, D. (Hg.), *Verfassungspatriotismus*, Schriften Band X, S. 17–31, Insel Verlag, Frankfurt (am Main).

Suckut, S. (1994), «Die DDR-Blockparteien im Lichte neuer Quellen», in Weber J. (Hg.), *Der SED-Staat. Neues über eine vergangene Diktatur*, Olzog, München.

Süddeutsche Zeitung (2012), «Ikea wusste von Häftlingsarbeit in DDR-Gefängnissen», in *Süddeutsche Zeitung* (16. November 2012), abrufbar unter https:// www.sueddeutsche.de/wirtschaft/schwedische-moebelfirma-ikea-wusste-von-haeftlingsarbeit-in-ddr-gefaengnissen-1.1525149

Thaysen, U. (1990), *Der Runde Tisch. Oder: Wo blieb das Volk? Der Weg der DDR in die Demokratie*, Springer, Wiesbaden.

Thaysen, U. (2000), *Der zentrale Runde Tisch der DDR. 5 Bände*, Westdeutscher Verlag, Wiesbaden.

Ther, P. (2017), «Eine Einführung in die Geschichte des Neoliberalismus», in Olteanu, T.; Spöri, T.; Jaitner, F.; Asenbaum, H. (Hg.), *Osteuropa transformiert – Sozialismus, Demokratie und Utopie*, Springer, Wiesbaden.

Ther, P. (2020), «Der Preis der Einheit. Die deutsche Schocktherapie im ostmitteleuropäischen Vergleich», in *Deutschland Archiv* 02.03.2020, abrufbar unter www.bpb.de/305972.

Tiessen, E. (1929), *Deutscher Wirtschaftsatlas*, Reichsverband der Deutschen Industrie (Hg.), Hobbing, Berlin.

Treuhandanstalt (1994a), *Daten und Fakten zur Aufgabenerfüllung der Treuhandanstalt* (Dezember 1994), Berlin.

Treuhandanstalt (1994b), *Informationen* (21. Dezember 1994), Berlin.

Volkswirtschaftliche Gesamtrechnungen der Länder, VGRdL (2019), *Entstehung, Verteilung und Verwendung des Bruttoinlandsprodukts in den Ländern der Bundesrepublik Deutschland 1991 bis 2018* 1(5), Stuttgart.

Volkswirtschaftliche Gesamtrechnungen der Länder, VGRdL (2020a), *Arbeitnehmerentgelt, Bruttolöhne und -gehälter in den Ländern der Bundesrepublik Deutschland 1991 bis 2019* 1(2), Stuttgart.

Volkswirtschaftliche Gesamtrechnungen der Länder, VGRdL (2020b), *Bruttoinlandsprodukt, Bruttowertschöpfung in den Ländern der Bundesrepublik Deutschland 1991 bis 2019* 1(1), Stuttgart.

Vorstand der Sozialdemokratischen Partei in der DDR (Hg.) (1990), Protokoll der Delegiertenkonferenz der Sozialdemokratischen Partei in der DDR 12.1.–14.1.1990, Berlin.

Werner, F. (2016), «Das formierte Volk», in *Die Zeit* 3/2016 (23. August 2016), abrufbar unter https://www.zeit.de/zeit-geschichte/2016/03/nationalsozialismus-demokratie-schein-volksherrschaft-nsdap

Werth, C. H. (2007), «Entspannungspolitik nach außen, Repression nach innen. Die deutsch- deutschen Beziehungen 1969–1989», in Berg, M.; Holsträter, K.; Massow, A. v. (Hg.), *Die unerträgliche Leichtigkeit der Kunst. Ästhetisches und politisches Handeln in der DDR*, Böhlau, Weimar.

Wikipedia (2020), «Liste der Plebiszite in Deutschland», abrufbar unter https://de.wikipedia.org/wiki/Liste_der_Plebiszite_in_Deutschland#Zeit_des_Nationalsozialismus_(1933 %E2 % 80 %931945)

Winkler, H. A. (1997), *Streitfragen der deutschen Geschichte*, C. H. Beck, München.

Winkler, H. A. (2016), «Was heißt: aus der deutschen Geschichte lernen?», abrufbar unter https://www.bmi.bund.de/SharedDocs/downloads/DE/veroeffentlichungen/2017/vortrag-winkler.pdf?__blob=publicationFile&v=1

Schaubilderverzeichnis

Register

Register

Binnenwanderung 74–76

Binnenwirtschaft 97

Bitterfeld-Wolfen 50, 86, 256

Blockparteien 120, 153, 162

Blühende Landschaften 56, 237

Böckenförde, Ernst-Wolfgang 127

Bodenreform 124

Börsennotierte Unternehmen 87 f.
- DAX 87 f.
- MDAX 87 f.
- SDAX 87 f.

Bohley, Bärbel 151

Bombardier 174

Bonaparte, Napoleon 196

Boston Consultiung 45

Brandenburg 10, 25, 69–76, 83–87, 102, 145 f., 173, 187, 225, 230, 236, 240

Brandt, Willy 157, 164, 200 f., 252

Braun, Volker 159

Braunkohlebergbau/ -förderung 28, 52, 256

Brecht, Bertolt 212, 258

Bremen 72, 83 f., 86 f.

Breschnew, Leonid Iljitsch 121, 156

Breuel, Birgit 45

Brexit 219, 227, 229, 241

Brüssel 40, 159, 232

Bruttowertschöpfung 21, 59–65, 69–72, 77–84

Bulgarien 20, 193

Buna 29

Bund Freier Demokraten, BFD 163

Bundesanstalt für vereinigungsbedingte Sonderaufgaben, BvS 43

Bundesarchiv 183

Bundesfinanzministerium 45, 182 f.

Bundesländer 13, 72, 78–88, 103, 111, 128, 145, 169, 187, 219, 230 f., 249

Bundesministeriums der Justiz und für Verbraucherschutz 257

Bündnis 90 153, 158, 185

Bündnis 90/Die Grünen 126, 213

Bürger zweiter Klasse 12, 15, 112, 192

C

Carl-Zeiss-Werke 25

Chemie- und Grundstoffindustrie 50, 70, 72, 256

Chemnitz 95, 240

Chirac, Jacques 226 f.

Christlich Demokratische Union Deutschlands, CDU 37, 45, 53, 120, 125, 161–63, 195, 219, 233, 254 f.

Chruschtschow, Nikita Sergejewitsch 134, 250

Coronakrise, -virus 13, 66, 240, 249

Cottbus 95, 240

D

D-Mark 30, 36, 38 f., 42–44, 50, 57, 142 f., 147, 152, 176, 178, 180 f., 186

DDR 5 f., 9–58, 103–47, 151–207, 212–21, 237 f., 240, 245 f., 250–74
- Bildungswesen 123
- DDR-Bürger 39, 42, 45, 57, 103, 109, 114, 116, 119, 124, 127–30, 138, 141 f., 152, 157, 159, 164, 177, 193, 202–04, 238, 253, 256
- DDR-Justiz 129
- DDR-Verfassung 129
- DDR-Witz 115–17, 119, 228, 202 f.
- Volkseigentum 41, 121, 161, 177
- Volkskammer 17, 36, 38, 41, 115, 129, 145, 153, 158, 160, 161–63, 167 f., 195, 218

Register